철학과 종교의 세계사

철학과 종교의 세계사

데구치 하루아키

서수지 옮김

까치

TETSUGAKU TO SHUKYO ZENSHI 哲学と宗教全史

by Haruaki Deguchi 出口治明
Copyright © 2019 by Haruaki Deguchi
Korean translation copyright © 2021 by Kachi Publishing Co., Ltd.
All rights reserved.
Original Japanese language edition published by Diamond, Inc.
Korean translation rights arranged with Diamond, Inc. through The English
Agency (Japan) Ltd., and Danny Hong Agency.

역자 서수지(徐秀志)
대학에서 철학과 일본어를 전공했다. '나는 읽는다. 고로 존재한다!'를
삶의 모토로, 더 많은 책을 읽고 알리기 위해서 오늘도 열심히 책을 읽고
옮긴다. 옮긴 책으로 『세계사를 바꾼 10가지 약』, 『세계사를 바꾼 13가지
식물』, 『유럽 사상사 산책』, 『세계사를 결정짓는 7가지 힘』, 『부의 지도를
바꾼 돈의 세계사』 등의 인문 교양서와 『세상 끝의 아이들』, 『어쩌다 너
랑 가족』 등의 소설이 있다.

편집, 교정_옥신애(玉信愛)

철학과 종교의 세계사

저자/데구치 하루아키
역자/서수지
발행처/까치글방
발행인/박후영
주소/서울시 용산구 서빙고로 67, 파크타워 103동 1003호
전화/02-735-8998, 736-7768
팩시밀리/02-723-4591
홈페이지/www.kachibooks.co.kr
전자우편/kachibooks@gmail.com
등록번호/1-528
등록일/1977. 8. 5
초판 1쇄 발행일/2021. 6. 3
    3쇄 발행일/2022. 5. 30

값/뒤표지에 쓰여 있음

ISBN 978-89-7291-743-4 03100

차례

머리말

왜 지금 철학과 종교인가?

1. 지금 철학과 종교가 필요한 이유

바위처럼 보이는 곳에 걸터앉아 오른쪽 팔꿈치를 왼쪽 넓적다리에 올리고 아래를 내려다보며 턱을 오른손으로 받치고 있는 남자. 오귀스트 로댕(1840–1917)의 유명한 조각, "생각하는 사람"은 이러한 자세로 사색에 잠겨 있다. 그는 무엇을 생각하고 있을까? 작가인 로댕은 이 작품에 원래 "시인"이라는 제목을 붙였던 모양이다. 그런데 로댕이 세상을 떠난 후에 이 작품은 "생각하는 사람"이라고 불리게 되었다. 이 조각을 주조한 장인인 알렉시 뤼디에(1875–1952)가 "생각하는 사람"이라고 제목을 바꾸었다는 설도 있다. 한편, "인간은 생각하는 갈대이다"라고 말한 프랑스의 철학자(파스칼)도 있다.

인간을 동물로서 바라보면 인간은 여느 동물보다 나은 강점이 없다. 인간은 몸집이 그다지 크지 않고, 튼튼한 이빨이나 날카로운 발톱도 없어서 나무를 잘 탈 수도 없고, 빨리 달릴 수도 없으며, 물속에서 생활할 수도

"생각하는 사람"

없다. 그런데도 인간은 두뇌가 가진 "생각하는" 능력을 최대 무기로 삼아서 지구의 패자가 되었다.

인간은 생각하고 또 생각해서 자연을 정복하고 문명을 이룩하고 문화를 일구어냈다. 동시에 행복과 불행이라는 관념도 만들었다. 어느 시대에나 인간은 생각했다. 특히, 탁월한 두뇌를 타고난 몇몇 사람들은 세계와 인생과 사후 세계에 관련한 추상적인 개념과 사변을 창조하여 인생의 방편으로 삼았다. 그 방편들은 시간이 흐르며 철학과 종교의 형태를 갖추었다. 대략 설명하자면 이러한 흐름이다.

"사람이 달 표면을 걷고 인공지능(AI)도 발달한 시대에, 철학이나 종교가 굳이 필요할까. 세계니 인생이니 사후 세계니 따위를 생각해봤자 골치만 아프지 않을까?" 이렇게 생각하며 행복하게 사는 사람도 많을 것이다.

그러나 인간에게 꿈과 희망과 이상을 자아내는 이성(사고력)이 있고 사랑과 미움 등의 감정이 있는 한, 고뇌와 번뇌에는 끝이 없다. 그렇다면 어느 시대에나 철학과 종교를 찾았을 터이다. 그렇게 생각하면 "왜 지금 철학과 종교인가?"라는 질문은 사실 상당히 먼 옛날부터 인간이 되풀이하여 답을 찾아온 화두인 셈이다.

　테러가 만연하고 난민 문제가 지구촌 공동의 문제로 발전한 오늘날, 인터넷 사회에서 익명으로 이루어지는 타인에 대한 비방과 중상모략이 인간에 대한 편견과 증오를 증폭시키고 있다. 이런 시대일수록 철학과 종교가 힘이 되지 않을까? 새로운 시대를 맞이한 지금, 원점으로 회귀하여 생각해보고 싶다.

　"자네는 왜 철학을 전공했나?" 어느 날 나는 철학자가 된 지인에게 물었다. "세상의 모든 것을 생각하는 학문이라는 점에 끌렸다네." 그는 이렇게 대답했다.

　현대의 학문은 한 우물만 파는 방식으로 세세한 부분까지 파고들다 보니 도리어 우물 안 개구리가 되는 경향이 있다. 그러나 우리는 세계를 전체적으로 이해할 필요가 있다. 나는 역사를 사랑한다. 내가 사랑하는 역사를 공부하며 인류의 유구한 역사를 파고드는 과정에서, 세계를 통째로 이해하려는 과제에 도전한 철학자가 무수히 존재했다는 사실을 깨달았다. 이 책에서는 세계를 전체적으로 파악하고 고통의 바다에서 헤매는 세상 사람들을 모조리 구원하고자 했던 위대한 선인들의 이상과 업적을 여러분에게 전부 소개하려고 한다. 여러분이 세계를 통째로 이해하려고 할 때에 이 책이 도움이 된다면 저자로서 더할 나위 없는 기쁨일 것이다.

　한편으로는 이러한 생각도 해보았다. 철학이나 종교가 이런저런 경제 활동에서 업무에 활용할 수 있는 아이디어를 제공할 수도 있겠구나. 일하다가 막혔을 때에 전문 분야의 지식이나 자료보다는 이질적인 세계의 역사와 사건이 참신한 발상을 떠올리도록 도와주는 경우가 의외로 많았던 경험이 떠올랐다. 이 관점에서 생각해보면, 인류의 지적 갈등에서 탄생한 철학과 종교를 배우는 행위가 일상의 업무 환경에서도 유익하리라는 생각이 든다. 이 책을 쓴 목적 중의 하나에 이런 점도 포함된다. 철학과 종교는 인간 지식의 원천 가운데 하나라고 믿기 때문이다.

"철학이랑 종교는 다르잖아." "둘 중 하나만 배우기도 벅찬데 철학만 배우면 안 될까." 철학과 종교를 하나로 묶은 이 책을 보고 이러한 의문이 들 수도 있다. 이 물음에 대한 답은 간단하다. 이븐 시나, 토마스 아퀴나스, 칸트 등 위대한 철학자들은 모두 철학과 종교의 관계를 해명하는 데에 엄청난 열정을 쏟아부었다. 역사를 보면 철학과 종교는 떼려야 뗄 수 없는 관계에 있다.

나는 이런저런 우연이 겹쳐서 환갑에 라이프넷생명이라는 벤처 기업을 창업했다. 개인이 밑바닥에서부터 시작한 독립적인 생명보험 회사는 일본에서는 1945년 이후로 최초였다. 당시에 나는 사람의 생사에 관여하는 생명보험이란 무엇인지 그 근원적인 문제를 가장 깊이 생각했다. 나는 "생명보험료를 절반으로 줄이고, 안심하고 아이를 낳아 기를 수 있는 사회를 만들고 싶다"는 결론에 이르렀다. 그리고 생명보험료를 반으로 줄이려면 인터넷을 활용해야 한다는 쪽으로 가닥을 잡아서 세계 최초로 인터넷 생명보험을 만들었다. 생명보험 관련 지식과 기술 등이 아니라, 인간의 생사와 종으로서의 존속과 관련한 철학적, 종교적 고찰이 오히려 도움이 되었다.

고희를 맞이한 나는 신기하게 또 몇몇 우연이 겹쳐 APU(리쓰메이칸 아시아 태평양 대학교)의 학장 국제 공모에서 일본인 최초로 추천을 받아 학장으로 취임했다. APU는 학생 6,000여 명 중 절반이 92개국에서 온 유학생이다. 말하자면 "젊은이들의 국제연합"으로 "작은 지구촌"과 같은 공간인 셈이다. 물론 종교도 각양각색이다. APU에서 일하면 나는 세계의 다양성을 몸으로 온전히 느낄 수 있다. 나고 자란 사회 환경이 사람의 의식을 형성한다는 클로드 레비-스트로스의 생각을 새삼 실감했다. 돌아보면 나는 인생의 굽이굽이마다 철학과 종교에 관한 지식에서 상당한 도움을 받았다는 생각이 든다. 다시 말해서, 철학과 종교의 큰 흐름을 이해하면 틀림없이 업무에도 보탬이 된다.

신(神)이라는 개념은 약 1만2,000년 전 정착 시대(수렵, 채집 사회에서 농경, 목축 사회로의 전환)에 탄생했을 것으로 추정된다. 그후로 인간의 뇌는 진화하지 않았다. 그리고 기원전 1000년 전후로 페르시아 땅에서 가장 오래된 종교가인 조로아스터가 태어났고, 기원전 약 624년에는 그리스 땅에서 가장 오래된 철학자인 탈레스가 탄생했다. 그로부터 2,500년이 넘는 기나긴 세월 동안 수많은 종교가와 철학자들이 등장했다. 이 책에서는 가능하다면 그들의 초상을 실으려고 노력했다. 그들의 초상을 보며 각각의 시대 속에서 그들이 어떻게 사유했고 어떻게 살아남았는지를 느낄 수 있기를 바랐다. 소크라테스도 플라톤도 데카르트도 붓다와 공자도 여러분의 이웃이다. 우리와 마찬가지로 피가 흐르는 인간이다. 아무쪼록 그들의 삶을 여러분의 인생과 일에 활용할 수 있기를 바란다.

2. 철학이란 무엇인가, 종교란 무엇인가

태초부터 인간이 품었던 두 가지 물음

"철학이란 무엇인가? 또 종교란 무엇인가?" 그 정의를 물으면 쉽게 대답하기 어려운 질문이다. 이 질문에 답하기 위해서는 태곳적부터 인간이 품었던 물음이 무엇이었는지에 집중해야 한다. 대략 다음과 같은 두 가지 화두로 요약할 수 있다.

- 세계는 어떻게 생겨났고 또 무엇으로 이루어져 있는가?
- 인간은 어디에서 와서 어디로 가며 무엇을 위해서 사는가?

밤의 숲에는 캄캄한 어둠이 펼쳐지고 맑은 날이면 밤하늘 가득 별이 보인다. 어떤 계절이든 그 변화를 피부로 느끼며 살다가 죽는 인간은 이 소박한 물음을 언제나 품고 살아왔다. 프랑스의 화가 폴 고갱(1848-1903)은 19세기 말 무렵, 프랑스령 타히티에서 그림을 그렸다. 타히티 생활이 파국을 맞이할 무렵, 그는 "우리는 어디서 왔고, 우리는 무엇이며, 우리는 어디로 가는가"라는 긴 제목의 작품을 그렸다. 고갱은 이 그림을 자신의 필생의 걸작이라고 인정했다.

인간의 소박한 물음은 시대를 초월하여 존재해왔다. 우리가 사는 세계는 어떻게 생겨났는가? 인간은 어디에서 와서 어디로 가는가? 이 근원적인 물음에 시행착오를 거듭하며 답을 찾아온 학문이 단언컨대 철학과 종교라고, 반쯤 억지를 쓰고 싶다. 그러나 그 전에 철학과 종교가 우리 사회에서 어떻게 정의되는지를 한번 살펴보자.

"우리는 어디에서 왔고, 우리는 무엇이며, 우리는 어디로 가는가"

철학과 종교, 그 정의에 관하여

철학(哲學) : ① (philosophy) (지식을 사랑한다는 뜻. 니시 아마네는 이 단어를 현자의 지혜를 희구한다는 의미로 이해하여, 주돈이의 "사희현[士希賢]", 즉 선비는 현명하기를 바란다는 말에서 따와 희철학[希哲學]이라고 옮겼다. 이 단어는 다시 철학[哲學]이라는 용어로 번역되어 정착했다.) 매사를 근본원리부터 통일적으로 파악, 이해하고자 하는 학문. 고대 그리스에서는 학문 일반을 일컬었고, 근대에는 여러 과학 분야를 뜻했다. 별개의 학문으로 독립한 이후로는 여러 과학의 비판적인 음미와 기초 함양을 목표로 하는 학문이자 세계, 사회관계, 인생 등의 원리를 추구하는 학문을 뜻한다. 인식론, 논리학, 존재론, 미학 등의 분야를 포함한다. ② 흔히 경험 등으로 쌓은 인생관이나 세계관. 또 전체를 관통하는 기본적인 사고방식, 사상.

사전에서 인용했다. 살짝 설명을 보태면, 니시 아마네(1829–1897)라는 19세기 계몽 사상가가 피타고라스가 최초로 사용했다는 그리스어 philosophy를 철학이라는 한자어로 번역한 경위를 풀어 쓴 내용이다.

Philosophy라는 단어는 "앎(sophy)을 사랑한다(philo)"는 뜻이다. 애지학

(愛知學)이라고 글자 그대로 풀어 써도 좋았으련만 성에 차지 않았는지, 주자가 주자학의 시조로 간주한 송나라의 학자 주돈이의 말 "사희현"을 응용하여 희철학이라고 번역했다. "명확히 밝히는 것을 추구하는 학문"이라는 의미의 조어인 셈이다. 희철학이 시나브로 "철학"이 되어 철학이라는 말로 자리 잡았다.

이어서 종교에 관해서도 사전을 인용해보자.

> 종교(宗敎) : (religion) 신 또는 초월적 절대자, 혹은 세속적인 것에서 분리되어 금기시된 신성한 존재에 관한 신앙, 행사, 제도. 또 그들의 체계. 귀의자는 정신적인 공동사회(교단)를 이룬다. 애니미즘, 자연 숭배, 토테미즘 등의 자연종교, 특정 민족이 신봉하는 민족종교 그리고 불교, 기독교, 이슬람교 등의 세계종교가 있다. 대개 경전, 교의, 전례 등을 특정 형태로 보유한다. 교조가 있는 경우 창조종교라고 부르며 자연종교와 구별한다.

종교라는 단어도 에도 시대 말기(1853-1868) 무렵에 유입된 religion이라는 영어 단어를 번역할 때에 채용되었다. 영어 religion은 라틴어 religio에서 파생했다. 이 단어는 "다시"라는 의미의 접두어 re와 "-을 묶다"라는 뜻의 ligare를 조합해서 만들어진 단어로 여겨진다. "신과 인간을 다시 묶는다"는 뜻이리라. 이 단어를 어떻게 번역할지를 두고 에도 시대 말기부터 메이지 시대(1868-1912) 초기에 걸쳐 의견이 갈렸다. "종문(宗門)", "법교(法敎)", "교문(敎門)", "신도(神道)", "성도(聖道)" 등의 다양한 의견이 등장했다. 오늘날처럼 "종교"가 religion의 번역어로 정착된 것은 1884년에 출간된 개정 증보 『철학자휘(哲學字彙)』에 이 단어가 게재되면서라고 볼 수 있다.

지금까지 철학과 종교에 관한 정의를 사전의 내용을 중심으로 살펴보았는데, 두 단어 모두 매우 난해하게 설명되어 있다. 여기서 잠시 에움길로 돌아가 philosophy와 religion을 영어 사전에서 찾아보자. 나는 『신 영어 대사전(*Idiomatic and Syntactic English Dictionary*)』을 사용했다. 이 사전은 1942년에 영국의 옥스퍼드 대학교 출판부에서 발간한 사전의 사진판이 그대로 세계 각지로 보급된 것으로, 일본으로도 유입되었다.

phi-los-o-phy : ① love of wisdom and the after knowledge, of the cause of natural and phenomena, the facts or truths of the universe, and meanings of existence(지혜에 대한 사랑 그리고 지식 탐구. 특히 자연현상의 원인, 우주의 사실과 진실, 또 존재에 대한 의미에 관한 지식 추구를 사랑하는 행위).

re-ligion : ① belief in the existence of a supernatural ruling power the creator and controller of the universe, who has given to man a spiritual nature which continues to exist after the death of the body(초자연적인 지배력, 즉 우주의 창조자와 지배자[신]의 존재를 믿는 행위. 종교를 믿으면 인간이 죽어 육체가 사라져도 사멸하지 않고 계속 존재하는 영적인 본성[영혼]을 인간에게 부여한다).

두 단어 모두 내가 번역했다. "종교" 번역에 나오는 표현 "신"과 "영혼"은 내가 끼워넣었다. 영어 사전의 뜻풀이를 읽어보면 철학과 종교가 "무엇인가?"라는 소박한 물음에 더욱 명쾌하게 대답한다는 느낌이 들지 않는가? 상아탑이 아닌 우리가 사는 일상에서는 철학과 종교의 정의가 이 정도로도 충분하다. 이 책은 학술서가 아니므로 엄밀한 정의보다는 어떤 인물이 어느 시대에 어떤 철학과 종교를 창안했는지, 그 사실을 아는 것이 더 중요하다.

이제 앞으로는 인간이 품은 물음에 관한 이야기를 차츰 풀어나갈 계획이다.

3. 인간의 물음에 종교와 철학, 자연과학이 내놓은 해명

인간이 품어온 두 가지 소박한 물음. "세계는 어떻게 생겨났고 또 무엇으로 이루어져 있는가?", "인간은 어디에서 와서 어디로 가며 무엇을 위해서 사는가?" 이 물음에 답한 것이 종교이고 철학이며 또한 철학에서 파생한 자연과학이었다.

순서대로 살펴보면 가장 먼저 종교가, 이어서 철학이, 마지막으로 자연과학이 대답을 내놓았다. 그리고 특히 자연과학 가운데 우주 물리학과 뇌과학 등이 이 두 가지 물음에 대해, 큰 틀에서 거의 최종적인 해답을 끌어내고 있다.

'세계는 어떻게 생겨났을까'라는 물음을 '우주는 어떻게 생겨났을까'라는 물음으로 치환해보면, 우주의 탄생은 빅뱅 이론으로 이론화되어 대답이 나왔다. 빅뱅으로 우주가 팽창하기 시작했고 이윽고 다양한 물질과 에너지가 모여 별이 탄생했다. 별이 생을 마감하면 초신성 폭발이 일어나며 별의 파편이 사방팔방으로 흩어진다. 그리고 그 별 잔해에서 지구가 탄생했고 바야흐로 생명이 탄생하고 인간이 태어났다. 우리는 모두 별에서 왔다.

이어서 '인간은 어디에서 와서 어디로 가며 무엇을 위해서 사는가'라는 물음에도 답이 나왔다. 어디에서 왔는가. 통설로는 현생 인류인 "호모 사피엔스 사피엔스"가 지금으로부터 약 20만 년 전 동아프리카 지구대에서 탄생했다고 한다. 어디로 가는가. 과학자들은 지금으로부터 약 10억 년이 지나면 태양이 팽창하고 지구의 물이 사라져 모든 생물이 멸종한다는 사실을 밝혀냈다. 그렇다면 인간은 무엇을 위해서 사는가. 인간도 동물이기 때문에 다음 세대를 남기기 위해서 살아간다. 그리고 한 걸음 더 나아가 '인간이란 무엇인가'라는 물음에 관해서는 모든 행동과 사고를 뇌 활동에 의존하는 동물이라는 사실을 알아냈다.

4. 자연과학의 발달은 종교와 철학을 쓸모없게 만드는가

인간은 별 잔해로부터 태어난다. 인간 역시 동물인 까닭에 다음 세대, 즉 후손을 남기기 위해서 산다. 자연과학은 여기까지의 여정을 밝혀냈다. 여러분은 이 결론으로 인생을 사는 의미와 세계의 존재 이유를 모두 이해하고 받아들일 수 있는가?

자연과학의 세계도 이 결론에 머물러 있지만은 않다. 최신 자연과학은 우주와 인간의 뇌에 관해서 다음과 같은 연구 성과를 내놓았다. 우주를 구성하는 물질들은 수식의 형태로 해명되었다. 우주의 약 5퍼센트가 우리가 아는 수소와 탄소와 산소 등의 원소이며, 약 70퍼센트가 암흑 에너지, 약 25퍼센트가 암흑 물질이다. 이 암흑 에너지와 암흑 물질 없이는 우주가 성립하지 않는다는 데까지는 해명되었는데, 이 물질들의 정체는 아직 밝혀내지 못했다. 어쨌든 우리가 모르는 정체불명의 에너지와 물질이 존재하는 셈이다.

인간 뇌의 활동은 다음과 같이 판명되었다. 목이 마를 때에 사람이 물이 든 잔에 손을 뻗어 잔에 든 물을 마시는 행위를 옛날부터 목이 마르면 자신의 의지로 손을 내밀어 잔을 집어 들고 물을 마신다고 이해했다. 그러나 최신 뇌과학은 그 주장을 부정한다. "물을 마시고 싶다"는 의식은 인간의 무의식 부분이 결정하는 것으로, 그 무의식에서는 두 방향으로 신호가 전달된다. 그리고 간단하게 설명하면 약 0.1초만에 "물을 마시고 싶다"는 의식이 생겨나서 0.3초 정도면 손을 움직인다. 이 0.2초의 시차가 있기 때문에 인간은 자신의 의사로 물을 마시고 싶다고 결정해 손을 뻗는다고 착각한다. 실은 무의식 부분이 의사 결정의 대부분을 관장한다는 사실이 밝혀졌다.

우리는 인간 뇌의 활동에서 인간이 의식할 수 있는 부분이 기껏해야 10퍼센트 정도라고 알고 있다. 그러나 뇌 연구의 일인자인 도쿄 대학교의 약학부 교수 이케가야 유지와 대화했을 때, 이케가야 교수는 한치도 망설이지 않고 바로 대답했다.

"10퍼센트는 말도 안 됩니다. 기껏해야 몇 퍼센트 정도 아닐까요?"

인간의 의사 결정과 행동의 대부분은 뇌의 무의식 부분이 관장한다. 우주의 구성요소인 암흑 에너지와 암흑 물질과 같은 존재가 무의식의 영역일 수도 있다. 결국, 뇌와 우주는 아직도 알 듯 모를 듯 알쏭달쏭한 부분이 많다는 점에서 판박이처럼 닮은 꼴이다.

한편, 다음과 같은 연구 결과가 있었다. 인간의 개성과 능력은 유전자가 결정한다는 학설이 지배적이었다. 그러나 실제로는 유전자대로 정해지지 않고 뇌에 일종의 "변이"가 일어나며 개성과 능력이 탄생한다는 사실을 알게 되었다. "변이"란 생물학 용어이다. "에너지, 밀도, 전압 등 너비와 강도를 지닌 양의 공간적 또는 시간적 평균치로부터의 변화” 정도로 이해하면 무난하다. 또는 “통계 평균 오차로서, 거시적으로는 일정한데 미시적으로는 평균치 언저리에서 끊임없이 변화하는 현상”을 가리킨다. 뇌에 “변이”가 발생한다는 것은 유전자 이외의 다른 요소, 말하자면 잡음이라고 부를 만한 요소가 뇌에 변화를 더한다는 의미이다. 다시 말해서 부모에게서 자식에게로, 유전자가 그대로 유전되지는 않는 셈이다.

한편, 우주 물리학자인 요시다 나오키의 저서『우주 137억 년 해독(宇宙 137億年解読)』에는 우주와 관련하여 다음과 같은 내용이 등장한다. 우주의 구성을 나타내는 수식을 활용해서 컴퓨터 시뮬레이션을 돌렸더니, 아무리 반복해도 지금의 우주와 동일한 결과가 나오지 않았다. 그래서 무작위로 몇 개의 “변이”를 넣었더니 지금의 우주에 가까운 형태가 나왔다. 복잡하고 난해한 이론이지만, 빅뱅으로 탄생한 우주는 지금도 계속 변화하고 있다는 사실을 지적한 연구라고 볼 수 있다.

유전자는 인간의 개성과 능력의 계승을 보증하지 않고, 우주는 빅뱅의 순간부터 지금까지 동질한 상태로 존재하지 않았다. 현대의 자연과학은 이를 밝혀내는 데에까지 도달했다. 우주에 관해서도, 인간 뇌에 관해서도 해명될 듯하면서도 해명되지 않는 부분이 차고 넘친다는 사실은 아직 종교와 철학이 앞으로도 살아남을 여지가 있음을 방증하는 근거가 아닐까. 전체 비중을 놓고 보면, 인간의 물음에 옛날에는 대부분 종교가 답했다. 그러다가 철학이 등장했고, 이윽고 자연과학이 탄생하여 생물로서의 인간의 상당 부분을 설명할 수 있게 되었다. 그런데도 아직 자연과학은 만능이 아니다. 철학과 종교는 지금도, 만능과 같은 지평에 도달하려고 하고 있다.

이처럼 자연과학이 이룬 성과는 위대하지만 잠시 제쳐두고, 과거부터 지금까지 인간이 어떻게 철학과 종교로 세계를 이해했고 인간이 사는 의미를 고찰했는지, 시대 순서대로 살펴보자.

제1장

종교가
탄생하기까지

1. 인간, 생각하기 위해서 말을 익히다

"머리말"에서 설명했듯이 통설에 따르면 현생 인류인 호모 사피엔스 사피엔스는 지금으로부터 약 20만 년 전에 동아프리카 지구대에서 태어났다. 그리고 그로부터 약 10만 년 후, 우리의 선조는 아프리카를 벗어나서 세계로 여행을 떠났다. 아프리카에서 나온 이유는 주요 식량이었던 대형 초식 포유류가 줄어들었기 때문이라고 추정된다. 그리고 이 대여정으로 유럽, 아시아, 아메리카와 세계 각지로 확산한 인류는 각 지방의 기후에 적응하며 외모가 약간 달라졌으나, 유전학적인 근원은 하나라는 사실이 밝혀졌다.

그런데 최근 연구에서 사람에게 있는 FOXP2(Forkhead box protein P2) 유전자가 언어중추에 관여한다는 사실이 밝혀졌다. 이 FOXP2가 10만 년 전, 즉 인류가 아프리카에서 나온 무렵을 전후로 약간의 변화를 일으켜 언어가 탄생했다는 학설이 유력하다.

왜 언어가 필요했을까? 우리 뇌가 진화하여 사고하는 도구가 필요했기 때문이라고 추정할 수 있다.

언어의 탄생 이유를 두고 예전에는 다음과 같은 학설이 학계에서 지지를 받았다. 남아메리카에 사는 어느 원숭이에게는 세 종류의 천적이 있다. 콘도르와 뱀과 퓨마이다. 이들 천적이 다가오면 원숭이들은 경계의 울음소리를 내지른다. 이를 관찰한 학자는 이 경계의 울음소리가 천적에 따라 다르다는 사실을 깨달았다. 인간의 귀로는 판별할 수 없지만, 원숭이들이 콘도르를 경계할 때에 내는 새된 소리를 녹음해서 들려주면 원숭이들은 하늘을 올려다보았다. 뱀이 접근할 때의 소리를 들려주면 일제히 나무 아래를 바라보았다. 뱀은 나무를 기어오르기 때문이다. 퓨마를 경계할 때의 소리를 들려주었더니 주위 나무들을 연신 두리번거리며 살폈다. 퓨마는 나무 위에서 민첩하게 먹잇감을 노리기 때문이다.

원숭이들은 세 가지 울음소리를 확실하게 구분했다. 콘도르이다, 뱀이다, 퓨마가 나타났다. 이것이 언어의 시작이 아닐까? 말하자면 의사소통 도구로 언어가 탄생했다고 추정하는 설이 지금까지 학계에서 유력한 가설로 지지를 받았다.

그런데 세 가지 울음소리는 구체적인 위험 신호를 알릴 뿐, 기능 자체는 매우 단순하다. 이 울음소리에서 어떻게 추상적인 사고를 자아내는 언어로 발전했을까. 울음소리에서 언어가 발전했다면, "꺄 1, 꺄 2, 꺄 3"으로 끝났을 것이다.

구애 장면을 상상해보자. "꺄!"라고 새된 울음을 내지르며 먹이를 건네거나 털을 골라주거나 안아주기만 해도 호감을 전할 수 있다. 단순한 의사를 전달하기 위해서 언어가 탄생했다고 결론을 내리기에는 근거가 부족하다는 비판이 등장했다. 그리고 인간의 뇌가 발달하여 사고 활동이 가능해져도, 언어가 없으면 그 사고를 정리할 수 없다는 견해가 점차 학계를 지배했다. 그 견해를 뒷받침하는 증거로서 최근 밝혀진 FOXP2라는 유전자의 존재가 제시된 것이다.

생각하는 도구로서의 언어를 획득함으로써 인간은 세계와 자신의 존재에 관해서 근원적인 질문을 던질 수 있게 되었다.

2. 인간은 시간을 어떻게 생각해왔는가

이 공간, 자신이 살아가는 이 세계가 어떻게 생겼는지를 생각하기 시작한 인간은 이어서 시간의 존재에 관한 사색에 돌입했다. 태양의 움직임과 달의 위상 변화 그리고 하루의 시작과 끝. 인간과 시간과의 관계는 시간을 어떻게 관리할지가 우선적인 문제였다. 그 결과로 탄생한 도구가 달력이었다.

가장 오래된 태양력 가운데 하나는 이집트에서 나일 강의 범람을 예측할 목적으로 만들어졌다. 나일 강은 일정한 시기에 물이 불어나 범람하고, 홍수가 일어나면 상류에서 대량의 토사가 유입된다. 물이 빠져나간 이후에는 토양이 비옥해진다. 이 기름진 대지가 농작물을 무럭무럭 자라게 해주었고 이집트인에게 풍요를 안겨주었다. 살기 위해서 농업에 모든 것을 걸어야 했던 시대였다. 사람들은 나일 강의 범람을 손꼽아 기다렸다. 이집트인은 나일 강이 범람할 무렵에는 동트기 직전의 하늘에 떠 있는 큰개자리에 시리우스가 나타난다는 사실을 긴 세월을 통해서 체득했다. 그날은 언제 오려나? 이집트인들은 그날을 알기 위해서 밤하늘을 바라보고 태양의 움직임을 꾸준히 관찰했으리라.

태양이 가장 오래 떠 있는, 하늘이 빛나는 날(하지)을 정점으로 낮이 가장 짧은 날(동지)까지 빛이 점점 사그라든다. 그러다가 다시 햇살이 뻗어나가기 시작한다. 고대 이집트인은 그 주기를 학습했다. 이집트인은 차츰 1년이라는 주기를 의식했다. 다시 말해서 지구가 태양을 도는 주기(약 365.24일)를 알아냈고, 그 지식을 바탕으로 태양력을 만들었다.

1년이라는 개념과 비교하면 하루의 변화는 훨씬 이해하기 쉽다. 해는

나일 강 유역

아침에는 동쪽에서 뜨고 밤에는 서쪽으로 저물고, 또 아침이 오면 해가 뜬다. 이 하루를 짧은 주기라고 생각하면, 1년은 긴 주기가 된다. 하루가 몇 번이고 반복되어야만 1년이라는 긴 주기가 만들어진다. 그러나 하루와 1년의 시간 차이가 너무 커서, 시간의 흐름을 충분히 파악하기가 어려웠다. 그래서 인간은 밤하늘의 달에 주목했다. 달은 밤에 보이지 않았다가 (그믐, 초하루) 점차 둥글게 차오르고(보름), 다시 가늘게 이울어간다. 인간은 달이 지구를 한 바퀴 도는 주기가 약 29회(약 29.53일)의 밤이라는 사실을 배웠다. 그렇게 사람은 1일과 1년, 1개월이라는 개념을 익혔다.

또 일주일의 기원은 칠요(七曜, 즉 태양, 달, 화성, 수성, 목성, 금성, 토성 등 맨눈으로 볼 수 있는 큰 별로서 중국의 오행설과도 연관된다)에서 비롯되었다거나 태양력의 1개월을 4등분한 단위라는 설이 있는데, 일주일은 메소포타미아에서 유래했다.

이러한 달의 위상 변화는 날짜를 아는 데에 편리했기 때문에 이를 이용하여 만들어진 달력이 태음력이다. 사실 역사적으로는 태음력이 일찍부터 메소포타미아에서 사용되었다. 달력에 관한 자세한 설명은 이쯤에서 줄이고, 태음력으로 1년을 구성하면 약 354.36일이 된다는 정도만 알고 넘어가자. 이집트에서 최초로 태양력이 만들어진 이유는 태음력을 사용하면 태양의 주위를 1바퀴 도는 일수(약 365.24일)에서 11일가량이 부족하기 때문이었다. 이집트인들은 태음력을 사용하면 풍작을 가져오는 대범람 시기를 규칙적으로 파악할 수 없음을 깨닫고 태양력을 고안했다.

또 인간은 태양력의 365일에 맞추어 일수를 조절하여 태음태양력(태음력에 윤달을 넣어서, 1년에서 약 11일이 짧은 태음력의 단점을 보완한 달력)을 만들었다. 메소포타미아에서는 기원전 2000년대에 이미 태음태양력을 사용했다. 오늘날에는 이슬람 사회의 태음력을 제외하고는 대부분의 국가들이 태양력을 사용한다.

동이 트지 않는 밤은 없고 계절은 순환하며 봄은 다시 찾아온다. 인간은 달력을 고안하여 순환하는 시간을 관리할 수 있었다. 그 순환하는 시간 속에서, 인간의 일생은 한 방향으로 흐른다는 사실도 깨달았다. 태어나서 걸음마를 시작하고 어른이 되고 이윽고 노인이 되어 죽어간다. 인간의 일생은 직선을 그린다. 지나간 청춘은 돌아오지 않는다.

자연을 관장하는 순환의 시간과 인생을 지배하는 직선의 시간, 두 개의 시간이 존재한다는 것을 깨달은 인간에게 다음과 같은 생각이 떠오르지 않았을까. 인생이라는 직선의 시간이 끝난 이후에는 어떻게 될까? 어딘가로 갈 세계는 있을까? 인생이 시작되기 전에는 도대체 어디에 있었을까?

3. 인간의 갑작스러운 정착 그리고 종교

길들임(domestication)이라는 단어가 있다. 학술적으로는 사육, 순응, 교화 등을 의미하며 다음과 같이 설명된다. "야생에서 그때까지 존재하지 않던 가축과 재배 작물을 인간이 만들어내는 일. 동물의 가축화, 식물의 재배화(작물화). …… 고고학, 지리학, 인류학, 재배 식물학, 유전학 등 폭넓은 분야에서 길들임의 기원 문제에 관심을 두고 있다."(『브리태니커 백과사전』 발췌)

인간이 식물을 재배하거나 동물을 길들여 가축화하는 데에 빼놓을 수 없는 조건이 있다. 바로 인간의 정착 생활이다. 더 많은 식량을 찾아 동아프리카로부터 대여정에 나선 인류는 세계 곳곳으로 이동했다. 인류의 관점에서 정착 생활을 생각해보면 정착 생활이 반드시 긍정적인 결과를 가져온다고는 볼 수 없다. 한곳에 계속 머물러 살면 배설물 처리만 해도 만만치 않은 일이다. 좁은 공간에 옹기종기 모여서 먹고 자는 밀집 생활에서는 질병이 발생하기 쉽고, 무리 중에서 한 명이 병에 걸리기라도 하면 무리 전원이 감염될 수 있다. 위험을 감수하고 힘들게 정착 생활을 하기보다는 더 맛있는 식량을 찾아 새로운 지역으로 이동하며 사는 방식이 훨씬 더 편하지 않았을까.

그런데도 왜 인류는 굳이 정착 생활을 시작했을까. 인간의 의식이 "세계를 떠돌며 맛있는 식량을 찾아다니며 살자"에서 "더는 움직이지 않겠다. 주변 지역을 지배하며 살겠노라"로 변화했기 때문이 아닐까. 왜 의식이 변화했는지를 해명하는 정설은 없다(자유롭게 이동할 수 없게 되어 울며 겨자 먹기 식으로 정착했다는 설이 있기는 한 모양이다). 인간이 정착 생활을 시

터키의 괴베클리 테페 유적

작한 당시, 인간의 뇌는 최후의 진화를 마쳤고 그로부터 오늘날까지 진화하지 않았다고 알려져 있다.

이렇게 인간은 정착하고 세계를 지배하기 시작했다. 식물을 지배하는 농경, 동물을 지배하는 목축, 나아가 금속을 지배하는 야금(冶金) 등이 시작되며 식물, 동물, 금속, 즉 만물을 인간이 지배하게 되었다. 요컨대 수렵 채집 생활에서 농경 목축 생활로의 전환이었던 셈이다.

정착은 지금으로부터 약 1만2,000년 전에 메소포타미아 지역에서 일어난 것으로 추정된다. 주위에 존재하는 대상을 하나씩 차례로 지배하던 인간은 더 나아가 자연계를 움직이는 원리도 지배하고 싶다는 생각을 품기 시작했다. 누가 태양을 뜨게 만들고, 누가 사람의 생사를 주관하는지 궁금해졌다. 처음에는 신이라는 단어도, 개념도 존재하지 않았으나, 누군가가 자연계의 법칙을 만들었다고 생각하기 시작했다. 이 추론을 뒷받침하는 유력한 증거들 중의 하나가 메소포타미아의 고대 유적지에서 발굴되었다. 용도와 구체적인 목적을 상정하기가 어려워서 특별한 의미를 담고 있거나 숭배의 대상이었다는 가설 이외에는 떠올리기 어렵다. 세계에서 가장 오래된 신전으로 여겨지는 터키의 괴베클리 테페 유적은 약 1만2,000년 전에 세워졌다고 추정된다. 이 시대에 인류는 틀림없이 큰 전기를 맞이했다.

이처럼 정착 생활을 시작하며 인간이 종교라는 개념을 고안했다고 추론할 수 있다. 덧붙이자면 고대 이집트인이 태양력을 개발한 과정도 시간을 지배한다는 의미에서 정착의 한 형태로 볼 수 있다.

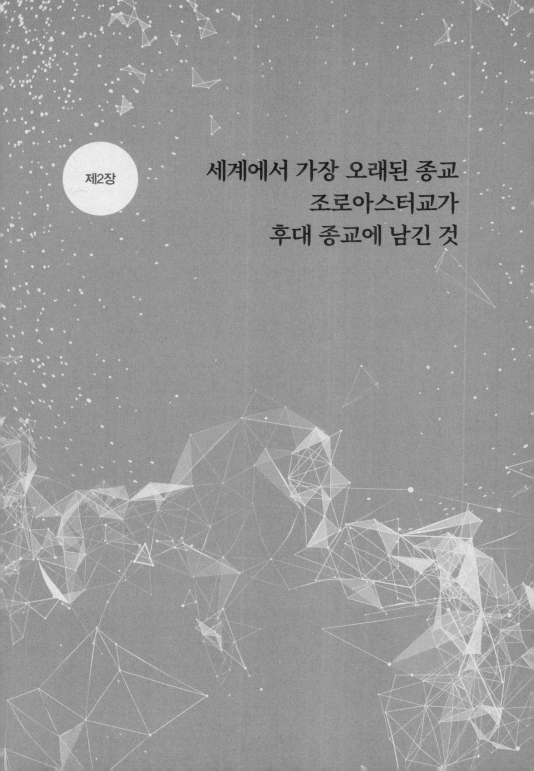

제2장

세계에서 가장 오래된 종교
조로아스터교가
후대 종교에 남긴 것

초월적인 신의 존재를 의식하기 시작한 인간은 소박한 태양신과 대지 모신(母神) 신앙을 거쳐 자연 만물에서 신의 존재를 의식하게 되었고, 원시적인 다신교의 시대가 되었다. 그후 후세 종교에 지대한 영향을 미친 인류 최초의 종교, 즉 조로아스터교가 탄생했다.

기원전 1000년(±300년)경 고대 페르시아, 오늘날의 이란 고원 북동부에서 자라투스트라라는 종교가가 태어났다. 자라투스트라를 영어식으로 읽으면 조로아스터이다. 자라투스트라는 고대 사회에서는 드문, 추상적인 사고능력을 지닌 인물이었던 듯하다. 조로아스터교의 교리는 매우 논리적이고 명쾌했다.

조로아스터교는 페르시아 땅으로 이주한 아시리아인의 민족 신앙을 바탕으로 자라투스트라가 창시한 사상에서 비롯되었다. 페르시아의 고대 왕조로는 세계 제국으로 성장한 아케메네스 왕조(기원전 550-기원전 330)가 유명한데, 이 왕조의 창시자인 키루스 2세(재위 기원전 550-기원전 530) 시대에는 이미 조로아스터교가 널리 신봉되고 있었다.

조로아스터교는 페르시아를 중심으로 중앙 아시아를 거쳐, 당나라 시대의 중국에까지 전해졌다. 중국에서는 현교(祆敎)라고 불렀다. 페르시아 왕조는 아케메네스 왕조가 알렉산드로스 대왕에게 정복당한 이후 셀레우코스 왕조의 파르티아 왕국으로 지배자가 바뀌었다. 조로아스터교는 파르티아 왕국을 무너뜨린 사산조 시대(226-651)에 국교로 승격되었다. 또 사산조 시대 초기에는 조로아스터교의 경전이 정비되었다.

라파엘로, "아테네 학당" 중 자라투스트라

1. '춤추는 종교가' 마니의 등장과 조로아스터교의 관계

자라투스트라의 선종 이후 대략 1,100년 후인 3세기에 들어서 조로아스터교 경전이 편찬되고 정비되었다. 경전의 이름은 『아베스타(*Avesta*)』이다. 자라투스트라의 말과 그가 세상을 떠난 후에 덧붙여진 부분으로 구성되어 전부 21권이라고 알려져 있으나 현재는 그중 약 4분의 1만이 남아 있다.

조로아스터교의 지위는 사산조 제4대 바흐람 1세(재위 273~276) 시대에 국교에 가까운 수준까지 격상되었다. 당시 조로아스터교 대신관이었던 카르티르가 바흐람 1세를 끈질기게 설득하여 얻어낸 결과였다. 카르티르는 당시 신흥세력으로 부상하던 마니교를 저지하고 조로아스터교를 부흥시키기 위해서 물밑 공작을 펼쳤다.

마니

명군 샤푸르 1세(재위 241-272) 시대에는 바빌로니아 지방에서 마니(216-276 또는 277)라는 종교가가 등장했다. 마니는 조로아스터교의 선악이원론을 다듬어 장대한 이원론 교리를 창조했다. 마니는 자신의 가르침을 춤으로 설파한 독특한 종교가였다. 그는 춤추는 종교인의 시조 격인인물이다. 마니의 가르침은 관대한샤푸르 1세 치하에서 순식간에 페르시아로 퍼져나갔다. 동방으로는 중앙 아시아를 거쳐 중국(명교[明敎])까지, 서방으로는 북아프리카까지 교세를 확장했다. 북아프리카에서 태어난, 고대 기독교에서 가장 오래된 신학자 아우구스티누스(354-430)도 본래 마니교 신자였다.

승승장구하던 마니교는 샤푸르 1세 사후 카르티르의 공격으로 쇠퇴했고, 마니 본인도 처형당했다. 그리고 조로아스터교가 새로운 강자로 부상했다. 신흥 종교에 대한 기성 종교의 탄압은 예나 지금이나 별반 다르지않은 모양이다. 사산조는 651년에 이슬람 제국에게 멸망당했고, 이후 페르시아 지방은 이슬람교가 장악하여 오늘날의 이란에 이르렀다.

조로아스터교는 지금은 인도와 중동에서 소수의 신자를 거느린 소규모종교로 교세가 축소했으나, 세계 종교에 엄청난 영향을 남겼다. 조로아스터교가 오늘날 세계 종교에 남긴 발자취를 차근차근 살펴보자.

2. 조로아스터교의 사상 1 : 선악 이원론과 최후의 심판

조로아스터교의 최고신은 아후라 마즈다이다. 마즈다가 세계를 창조했고, 세계에는 선한 신 무리와 악한 신 무리가 있다. 그리고 선한 신과 악한 신 무리가 영원한 싸움을 계속한다는 것이 조로아스터교의 교리이다.

선한 신 무리에는 인류의 수호신 스펜타 마이뉴를 필두로 하여 일곱 신이 존재한다. 악한 신은 모두 악마로, 온갖 악행과 맹독을 관장하는 대악마 앙그라 마이뉴(별칭 아흐리만)를 필두로 마찬가지로 일곱 신이 존재한다. 양 진영 모두 개성이 풍부한 신들을 갖추고 있다. 숫자 7은 "성스러운 숫자"로서 일주일 주기와도 일치한다.

조로아스터교에서는 우주의 시작부터 끝까지를 1만2,000년으로 규정한다. 1만2,000년을 3,000년씩 4개의 주기로 나눈다. 그리고 자라투스트라는 "우리가 사는 시대는 선한 일곱 신과 악한 일곱 신이 격렬하게 싸우는 시대이다"라고 주장했다. 괴로운 나날들이 이어지는 것은 악한 신의 우두머리인 앙그라 마이뉴가 우세할 때이고, 즐거운 날들이 이어지는 것은 선한 신의 대장인 스펜타 마이뉴가 승리를 거두었을 때라고 가르쳤다.

이윽고 선악의 신이 싸우는 혼란의 시대가 끝나는 1만2,000년 이후의 미래, 즉 세계 종말의 날에 아후라 마즈다는 최후의 심판을 주관한다. 이때 산 자와 죽은 자를 포함한 전 인류의 선악이 심판받고 선별되어 악인은 지옥으로 떨어지고 모조리 멸망한다. 그리고 선인은 영원한 생명을 얻어 천국(낙원)에서 사는 날이 올 것이라고 자라투스트라는 설파했다. 그래서 현세에서는 세 가지 덕(선한 생각, 언어, 행동)을 쌓아야 한다는 것이 조로아스터교의 가르침이었다.

자라투스트라는 (천지창조부터 최후의 심판까지의) 시간을 직선적으로 파악했고 극단적인 선악 이원론을 펼쳤다. 종교의 세계에서 선악 이원론은 이 세상을 설명할 때에 강한 설득력을 발휘할 수 있다. 가령 이 세상을 정의의 신 한 명이 창조했다면 전 세계에 정의가 충만할 것이다. 이 논리에 따르면 악한 군주도 살인귀도 존재하지 않는다. 청렴하고 바르게 살면 누구나 행복해질 수 있다. 그런데 왜 인생에는 고통이 존재하고 삶이 이렇게나 고달플까. 만약 신이 있다면 고통스러운 삶에서 우리를 구원해야 하지 않을까. 이러한 세계관에서는 인간을 고된 삶으로부터 구원하지 않는 신을 의심하고 고뇌할 수밖에 없다.

작가인 엔도 슈사쿠의 소설 『침묵(沈黙)』은 가톨릭 신자를 박해하던 일본에 숨어든 포르투갈인 사제가 일본인 신자에게 가해지는 고문을 보고 마음이 아파서 배교자의 길로 들어선다는 줄거리를 다룬다. 왜 신은 우리를 구원해주지 않을까. 일신교를 믿는 인간은 현세의 고통을 어떻게 받아들여야 할까. 『침묵』은 이 문제에 정면으로 도전했다. 반대로, 일신교가 지닌 모순(전능한 신이 왜 현세의 고통을 해결해주지 못할까)이 인간의 사고를 깊게 만든다는 측면도 부정할 수 없다. 그 근거로 아우구스티누스를 비롯한 후세 철학자들이 이 문제에 진지하게 매달렸다는 점을 들 수 있다. 그러나 선악 이원론의 교리는 현세의 고통과 내세와의 관계를 시간 축이라는 개념을 활용하여 이해하기 쉽게 설명할 수 있다.

3. 조로아스터교의 사상 2 : 수호령과 세례

조로아스터교는 정령의 존재를 믿는다. 정령은 이 세상의 삼라만상에 깃든 영적 존재로 당연히 인간에게도 깃들어 있다. 이 정령을 프라바시(Fravashi)라고 불렀다. 조로아스터교 신자들은 조상의 프라바시가 산 사람들의 수호령이 된다고 믿었다. 조상의 영을 믿고 받드는 조령(祖靈) 신앙의 시초이다.

세상을 떠난 조상은 자신과 인연이 있는 산 사람들이 자신의 영혼을 지켜주기를 바란다. 조로아스터교는 후손이 자신을 지켜주기를 바라는 마음에서 세상을 떠난 조상의 영혼이 후손의 수호령이 된다고 믿었다. 그래서 이 세상에 사는 사람은 조상을 정성껏 모시고 조상의 영혼을 소중히 기려야 한다고 가르쳤다. 조상을 기리는 이 가르침은 널리 퍼져나갔다. 예를 들면 일본에서는 음력 7월 15일을 전후해서 조상을 모시는 불교 행사로 우란분재(盂蘭盆齋)를 치르는데, 이 행사의 근원을 거슬러 오르면 프라바시 신앙으로 귀결된다고 주장하는 일부 학자들이 있다.

또 조로아스터교에는 나브요테(Navjote)라고 부르는 입문 의식이 있다. 일종의 신앙 귀의 의식이다. 이 의식은 이윽고 기독교에 편입되어 세례 의식으로 변모했다. 다만 조로아스터교에는 로마 가톨릭 교회와 같은 유아 세례는 없었다. 7세 무렵부터 15세까지가 신앙에 입문하는 시기로, 인간다운 판단력을 갖추기 시작할 무렵에 의식을 치렀다.

조로아스터교는 세상 물정 모르는 아이가 종교를 알 리 없다고 생각했다. 참으로 합리적인 사고방식의 종교이다. 나브요테 의식을 치르는 날, 의식을 치르는 사람은 청결한 속옷을 입고 순백색의 새 옷을 걸쳤다. 조로아스터교는 맑고 깨끗함의 상징인 흰색을 중시하는 종교였다.

4. 조로아스터교의 사상 3 : 불을 숭배하는 행위

조로아스터교는 우상을 숭배하지 않는 대신 불을 신앙의 대상으로 모셨다. 그래서 중국에서는 조로아스터교를 배화교(拜火教)라고 부르기도 했다.

자라투스트라는 아리아인이다. 아리아인은 카스피 해 북방에 살았는데, 기원전 1500년 전후로 인도에 들어왔고, 기원전 1200년 무렵에는 이란으로도 진출했다. 아리아인은 민족 대이동 과정에서 카스피 해 연안을 따라 남하했다. 남하 도중에 그들은 아제르바이잔의 바쿠 지방을 지나갔다고 추정된다. 바쿠 지방은 석유 산지로서 지금도 그곳에서는 자연 발화 현상을 볼 수 있다. 어떤 날씨에도 불꽃을 활활 내뿜는 불길을 보고 아리아인들은 신에 대한 경건한 마음을 품게 되었으리라. 꺼지지 않고 타오르는 불을 보고 경건함을 느낀 아리아인들은 인도로 건너가 브라만교의 불의 신 아그니를 탄생시켰다. 이 경건한 마음은 이란에서 자라투스트라가 새로운 종교를 창시하는 결정적인 계기를 마련해주기도 했다.

이란의 야즈드 지방에는 자라투스트라가 불을 붙였다고 전해지는 "영원한 불"이 지금도 계속 타오르고 있다. 아제르바이잔의 바쿠에도 조로아스터교의 "영원한 불"을 모신 성지가 남아 있다. 또 인도에서는 불의 신 아그니가 불교에 큰 영향을 주었다. "영원한 불"을 믿는 가르침은 중국으로 전해졌고, 바다 건너 일본으로도 전해졌다. 유네스코 세계문화유산으로 등재된 일본의 엔랴쿠지 사찰은 시가 현 히에이 산에 있는데, 이곳에는 불을 숭배하는 교리를 상징하는 법등이 있다. 이 법등은 당에서 돌아와 일본 천태종을 처음으로 열었다는 승려 사이초가 밝힌 등불로, 한 번도 꺼지지 않고 오늘날까지 타오르고 있다고 전해진다.

5. 유대교, 기독교, 이슬람교는 조로아스터교에게 많은 것을 배웠다

조로아스터교는 최고신으로서 아후라 마즈다가 존재하여 얼핏 일신교처럼 보이지만, 선한 신과 악한 신 그리고 다채로운 신들이 존재한다는 점에서 다신교적인 측면도 있다.

페르시아에서 탄생하여 세계에서 가장 오래된 이 종교로부터 가장 많은 교리를 흡수한 종교는 고대 셈족의 일신교이다. 노아의 세 아들(셈, 함, 야벳) 중에서 셈이 선조라고 전해지는 사람들을 셈족이라고 부른다. 셈족은 서남 아시아(메소포타미아, 팔레스타인, 아라비아) 역사에 등장하는 사람들로, 그들에게서 탄생한 종교의 형태가 일신교이다. 구체적으로는 유대교, 기독교, 이슬람교를 가리킨다.

셈족의 일부가 믿던 유일신 야훼(YHWH)가 인류를 구원하는 예언자로 선택한 인물이 아브라함이다. 아브라함은 유대인의 시조로 일컬어지는 인물로, 유대교와 기독교 그리고 이슬람교 세계에서 "신앙의 아버지"로 존경받는다. 그래서 셈족의 일신교는 "아브라함의 종교"라고도 부른다. 셈족의 일신교는 천지창조와 최후의 심판도, 천국과 지옥도, 세례 의식도 모두 조로아스터교로부터 배웠다.

현대 사회에 영향을 미친 종교는 크게 세 가지로 나눌 수 있다. 셈족의 일신교, 인도 종교 그리고 동아시아 종교이다. 인도에서 태어난 종교의 대표 주자는 힌두교와 불교이다. 동아시아 종교에는 유교와 도교, 일본의 신도 등이 있다. 중국에서 완성된 선(禪) 사상과 정토교는 인도 불교라고 하기에는 어려운 부분이 있어서 구분이 쉽지 않은 종교이다. 이 세 가지로 크게 나뉘는 종교 이외에, 지금까지 남아 세계에 지대한 영향을 주는 종교는 없다. 셈족의 일신교에 속하는 3개 종교를 합친 신자의 수는 21세기를 기준으로 세계 인구의 50퍼센트를 넘는다.

6. 니체의 『차라투스트라는 이렇게 말했다』와 조로아스터교의 관계

19세기 후반 독일의 철학자 니체는 『차라투스트라는 이렇게 말했다(Also sprach Zarathustra)』라는 책을 썼다. 니체 철학의 중대한 명제인 "영원 회귀" 사상을 이야기한 책이다. 차라투스트라는 자라투스트라를 독일식으로 읽은 이름이다.

그러나 이 책에서 말하는 내용은 자라투스트라와는 거의 관계가 없다. 니체는 선악 이원론의 원조 격인 고명한 자라투스트라의 이름을 빌려 자신의 사상을 펼쳤다. 물론 니체가 조로아스터교의 경전인 『아베스타』를 공부하고 영감에 가까운 무엇인가를 느꼈을 수도 있다.

그러나 니체가 주장하는 "영원 회귀" 철학은 자라투스트라보다는 오히려 인도 브라만교의 경전 『리그베다(Rigveda)』(신에게 바치는 찬가) 등을 참고했을 공산이 크다. 『리그베다』는 인도 선주민의 윤회전생 사상을 포함하기 때문이다. 윤회전생 사상은 시간이 순환한다는 발상으로, 시간도 사람의 생명도 영원히 돌고 돈다고 믿는 신앙이다. 그야말로 "영원 회귀"에 가까운 개념이다. 따라서 『차라투스트라는 이렇게 말했다』와 조로아스터교는 무관하다고 생각해도 된다.

제3장

철학,
'지식의 폭발'로부터 탄생하다

고대 그리스 철학의 흐름

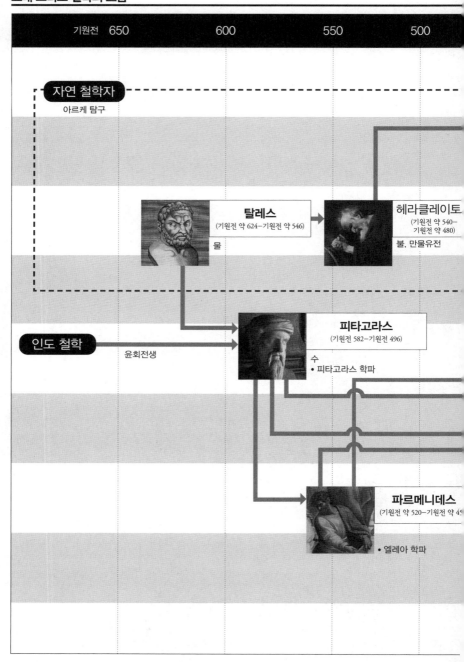

| 기원전 | 650 | 600 | 550 | 500 |

자연 철학자
아르케 탐구

탈레스
(기원전 약 624–기원전 약 546)
물

헤라클레이토
(기원전 약 540–
기원전 약 480)
불, 만물유전

피타고라스
(기원전 582–기원전 496)
수
• 피타고라스 학파

인도 철학
윤회전생

파르메니데스
(기원전 약 520–기원전 약 4
• 엘레아 학파

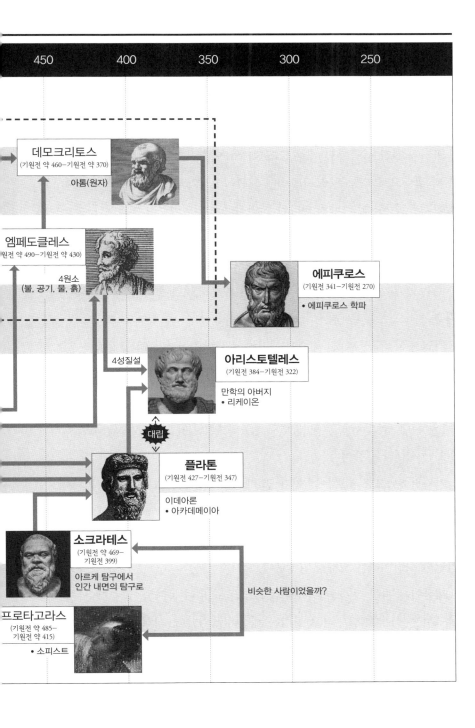

450　　　　　400　　　　　350　　　　　300　　　　　250

데모크리토스
(기원전 약 460–기원전 약 370)

아톰(원자)

엠페도클레스
(원전 약 490–기원전 약 430)

4원소
(불, 공기, 물, 흙)

에피쿠로스
(기원전 341–기원전 270)

• 에피쿠로스 학파

4성질설

아리스토텔레스
(기원전 384–기원전 322)

만학의 아버지
• 리케이온

대립

플라톤
(기원전 427–기원전 347)

이데아론
• 아카데메이아

소크라테스
(기원전 약 469–
기원전 399)

아르케 탐구에서
인간 내면의 탐구로

비슷한 사람이었을까?

프로타고라스
(기원전 약 485–
기원전 약 415)

• 소피스트

이제 종교 다음으로 철학이 등장할 차례이다.

과거에 철학을 공부할 때는 소크라테스 이전의 철학과 소크라테스 이후의 철학으로 나누는 사고방식이 일반적이었다. 소크라테스의 등장이 철학적으로 볼 때, 하나의 커다란 전환점으로 인식되었기 때문이다. 그러나 소크라테스의 등장이 그 정도로 큰 사건인지를 두고 학계에서 갑론을박 논쟁이 벌어져서, 지금은 가치 중립적으로 "초기 그리스 철학"이라고 부르는 경우가 많은 모양이다. 그렇다면 초기 그리스 철학이 과연 무엇인지 본격적으로 살펴보자.

기원전 5세기 전후, 전 세계에 생각하는 사람들이 무수히 등장했다. 봄을 맞아 초목이 일제히 피어나듯이 오늘날까지 남은 온갖 사고의 원점이 탄생했다. 20세기 독일의 철학자 카를 야스퍼스(1883-1969)는 이 시대를 "축의 시대(Achsenzeit)"라고 불렀다. 전 세계적인 규모로 '지식의 폭발'이 일어난 시대라는 뜻이다.

기원전 5세기 전후로는 철기가 전 세계로 얼추 보급되었다. 동시에 지구 온난화가 시작되었다. 철기 농기구와 온난한 기후 덕택에 농작물 생산력이 급상승했다. 그러자 잉여 작물이 대량으로 생산되어, 부유한 사람과 가난한 사람이라는 격차가 발생했다.

재산이 풍족한 부자는 일하지 않고 일꾼을 부려 농사를 짓게 했다. 중국에서는 '식객(食客)'이라고 불리는 계층이 생겨났다. 식객들은 부잣집에 기거하며 무위도식했다. 피리를 특출나게 부는 사람이나 별의 움직임을 훤히 꿰는 사람 등이 식객 자격을 얻었다. 말하자면 오늘날의 예술가나 학자와 같은 사람들이었다.

사회 전체가 가난하면 농사를 지어 먹고 사느라 다른 일에 몰두할 겨를이 없다. 노래할 시간도, 밤하늘을 올려다볼 여유도 없고 인생을 생각하며 신선놀음을 할 시간 따위도 주어지지 않는다. 생산력이 향상되자 유한 계급이 생겨나며 지식인과 예술가가 등장했다. 그리고 그 과정에서 지식의 폭발이 발생했다. 지식의 폭발은 그리스에서 시작되어 거의 같은 시기에 인도와 중국에서도 일어났다.

지식의 폭발로 철학적 사고가 널리 퍼져나갔다. 그 시대 사람들이 생각한 것은 "머리말"에서 설명한 인간의 근원적인 물음이었다. "세계는 무엇으로 이루어져 있는가?" 이 화두에 대하여 초기 철학자들은 어떤 답을 내놓았을까.

1. 철학의 아버지 탈레스와 자연 철학자가 생각한 "아르케"

그리스에서는 위대한 서사시인이었던 호메로스와 헤시오도스가 그리스 신화를 체계적으로 정리하여 기원전 9세기부터 기원전 7세기에 걸쳐 『일리아스(*Ilias*)』와 『오디세이아(*Odysseia*)』, 『신통기(*Theogonia*)』를 집필했다. 이 책들은 에게 문명의 여러 신화들을 융합한 내용으로 채워졌다. 이렇게 그리스 신화의 세계가 탄생했다. 이 시대 사람들은 신이 세계를 만들었다고 굳게 믿었다. 이 시대를 "미토스(mythos, 신화, 전설) 시대"라고 부른다.

미토스 시대를 지나 축의 시대에 등장한 학자들은 신이 세계를 만들었을 리 없다고 생각하기 시작했다. "무엇인가 세계의 근원이 있을 터이다.

탈레스

무엇이 세계의 근원인가." 이 화두를 미토스가 아닌 자신들의 논리, 다시 말해서 로고스(logos, 말)로 생각하기 시작했다. 그리고 그 "만물의 근원"을 아르케(arche)라고 불렀다(참고로, 아르케라는 말을 최초로 사용한 사람은 탈레스보다 연배가 약간 어린 아낙시만드로스라는 철학자였다). 미토스가 아닌 로고스로 아르케를 생각하는 행위. 그 행위에 최초로 답을 냈다고 알려진 철학자가 탈레스(기원전 약 624–기원전 약 546)였다.

탈레스는 에게 해의 동쪽(오늘날의 터키), 이오니아 지방의 도시인 밀레토스 출신이다. 그래서 그를 따르는 초기 철학자 무리를 "이오니아 학파"라고 불렀다. 또 자연을 탐구하는 자연과학의 관점을 취했기 때문에 후세에는 이들을 자연과학자라고 불렀다.

그렇다면 탈레스는 이 세상의 아르케가 무엇이라고 생각했을까? 탈레스가 찾은 답은 물이었다. 지금은 인간 신체의 약 70퍼센트가 물로 이루어져 있으며 지구상의 생명의 근원이 물이라는 사실이 판명되었다. 변변한 과학 지식도 없이, 정밀한 관측 장비도 없이 이 사실을 간파한 탈레스의 소름 끼치는 직관력에 혀를 내두르게 된다. 탈레스는 특히 측량기술과 천문학에 통달했다. 중학생 시절에 배운 "반원에 내접하는 각은 직각이다"라는 정리를 떠올려보자. 이 정리는 탈레스가 발견한 정리로 알려져 있다.

탈레스는 무척 다재다능한 인물로 수많은 일화를 남긴 매력적인 인물이다. 어느 날 그는 학문을 아무리 파고들어도 인생에는 도움이 되지 않는다고 비웃는 사람을 만났다. 그러자 천문학의 달인이었던 탈레스는 어느 해에, 별자리의 운행으로 올리브 작황을 예측할 수 있다는 사실을 알아냈고, 올리브 꽃이 피기도 전에 근처 마을에서 올리브 열매를 짜서 기름을 만드는 압착기를 모조리 사들였다. 올리브 풍년이 들자 다급해진 사람들은 헐레벌떡 탈레스에게 압착기를 빌리러 왔다. 탈레스는 큰돈을 벌었다. 학문이 돈벌이에도 도움이 된다는 사실을 몸소 증명한 셈이다.

"아르케는 물이다"라는 탈레스의 학설에 자극받아 실로 다양한 아르케 이론이 등장했다. 수많은 주장들을 소개하기 전에 먼저 눈도장을 살포시 찍어둘 책 한 권이 있다. 디오게네스 라에르티오스가 지은 『그리스 철학자 열전(*Diogenes Laertios Vitae Philosophorum*)』이라는 책은 기원후 2세기 말 무렵부터 기원후 3세기 전반에 집필되었다고 추정된다. 출간 당시 저자가 붙인 원제는 알 수 없으나 시대가 지나도 꾸준히 읽히며 계속 출간되었다. 이 책은 82명의 그리스 철학자들의 인생을 출생과 경력 그리고 일화를 모두 이야기한다. 이 책의 첫머리에 바로 탈레스가 등장한다. 이 책은 그리스 철학자들의 역사에 관해서 허구를 배제하고 생생하게 사실적으로 묘사한다.

탈레스의 뒤를 이어 등장하는 인물이 헤라클레이토스(기원전 약 540–기원전 약 480)이다. 그는 "만물은 유전한다(panta rhei)"라는 말을 남겼다. 본인이 정말로 그런 말을 했는지 확실한 증거는 없으나 플라톤이 헤라클레이토스의 말이라고 기록했다.

"아르케는 물이다, 불이다, 숫자이다, 이런저런 말이 오갔지만, 만물은

엠페도클레스

유전한다. 이 세상에 영원히 변하지 않는 것은 없다." 헤라클레이토스는 만물유전을 주장했다. 원래 헤라클레이토스는 변화와 투쟁을 만물의 근원으로 간주했고, 불을 그 상징으로 보았다. 그의 주장에서 근대 독일의 철학자 헤겔(1770-1831)이 제창한 정반합(正反合)의 변증법 이론의 싹을 찾을 수 있다.

　　이어서 엠페도클레스(기원전 약 490-기원전 약 430)는 불, 공기, 물, 흙의 4원소를 아르케라고 규정했다. 시칠리아 섬의 아크라가스(오늘날의 아그리젠토)에서 태어난 그는 의사이자 시인이자 정치인이었다. 그는 4원소설을 주장했다. 만물의 근원인 아르케는 불, 공기, 물, 흙이라는 네 가지 원소로 이루어졌다는 주장이다. 이 네 가지 원소를 통합하는 사랑(필리아[philia])이 있고, 분리시키는 미움(네이코스[neikos])이 있다. 이들의 작용으로 4원소는 이합집산을 되풀이한다는 이론이다. 엠페도클레스는 나중에 살펴볼 피타고라스 학파의 영향을 받았다. 이 4원소는 나중에 아리스토텔레스가 다시 거론한다. 다만, 아리스토텔레스는 이를 원소로 다루기보다는 네 가지의 재료로 다루었는데, 아리스토텔레스의 주장은 다음 장에서 다시 설명하겠다.

　　만물의 근원을 탐구한 마지막 철학자는 데모크리토스(기원전 약 460-기원전 약 370)이다. 나이로 보면 그는 소크라테스(기원전 약 469-기원전 399)보다 10년 정도 후대의 인물이다. 데모크리토스는 자연과학과 윤리학, 수학 그리고 오늘날 일반 교양에 해당하는 분야의 학문까지 두루두루 깊이 공부했다. 그리고 학문을 위해서 이집트, 페르시아, 홍해 지방, 인도까지 일종의 학술 답사 여행을 떠났다. 그는 자신이 배운 지식을 방대한 저작으로 남겼다는 기록이 남아 있다.

데모크리토스

데모크리토스는 아르케가 아톰(원자)이라고 생각했다. 물질을 잘게 쪼개면 더는 분해할 수 없는 최소 단위의 입자(atoms)가 되고, 그 아톰이 지구와 행성과 태양을 구성한다고 추정했다. 아톰으로 구성된 물체와 물체 사이의 공간은 공허(canons)라고 생각했다. 다시 말해서 진공의 개념이다. 그는 천상계를 지상의 세계와 구별하지 않았고, 천상계도 통상적인 물질 세계라는 사실을 간파했다. 현대 유물론(134쪽 참조)에 근접한 발상이 이 시대에 이미 탄생했다는 사실이 놀라울 따름이다.

자연 철학자는 아니지만 후세에 큰 영향을 미친 위대한 철학자 두 사람을 살펴보자. 한 사람은 피타고라스(기원전 582-기원전 496)이다. 피타고라스는 탈레스와 동향인 이오니아 지방 출신으로, 청년기에 학문을 위해서 고대 오리엔트 지방을 유랑했다. 여러 나라에서 유학한 후에 고향으로 돌아왔는데, 이탈리아 남부에 있던 그리스 식민도시 크로톤으로 이주하여, 그곳에서 피타고라스 학파를 창설했다. 크로톤은 오늘날 이탈리아 남부의 도시 크로토네이다.

피타고라스와 그를 따르는 학파는 수학적인 원리를 기초로 우주의 원리를 확립한다는 목표를 추구했다. 그는 만물의 근원이 숫자라고 믿었다.

피타고라스

피타고라스의 주장 역시 예리한 발상이다. 컴퓨터는 모든 것이 숫자 0 또는 1로 이루어진다는 원리를 바탕으로 한다. 피타고라스 학파의 재능 있는 수학자들은 현대까지 남은 수학의 갖가지 정리를 발견했다. 또 피타고라스는 일현금이라는 현악기를 활용하여 음정의 법칙을 발견했다. 그의 발견으로 음계를 숫자로 나타낼 수 있게 되었다. 미국의 과학 작가이자 음악가인 키티 퍼거슨의 저서 『피타고라스(Pythagoras)』에는 이와 관련된 재미있는 이야기들이 실려 있다.

어쨌든 피타고라스 학파는 학문 집단이 아닌 종교 집단에 가까웠던 모양이다. 피타고라스 본인이 교주와 비슷한 지위에 올라 신자들에게 숭배의 대상이 되었고, 신비적인 측면이 강조되었다. 피타고라스가 쓴 책들 중에서 현재까지 전해지는 책은 없고, 제자들이 쓴 책과 수학 관련 서적에 붙인 주석으로 그의 학설과 사상이 있다.

피타고라스는 종교적으로 인도의 윤회전생 사상을 믿었다. 그는 믿음을 위해서 고향인 그리스의 사모스 섬을 떠나 이탈리아로 건너갔다고 여겨진다. 철학과 종교는 탄생부터 발전의 과정에서 수많은 유사점을 발견할 수 있는데, 피타고라스 학파가 좋은 예라고 할 수 있다.

피타고라스가 세상을 떠난 이후, 플라톤이 윤회전생 사상에 관심을 두었다. 플라톤은 자신의 관심사를 충족시키기 위해서 먼 걸음을 마다하지 않았다. 그는 일부러 이탈리아를 찾아가 피타고라스의 제자였던 철학자

필롤라오스(기원전 약 470–기원전 약 385)의 책을 사들였다고 한다.

마지막 한 사람은 파르메니데스(기원전 약 520–기원전 약 450)이다. 남이탈리아(당시 마그나 그레시아라고 부르던 그리스 식민지)의 도시 엘레아 출신인 그는 "있는 것은 있고, 없는 것은 없다"라는 선문답 같은 시를 남겼다. 이 시는 세계를 시작도 끝도 없는

파르메니데스

영원불멸의 일체적인 존재로 바라본 일원적 존재론으로 풀이할 수 있다. 따라서 세계는 변화하거나 운동하지 않고, 생성소멸은 부정된다. 파르메니데스는 엘레아 학파의 창시자가 되었다. 엘레아 학파는 감각보다 이성의 힘을 믿었으며, 이 세계가 이성으로 파악할 수 있는 불생불멸의 "이상적인" 세계와 감각으로 파악할 수 있는 생유전(生流傳)의 현실 세계 등 이중으로 이루어져 있다는 이중 구조를 제시했다.

2. 그리스 이외의 지역에서 일어난 지식의 폭발(개론)

소크라테스와 플라톤, 아리스토텔레스의 이야기로 넘어가기 전에, 인도와 중국에서 일어난 지식의 폭발을 간략히 훑어보자.

이 시대 인도에서는 붓다와 육십이견(六十二見)이 등장한다. 육십이견이란 불교 관계자들이 불교 이외의 사상을 62종으로 정리한 것을 말한다. 견이란 학설을 뜻한다. 그중에서도 "육사외도(六師外道)"라고 불리는 6명

의 사상가들이 오늘날까지 이름이 전해진다. 불교를 믿는 사람들은 불교를 내도(內道)라고 불렀고, 다른 이단의 가르침은 외도(外道)라고 불렀다. 6명의 사상가는 다음과 같다. 아지타 케사캄바린(유물론자, 세계는 흙, 물, 불, 바람이라는 4원소로 이루어졌다고 주장), 푸라나 카사파(도덕 부정론자), 막칼리 고살라(숙명론적 고행 탁발 교단인 아지비카의 창시자), 마하비라(니간타 나타풋타, 자이나교의 개조, 후술), 파쿠다 캇차야나(유물론자, 4원소에 고[苦], 락[樂], 명[命]을 추가했다), 산자야 벨랏티풋타(윤회론자)이다.

이들 중에서 아지타 케사캄바린은 살펴볼 가치가 있다. 그가 주장한 흙, 물, 불, 바람이라는 네 가지 원소가 그리스의 엠페도클레스가 주장한 불, 공기, 물, 흙과 거의 같은 발상이라는 부분에 주목해야 한다. 같은 시기에 같은 생각을 한 사람이 나타난 것이다. 인간의 사고는 거기서 거기라는 생각이 든다.

중국에서는 지식의 폭발이 어떤 식으로 나타났을까? 나중에 자세히 살펴볼 공자와 노자가 이 시대 사람들이다. 또 음양오행설도 이 시기에 부상했다. 음양오행설은 음양설과 오행설이 하나로 통합되어 형성된 사상으로, 중국에서 우주의 생성을 설명하는 대표적인 이론이다. 음양설이란 세계에는 하늘과 땅, 해와 달 등 두 개의 큰 기운(원기)이 있다는 사고방식이다. 이 음과 양이 교차하며 5원소가 탄생했다고 믿었다. 즉, 나무[木], 불[火], 흙[土], 쇠[金], 물[水]이라는 다섯 가지 원소이다. 이는 맨눈으로 볼 수 있는 목성, 화성, 토성, 금성, 수성의 다섯 가지 행성과 대응한다. 이 다섯 가지가 우주에 존재하는 모든 것을 구성하며, 다섯 가지가 동조하거나 반발하여(엠페도클레스의 사랑 및 미움과 같은 발상이다) 세계를 순환시킨다는 사고방식이 음양오행설의 대략적인 개요이다.

후대에 중국의 사상과 사람들의 생활에도 지대한 영향을 미친 음양오행설은 지식의 폭발 시대에 형태를 갖추었다. 중국에서는 음양의 개념을 창시한 이가 전설상의 중국 삼황(三皇) 중의 한 사람인 복희와 그의 아내 여와라고 전해진다. 두 사람 모두 하반신이 뱀으로 그려지는 신이다. 또 오행설을 제창한 사람 역시 신화에 가까운 이야기로 전해지는데, 하 왕조의 시조인 우(禹)라고 한다. 음양오행설은 제자백가 사상에서 다시 자세히 살펴보자.

제4장

소크라테스, 플라톤,
아리스토텔레스

소크라테스, 플라톤, 아리스토텔레스가 활약한 시대의 주요 사건과 등장인물

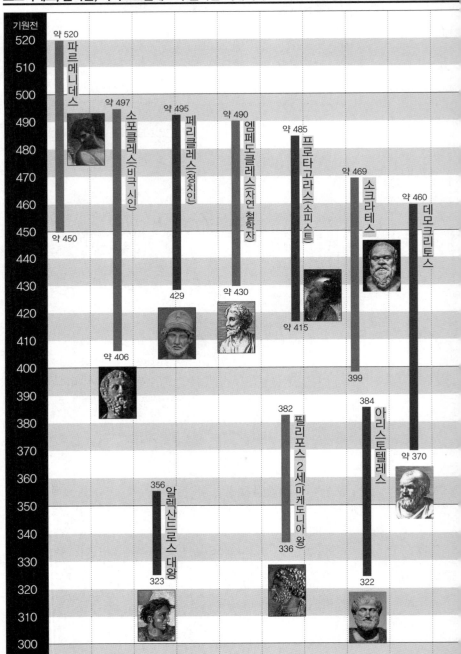

기원전 492(제1차)		●	페르시아의 그리스 침공(페르시아 전쟁)
기원전 490(제2차)			
기원전 480(제3차)			
		●	아테네를 중심으로 델로스 동맹 결성
기원전 478			
		●	페리클레스, 아테네 통치
기원전 461			아테네의 전성기 시작

약 450

알키비아데스(정치인)

약 446

아리스토파네스(희극 시인)

427

플라톤

기원전 431–404 ● 펠로폰네소스 전쟁

404

기원전 415–413 ● 알키비아데스의 시칠리아 원정 실패
아테네의 민주정 붕괴

기원전 404 ● 스파르타, 펠로폰네소스 전쟁에서 승리
그리스 장악

기원전 387 ● 플라톤의 아카데메이아(–기원후 529) 창설

약 385

기원전 371 ● 테베, 스파르타에 승리
그리스 최강의 폴리스로 등극

347

기원전 338 ● 마케도니아의 필리포스 2세,
아테네와 테베 연합군에 승리

기원전 337 ● 마케도니아, 대부분의 폴리스와
코린토스 동맹 결성, 그리스 장악

기원전 335 ● 아리스토텔레스의 리케이온(–기원후 529) 창설

기원전 334 ● 알렉산드로스 대왕의 동방 원정

앞에서 살펴보았듯이 서양 철학을 공부하는 데에는 소크라테스 이전과 소크라테스 이후로 나누는 사고방식이 여전히 뿌리 깊게 남아 있다. F. M. 콘퍼드의 『소크라테스 이전과 이후(Before and After Socrates)』가 대표적인 문헌이다. 다만, 소크라테스 이전과 이후라는 분류법은 단순한 시대 전후 관계가 아니라는 사실에 주의해야 한다. 데모크리토스는 소크라테스보다 젊었고, 우주는 4원소(불, 공기, 물, 흙)로 구성된다고 주장한 엠페도클레스는 소크라테스보다 20세가량 나이가 많았다.

그렇다면 왜 굳이 소크라테스 이전과 이후로 분류하려고 했을까? 나중에 다시 살펴보겠지만 철학 주제의 차이에서 비롯된 측면도 있고 당시 아테네가 그리스의 도시국가에서 차지했던 특별한 지위와도 연관이 있다. 아테네는 스파르타와 대항하며 그리스의 패권을 장악했다. 쉽게 말해서 아테네는 미국의 뉴욕 같은 대도시로 당시 그리스 정치와 문화의 중심지였다. 그런데 이오니아의 자연 철학자들은 본래 지방 사람들이었다. 이오니아는 오늘날 아나톨리아 반도(터키)의 지명이었다. 반면, 소크라테스와 플라톤은 아테네 출신이고, 아리스토텔레스는 그리스 북부 마케도니아 태생이다.

"소크라테스, 플라톤 시대부터 철학은 아테네의 전유물이 되었고 본격적으로 발전했다." 아테네 사람들은 그렇게 생각했다. 쉽게 말해서 서울 사람들이 서울이 아닌 지방을 모두 시골로 취급하는 발상이 이미 그 시대에도 존재했던 셈이다. 아테네라는 선진 문화 지역에 사는 사람들이 탈레스 이후로 만물의 근원을 찾으려는 철학자들을 아테네 사람이 아니라는 이유로 하대하고 차별했다는 비판이 등장했다. 현대 철학계에서는 "소크라테스 이전과 이후"라는 구분을 중단해야 한다고 주장하는 학자들이 학계에서 다수를 차지하게 되면서 "단순하게 초기 철학자들이라고 불러야 한다"는 주장에 힘이 실렸다.

소크라테스

소크라테스에서 시작한 철학의 큰 특징은 도대체 무엇일까? 세계는 어떤 구조로 생겼을까 하며 외부 세계의 탐구에 열을 올렸던 이오니아 학파와 달리, 소크라테스는 인간의 내면에 초점을 맞추고 사색의 두레박을 내려 생각을 길어 올리려고 했다.

세계는 어떻게 생겨났을까를 묻는 사람에게 소크라테스는 거꾸로 물었다. "세계가 어떻게 생겨났는지를 생각하는 그대는 자신에 관해서 무엇을 아는가. 인간은 무엇을 아는가."

소크라테스는 이 질문을 사람들에게 던졌고 대화를 통해서 깊이 사유하며 사람들이 자신의 무지를 자각하게 하려고 노력했다. (즉, "무지의 자각"이다. 예전에는 "무지의 지[知]"라고 부르기도 했다. 정확하게는 아무것도 모른다는 사실을 자각한다는 의미로, 무지의 자각이라고 부르는 것이 옳다.)

"소크라테스 이후"의 철학은 이처럼 인간의 내면으로 향했고, 삶에 관해서 물음을 던지기 시작했다는 데에 큰 의미가 있다. 외부 세계에서 내면 세계로 사색의 초점을 옮긴 철학이 소크라테스에게서 시작되었다고 볼 수 있다.

1. 소크라테스 시대의 아테네

소크라테스는 왜 외부 세계에서 안으로 시선을 돌려, 사색의 방향을 내면에 집중하는 쪽으로 전환했을까? 이는 그가 태어난 아테네의 정치 상황과 무관하지 않다. 인간의 생각은 언제나 그 사람이 사는 시대 환경으로부터 큰 영향을 받을 수밖에 없다. 기원전 5세기부터 기원전 4세기에 걸쳐 소크라테스, 플라톤, 아리스토텔레스가 살았던 시대의 아테네를 들여다볼 수 있는 간략한 연표를 이 장의 앞머리에 실어두었으니 참고해보자.

기원전 5세기 초, 그리스의 도시국가들은 세 차례에 걸친 페르시아 제국 아케메네스 왕조(기원전 550-기원전 330)의 침공을 격퇴했다(페르시아 전쟁). 이 페르시아 전쟁으로 아테네와 스파르타가 강력한 도시국가로 거듭났다. 모든 시민을 전사로 육성하는 군사국가 스파르타와 귀족정에서 민주정으로 이행한 아테네. 성격이 다른 두 도시국가가 힘겨루기를 시작하며 그리스의 패권을 걸고 팽팽하게 맞서는 시대에 접어들었다.

특히, 아테네에서는 민주파 귀족 에피알테스가 시민 권한의 대부분을 귀족 독점에서 평민의 손에 위임하는 개혁을 단행했다. 에피알테스가 암살된 이후(기원전 약 461) 그의 자리를 물려받아 아테네 지도자가 된 페리클레스(기원전 약 495-기원전 429)가 민주정을 완성했다. 또한 페리클레스는 페르시아와의 사이에서 계속되던 전쟁을 종결하려고 노력했다. 그는 스파르타와 교섭을 이어나가 30년 휴전 협정을 체결하면서 무력 충돌을 피했다.

평화를 실현한 페리클레스는 페르시아 전쟁으로 파괴된 아테네의 건축물을 복구하는 데에 힘을 쏟았다. 지금도 아크로폴리스 언덕에 우뚝 서서 아름다운 외관을 자랑하는 파르테논 신전은 페리클레스 시대에 재건된 것이다. 페리클레스는 예술에도 조예가 깊어, 그와 그의 연인 아스파시아가 만든 문화 모임에 소크라테스를 비롯한 예술인들을 초빙했다. 아테네 3대 비극 시인으로 꼽히는 아이스킬로스, 소포클레스, 에우리피데스와 희극 시인 아리스토파네스가 이 시대에

페리클레스

등장했다. 이 무렵의 아테네를 후세 사람들은 "페리클레스 시대" 혹은 "황금 시대"라고 불렀다.

소크라테스는 기원전 469년 무렵에 태어났다. 그가 태어난 해에 페리클레스는 약 26세였다. 아직 살아 있던 에피알테스와 함께 민주정 아테네의 번영기를 구축하기 시작한 시기였다. 따라서 소크라테스는 아테네가 가장 평화로웠던 시대에 유년기와 청년기를 보냈다.

그러나 살얼음판을 걷듯 아슬아슬하게 힘의 균형을 유지하던 아테네와 스파르타는 결국 패권 다툼으로 충돌하고 말았다. 그리스 도시국가들은 아테네를 중심으로 뭉친 델로스 동맹과 스파르타를 중심으로 결집한 펠로폰네소스 동맹으로 나뉘었고, 대규모 내전에 돌입하여 펠로폰네소스 전쟁(기원전 431-기원전 404)이 발발했다. 전쟁에 관한 자세한 설명은 생략하고, 여기에서는 페리클레스의 사망 이후 그의 민주정을 계승한 정치인 니키아스가 스파르타와 평화 조약을 체결했다(기원전 421)는 사실 정도를 머릿속에 넣어두자.

알키비아데스

그러나 남녀 모두에게 사랑받았다는 출중한 외모의 청년 정치인 알키비아데스(기원전 450-기원전 404)는 니키아스의 평화 조약을 무시하고 시칠리아로의 원정 감행을 주장했다. 이 무모한 작전은 실패했고 아테네 함대는 전멸했다. 아테네가 스파르타에 항복하며 펠로폰네소스 전쟁은 막을 내렸다.

패전 이후 아테네에는 스파르타의 정치적인 간섭이 두드러졌다. 민주정은 일시적으로 무너졌고 스파르타의 입김이 닿은 소수의 시민들이 시정을 독점하는 과두정 시기로 들어섰다. 이 과두정은 30명의 참주들(불법적인 권력자)로 구성되었는데, "30명의 참주들"이 권력을 장악했다고 해서 이를 "30인 정권"이라고 부르기도 한다.

펠로폰네소스 전쟁이 시작되었을 때에 소크라테스는 한창 일할 나이인 38세였다. 아테네 민주정에서는 시민 모두에게 병역의 의무가 있었기 때문에 소크라테스도 참전해서 용감하게 싸웠다. 기나긴 펠로폰네소스 전쟁이 끝났을 때, 소크라테스는 어느덧 65세였다. 그의 인생은 앞으로 5년 남짓 남았을 뿐이었다. 그의 인생 장년기는 페리클레스가 완성한 아테네의 황금 시대가 저무는 시기였다.

전란이 계속되는 와중에 소크라테스는 무엇을 생각했을까. 아르케(만물의 근원)를 생각하기보다는 인간이 사는 의미가 무엇인지를 사색하며 생각의 깊이를 더하지 않았을까.

2. 소크라테스의 실상과 허상

"문답법"과 "무지의 자각"

소크라테스는 석공인 아버지와 산파인 어머니 사이에서 태어났다. 그는 젊어서부터 뛰어난 화술을 자랑하는 웅변의 달인이었다고 전해진다. 소크라테스는 오랫동안 자연 철학자 밑에서 배우고 변론술을 익혀 사색의 깊이를 더했다. 거창한 수식어를 배제한, 솔직담백하며 대담한 그의 발언은 아테네에서 인기를 끌었고 그를 따르는 청년들도 적지 않았다.

당시 아테네에서는 변론술과 수사법이 발전하여 전성기를 맞았다. 페리클레스 시대, 아테네 시정에는 30세 이상의 남성 시민 모두가 참여할 수 있었다. 남성 시민이 자신의 주장을 효과적으로 표현하고 상대방과의 논쟁에서 승리하기 위한 변론술을 익히면 출셋길이 열리던 시대였다. 뛰어난 신체 능력을 겨루는 고대 올림픽이 4년에 1번 올림피아에서 열렸듯이, 시민이 웅변을 경쟁하는 변론 대회도 개최되었다.

이러한 시대적인 분위기 속에서 돈을 받고 변론술을 가르치는 사람들이 등장했다. 그들을 "소피스트"라고 불렀다. 소피스트란 "현명한 사람"이라는 뜻이다. 소피스트에 관해서는 나중에 다시 자세히 살펴보자.

소크라테스의 변론술은 대화를 중시했다. 상대에게 이런저런 질문을 던지고 그 대답을 논파하며 핵심에 접근하여 진실에 다가가는 대화기술이다. 현재는 소크라테스의 문답법이라고 정의하는데, 당시에는 "산파술"이라고 불렀다. 젊은이에게 질문하고 끈질기게 그들의 오류를 지적하고 고쳐주며 진리로 이끄는 소크라테스의 화술이 산파가 아기를 어머니의 뱃속에서 조심조심 꺼내 탄생시키는 과정과 닮았다고 해서 붙은 이름이다. 어쩌면 소크라테스의 어머니가 산파였기 때문에 이러한 이름이 붙었을 수도 있다.

그가 산파술을 구사하여 가르치려던 명제는 "무지의 자각"이었다. 고대 그리스에서는 오직 전능한 신만을 지혜로운 자로 여겼다. 인간은 무지한 까닭에 지혜를 희구했다. 즉, 철학은 본래 인간의 지성이 신과 비교하면 무(無)에 가깝다는 사실을 자각하는 과정에서 시작되었다.

그런데 무지의 자각이란 무슨 뜻일까? 이해하기 쉽게 설명하면 깜깜한 어둠 속에서 몇 사람들이 모여 코끼리를 손으로 더듬는 상황과 비슷하다. 코를 만진 사람은 코끼리가 길쭉한 생물이라고 생각하고, 다리를 쓰다듬은 사람은 튼실한 기둥 같은 생물이라고 생각하며, 귀를 어루만진 사람은 커다란 부채 같은 생물이라고 생각한다. 누구도 진짜 코끼리의 모습을 알지 못한 채, 자신은 코끼리의 모습을 안다고 믿는다. 소크라테스가 말하는 "무지의 자각"이란 바로 자신이 이러한 상태임을 아는 것이다.

세계는 넓고 복잡하다. 그런데도 우리 인간은 무심코 "무엇이든 안다"고 자만하기 일쑤이다. 모든 것을 안다는 우리의 자만이 얼마나 어리석은지는 되풀이되는 전란과 지배자의 실정을 보면 알 수 있다. 무지를 자각하지 못하고 객기를 부리는 정치인과 자칭 현자가 차고 넘친다. 그 한편으로는 펠로폰네소스 전쟁과 이후 전란이 이어지던 시대에 언제 전쟁터로 내몰릴지 알 수 없는 청년들이 불안한 나날을 살던 현실이 존재한다.

소크라테스는 청년들에게 세상의 진실을 생각하거나 자신의 인생을 다시 바라볼 기회를 주어야 한다고 믿었다. 소크라테스는 자신의 인생을 바쳐 사람들과의 대화에 매진했다.

소크라테스의 일상 그리고 죽음

소크라테스는 아침 식사를 마치고 나면 상대방의 무지를 자각시키는 작업에 착수했다. 그러나 자신의 무지를 깨닫지 못하는 사람을 무명(無明)의 어둠에서 끌어내리려면, 타협하지 않고 그의 무지에서 비롯된 주장을 부정할 필요가 있다. 그래서 상대방의 생각을 강하게 논박하거나 대수롭지 않게 무시하는 상황도 발생한다. 소크라테스에게 앙심을 품고 욱하는 마음에 주먹을 지르기도 하는 상대도 있었다. 멱살이 잡히고 심하면 따귀를 맞는 상황에서도 절대로 저항하지 않는 소크라테스를 보고 시민들이 고개를 절레절레 내저으면, 소크라테스는 혼잣말처럼 중얼거렸다. "당나귀가 나를 걷어찬다고 당나귀를 상대로 소송이라도 걸어야 한단 말인가."

소크라테스는 자신의 언동에 쏟아지는 시비나 방해에도 조금도 흔들리지 않고 선문답을 매일같이 계속했다. 온종일 문답을 되풀이하다가 밤이 되면 집으로 돌아갔다. 그리고 아침이 오면 다시 집을 나섰다. 집에는 식사 때나 잠잘 때에만 들어갔을 공산이 크다. 소크라테스의 배우자는 크산티페라는 여성이었는데 악처의 대명사로 역사에 이름을 남겼다. 크산티페는 악처가 될 수밖에 없었다. 크산티페가 보기에는 남편이라는 작자가 가장의 역할은 내팽개치고 매일 철학 놀음이나 즐기고 있다. 한량 생활도 하루 이틀이지, 꼴도 보기 싫고 지긋지긋하지 않았을까. 생활을 걱정해야 하는 크산티페는 잔소리를 퍼붓고 악다구니를 쓸 수밖에 없었기 때문에 수시로 바가지를 긁었고 악처라는 오명을 얻었다.

소크라테스에게 논리적으로 당한 사람들은 앙심을 품었고, 특히 그에게 깊은 원한을 품은 사람들은 급기야 그를 고소했다. 그의 죄목은 이러했다. "아테네의 국가가 믿는 신들과 다른 신들을 믿고, 젊은이들을 타락시켰다."

소크라테스는 이에 대해서 공개 재판에서 당당히 반론을 펼쳤으나 받아들여지지 않았고 사형이 확정되었다. 소크라테스는 사형 집행을 피할 수도 있었다고 한다. 그러나 결국 그는 법의 심판을 존중하여 미나릿과의 여러해살이 풀인 독당근으로 만든 독약을 마시고 사형을 받아들였다. 여기까지가 소크라테스의 인생에 관해서 전해지는 이야기의 개요이다.

소크라테스는 소피스트였을까?

그런데 철학의 역사를 되짚어보면 소크라테스를 어떻게 평가해야 할지, 참으로 어렵다. 본인이 저술한 문헌은 아무것도 남아 있지 않기 때문이다. 철학사에 큰 발자국을 남긴 소크라테스의 저작은 왜 한 편도 남지 않았을까?

바로 소크라테스가 집필에 가치를 두지 않았기 때문이다. 그의 학문 방법은 문답법이라고 부르는 것으로, 대화를 통해서 상대방에게 이런저런 깨우침을 주며 사고의 열매를 맺게 만드는 방식이었다. 대화를 거듭하는 방식 자체가 소크라테스에게 중요했기 때문에 그가 글로는 아무것도 남기지 않았다는 설이 있다.

그렇다면 소크라테스라는 인물과 그의 철학에 관한 이야기는 무엇을 근거 자료로 삼아 오늘날까지 전해졌을까? 플라톤을 비롯한 그의 제자들, 그리고 그와 같은 시대를 살았던 극작가와 철학자들이 남긴 문헌 덕분에 우리는 소크라테스의 철학을 접할 수 있다. 그 자료들 중에서 플라톤의 저작물이 압도적인 양을 차지한다. 특히, 소크라테스의 철학에 관해서는 전적으로 플라톤의 문헌에 의존한다고 해도 지나친 말이 아니다.

플라톤의 저작물 대부분은 오늘날까지 살아남아 전해진다. 이는 세계 사를 통틀어 기적적인 사건으로 꼽힌다. 소크라테스가 42세였을 무렵에 태어난 플라톤은 소크라테스가 늘그막에 가르쳤던 제자들 가운데 한 명 이었다. 플라톤은 소크라테스에 관한 수많은 저작들을 남겼다. 대표적인 책이 고소를 당한 소크라테스가 공개 재판 법정에서 이야기한 내용을 기 술한 『소크라테스의 변명(*Apología Sokrátous*)』이다.

플라톤은 소크라테스를 지식의 탐구자이자 합리적인 사고를 중시하 는 인물로 묘사했다. 『소크라테스의 변명』에서 보여주는 멋진 변론과 논 리 구성을 읽으면 소크라테스가 위대한 철학자라는 인상이 뚜렷하게 남 는다. 후세 사람들은 소크라테스의 제자가 집필한 책이기 때문에, 게다가 플라톤 역시 걸출한 철학자였기 때문에 플라톤이 묘사한 소크라테스의 모습을 의심하지 않고 진실로 받아들였다.

그러나 다음과 같은 관점으로도 바라볼 수 있다. 소크라테스가 대화법 을 사용했다는 것은 플라톤의 저술뿐 아니라 다른 문헌에도 기록되어 있 기 때문에 확실한 역사적 사실이다. 한편, 플라톤의 책은 대부분 대화 형 식을 구사하여 집필되었다. 초기 작품 대다수가 소크라테스에 관해서 이 야기하는 내용으로 채워졌다. 플라톤이 서술한 소크라테스의 발언은 실 제와 같은 생생함이 있다. 그래서 믿고 싶어진다. 그러나 냉정하게 생각해 보면, 과연 플라톤이 사실만을 기록했는지는 알 수 없다. 설득력 넘치는 묘사 덕분에 어디까지가 소크라테스의 진실이고 어디까지가 플라톤 본인 의 철학적 사고인지, 그 경계를 잊게 되는 경향이 있다. 비판 의식 없이 읽 으면 독자의 마음에는 걸출한 철학자이자 위대한 지식인으로서의 소크라 테스의 이미지가 만들어질 수밖에 없다.

아리스토파네스

그러나 소크라테스가 살았던 아테네에는 소크라테스에게 비판적인 태도를 보인 사람도 존재했다. 예를 들면 아리스토파네스이다. 아리스토파네스(기원전 약 446-기원전 약 385)라는 희극 시인은 소크라테스가 23세였을 무렵에 태어났다. 아리스토파네스는 20대 초반에 『구름(Nephelai)』이라는 희극을 발표했다. 이 희극은 빚에 시달리던 아들을 보고, 아버지가 빚을 없었던 일로 만드는 변론술을 배워오라며 그를 소크라테스 문하에 제자로 보낸다는 줄거리를 담고 있다. 아리스토파네스는 소크라테스와 그를 따르는 제자들에 관해서 주인공의 입을 빌려 말했다.

"사람들이 말하기를, 그치들에게는 매사에 정론과 사론이 있대. 그런데 말이야, 사론을 배우면 송사에 지는 법이 없다는구나. 네가 그 사론을 배우면 지금까지 진 빚을 한 푼도 갚을 필요가 없다는 말이지."

아리스토파네스는 이 희극에서 소크라테스를 소피스트라고 규정하고 조롱했다. 당시에 수업료를 받고 변론술을 가르치는 사람들이 소피스트였다. 요즘으로 치면 취업 면접 대비 특강을 하는 족집게 강사와 비슷하다. 본래는 "현명한 사람"이라는 뜻이었는데, 점점 궤변을 늘어놓는 사람들을 일컫는 용어로 바뀌었다.

"구두가 망가지는 것은 좋은 일이 아니다. 그러나 새 구두를 팔아야 먹고살 수 있는 구둣가게 주인에게는 좋은 일이다." 소피스트는 괴상한 논리를 들이대며 논쟁 상대의 이야기 요지를 끊었다. 그러고는 자신의 주장을 유리하게 펼쳐나가는 식이었다. 소피스트도 사람이기 때문에 밥벌이는 해야 했다. 그래서 사람들에게 궤변을 가르쳤다. 수업료를 내고 변론을 배우러 온 사람들은 본전을 따질 수밖에 없었고, 소피스트들은 논쟁에서 이기는 기술을 가르쳐야 했다.

소크라테스보다 16세 정도 나이가 많은 프로타고라스(기원전 약 485-기원전 약 415)라는 철학자가 있었다. 프로타고라스는 대표적인 소피스트였다. 그는 "인간은 만물의 척도"라는 말을 남겼다. 사고방식은 사람에 따라 천차만별이다. 각자의 사고방식이 매사를 판가름하는 척도가 되기 때문에, 무엇이 옳은지는 사람에 따라 달라진다는 논리이다. 궁극적인 상대주의인 셈이다. 이 상대주의는 사고뿐만이 아니라 행동에서도 보편적으로 통용되는 표준을 인정하지 않는, 주관주의로 기우는 위험을 내포한다.

플라톤의 『소크라테스의 변명』에는 소크라테스의 다음과 같은 발언이 등장한다. "내가 본업을 수행하고자 나누는 대화를 누군가 듣고 싶어하면, 노소를 막론하고 누구도 내친 적이 없습니다. 나는 또한 보수를 받고 대화하지도 않거니와 보수를 주지 않는다고 해서 대화를 거절하지도 않습니다. 나는 또한 부자나 가난한 사람에게나 똑같이, 내 질문에 대답하고 내가 하는 말을 듣고 싶어하는 사람이라면 기꺼이 질문에 응합니다."

소크라테스는 변론술로 무지를 일깨우려고 했다. 그 과정에 정의나 사회적인 양식을 굽히지 않았고 보수도 받지 않았다. 그래서 플라톤은 그가 소피스트가 아니라고 적었다.

그러나 사람들에게 무지를 일깨우려는 소크라테스의 변론술과 단순히 변론에서 이기기 위해서 배우는 소피스트의 변론술은 목적의 질에서는 큰 차이가 있다손 치더라도 방법론만 놓고 보면 얼마나 차이가 있을까? 변론술을 가르쳐서 보수를 버는 행위 자체가 사회적으로 지탄받아야 할 나쁜 짓일까? 가령, 소크라테스와 문답을 주고받아 현명해진 젊은이가 스승에게 감사의 의미로 들고 온 포도주를 건네고 소크라테스가 받았다면, 그 포도주를 보수로 볼 수 있을까⋯⋯등의 의문이 들 수 있다.

그리고 소크라테스는 공개 재판에서 사형이 확정되었는데, 플라톤이 묘사한 대로 존경받을 가치가 있는 위대한 인물이었다면 사형이라는 가혹한 판결이 실현될 수 있었을지 의문이 남는다. 펠로폰네소스 전쟁 말기, 실현되기 직전이던 스파르타와의 평화 조약을 없던 일로 만든 미남 정치인 알키비아데스는 소크라테스의 제자로, 연애 감정이라고 해도 좋을 만큼 소크라테스에게 심취했다고 전해진다. 그리고 아테네 시정을 혼란스럽게 만든 30인 정권의 한 사람이었던 크리티아스가 소크라테스의 제자였다는 주장도 학계에서 유력한 가설로 받아들여진다. 이처럼 당시 아테네에 떠돌던 온갖 낭설과 풍문 등을 고려하면 소크라테스의 뜻은 고결했을지라도, 현실에서는 프로타고라스와 비슷한 소피스트 중의 한 사람으로 여겨졌을 가능성을 부인할 수 없다는 생각이 든다.

소크라테스가 매우 뛰어난 인물이라는 사실은 확실하다. 그러나 범인(凡人)과 다른 세상에서 사는 위대한 인물이라는 소크라테스의 이미지는 플라톤이 만든 소크라테스 상이 우리에게 무의식적인 영향력을 발휘한 결과라는 것이 개인적인 생각이다.

3. 서양 철학에서 플라톤이 차지하는 위치

플라톤(기원전 427-기원전 347)은 아테네의 황금 시대를 구축한 페리클레스가 세상을 떠나고 2년 후에 태어났다. 플라톤은 아테네가 펠로폰네소스 전쟁으로 고전하며 시칠리아 원정에서 패배한 파란의 시기에 감수성이 풍부한 청년 시절을 보냈다. 그는 아테네가 번영을 누리다가 가파른 내리막길로 굴러떨어진 시대를 살았던 철학자였다. 28세 무렵에는 스승으로 모시던 소크라테스가 사형을 당했다.

플라톤

플라톤은 아테네의 유서 깊은 명문가 출신이었다. 본명은 아리스토클레스였지만, 그의 레슬링 교사가 체구가 당당하고 어깨가 넓다(platos)고 해서 "플라톤(Platon)"이라고 불렀는데, 이 별명이 널리 알려지며 플라톤이라고 불리게 되었다. 당시 그리스 상류 계급에서는 문무의 겸비가 중요한 자질로 여겨졌기 때문에 적극적으로 몸을 쓰는 체육 활동을 장려했다. 플라톤도 레슬링 대회에서 우승했다는 기록이 남아 있다.

소크라테스를 설명할 때에 살펴보았듯이 플라톤의 저작은 대부분 오늘날까지 남아 있다. 플라톤이 아카데메이아(Akadēmeía)라는 학원(대학)을 창설했고(기원전 387) 그 교육기관이 약 900년 동안 이어진 덕분이다. 학원이 창설자의 저작을 소중히 보관한다는 사실은 누구나 짐작할 수 있으리라. 아카데메이아를 통해서 전해진 작품 수는 35편 이상, 그중에는 10권이 넘는 대작도 있다. 주제도 다방면에 걸쳐 있는데, 중심이 되는 이데아(idea) 개념과 정치학, 법학을 비롯하여 문답법, 수학, 기하학, 천문학, 자연과학, 신학, 윤리학, 영혼학(프시케) 등 수많은 분야를 망라한다.

라파엘로의 그림 "아테네 학당". 가운데 왼쪽이 플라톤, 오른쪽이 아리스토텔레스

영국의 철학자 앨프리드 노스 화이트헤드(1861-1947)는 플라톤의 업적에 관해서 유명한 말을 남겼다. "서양의 모든 철학은 플라톤 철학의 각주에 불과하다." 이 말은 수많은 철학적 주제들이 플라톤이 남긴 문헌 속에 거의 모두 포함되어 있음을 표현한 것이다. 서양 철학을 공부하기 시작한 사람의 눈앞에는 플라톤이 남긴 산더미 같은 문헌이 가장 먼저 들어온다. 달리 말하면, 플라톤의 저작이 남아 있는 덕분에 우리가 아는 서양 철학이 존재할 수 있다는 것이다. 철학사에 이름을 남긴 플라톤은 행운을 타고났다. 어느 시대에 살았든 대학자의 업적이 남아서 전해지지 않는다면 후세에 영향을 미치기 어렵다. 예컨대 중국에는 공자보다 약간 늦게 등장한 묵자라는 대사상가가 있다. 그는 공자에 대해서 비판적인 논리를 전개하여 이름을 남겼다. 그러나 그의 교단은 묵자의 사망 이후 얼마 지나지 않아 뿔뿔이 흩어졌고, 그의 저서도 상당수 사라졌다. 나는 화이트헤드의 말을 생각할 때마다 묵자의 불운을 떠올리고는 한다.

플라톤의 스승 소크라테스는 그리스인치고는 외모에 신경을 쓰지 않는 털털한 차림새로 다니는 사나이였다고 전해진다. 반면, 플라톤은 체격이 당당하고 이목구비도 번듯했다. 르네상스 시대의 이탈리아 화가 라파엘로가 그린 작품 "아테네 학당"에는 여러 그리스 철학자들이 묘사되었는데, 그림 한가운데에는 플라톤과 아리스토텔레스가 서 있다. 라파엘로는 이 그림을 그릴 때에 플라톤의 모델로 동시대의 거인 레오나르도 다 빈치를 채용했다. 플라톤은 위풍당당한 풍채의 인물로, 『그리스 철학자 열전』에도 남과 겨루어 이기기를 좋아하던 자신만만한 인물이었다는 일화가 여러 편 실려 있다.

플라톤이 피타고라스 학파로부터 받은 영향, 이원론과 윤회전생

플라톤은 80세까지 장수한 인물이다. 그래서 그의 사상은 여러 차례 변화했다. 본디 오래 살면 누구나 사고방식과 생각이 이리저리 변화할 수 있는 법이다. 그래서 플라톤 철학의 본질을 고찰하기 어려운 측면이 있는데, 일반적으로는 "이데아론"을 그 본질로 규정한다. 이데아론은 나중에 다시 자세히 설명하겠지만, 간단히 설명하면 그 본질은 이원론이다. 두 개의 서로 다른 원리를 세우고, 그 원리들에 따라서 다양한 이론을 성립시키는 논법이다. 대표적인 예가 정신과 육체(물질)라는 두 가지 실재를 인정하는 사고방식이다.

플라톤은 이원론에 관해서 피타고라스 학파의 영향을 받았다고 추정된다. 피타고라스는 이탈리아 반도 남쪽의 크로톤(크로토네)에서 자신의 학파를 창설한 철학자이다. 수학과 기하학에 뛰어난 재능을 보이는 수재들이 각지에서 그의 학파로 모여들었다. 피타고라스 학파는 폭도의 손에 파

플라톤 시대의 아카데메이아를 그린 모자이크화

괴되었는데, 피타고라스도 참살당하며 학파가 해산되었다. 당시의 학파 내부 기록도, 피타고라스의 저작도, 모조리 소실되어 한 편도 남지 않았다. 다만 그의 가르침을 계승한 피타고라스 학파 사람들이 이탈리아 남부에 잔존하여 스승의 가르침을 지키고 전수했다.

　플라톤은 이 피타고라스 학파의 철학을 배우기 위해서 기원전 388년에 처음으로 이탈리아 땅을 밟았다. 당시 플라톤은 39세 전후였고, 피타고라스가 사망한 지도 100년 이상의 세월이 흐른 후였다. 이탈리아에서 플라톤은 무엇을 배웠을까? 피타고라스는 아르케(만물의 근원)가 숫자라고 설파한 철학자였기 때문에 아마 수학과 기하학을 공부했을 공산이 큰데, 플라톤이 유학 시절에 배운 또 하나의 사상이 있다. 바로 윤회전생이다. 시간은 원처럼 순환하고 영혼은 불멸하며 몇 번이고 다시 태어난다는, 인도에서 전해진 사상이다.

플라톤은 1년 뒤 유학을 마치고 이탈리아에서 돌아왔다. 그리고 기원전 387년, 아테네 교외 북서쪽에 아카데메이아가 소유하던 땅에 자신의 학원을 세웠다. 이윽고 플라톤의 철학과 학설을 신봉하는 젊은이들이 그의 학원으로 하나둘 모여들었다. 플라톤은 자신의 철학을 발전시키겠다고 다짐했으리라. 피타고라스가 100년도 더 전에 열었던 학파에서 가르친 철학이 명맥이 끊기지 않고 이탈리아 남부에서 계승되었다는 사실에 영향을 받은 결과라고 추정할 수 있다.

아카데메이아는 플라톤이 세상을 떠난 후에도 그리스 고전을 공부하는 최고의 학부로 발전했다. 플라톤이 세운 아카데메이아라는 교육기관은 대학이라기보다는 오히려 하나의 사상과 종교를 믿는 사람들이 결집하여 수학하는 학파라고 생각하는 것이 옳지 않을까.

이데아란? "그대는 진실의 그림자를 보며 살고 있다"

다음과 같은 상황을 상상해보자. 인간이 철이 들고 어른이 될 때까지, 고개를 돌릴 수 없도록 목을 고정하고 손발을 꽁꽁 묶어 지하 동굴 벽화를 향하여 설치한 붙박이 의자에 앉아서 살아야 한다고 상상해보라. 그의 뒤편, 저 위쪽에서 환한 불이 타오른다. 타오르는 불꽃 앞에는 한 줄기 길이 있고, 각양각색의 동물과 인간과 마차가 그 길을 지나간다. 그러면 의자에 몸이 묶인 인간은 눈앞의 벽화에서 토끼와 당나귀와 인간 등의 그림자가 연출하는 그림자 연극을 볼 수 있다.

줄곧 벽화만 보고 살아온 인간은 벽에 비치는 그림자가 진실한 모습이라고 생각한다. 그 상태로 계속 머무는 한 자신이 잘못 인식하고 있다는 사실을 알아차리지 못한다. 사람은 어쩌면 이렇게 무지한 상태에서 벗어날 수 없을지도 모른다.

가령 그 사람이 자유로운 몸이 되어 밝은 불빛을 향해서 시선을 돌릴 수 있다고 치자. 그림자가 눈에 익은 사람은 잠시 불을 바라보기만 해도 눈이 멀어 한동안은 그림자의 본체를 바라볼 수도 없으리라. 그리고 눈이 빛에 익숙해져 그림자의 본체(사물의 진실한 모습)를 볼 수 있게 된 후에, 그가 본래 바라보던 어두운 벽화로 시선을 돌리면 어떻게 될까? 이번에는 깜깜한 어둠이 눈에 익지 않아 그림자가 어슴푸레해 보일 것이다. 밝은 불빛 아래에 존재하는 실체(사물의 진실한 모습)를 알게 된 사람이 줄곧 암흑 속에서 그림자만 보며 사는 사람에게 자신이 본 진실을 이야기해도, 실체를 본 적이 없는 사람은 도저히 믿을 수 없을 것이고 도리어 불을 본 사람을 의심의 눈길로 바라보게 되리라.

플라톤은 빛을 이데아 세계의 태양이라고 가정하고, 최고의 이데아인 "선한 이데아"의 표상으로 삼았다. 그 이데아가 있기 때문에 다양한 이데아(사물의 진실)를 볼 수 있다고 가정했다. 그러나 사람은 익숙한 동굴 안의 상황에 안주하려는 경향이 있어서 벽에 비치는 그림자를 진실이라고 생각한다고 플라톤은 주장했다.

여기까지가 그 유명한 "동굴의 우화"라고 부르는, 이데아에 관한 플라톤의 이야기이다. 플라톤은 우리 인간이 항상 동굴 안의 인간과 같은 실수를 저지른다고 이야기했다. 그렇다면 어떻게 해야 사람은 그림자를 진실이라고 착각하지 않을까. 플라톤은 우리가 사고의 시선을 외부 세계로부터 영혼이 깃든 내면으로 돌려야 한다고 주장했다.

플라톤은 이데아를 상기하는 과정에 대해서 다음과 같은 논리를 전개했다. 인간의 영혼은 과거 천상의 세계에서 이데아만을 보고 살았다. 그러나 인간은 더럽혀져서 지상으로 추방되었다. 지상으로 추방되는 길에 인간은 망각의 강을 건넜다. 그 순간, 예전에 영혼이 보던 이데아를 대부분 잊어버렸다. 그러나 지상의 세계에서 이데아를 본뜬 대상을 접할 때면 잊고 있던 이데아에 대한 기억이 떠오른다.

예를 들면 여기에 평범한 책상이 있다고 치자. 왜 모두가 이 물체를 책상이라고 인정할까? 모두의 영혼 속에 "책상"이라는 이데아가 자리하기 때문이다. "책상이란 3–4개의 다리로 평행하게 상판을 떠받친 물건"이라는 이상형, 즉 그 이데아를 본떠 누군가 그 책상을 만들었기 때문에 보는 사람도 "책상"의 이데아를 상기한다고 플라톤은 설파했다.

이데아론은 어렵다. 생각하면 할수록 머릿속이 복잡해지며 생각의 갈피를 잡을 수 없게 된다. "사물에는 본질이 있다. 그것이 이데아이다. 우리가 현실 세계에서 보는 것은 본질을 모방하여 만든 모조품이다." 그렇다면 이데아는 어디에 있을까? 플라톤은 "이데아란 말하자면 영혼의 눈으로 통찰할 수 있는 순수한 형상"이라고 가르쳤다. 천상의 이데아와 지상의 이데아라는 실재 이원론이다. 아마도 피타고라스 학파의 윤회전생 사상(영혼은 불멸하며 사람은 몇 번이고 다시 태어난다)의 영향을 받았으리라. 파르메니데스의 영향이라고 보는 학자도 있다.

그리스어 "이데아(형태, 꼴, 모양)"에는 영어 단어 아이디어(idea)에 있는 "관념"이라는 뜻이 없다. 영어에서는 그리스어의 "이데아"를 일반적으로 아이디어가 아닌 폼(form)이라는 단어로 번역한다.

플라톤은 왜 "철인 정치"를 이상으로 간주했을까?

기원전 387년에 아카데메이아 토지에 학원을 창설한 플라톤은 그로부터

20년가량 학원 경영에 종사했다. 아카데메이아에서는 천문학, 생물학, 수학, 정치학, 철학 등을 가르쳤다. 학습법으로는 대화를 중시하여 교사와 학생의 문답이 수업의 중심이 되었다.

40-50대 무렵, 아카데메이아를 활동의 중심에 두었던 플라톤은 자신의 대표작 중의 하나인 대작 『국가(Politeia)』를 집필했다. 그는 젊은 시절부터 정치와 국가, 그리고 법률에 강한 관심을 표방했다. 이는 그가 살았던 시대가 펠로폰네소스 전쟁에서 패배한 이후, 스파르타가 영향력을 행사하던 아테네의 쇠퇴기였다는 사실과 무관하지 않다.

『국가』와 『법률(Nomoi)』 등의 저작에서 플라톤이 언급한 정치 형태는 다음과 같다. 먼저 지배자가 하나인 정치 형태를 왕정과 참주정으로 나누었다. 왕정에서는 A라는 군주가 존재하며 A의 피를 이어받은 사람이 후계자가 된다. 요컨대 혈통이라는 법적 제도(규칙)에 따라서 지배하는 정치체제이다. 참주정이란 왕가의 피를 이어받지 않은 사람(참주)이 실력만으로 정치를 관장하는 체제를 가리킨다. 참주정에서는 법체제가 무시된다.

다음으로 지배자가 소수인 정치 형태이다. 플라톤은 이를 귀족정과 과두정으로 분류했다. 먼저 귀족정은 법적 제도를 기준으로 삼는다. 누구나 귀족이 될 수는 없기 때문이다. 과두정은 한정된 소수의 집단이 정치 권력을 장악한 상태이다. 예를 들면 펠로폰네소스 전쟁에서 패한 이후, 스파르타가 선택한 대변자들이 일방적으로 아테네를 지배했다. 이 체제에서 규칙은 무시되었다.

다섯 번째 정치 형태로 민주정이 등장한다. "다수가 결정한 제도"가 규칙이 되기 때문에 개인과 소수 집단이 주도하는 전횡은 원칙적으로 일어나기 어려운 정치 형태이다. 플라톤은 정치 형태에 관해서 이야기할 때에 민주정에서 그치지 않고 철인 정치를 덧붙였다는 특징이 있다. 플라톤은 "철인 왕"이라고 불리는 현명한 군주와 여러 현인들(철인이며 실무자)로 형성되는 "밤의 회의"에 의해서만 이상적인 정치가 실행된다고 말했다.

플라톤이 철인 정치가 가장 바람직하다고 생각한 원인은 그가 살았던 아테네의 정치 상황에서 찾을 수 있다. 스파르타의 입김이 들어간 무리가 아테네 정치판을 쥐락펴락하는 한, 과두정이든 민주정이든 아테네에 이로운 일은 아무것도 없었다. 당시 아테네에 필요한 정치 형태를 생각할 때에 플라톤은 철인 정치 쪽으로 생각이 기울지 않았을까. 만약 플라톤이 페리클레스가 통치하던 아테네의 전성기에 살았더라면 민주정을 더 높이 평가했을 수도 있다.

플라톤이 당시 아테네에 대해서 품었던 정치적 위기의식은 강렬했다. 그는 아테네를 구원할 철인 정치를 펼칠 기회를 시칠리아에서 얻었다. 그 기회는 첫 번째 시칠리아 여행 당시 플라톤의 애제자가 된 젊은 철학자와의 인연에서 시작되었다. 기회는 두 번 찾아왔다. 그러나 두 번 모두 시칠리아 정치 싸움에 휘말려 어중간하게 끝이 나고 말았다. 결국, 아주 짧은 기간 동안 시칠리아 정치 지도자들에게 철인 정치에 관해서 이야기하고 지도한 것이 고작이었다. 그러나 같은 철학자이자 역시 자신이 이상으로 여기는 정치를 구체적으로 실현하려는 뜻을 품었던 공자가 단 한 번의 실현 기회도 얻지 못한 채 중국 각지를 떠돌아다녔던 상황과 비교하면, 플라톤은 그나마 행운이었을 수도 있다.

시칠리아에서 돌아온 플라톤은 아카데메이아에서 교육에 전념했고, 기원전 347년에 80세로 세상을 떠났다.

4. "만학의 아버지" 아리스토텔레스

아리스토텔레스(기원전 384-기원전 322)는 플라톤보다 43세가량 나이가 어렸다. 아리스토텔레스는 발칸 반도 동남쪽에 자리한 트라키아 지방의 스타게이라라는 작은 도시에서 의사의 아들로 태어났다. 그리스 북동부의 이 지방은 당시 마케도니아 왕국의 지배를 받았다. 아리스토텔레스가 태어났을 무렵 그리스에서는 도시국가들 사이에서 내전이 끊이지 않았고, 페르시아 세력의 개입이 더해지며 국력이 쇠퇴기에 접어들었다. 한편, 그리스 북방에 있던 마케도니아 왕국에서는 아리스토텔레스가 태어나고 2년 후에 필리포스 2세가 탄생했다. 장성한 필리포스 2세는 마케도니아를 강국으로 발돋움시켰고, 바야흐로 그리스 도시국가를 제압하기 일보 직전의 상황이었다.

아리스토텔레스의 젊은 시절에 관한 기록과 전승은 그다지 남아 있지 않다. 다만 어려서 부모님을 여의고 의붓형을 후견인으로 삼아 소년기를 보냈다고 전해진다. 그후의 인생에 관해서도 확실한 기록은 존재하지 않고, 17-18세 무렵, 플라톤이 가르치는 아카데메이아에 입학했다는 사실만 알려져 있다. 아카데메이아에서 아리스토텔레스의 재능은 꽃을 피웠고 플라톤도 그를 높이 평가했다. 그러나 플라톤이 만년을 맞이할 무렵, 아카데메이아에서 20년 가까이 공부에 매진하던 아리스토텔레스는 그곳을 훌쩍 떠났다.

왜 아리스토텔레스는 정든 아카데메이아를 떠났을까? 아카데메이아 교수진 중 최고위에 해당하는, 즉 오늘날의 학장이나 교장 자리에 플라톤의 조카가 선출되었기 때문에 학교를 떠날 수밖에 없었다고 한다. 그리고 당시의 국제 정세 역시 아리스토텔레스에게 영향을 미쳤다. 아테네 북쪽에서 힘을 키워 강국이 된 마케도니아가 그리스 반도를 침략할 기회를 호시탐탐 노리고 있어서 긴장감이 고조되었다. 마케도니아 출신인 아리스토텔레스는 아무래도 눈치가 보여 아테네를 떠났다는 설이다.

아리스토텔레스

다만 이러한 외부적인 요인 이외에, 철학자 아리스토텔레스가 아카데메이아를 떠날 수밖에 없었던 속사정 역시 있었을 것으로 추정할 수 있다. 그 이유는 나중에 다시 자세히 살펴보자.

어쨌든 아카데메이아를 떠난 아리스토텔레스는 자신이 배운 학문을 가르치며 소아시아의 소도시 아소스에서 생활했다. 아리스토텔레스는 기원전 342년에 마케도니아의 국왕 필리포스 2세(재위 기원전 359−기원전 336)에게 초빙받아 수도 펠라로 향했다. 필리포스 2세는 아리스토텔레스를 왕세자 알렉산드로스의 가정 교사로 임명했다. 왕은 아리스토텔레스에게 왕세자 교육뿐만 아니라 앞으로 아들의 참모가 될 우수한 귀족 자제들을 함께 교육하라고 지시했다.

아리스토텔레스는 알렉산드로스가 13세 때부터 가르치기 시작했다. 6년 후(기원전 336) 알렉산드로스는 왕위에 올랐고, 우리가 아는 알렉산드로스 대왕이 되었다. 임무를 완수한 아리스토텔레스는 이듬해(기원전 335)에 아테네로 돌아왔다. 아테네로 돌아온 아리스토텔레스는 동쪽 교외 아폴론 리케이오스 신전이 있는 리케이온 땅에 알렉산드로스 대왕의 자금 지원을 받아 자신의 학원을 세웠다(프랑스의 고등학교인 리세[lycée]의 어원이다). 아리스토텔레스는 학원 안의 페리파토스(Peripatos, 산책길)를 제자들과 거닐며 강의하기를 즐겼다. 그래서 리케이온의 아리스토텔레스 학파를 페리파토스 학파(소요 학파)라고 부르게 되었다.

기원전 323년 알렉산드로스 대왕이 세상을 떠났다. 지도자를 잃자 전성기에는 인도의 인더스 강 유역까지 세력을 확장했던 알렉산드로스 대왕의 제국도 각지에서 정권이 불안정해졌고, 아테네에서도 마케도니아 반대 운동이 격화되었다. 아리스토텔레스도 쫓겨나듯이 아테네를 떠나 기원전 322년, 어머니의 고향인 에우보이아(에비아) 섬의 할키스에서 생을 마감했다. 그의 나이 62세였다.

아리스토텔레스는 목소리에 힘이 없어서 강의를 휘어잡는 장악력이 부족했다고 한다. 그는 자신의 단점을 잘 알았는지 강의를 보완하기 위한 상세한 강의록을 남겼다. 그 강의록은 중세에 정리되어 『아리스토텔레스 전집』으로 완성되었으며 오늘날까지 전해진다. 원래 550권가량 존재했던 그의 저작 중 3분의 1이 이 전집에 수록되어 있다. 전집 내용은 "만학의 아버지"라는 별명에 걸맞게 다방면에 걸쳐 있다. 논리학, 윤리학, 형이상학(현상을 초월하거나 그 배후에 있는 구조와 본질, 존재의 근본 원리, 절대 존재를 순수 사유 또는 직관으로 탐구하려는 학문으로, 신, 세계, 영혼 등이 주요 화두이다), 정치학 등의 철학 관련 분야뿐 아니라 물리학, 천문학, 기상학, 생물학 등의 자연과학을 폭넓게 아우른다.

이제 아리스토텔레스 철학의 몇 가지 특징을 살펴보자.

하늘을 가리키는 플라톤, 땅을 가리키는 아리스토텔레스
역사적 사실인지는 확실하지 않으나, 『그리스 철학자 열전』의 아리스토텔레스 장에는 다음과 같은 일화가 있다. 학원을 떠난 아리스토텔레스에게 플라톤은 다음과 같이 탄식했다고 한다. "아리스토텔레스는 나를 걷어차고 떠났다. 마치 망아지가 낳아준 어미에게 발길질하듯."

아리스토텔레스는 플라톤을 스승으로 모셨으나, 플라톤의 철학을 모조리 긍정하지는 않았다고 추정된다. 이 사제 간의 철학의 차이를 『철학 키워드 사전(哲学キーワード事典)』에서 찾아보면 다음과 같은 해설이 실려 있다. "아리스토텔레스가 그린 세계상은 플라톤과 달리 동적이며 아주 넓은 의미에서 생물주의적이다. 플라톤의 세계상은 현실의 개별 사물로 이루어진 세계로서, 영원히 불변하는 이데아 세계의 모방이기 때문에 원리적으로는 그의 세계상에 변화가 없다."

즉, 플라톤의 이데아는 개념상의 직감이다. 논리로 "이데아가 존재한다"고 논증하지 않는다. "세계에는 이데아가 있다"고 전제하고 논리를 펼쳐나간다. 역시 "동굴의 비유"는 이해하기 쉽다. 그러나 왜 이데아가 존재하는지는 논증하지 않는다. 신의 세계에 이데아가 존재한다는 전제로부터 논리가 시작된다. 플라톤의 철학은 관념론이다. 반면, 아리스토텔레스는 실증적이며 경험론을 중시한다.

다양한 경험 속에서 진실을 도출하기 위해서 아리스토텔레스는 경험으로 얻은 결과를 분석하고 이론화하는 과정을 중시했다. 그래서 그는 논리학을 체계화했다. 가령, 삼단논법이 있다. "A는 B이고, B는 C이다. 고로 C는 A이다." 대표적인 논리 전개 방법이다.

어쩌면 아리스토텔레스는 스승인 플라톤에게 차마 보여주지 못했던 자신의 모습을 두고 고뇌했을 수도 있다. 이데아론은 어딘가 모호하다……. 그러나 감히 스승에게 반기를 들 수는 없다. 그래서 자신의 방법론으로 논리학을 다듬었다고 추측할 수 있다.

라파엘로의 작품 "아테네 학당"을 살펴보자. 이 그림 속에서 얼굴을 마주 보고 선 두 사람이 플라톤과 아리스토텔레스이다. 플라톤은 하늘을 가리키고, 아리스토텔레스는 땅을 가리키고 있다. 아리스토텔레스, "땅에 발을 붙이고 있어야 합니다." 플라톤, "아니, 하늘을 봐야지. 천상계에 이데아가 있으니까. 이 세상은 이데아 세계를 모방한 허상일 뿐이다."

두 사람이 나누는 대화가 그림 너머로 들려오는 듯한 기분이 든다. 하늘을 가리키는 플라톤의 관념론과 땅을 가리키는 아리스토텔레스의 경험주의를 멋지게 묘사한 작품이다. 아리스토텔레스가 스승 플라톤의 슬하를 떠난 가장 큰 이유는 지향하던 철학의 차이 때문이라고 추정할 수 있다. 극단적으로 말하면 아리스토텔레스는 소크라테스, 플라톤의 길에서 그리스 전통의 이오니아 학파의 길로 돌아갔던 셈이다.

어떻게 해야 행복하게 살 수 있을까? 중용을 주장한 아리스토텔레스의 윤리학
아리스토텔레스는 윤리학을 확립했다. 윤리학은 그리스어로 타 에티카(ta éthika)이다. 에토스(éthos)에 관한 여러 사항이라는 뜻이다. 에토스란 무엇일까? 에토스는 어느 민족과 사회 집단에 퍼진 도덕적 관습, 인격과 품성 등을 의미한다. 현대 시민사회에도 사람들이 더 나은 삶을 위해서 시민으로서 지켜야 할 약속과 규범이 있다. 에토스는 그와 같은 선(바른 삶, 일상적으로 요구되는 착한 행동과 양심적인 품성)이며, 그 선을 실현하는 힘(덕)이라고 생각하면 충분하다.

고대 그리스의 공동체(폴리스)에서 살던 사람들에게도 그와 같은 에토스가 요구되었다. 그러나 사람들에게 에토스를 명확하게 인식시키고, 실현하게 만들고, 사회에 정착시키려면 만만하지 않은 과정을 거쳐야 했다. 소크라테스는 사형을 선고받았을 때에 연줄을 동원하여 피할 수 있었는데도 담담하게 독배를 마시고 죽음을 택했다. 플라톤의 기록에 따르면 그는 탈옥을 권한 사람들에게 "그냥 사는 것이 아니라 잘 사는 것이 중요하다"는 말을 남겼다고 한다. 이 말은 소크라테스가 도시국가 아테네의 에토스를 준수했다는 증거로 여겨졌다.

소크라테스에게서 플라톤으로 계승된 에토스를 아리스토텔레스는 타 에티카(윤리학)로 집대성했는데, 그 본질은 『니코마코스 윤리학(*Ethiká Nikomácheia*)』에 집약되어 있다. 이 책은 아리스토텔레스의 강의록을 그의 아들인 니코마코스가 편집하여 만든 것이다. 이 책은 윤리학의 고전으로서 오늘날까지 꾸준히 읽히고 있다.

『니코마코스 윤리학』에서 아리스토텔레스는 "중용(中庸)"이라는 개념을 제시했다. 중용이라는 단어는 유교에서 빌려왔다. 그리스어로는 메소테스(mesotes), 영어로는 골든 민(golden mean)이라고 부른다. 아리스토텔레스는 인간의 행위와 감정에서 초과와 부족이라는 양극단 중간에 덕이 존재한다고 주장했다.

예를 들면 어느 날 괴물이 덧문을 부수고 침입했을 때, 맨손으로 덤볐다가는 괴물의 손쉬운 먹잇감이 되어 잡아먹힐 뿐이다. 맨손으로 괴물에게 덤비는 행위는 만용에 지나지 않는다. 그러나 무서워서 벌벌 떨며 구석에 숨는다면 겁쟁이일 뿐이다. 무기를 들고 지혜를 짜내 용기를 가지고 괴물과 맞서 싸워야 한다. 아리스토텔레스는 거기에 덕(에토스)이 있고 행복으로 이어지는 길이 있다며 중용의 중요성을 설파했다.

아리스토텔레스는 이 중용의 연장선에 바람직한 정치의 모습도 존재한다고 생각했다. 민주정을 채택한 도시국가에서 중용의 길을 따라 정치를 해야 인간의 행복을 실현할 수 있다고 믿었다. 다시 말해서 선을 실천하는 주체를 공동체로 본 것이다.

참고로 "윤리학(倫理學)"이라는 한자어 번역은 일본 철학자인 이노우에 데쓰지로가 제안했다. 중국의 고전(『예기[禮記]』)에서 따온 말로, "인간의 질서였던 관계[倫]를 규정하는[理] 학문"이라는 뜻이 담겨 있다.

아리스토텔레스, 세계를 깔끔하게 정리하다

물벼룩은 어떻게 세상에 태어났을까?

소크라테스는 인간의 내면에 사색의 실을 드리웠고, 플라톤은 철학에 다양한 질문들을 던졌다. 반면, 아리스토텔레스는 온갖 문제들을 깔끔하게 정리한 학자로 자리매김했다. 그런 의미에서도 그는 만학의 아버지였다.

또 아리스토텔레스는 우주론도 정리했다. 우주의 중심에 부동의 지구가 있고, 여러 행성들이 이를 중심으로 동심원을 그리는 계층 구조를 이루며 각층을 구성하고 있다고 생각했다. 동시에 이 지상에서 생물이 사는 세계도 상세하게 관찰하여 나름의 성과를 발표했다. 특히, 동물학에서는 수백 종류의 동물들을 관찰하고 분류했다. 그는 동물이 자연 발생적으로 다양한 곳에서 태어난다고 추정했다. 가령, 물벼룩은 먼지에서 태어난다고 생각했다. 아리스토텔레스의 동물학은 현대의 관점에서 보면 오류가 많지만, 다양한 시각에서 관찰했다는 점만큼은 높은 점수를 주고 싶다.

세계는 네 가지 성질과 네 가지 원인으로 구성되어 있다

엠페도클레스는 세계가 불, 공기, 물, 흙이라는 네 가지 원소로 이루어져 있다고 설명했다. 다시 말해서, 세계가 네 가지 재료로 이루어져 있다는 사고방식이다.

아리스토텔레스는 이 네 가지 원소가 어떤 상태인지가 중요하다고 생각했다. 구체적으로는 세계가 열(熱), 냉(冷), 건(乾), 습(濕)이라는 네 가지 종류의 성질이 조합된 상태라고 믿었다. 불의 성질은 열과 건, 공기의 성질은 열과 습, 물의 성질은 냉과 습, 흙의 성질은 냉과 건이다.

아리스토텔레스는 이 네 가지 성질을 삼라만상에서부터 인간의 성격에까지 대응시켜 방대한 체계를 만들었다. 그의 이 4성질설은 엠페도클레스의 4원소설 이상으로 유럽 사회에 큰 영향을 주었다. 신기하게도 아리스토텔레스가 고안한 4성질과 중국의 음양오행설은 몹시 닮은 꼴이다. 중국의 제자백가를 다룰 때에 양자를 비교하며 다시 설명하겠다. 아울러 아리스토텔레스는 4원인설로 세계를 설명했다. 가령, 책상을 이데아로 설명하지 않고 질료(목재), 형상(의도), 작용(목공 작업), 목적(식사)이라는 네 가지 원인으로 설명했다.

그러나 아리스토텔레스는 지나치게 딱 떨어지게 세계를 정리했을 수도 있다

아리스토텔레스는 다양한 학문상의 문제를 체계적으로 정리했다. 그러나 그가 지나치게 깔끔하게 정리했고 정연한 그의 논리가 강렬하여, 아리스토텔레스 이후 얼추 1,000년 이상이나 유럽의 학문이 아리스토텔레스가 쳐둔 울타리 밖으로 벗어나지 못했다는 지적도 있다.

최고의 지적 권위로 감히 비판할 수 없는 존재가 된 아리스토텔레스의 방대한 학문 체계에서 개별 학문들은 가지를 뻗치며 나오는 형태로 조금씩 자립했다. 그 과정이 근대를 거쳐 현대까지 이어졌고 서양 철학과 학문의 역사가 만들어졌다고 볼 수 있다.

이번 장에서 다룬 3명의 철학자는 각각 걸출한 인물이다. 그러나 3명의 천재가 무대에 깜짝 등장하여 철학의 세계를 쇄신했다기보다는, 당시 아테네를 중심으로 돌아가던 시대 배경이 세 사람을 낳았다고 생각하는 관점의 전환이 중요하다.

　아테네의 황금 시대를 경험하고 민주정을 신뢰했던 소크라테스. 아테네가 스파르타와의 전쟁에서 패배하고 그리스의 정복자 지위를 상실한 시대를 살았던 플라톤. 아테네를 포함하여 그리스 전역을 제패한 마케도니아 왕국 출신으로 알렉산드로스 대왕의 가정 교사이기도 했던 아리스토텔레스. 그 각각의 시대 배경이 그들의 사상에도 큰 영향을 주었다.

소크라테스의 아내는 정말로 악처였다?

소크라테스에게 지인이 이렇게 말했단다.

"자네 아내가 자네에게 바가지를 박박 긁어대며 퍼붓는 잔소리와 악다구니가 지긋지긋하지 않은가?"

그러자 소크라테스는 이렇게 되받아쳤다.

"나는 익숙해졌다네. 수레가 시끄러운 소리를 내며 굴러간다고 생각하면 그만이거든. 자네도 집에서 키우는 닭이 꼬꼬댁 꼬꼬 소리를 내며 시끄럽게 울어도 참지 않는가."

그의 지인이 반론했다.

"닭은 알을 낳아주지 않는가."

소크라테스가 반박했다.

"내 아내 크산티페는 자식을 낳아주었다네."

소크라테스의 아내 크산티페는 악녀로 유명하여 수많은 일화를 남겼다. 일본 작가 사토 아이코는 『소크라테스의 아내』라는 제목의 작품으로 1963년 아쿠타가와 상 후보에 오르기도 했다.

이 작품에서 소크라테스라고 불리는 남자는 주인공 "나"의 남편이다. 그는 정시제 고등학교에서 일주일에 3일, 사회 과목을 가르치는 시간강사로, 본업으로는 전당포를 운영한다. 그런데 본업은 내팽개치고 팔리지 않는 소설 쓰기와 화투 노름으로 날밤을 지새우기 일쑤이다. 같이 동인지를 만드는 동료들에게 돌려받지 못할 돈을 빌려주는 꼬락서니를 보면 울화통이 터진다. 때때로 아무 도움도 되지 않는 말을 그럴듯하게 늘어놓는 재주가 있다. 그러다가 결국, 그나마 생활비를 벌던 전당포를 말아먹었다. 소설 대부분은 남편 "소크라테스"에 대한 "나"의 분노와 불평으로 채워져 있다.

현실의 소크라테스는 아침부터 아테네 거리로 나가 사람들과 문답을 주고받고, 그들에게 "무지의 자각"을 촉구하며, 해거름이 되면 집으로 돌아오는 생활을 반복했다. 당연히 생활에는 아무 도움이 되지 않았다. 철학자의 행동으로는 가치가 있을지언정 항상 집을 지키는 크산티페는 속상함을 넘어 억장이 무너지고 화병으로 쓰러지기 일보 직전이 아니었을까.

그런데 전해지는 소크라테스 부부의 부부싸움 일화는 희극처럼 온통 밝은 이야기뿐이다. 동네 사람들이 말싸움하는 두 사람에게 각자 누구를 응원하는지 한마디씩 거들었다는 장면도 있다. 크산티페는 악처였지만, 그녀는 나름의 방식으로 소크라테스를 사랑하지 않았을까?

그날도 크산티페는 소크라테스에게 이런저런 일로 고시랑고시랑 잔소리를 늘어놓았다. 소크라테스가 구렁이 담 넘듯 얄미울 정도로 쉽게 빠져나가자 화가 머리 꼭대기까지 치민 그녀는 물이 가득 찬 물통을 들고 와 남편의 정수리에 냅다 던졌다. 그 광경을 보고 깜짝 놀란 사람들에게 소크라테스는 빙그레 웃으며 말했다.

"허허, 이보게. 크산티페가 천둥소리를 냈더니 소나기가 퍼부을 모양이군."

제5장

공자, 묵자,
붓다, 마하비라

기원전 6세기–기원후 4세기의 철학과 종교의 흐름(동양)

| 기원전 600 | 550 | 500 | 450 | 400 | 350 | 300 | 250 |

음양오행설

추연
(기원전 305–기원전 240)
음양가

상앙
(기원전 390–기원전 338)
법가

한비자
(기원전 약 280–기원전)
법가

공자
(기원전 552–기원전 479)
예, 인, 후장
유가

대립

겸애, 비공, 절장

순자
(기원전 약 313–기원전 약)
유가
성악설

묵자
(기원전 약 470–기원전 약 390)
묵가

맹자
(기원전 약 372–기원전 약 289)
유가
성선설
역성혁명

노자
(?–?)
도가

소멸

장자
(기원전 약 369–기원전 약 286)
도가

손무
(기원전 약 535–?)
병가

손빈
(기원전 약 4세기)
병가

마하비라
(기원전 549–기원전 477)
아힘사(불살생)

자이나교

대립

브라만교

힌두교

대립

붓다
(기원전 566–기원전 486)
팔정도

불교

근본 분열

대중부

상좌부

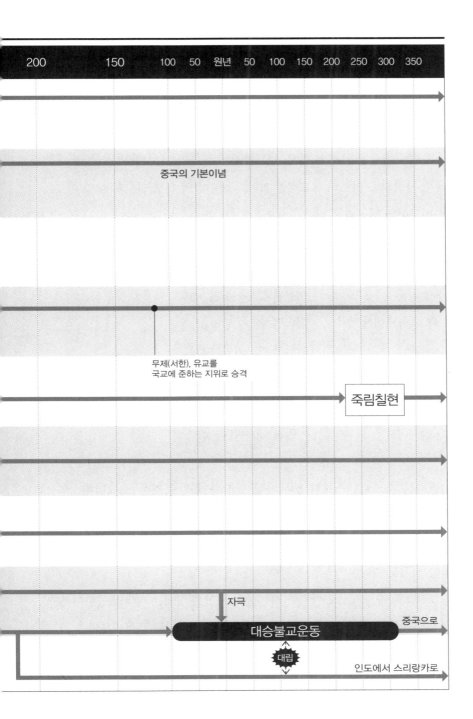

| 200 | | 150 | | 100 | 50 | 원년 | 50 | 100 | 150 | 200 | 250 | 300 | 350 |

중국의 기본이념

무제(서한), 유교를
국교에 준하는 지위로 승격

죽림칠현

자극

대승불교운동

대립

중국으로

인도에서 스리랑카로

기원전 500년을 전후하여 지식의 폭발이 전 세계적인 규모로 일어났던 시대에, 중국에서는 공자와 묵자, 인도에서는 붓다와 마하비라가 등장했다. 이 네 사람과 그리스의 대표적인 철학자 삼인방의 출생 연도와 사망 연도를 비교하면 다음과 같다.

- 소크라테스   기원전 약 469-기원전 399
- 플라톤   기원전 427-기원전 347
- 아리스토텔레스   기원전 384-기원전 322
- 공자   기원전 552-기원전 479
- 묵자   기원전 약 470-기원전 약 390
- 붓다   기원전 566-기원전 486
- 마하비라   기원전 549-기원전 477

공자는 소크라테스보다 80세가량 연장자이고, 묵자는 소크라테스와 거의 동시대 사람이다. 공자와 붓다와 마하비라도 얼추 동시대를 살았다. 참고로 붓다와 마하비라는 출생 연도와 사망 연도를 100년 정도 이후로 보는 시각도 있다.

그리스와 마찬가지로 아시아 사인방의 사상 형성에는 시대의 영향이 짙게 그림자를 드리웠다. 우선, 중국의 시대 배경부터 간략히 살펴보자.

1. 춘추 전국 시대, 공자와 묵자는 사색하고 행동했다

문자 자료로 확인할 수 있는 중국에서 가장 오래된 왕조는 상(은) 왕조이다. 이 상 왕조를 멸망시킨 왕조가 주 왕조이다. 대략 기원전 1023년의 일로, 주나라의 무왕 시대였다. 무왕은 수도를 호경(현재의 시안 부근)으로 정했다.

주나라는 상 왕조에서 갑골문자와 청동기 제작기술을 물려받았는데, 주나라 시대에는 후세에 "상주혁명"이라고 불릴 정도의 일대 변혁이 일어났다. 가령 상나라는 제정 일치 국가로 자신들의 조상과 신을 "제(帝)"라고 부르며 동일시했는데, 주나라는 신을 "천(天)"이라고 부르며 자신들의 조상과 구별했다. 또한 주나라에서는 제정 분리가 이루어졌다. 주나라는 일족을 중심으로 봉건제라고 부르는 새로운 지배체제를 구축하기도 했다. 언어 사용에도 변화가 나타났다. 피수식어가 수식어 앞으로 왔고, 상나라에서는 제신(帝辛)이라고 부르던 군주를 주나라에서는 문왕(文王)과 무왕(武王)이라고 불렀다.

당시 중국에는 도시국가와 비슷한, 읍(邑)이라는 촌락이 황허의 중하류 유역에 200-300군데 가까이 존재했다. 상나라는 이들 읍 위에 군림한 왕국이었다. 상나라를 무너뜨린 주나라는 주나라의 일족에 복종하던 읍을 영지로 나누어주었다. 그리고 세습을 통해서 그 읍들을 통치하도록 맡겼다. 혈연관계를 기본으로 하는 이 지배자들은 중국 전역에서 탄생했고, 그들은 제후라고 불렸다. 그들에게 하사한 토지(읍)는 봉토라고 했다.

제후는 주 왕실과의 혈연관계가 얼마나 가까운지의 정도와 영지의 크기에 따라서 공(公), 후(侯), 백(伯), 자(子), 남(男)이라는 다섯 가지 작위를 수여받았다. 제후는 봉토를 하사받는 대가로 주나라 왕에게 공납과 군사 지원의 의무를 졌다. 또한 제후 아래로는 경(卿), 대부(大夫), 사(士)라는 세습 가신 집단이 형성되었고, 그들은 제후에게 공납과 군사 지원의 의무가 있는 지배 구조가 만들어졌다. 이 체제를 "봉건(封建)"이라고 불렀다. 계약 관계에서 파생된 중국의 봉건체제는 왕조와의 혈연관계가 기본이 되었다는 점에서 중세 유럽의 가신과 차이가 있다.

주나라의 봉건체제는 세월이 지나면서 주나라 왕과 세습 제후와의 혈연관계가 희미해지고 제후의 자립 경향이 두드러지는 방향으로 변화했다. 북서 초원 지대에서 이민족 세력이 힘을 키우며 중원을 넘보는 등 대외적인 변화도 나타났다. 마침내 기원전 771년, 견융이라는 티베트계 이민족이 수도 호경으로 쳐들어왔다. 주나라의 유력 왕족은 호경을 버리고 동쪽으로 달아나 낙읍(오늘날의 뤄양)으로 천도했다.

이 사건으로, 주 왕실에 독점적으로 봉사하던 금문 장인(청동기에 금문을 새겨넣는 기술을 보유한 식자공 계급)이 뿔뿔이 흩어져 제후에게 고용되었다. 주 왕실에서 위신을 내세우기 위해서 활용했던 도구인 청동기를 하사받던 제후도 비로소 금문을 읽을 수 있게 되었다. 청동기에는 문왕, 무왕, 주공 단을 비롯한 주 왕실의 역사를 적었다. 이를 해독한 제후는 주 왕실의 기나긴 역사에 압도당해서, 실력만 놓고 보면 미약했음에도 불구하고 주 왕실을 존경하게 되었다. 이렇게 중화사상이 탄생했다(중화란 본래 주나라의 본관을 가리키는 말이었다). 그리고 동주(東周)는 다시 500년 이상을 살아남아 버렸다.

건국 이후 호경이 수도이던 시대의 주나라를 서주(기원전 1023-기원전 771), 동쪽의 낙읍으로 천도한 후의 주나라를 동주(기원전 771-기원

249)라고 부른다. 이 천도 사건으로 주나라의 판세는 축소되었고 국력이 쇠퇴했다. 반대로 제후의 세력이 강해지면서 중국은 정권이 불안정한 동란기에 접어들었다. 주나라의 동천(東遷)부터 진나라가 중국을 통일할 때까지의 약 500년 동안을 춘추 전국 시대라고 부른다.

춘추 시대   기원전 771–기원전 453
전국 시대   기원전 453–기원전 221

춘추 시대에는 주 왕실의 권위가 아직 건재했다. 유력한 제후들은 회맹(會盟)이라는 동맹을 결성하여 서로 대규모 무력 충동을 피하며 주 왕조의 권위를 자신들의 세력 확대에 이용하고자 했다. 그러나 주 왕조를 타도할 생각은 없었다. 이 유력 제후는 "패자(覇者)"라고 불렀다. 그중에서 특히 세력이 강한 패자는 "춘추오패(春秋五覇)"라고 불렀다. 제환공 그리고 진 문공이 대표적이다.

패자들은 소규모 무력 충돌은 지속해도 스스로 왕을 칭하지는 않았고 주 왕을 인정했다. 전통적으로 주 왕실에 대한 존경의 마음이 자리 잡고 있었기 때문으로 볼 수 있다. 그러나 현실적인 문제로 자신들의 나라가 그다지 강하지도 부유하지도 않다는 이유도 있었다. 당시에는 아직 철제 농기구가 보급되지 않았다. 농사는 비효율적이었고 생산성은 낮았다. 이런 까닭에 대량의 잉여 생산물은 얻지 못했다. 그래서 어느 제후도 다른 세력을 압도할 만큼의 강국이 되지는 못했고, 강력한 군사와 조직을 유지하는 관료 집단을 양성할 정도의 재력을 보유하지도 못했다.

그러다가 기원전 500년 전후부터 지구 온난화가 시작되었고, 거의 같은 시기에 철제 농기구가 보급되었다. 온난화에서 비롯된 기후 변동과 철제 농기구의 보급으로 농업 생산량이 급증했다. 당연히 인구도 증가하면서 계급 분화가 심해졌고 빈부 격차도 뚜렷해졌다. 유한 계급의 존재가 가능한 사회가 도래하며 "지식의 폭발"로 이어졌다. 동시에 패자라고 일컬어지던 강국을 중심으로 패권 다툼에 불이 붙어 치열한 실력 경쟁이 벌어졌다.

기원전 453년, 춘추 시대의 대국 진나라는 가신의 모반으로 한, 위, 조라는 3개의 나라로 분열되어 멸망했다. 하극상이 일어났던 것이다. 이 무렵부터 제후 사이의 힘겨루기는 어느 한쪽을 자신의 지배 아래에 두기 위해서 상대를 멸망시켜 영토를 빼앗는 침략전쟁으로 양상이 달라졌다. 기원전 453년부터 진나라의 시황제가 천하를 통일하는 기원전 221년까지를 통칭하여 전국 시대라고 부른다.

힘이 곧 정의였던 전국 시대에는 7개의 대국이 경쟁에서 살아남았다. 진, 제, 초, 연, 한, 위, 조 나라이다. 그들을 전국칠웅(戰國七雄)이라고 불렀다. 전국칠웅은 이미 주 왕실을 유일한 왕가로 존중하지 않았다. 그 증거로 각각의 군주가 왕을 자처하기 시작했다. 동주는 기원전 249년, 진나라의 침략으로 멸망했다.

묵자는 춘추 시대 후반부터 전국 시대 초반을 살았다. 동란의 시대가 공자와 묵자의 철학에 어떤 영향을 미쳤을지 이어서 살펴보자.

2. "주공 단의 시대로 돌아가자", 공자는 "예"의 부활을 주장했다

"벗이 먼 곳에서 찾아오니 이 또한 즐겁지 아니한가." 이 구절은 『논어(論語)』 첫머리에 등장한다. 공자가 세상을 떠난 후에 그의 말을 정리했다고 알려진 『논어』는 중국뿐만 아니라 아시아 전역에서 널리 읽히고 있다. 공자의 철학은 요즘 식으로 말하면 "인간다운 삶의 방식"을 역설했다.

공자는 노나라에서 태어났다. 노나라는 산둥 성을 통합한 대국 제나라와 서쪽으로 국경을 맞댄 작은 나라였다. 노나라는 주나라의 건국자인 무왕의 동생 주공 단의 자손이 봉토를 받아 다스리던 제후국이었다. 주공 단은 주나라 왕실을 대표하는 중신이었다. 그의 자손이 노를 다스리게 된 유래는 다음과 같다.

주나라는 상나라를 무너뜨리고 나라를 세울 때에 태공망 여상이라는 우수한 수하(또는 제나라의 군주)에게 큰 도움을 받았다. 그 공을 치하하기 위해서 무왕은 태공망을 산둥 성의 광대한 영토에 제후로 책봉했다. 그러나 무왕은 태공망이 만만치 않은 야심가임을 알고 있었다. 그래서 무왕은 태공망을 감시하기 위해서 노나라에 동생인 주공 단의 자손을 제후로 책봉했다. 노나라는 주나라의 수도였던 호경에서 멀리 떨어져 있었으나, 돈독한 관계를 유지해야 하는 중요한 지역이었다.

주공 단은 뛰어난 정치가였다. 훗날 동주의 수도가 되는 낙읍을 동쪽 거점 도시로 계획한 사람이 주공 단이었다. 그는 주나라의 통치 기구가 앞으로도 안정될 수 있도록 주 왕조의 의례와 작법을 중시했고, 그 형식을 정했다고 알려져 있다. 주 공단은 형인 무왕, 그의 아들인 성왕까지 2대에 걸쳐 두 왕을 섬겼고 주 왕조의 기틀을 닦았다.

주공 단의 시대부터 약 500년 후에 공자가 탄생했다. 이미 춘추 시대 중반을 지나 난세에 접어든 시대였다. 주 왕실과 인연이 끈끈하고 유서 깊은 제후국이었던 노나라도 주변 강국에 국경을 위협받는 소국으로 전락했고, 정치 상황도 불안정했다. 공자의 아버지는 노나라를 섬겼는데, 대부(大夫) 신분을 얻어 관리보다는 군인으로 활약했다.

공자의 아버지는 공자가 어렸을 때에 세상을 떠났고, 어머니도 그의 10대 시절에 사망했다. 고아가 된 공자는 어떻게든 연줄을 잡아 면학의 기회를 얻으려고 애썼다. 공자가 특정한 스승에게 배웠다는 기록은 없다.

공부를 계속한 공자는 노나라와 인연이 깊은 주공 단을 열렬히 흠모하게 되었다. 나라를 안정시키고 백성을 다스리기 위해서 주공 단이 정한 의례와 제도 덕분에 주나라 시대는 "사해파정(四海波靜, 천하의 풍파가 진정되어 평안함)"한 태평성대를 이루었다고 상상했던 모양이다. 반면, 그가 살던 당시의 노나라는 정세가 혼란했다. 그는 주공 단의 시대에 있었던 예(禮)라는 정신(의례와 제도)이 당시의 노나라에 필요하다고 생각했다. 그는 뜻을 펼치기 위해서 노나라에서 관리 생활을 시작했다.

공자는 관리가 된다는 뜻은 이루었으나, 막상 자신의 이상을 실현할 수 있는 국정 업무는 맡지 못했다. 그러다가 노나라의 파벌 투쟁에 휩쓸려 망명과 다름없이 나라를 떠나는 신세가 되었다. 다시 노나라로 돌아와 관직을 맡기도 하고 떠나기도 하는 과정을 몇 번씩 반복하는 동안, 열심히 예(禮) 정신을 설파하는 공자의 사상에 감화받아 제자가 되기를 자청하는 젊은이들이 생겨났다. 공자도 피타고라스처럼 사상가로서 자신의 학파를 만들어 초대 교주가 되었다. 그러나 노나라의 군주는 공자를 기용하지 않았다. 50대 중반 무렵, 공자는 자신의 사상을 활용하여 노나라의 실제 정치에 보탬이 되겠다는 뜻을 접었다. 그러나 자신이 생각하는 이상적인 정치를 어떻게든 실현하려는 뜻은 꺾지 않았고, 실현할 수 있는 나라를 찾아 천하를 떠돌며 주유했다. 그가 가는 길에 수많은 제자들이 동행했다.

3. 춘추 시대의 나라들은 공자를 부정하지 않았으나 그를 중용하지도 않았다

공자가 설파한 예 사상을 살펴보자.

"주나라 초기의 무왕과 성왕, 그리고 주공 단 시대에는 성인(聖人) 정치가 존재했다. 군주는 군주다웠고 대신은 대신다웠고 제후는 제후다웠으며 농민은 농민다워 각자 서로를 인정했다. 사람과 사람 사이에는 예의범절이 지켜졌고 사회에는 사람들의 행동과 평가에 관해서 모름지기 지켜야할 규범이 있어서 평화가 실현되었다."

공자는 그렇게 생각하고 그 시대의 정신으로 회귀하자고 주장했다. 그는 각기 다른 신분의 사람들이 마음 편하게 살기 위해서는 사회 질서를 유지하는 생활 규범, 즉 예가 중요하다고 믿었다. 주나라 초창기를 존중하자는 말은 조상 숭배로도 이어졌다. 공자는 가정에서 부모를 극진히 모셔야 한다고 강조했다.

공자는 이상 사회를 실현하기 위해서 "예"의 실천을 주장했는데, 동시에 또 하나의 이상도 주장했다. 바로 "인(仁)"이라는 개념이다. "인"이란 자신의 욕망을 극복하고 타인을 배려하고 아끼는 마음이다. 자비의 마음이며 인도주의나 사랑이라는 말로 바꾸어 쓸 수도 있다. 유교의 세계에서는 "인애(仁愛)"라고 부른다. 공자는 주나라 초기 사회가 그토록 평화로웠던 것(사실 결코 평화롭지 않았으나)은 위정자들의 마음속에 인의 정신이 충만했기 때문이라고 생각했다.

공자는 이처럼 예와 인 사상을 골자로 삼는 정치를 노나라 이외의 나라에서 실현하고자 했으나, 천하를 떠돌아도 공자를 정치적으로 중용하는

공자

제후를 찾지 못했다. 공자가 이상으로 삼았던 정치의 원점은 조상 숭배로 이어지는 예 사상과 신분 제도를 인정하는 인도주의인 인간애였다. 그의 사상은 결코 반체제적인 사상이 아니었다. 그러나 힘이 곧 정의였던 시대에 현실과 동떨어진 사상에 힘을 실어주는 권력자는 없었다. 예와 인을 주장하는 공자를 두고 제후들은 다음과 같이 생각했을 것이다.

"나도 인간애는 중요하다고 생각한다. 부하도 농민도 사랑한다. 그러나 이웃 나라가 싸움을 걸어온다. 발등에 불이 떨어졌는데 체통을 지킨답시고 가만히 앉아서 당할 수만은 없다. 먼 옛날 주나라 왕은 훌륭한 분이셨으나 내 목이 간당간당하고 내 나라가 없어지기 직전인 판국에 그분을 본받겠다고 인과 예를 운운할 수는 없다."

공자는 10여 년의 천하 주유를 끝내고 고향 노나라로 돌아왔다. 그리고 제자들을 가르치고 고서를 정리하다가 조용히 생을 마감했다.

4. 공자와 플라톤은 유사점이 많지만, 자손을 남긴 것은 공자였다

사마천의 『사기(史記)』에는 공자의 키가 9척 6촌이라는 기록이 있다. 오늘날 기준으로 환산하면 2미터가 훌쩍 넘는 장신이다. 플라톤도 건장한 체구였다. 공자와 플라톤을 보면 건강한 육체에 건강한 정신이 깃든다는 말이 떠오른다.

공자는 이상적인 정치를 실현하기 위해서 천하를 주유했는데, 어느 나라에서도 그를 인정하지 않았다. 플라톤도 같은 목적으로 시칠리아의 도시 시라쿠사를 3번이나 방문했다. 플라톤은 짧은 기간이나마 실제로 정무를 맡기도 했다. 그러나 공자와 플라톤 모두 구체적인 성과는 하나도 내지 못했다. 어쩌면 사상가와 정치가에게 요구되는 자질이 다르기 때문일 수도 있다.

바른 정치의 처방전으로 플라톤은 철인 정치를 주장했고, 공자는 주나라 초기처럼 성인 군주가 예를 중시하고 인의 마음으로 나라를 다스려야 한다고 역설했다. 두 사람의 주장 모두 이상주의적인 관념론이라는 점에서 몹시 닮았다. 두 사람은 학파라는 기숙 학원의 교사가 되어 제자들에게 둘러싸여 인생을 마무리했다. 그 점에서도 두 사람은 닮은 꼴이다. 원래 공자는 이데아론 같은 장대한 철학 체계에는 관심이 없었다. 두 사람의 유사점은 주로 정치 분야에만 국한된다는 부분에 유의하자.

그러나 두 사람의 운명은 사후에 크게 달라졌다. 한나라 이후 중국의 왕조가 유교를 중시하며 두 사람의 위상이 크게 달라진 것이다. 플라톤이 자손을 남겼는지는 전혀 알 수 없다. 플라톤뿐 아니라 소크라테스도, 아리스토텔레스도, 붓다도 매한가지이다. 그러나 공자 일족은 오늘날까지 이어지고 있다. 세계에서 가장 오래된 족보가 남아 있는 가문이다.

노나라 취푸에 있던 공자의 생가는 그가 세상을 떠난 후에 그의 묘를 모시는 공묘(孔廟)가 되었고, 역대 중국 왕조가 증축을 거듭하며 유지되었다. 지금은 베이징 자금성의 뒤를 잇는 대규모 목조 건축물로서 세계유산으로도 지정되었다. 공자의 묘가 있는 지역(공림)은 그의 자손이 계속 매장되어 일종의 가족묘로 탈바꿈했다. 공자의 유전자를 물려받은 가족은 수십만 명에 이른다.

공자를 스승으로 모시는 학파는 "유가(儒家)"라고 부르며, 그의 가르침을 유교(儒敎)라고 한다. 서한 시대에 유교가 사실상 국교로 지정되었고 그후로 역대 왕조도 대개 같은 전철을 밟았다. 유교는 이후 중화인민공화국이 성립되고 문화 대혁명이 일어나던 시기에 비판을 받기도 했으나, 중국의 정치, 윤리 사상의 축이 되어 살아남았다. 오늘날 중국 공산당도 "유교 사회주의"를 제창한다.

공자의 사상을 제자들이 발전시키는 과정에서 다음과 같은 말이 『대학(大學)』이라는 책 속에 남아 전해진다. "수신제가치국평천하(修身齊家治國平天下)." 천하를 다스리려면 먼저 자신이 노력하여 훌륭한 사람이 되어야 한다. 그다음으로 가족을 사랑하고 평화로운 가정을 만들어라. 그다음에 나라(지역)를 다스려라. 그리고 나서야 천하를 다스릴 수 있다. 이 순서가 중요하다는 가르침이다.

조국의 어지러운 정세를 한탄하며 평화로운 옛 시대로 돌아가자고 호소했던 공자의 가르침은 이렇게 이해되어, 쉽게 말해서 권력자를 위해서 이용되어왔다. 공자의 일생은 순탄치 못했으나 자손에게는 정신적으로나 물질적으로나 풍요로운 유산을 남겼다. 그의 사고방식은 『논어』에 잘 드러나 있다.

5. 묵자는 공자를 철저하게 비판했다

묵자라는 사상가의 일대기에는 불분명한 부분이 많으나, 신빙성 있는 설에 따르면 대략 다음과 같은 인생을 살았던 인물이다. 묵자(기원전 약

470-기원전 약 390)는 공자가 세상을 떠나고 나서 얼마 후에 노나라에서 태어났다. 성은 묵, 자는 공자의 자와 마찬가지로 요즘 말로 바꾸면 선생님이라는 뜻이다. 묵이라는 성은 중국에서도 매우 드문 성씨로 본명이 아니라는 설도 있다. 묵은 문신을 가리키는 말이기도 한데, 옛날에는 범죄자를 유배 보내거나 노비로 강등시켜 노역을 시킬 때에 얼굴에 문신을 새겼다. 그래서 묵자와 그의 교단 사람들이 마치 죄인처럼 자유롭지 못한 생활을 했기 때문에 묵자라고 부르게 되었다는 주장도 있다. 물론 이를 뒷받침하는 확실한 증거는 없다.

묵자는 춘추 시대 말기 무렵부터 전국 시대 초기를 살았다. 민중은 불행한 전란의 세상을 살았으나, 진나라 같은 대국이 천하를 제압하고 민중의 일상생활까지 속박하던 시대와는 달리, 아직 자유로운 분위기가 충만했고 묘하게 흥청거리는 난세 특유의 활기가 가득했다.

그와 같은 분위기 속에서 묵자 이후에 등장한 사상가와 철학자들은 자신의 지식과 학문 성과를 전쟁을 치르는 나라들에 팔아넘기는 데에 필사적이었다. 또한 각국도 그와 같은 지식인을 자국의 국력 강화를 위해서 앞다투어 중용했다. 그 결과, 후세에 제자백가라고 일컬어지는 개성적인 사상가들이 등장했다. 묵자도 제자백가의 선구자 중의 한 사람이다. 제자백가에 관해서는 다음 장에서 다시 자세히 살펴보자.

노나라에서 태어난 묵자는 처음에는 공자의 가르침을 공부했다. 그러다가 여러 의문들을 품게 되었다. 묵자의 사상을 구체적으로 검증해보자.

묵자의 "겸애" 사상

공자는 인을 중시했다. 인의 근간이 되는 인애 사상은 신분 제도를 전제

묵자

로 한다. 또한 인애의 정신은 조상과 부모를 존경하고 가족을 중시하는 마음가짐을 으뜸 덕목으로 내걸었기 때문에, 타인에 대한 조건 없는 사랑은 아무래도 우선순위에서 밀려날 수밖에 없었다.

묵자는 이 부분을 지적했다. 그는 인애가 불평등하며, 진실한 사랑이 아니라고 주장했다. 묵자는 남자나 여자나 가난한 사람이나 약한 사람이나, 사람은 모두 평등한 인간으로 존중받아야 한다고 역설했다. 신분 사회를 전제로 한 공자의 인애와는 달리, 묵자의 사상은 현대의 휴머니즘(인도주의)에 맞먹는 참신함이 있었다. 이와 같은 묵자의 사상을 "겸애(兼愛)"라고 부른다. 묵자의 저서들 가운데 하나로 전해지는 『묵자(墨子)』에 "겸애 편"이라는 장이 존재하여 붙은 이름이다.

묵자는 "겸애 편"에서 전국 시대 제후에게 다음과 같이 호소했다. "적국을 사랑하고 증오를 버려라. 그곳에 평화로 가는 길이 있다." 현대의 민족 분쟁에 관해서 이야기하는 듯한 착각이 든다. 묵자는 당연히 전쟁에 반대했다. 그러나 반전이라는 말을 쓰지는 않았고 "비공(非攻)"이라는 말로 자신의 주장을 표현했다.

묵자의 "비공" 사상

누군가가 남의 과수원에서 과일을 훔치면 그 사람은 도둑이라고 비난받는다. 사람이 다른 사람을 살해하면 범죄가 된다. 살인범에게는 당연히 세간의 비난이 쏟아진다. 정의롭지 못한 행위이기 때문이다. 그러나 한 나라의 군주가 타국을 침략하고 수백 명을 죽여도, 누구도 정의롭지 못한 일이라고 감히 말하지 않는다. 오히려 조국의 이익이 되는 정의라고 찬미한다. 그러나 그 행위는 사랑을 잃어버린, 규탄받아 마땅한 행위이다.

묵자는 그렇게 생각했다. 타인의 재산을 훔치는 도둑질의 연장선에 살인과 전쟁이 있다. 이러한 행위들이 모두 자신의 이익만을 위해서 타인을 공격하는 것이기 때문이다. 따라서 묵자는 공격하는 행위를 봉인해야 한다고 주장했다. 이것이 바로 비공이다.

그런데 만약 공격을 받으면 어떻게 해야 할까? 묵자는 철저하게 지켜내야 한다고, 부당한 공격에는 맞서 싸워야 한다고 가르쳤다. 실제로 묵자를 중심으로 모인 교단 사람들은 축성(築城)기술과 방어 전술을 연구하여 일종의 기술자 집단을 형성했다.

묵자의 "절장" 사상

의복은 계절의 더위와 추위로부터 몸을 지키기 위해서 입는다. 그 목적을 다하는 것이 중요하지, 화려한 장식은 필요하지 않다. 배는 하천에서 확실하게 운행될 수 있도록 그리고 수레는 언덕길과 저지대에서도 편리하게 오갈 수 있도록 이동 수단이라는 기능에 충실하게 만들어야 한다. 기능에 충실하게 만드는 것이 기본이다. 이런저런 장식을 달거나 군더더기 기능을 덧붙인 설비는 마땅히 폐기해야 한다. 이러한 이치와 마찬가지로 나라를 다스리기 위한 재화는 합리적으로 낭비 없이 사용해야 한다. 재화와 군병을 함부로 낭비하여 민중의 고통을 늘려서는 안 된다.

묵자는 정치에서나 생활에서나 실리와 실용을 겸비하는 것이 중요하다고 주장했다. 절약 정신이다. 그는 이를 "절용(節用)"이라고 표현했다. 그리고 묵자는 절용의 이념을 바탕으로 "절장(節葬, 또는 박장[薄葬])"을 강조했다. 묵자의 시대에는 "후장구상(厚葬久喪)"이 일반적이었다. 즉, 성대하게 장례를 치르고 오랫동안 상복을 입고 초상을 치렀다. 상복을 입는 기간은 망자와의 관계에 따라서 정해졌다. 묵자의 시대에는 최장 삼년상을 치렀고, 공자의 가르침에서는 삼년상이 이상적으로 여겨졌다.

묵자는 장례와 관련된 허례허식을 부정하고 절장을 주장했다. 부모와 조상을 공경하는 효도 정신까지 부정하지는 않았으나, 장례를 성대하게 치르고 몇 년씩 상복을 입고 곡하며 상을 치르는 행위는 불필요하다고 생각했다. 장례식은 고인을 추모하는 마음을 담아 간소하게 치르고 하루빨리 일상 업무로 복귀하는 것이 집안을 위한 일이며 나라를 위한 일이라고 주장했다. 그의 절장 사상은 후장(구상)을 예의범절의 하나로 중시하며 공자를 따르는 유가 사람들에게 거센 비난을 받았다.

"행복 지수"라는 발상이 묵자에게서 비롯된 것은 아닐까

장례를 성대하게 치르려면 돈이 필요하다. 돈이 들어오려면 경기가 좋아야 하고 나라가 부강해야 한다. 즉, 이는 고도성장의 지향으로 이어진다. 전국칠웅 군주는 온난한 기후와 강력한 철제 농기구 및 무기로 국력을 증대했고, 광활한 중국의 황허 강 유역을 중심으로 전쟁을 되풀이했다.

철을 이용하려면 대량의 에너지를 동원하는 제철 과정을 거쳐야 한다. 춘추 시대부터 전국 시대로 이어지는 전란의 시기에 황허 강 유역에 펼쳐진 드넓은 삼림 지대가 벌채되었다. 이 지역은 강우량이 그다지 많지 않다. 벌채된 삼림은 원래 모습을 되찾지 못하고 황야가 되었고, 초원도 드문 황토 지대로 변했다. 그러자 상류에 폭우가 쏟아질 때마다 하천이 범람했고, 강풍이 불면 황사가 날리는 지역이 확대되었다. 오늘날 한반도와 일본까지 날아드는 황사는 이 시대 이후로 발생한 것이다. 더 옛날의 황허 강은 지금처럼 누렇고 탁하지 않았다. 당시 중국에서는 고도성장에 동반된 자연 파괴가 진행되었다.

묵자는 이러한 고도성장을 내버려두었을 때에 발생하는 폐해를 날카롭게 비판하는 자세를 취한 철학자였다. 조국의 자연을 파괴하면서까지 나라를 강하게 만들고 조상 숭배를 위해서 아침부터 밤까지 쉬지 않고 일하는 세상을 비판했다. 서로 배려하고 공격하지 말고 평화롭게 살아라. 그는 오직 평화를 지키기 위한 전쟁만이 허용된다고 믿었다. 묵자는 인간이 자연스럽게 바라는 행복과 심신의 건강 척도를 부지런히 고찰한 사상가였다. 현대적인 관점에서 보면 "행복 지수"를 발상한, 시대를 앞서가는 사상가였다.

6. 묵자 교단이 전국 시대에 모습을 감춘 이유

인간은 본래 완벽하지 않은 생물이다. 대부분은 눈앞의 일밖에 생각하지 못한다. 숲이 황무지가 되고 강이 범람해도, 사태가 어지간히 심각해지지 않는 한 생산성이 상승하고 소득이 증가하는 고도성장을 선호한다. 내 배가 부르고 등이 따뜻하면 그만이다. 축제도 장례식도 성대하게 치르고, 다 같이 술을 마시고 맛있는 음식을 먹고 어울려 놀기를 좋아하는 생물이다. 장례식은 간소하게 치르라는 말을 들으면 머리로는 이해하고 고개를 끄덕인다. 그러나 막상 상갓집에서 술과 고기가 빠지고 분위기가 썰렁해지면 시무룩해지며 무엇인가 아쉽다고 느낀다.

그렇다면 묵자의 교단을 당시 사람들은 어떻게 생각했을까. 묵자와 그를 따르는 무리는 좋은 사람들이다. 그러나 숨이 턱턱 막힌다. 입바르게 갑갑한 소리만 늘어놓는 사람들에게 정치를 맡기는 것은 썩 내키지 않는다……. 그들의 주장은 이치에 맞다. 그러나 지나치게 깨끗한 물에는 물고기가 살지 않듯이, "깨끗하고 바르고 가난하게 살라"는 가르침은 대중이 그들과 멀어지게 만들었다. 인류 역사를 보면 정당과 신흥종교 등에서 유사한 사례를 흔히 찾아볼 수 있다. 대중의 지지를 얻지 못한 교단은 어떻게 될까? 역시 소수파로 전락한다. 그들은 자신의 집단을 지키고 존속시키기 위해서 비밀결사 성격의 모임으로 탈바꿈한다.

춘추 전국이라는 난세에 공자는 체제에 날 선 비판을 가하지 않았다. 현실을 긍정하는 관점에서 옛것을 존중했고 예와 인이라는 이상을 위정자에게 요구함으로써 사회를 변화시키려고 했다. 그로부터 약 80년 후에 묵자가 등장했다. 세간에는 공자의 가르침을 계승한 사람들이 변함없이 예와 인과 옛 시대의 성인 정치가 필요하다고 꾸준히 주장했다. 그러나 세상은 조금도 나아지지 않았고 전란의 불씨가 나날이 번져갈 뿐이었다. 묵자는 공자의 주장이 근본부터 틀렸다고 지적했으며 이러한 사상은 반체제적인 사고방식으로 흘러갔다.

바야흐로 전국의 세상을 진의 시황제가 통일하며 묵자의 교단은 거의 소멸했다. 전국칠웅 군주들은 묵자의 사상을 과격한 반체제 이론이자 용인될 수 없는 이단아 같은 존재라고 간주했다. 그래서 제자백가 중에서 유독 묵자의 사상이 가장 큰 탄압을 받았다.

7. 브라만교에 제동을 건 인도의 종교가, 붓다와 마하비라

지식의 폭발 시대, 인도에서는 붓다와 마하비라가 등장했다. 붓다는 공자와 얼추 동시대 사람이다. 붓다가 살던 시대에 인도에는 이미 문자가 있었으나, 중국의 죽간과 목간, 메소포타미아의 점토판처럼 후세까지 남을 필사 재료는 아직 없었다. 패엽(貝葉)이라고 부르는 야자수와 비슷한 종려과 나무인 다라수 잎에 주로 문자를 적었기 때문에, 남아 있는 자료가 거의 없다. 그래서 붓다가 태어나고 입적한 해에 관한 확실한 증거 자료가 없다. 거의 같은 시대를 살았던 마하비라도 마찬가지이다.

카스피 해 북방에서 중앙 아시아로 남하하여 그 지역에서 유목 생활을 하던 아리아인은 기원전 1500년 무렵에 인도 서북부의 펀자브 지방으로 이동했다. 기원전 약 6세기에는 동쪽의 갠지스 강 중하류 유역에 국가(바라타족 등의 대규모 촌락)를 세웠고, 각 세력이 서로 힘겨루기를 하며 16대국 시대를 맞이했다. 본래 16이라는 숫자 자체는 매우 관념적으로 여겨졌다. 갠지스 강 중하류 유역은 인도 동북부에서 북으로 펼쳐진 풍요로운 전원 지대로, 오늘날에는 힌두스탄 대평원이라고 부른다.

이 16대국 가운데 마가타 국과 코살라 국이 강대국으로 부상했는데, 마가타 국이 한발 앞서나가기 시작했다. 기원전 5세기 초의 일이었다. 마가타 국의 수도, 갠지스 강 하류 지역에 자리를 잡은 라자그리하(현재의 비하르 주 라즈기르)에는 수많은 유산 계급(부르주아)이 탄생했다. 그들은 소에 철제 쟁기를 매어 농지를 개척했고, 대량의 잉여 생산물을 얻었다. 이러한 시대에 붓다가 탄생했다. 붓다는 현재는 네팔의 영토가 된 히말라야 산맥과 가까운 샤카(사키아)족의 고장, 카필라바스투에서 왕족의 아들로

붓다

태어났다.

　카필라바스투는 강국의 영토 확장전쟁에 휘말릴 위험이 있어서 평온한 상황이 결코 아니었다. 붓다는 바람 앞의 등불처럼 아슬아슬한 상황에서 어른이 되어 결혼했는데, 29세 때에 처자식을 버리고 출가했다. 생로병사라는 네 가지 인생의 고뇌를 해결하기 위해서였다. 마침내 붓다는 깨달음을 얻어 코살라 국과 마가타 국에서 설법하며 포교를 시작했다.

　붓다와 같은 시대에 마하비라도 태어났다. 그는 마가타 국 호족의 아들로, 붓다와 마찬가지로 지배층(크샤트리아) 출신이었다. 마하비라도 결혼했는데, 30세 무렵에 부모를 여읜 일을 계기로 모든 것을 버리고 출가하여 고행과 명상의 나날을 보냈다고 전해진다. 이윽고 마하비라도 자신의 교단을 창설하여 붓다처럼 지역에서 가르침을 전파하기 시작했다.

　당시 인도의 종교는 아리아인의 종교인 브라만교가 대세였다. 브라만교는 사람들을 4개의 계층으로 나누었다. 이른바 카스트 제도이다. 최상위를 차지하는 사제 계급이 브라만이고, 그 아래가 크샤트리아(왕족, 귀족)이며 그 아래에 바이샤(일반 시민)와 수드라(천민 계급)가 있다. 브라만교라는 이름이 붙을 정도이니, 이 종교에서는 브라만이 압도적인 권위를 행사하고 사람들 위에 군림한다. 신들과 의사를 교환하는 권리는 오직 브라만이 가졌다.

　그러나 붓다와 마하비라가 출가할 무렵 인도에서는 브라만의 권위와 권력에 회의를 느끼는 사람들이 생겨났다. 고도성장을 통해서 경제적으로 여유로운 사람들이 증가하자, 사제 계급보다 농민과 상인 등 부르주아의 힘이 세졌다. 그들은 재력을 쌓자 사고의 폭이 넓어졌고 자유로운 상상이 가능해졌다. 지식의 폭발이 일어날 준비가 갖추어졌다. 신들과의 소통을 독점하고 신들에게 제의를 올리는 의식을 집전하기만 하는 브

마하비라

라만에게 반발하는 지식인도 증가하기 시작했다. 지식인 일부는 기존 브라만교 사회에서 빠져나와 새로운 가르침과 삶의 방식을 추구했다. 그들은 이를 "출가"라고 불렀다. 붓다와 마하비라도 이러한 시대 배경에서 등장했다.

갠지스 강 유역에서는 쟁기를 맨 소가 논밭을 경작하도록 사람을 부리면서 부르주아 계급이 차곡차곡 재산을 늘려 거부가 되어갔다. 소는 그들에게 중요한 농기구로 오늘날의 트랙터와 같은 역할을 했다. 그런데 어느 날 갑자기 브라만이 찾아와 소를 끌고 갔다. 제사를 지내기 위해서 소를 도살하여 신들에게 바친다며 소를 내놓으라는 것이었다. 튼튼하고 일 잘하는 일꾼 소라고, 제발 죽이지 말아달라고 애걸해도 믿음이 부족한 불경한 자라는 꾸짖음만 돌아왔다. "신께서 네 소를 원하신다. 너는 감히 신에게 반항할 셈이냐?"

브라만교에서는 사람이 사후에 연기와 함께 공중으로 너울너울 올라가 영혼의 세계에 도달한다고 믿었다. 그 때문인지 의식을 치르거나 제사를

지낼 때에 대량의 제물을 바치는 것이 불문율처럼 여겨졌다. 특히, 소를 도살하여 기름을 태웠다. 물론 바치는 것은 냄새와 연기뿐, 고기는 브라만들이 먹어 치웠다. 농사일에 필수이자 소중한 재산인 소를 줄줄이 빼앗기자, 부르주아들의 인내심은 한계에 달했다. 그러나 신에게 반항할 셈이냐고 물으면 반론의 여지가 없었기 때문에 꿀 먹은 벙어리가 되었고, 칼만 안 들었지 강도나 다름없는 브라만에게 두 눈 시퍼렇게 뜨고 소를 빼앗길 수밖에 없었다.

그때 붓다와 마하비라가 홀연히 세상에 등장했다. 붓다는 "불필요한 살생을 금한다"는 가르침을 설파했다. 마하비라가 창시한 자이나교는 좀 더 급진적인 사고방식으로, 살아 있는 모든 것을 살생하면 안 된다는 아힘사(불살생)를 주장했다. 부르주아들은 이 두 사상가의 가르침에 열광했다. 브라만이 밭에 찾아와 소를 내놓으라고 윽박질러도 거절하면 그만이다. 거절할 명분이 충분해졌다. "저는 불교 신자입니다. 동물을 죽이는 행위는 제 믿음에 어긋납니다. 소는 내드릴 수 없습니다. 다른 곳으로 가보십시오."

종교를 내세우자 브라만도 물러설 수밖에 없었다. 정론에는 이길 수 없다. 브라만이 시비를 걸어도 승산이 없다. 경전만 읽던 승려가 노동으로 단련된 부르주아를 완력으로 이길 재간이 없다. 이렇게 부르주아 대다수가 인도 대도시 지역에서 불교와 자이나교의 신자가 되었다.

그러자 브라만교는 도시에서 내몰려 터전을 지방으로 옮겼다. 도시에서는 신자가 사라졌기 때문이다. 사람은 넘어지고 다시 일어서는 과정에서 비로소 안전하게 걷는 법을 배우는 법이다. 브라만교 역시 쓰라린 경험을 통해서 깨달음을 얻었다. 브라만교는 인도의 토속적 종교관을 접목하여 이해하기 쉬운 대중 종교로 변신했다. 이렇게 변신한 새로운 종교는 힌두교라고 불렸고 인도의 주류 종교로 발전했다.

오늘날 인도에서는 소가 성스러운 동물로 여겨지는데, 앞에서 설명한 사건이 그 계기가 된 것이다. "소를 도살하지 말라"는 목소리가 거세지자 힌두교가 발전한 후로도 소를 먹지 않게 되었고, 시나브로 소를 성스러운 동물로 여기게 되었다는 설이 유력하다.

8. 붓다와 마하비라는 윤회전생의 고통으로부터 벗어나는 방법을 설파했다

붓다와 마하비라에 관해서 그들의 종교관을 개략적으로 훑어보자. 두 사람의 교리 근본에는 모두 윤회전생에서 벗어나게 해주는 해탈이 자리하고 있었다. 윤회전생은 피타고라스에게 영향을 주었고 플라톤도 관심을 두었던 인도의 사상으로, 근원은 토착 신앙이었다.

사람은 사후에 저세상에 갔다가 이윽고 이 세상에 다시 태어난다. 그리고 다시 죽음을 맞이하고 다시 태어난다. 그 과정이 영겁에 걸쳐 반복된다. 그러나 인생에는 반드시 고통이 뒤따르기 때문에 고통으로 가득 찬 인생이 두세 번, 아니 영원히 거듭된다는 사실을 알면 살고 싶은 생각이 없어진다. 누구나 어떻게든 이 윤회전생의 굴레에서 빠져나와 변치 않는 영원한 생명을 얻기를 바란다. 그 바람을 실현해주는 개념이 윤회전생에서 벗어나는 해탈이다.

반면 조로아스터교에서 시간은 일직선을 그리며, 탄생에서 죽음으로 향한다. 시작이 있고 끝이 있다. 시작이 천지창조이고 끝이 최후의 심판이다. 그리고 바르게 산 사람은 최후의 심판에서 구원을 받아 천국으로 간다고 조로아스터는 설파했다.

빙글빙글 도는 윤회전생의 굴레에서 빠져나오지 못하고 고통받는 사람들은 어떻게 해야 구원받을 수 있을까. 당시 인도에서는 현세가 아무리 힘들고 괴로워도 성실하고 바르게 산다면 다음에 태어날 때에는 크샤트리아로 태어날 수 있다고 믿었다. 나쁜 짓을 하면 내세에 바퀴벌레로 태어날 수도 있다. 그러니 착하게 살아라. 그래야 내세에서 복을 받을 수 있다. 인도의 서민은 그런 가르침을 믿으며 마음의 평안을 얻고 고달픈 삶을 버텨나갔다. 말하자면 윤회전생이 카스트 제도를 뒷받침한 셈이다.

그러나 냉정하게 생각해보면, 과연 다음 인생에서 크샤트리아로 다시 태어날 확률은 얼마나 될까? 이는 우리 인간의 힘으로 어찌할 수 없는 전능한 신의 영역이다. 답은 신만이 아신다. 게다가 삶과 죽음의 고통을 경험하는 일이 영원히 멈추지 않는 회전목마처럼 반복된다면 상상만 해도 끔찍하다. 살고 싶은 생각이 들지 않는다. 이 고통스러운 윤회의 굴레에서 빠져나갈 수는 없을까. 생활에 다소나마 여유가 있는 지식 계급이 중심이 되어 이러한 의문을 품기 시작했다. 하루하루 먹고살기 힘든 사람들이 윤회나 해탈 따위를 생각할 여유가 있었을 리 만무하다.

그들의 물음에 붓다가 제시한 대답은 다음과 같은 과정을 거쳐 탄생했다. 수많은 출가자들은 인생의 진리를 찾아서 고행에 매진했다. 이 고행은 종교적 실천 방법으로서 요가라고 불렸는데, 고대부터 인도에서 전해진 수행법이다. 또한 그들은 현대 선종 불교로 이어지는 종교적 명상의 경지에 들어 깊은 사고를 거듭하는 데에 전념했다. 붓다도 고행과 명상을 되풀이한 후에 윤회전생의 고통에서 벗어나는 길을 찾아냈다.

그 길이란 정견(正見), 정사유(正思惟), 정언(正言), 정업(正業), 정명(正命), 정정진(正精進), 정념(正念), 정정(正定)이다. 쉽게 말해서 바른 견해, 결의, 말, 행위, 생활, 노력, 사념, 명상을 가리킨다. 지켜야 할 계율은 지키고, 바르게 살고, 바르게 생각하고, 바르게 행동하라는 말이다. 단식처럼 고생을 하는 수행 방법을 절대 강요하지 않았다. 붓다는 극단적인 수행 방법을 부정했다. 오히려 일상생활 속에서 바른 행실을 유지하는 힘겨움을 묵묵히 견뎌내고 최선을 다해서 바르게 살고 실천하려는 강한 의지가 사람을 윤회전생의 고통에서 벗어날 수 있는 인격으로 이끈다고 가르쳤다.

붓다는 브라만교의 전통인 아슈라마(4주기), 즉 학생기, 가주기(가족을 위해서 일하는 시기), 임서기(숲에서 수행하는 시기), 유행기(유랑하며 걸식 수행하는 시기)를 특별히 부정하지 않고 인정했다. 매우 관용적인 가르침이었다.

한편, 마하비라가 창시한 자이나교는 고행과 명상에 중점을 두었다. 가장 강조한 가르침은 아힘사(불살생)였다. 살생하지 말라는 가르침은 철저하게 지켜야 하고, 식물과 동물을 먹지 않는 단식으로 인한 아사조차도 부정하지 않았다. 마하트마(위대한 영혼)라고 불린 정치인이자 인도 독립의 아버지 간디는 자이나교에 강한 영향을 받았다고 알려져 있다.

마하비라는 위대한 영웅이라는 뜻의 존칭이고, 본명은 바르다마나이다. 그를 일컫는 또다른 존칭으로는 지나(승자)가 있는데, 여기에서 자이나교라는 이름이 비롯되었다. 자이나교는 주로 상인 계층에게 퍼졌고 지금도 서인도를 중심으로 550만 명가량의 신자가 있다.

『담마파다(Dhammapada)』, 『우다나바르가(Udanavarga)』는 불교의 경전이 아니라, 생전에 붓다의 말씀을 기억을 더듬어 재현하여 글로 정리한 두 권의 책 제목이다. 불경은 아니지만 삶에 관한 깊은 통찰을 담고 있다. 특히, 『담마파다』는 세계적으로 애독되는 책이다. 붓다 자신의 저서는 아무것도 남아 있지 않다. 그러나 붓다가 입적한 후에 불교 교단은 그의 가르침과 말씀, 행동을 모아서 교단 통일을 유지하고자 했다. 이러한 불교계의 움직임을 "불전결집(佛典結集)" 또는 "합송(合誦)"이라고 부른다. 첫 번째 "불전결집"은 붓다가 세상을 떠난 후에 얼마 지나지 않아 열렸다. 이때 『담마파다』의 원형이 만들어졌을 수도 있다.

제6장 **1**

헬레니즘 시대,
그리스 철학과 종교의 변화상

헬레니즘 시대 이후 6세기까지의 철학과 종교의 흐름(서양)

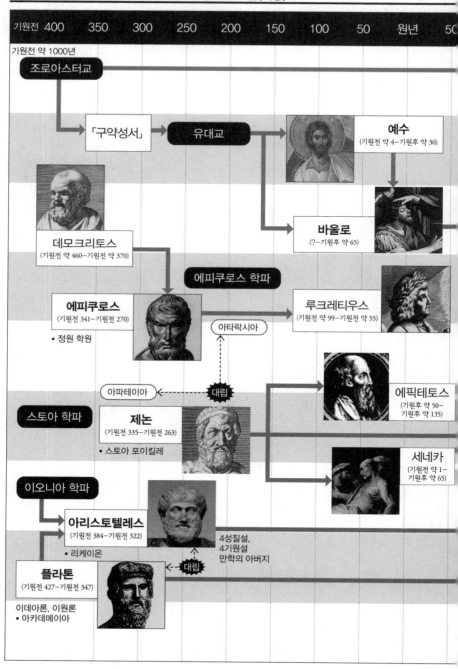

기원전 400　　350　　300　　250　　200　　150　　100　　50　　원년　　5(

기원전 약 1000년

조로아스터교

「구약성서」　　**유대교**　　**예수**
(기원전 약 4–기원후 약 30)

바울로
(?–기원후 약 65)

데모크리토스
(기원전 약 460–기원전 약 370)

에피쿠로스 학파

에피쿠로스
(기원전 341–기원전 270)
• 정원 학원

아타락시아

루크레티우스
(기원전 약 99–기원전 약 55)

아파테이아 ◄---- 대립

에픽테토스
(기원후 약 50–
기원후 약 135)

스토아 학파

제논
(기원전 335–기원전 263)
• 스토아 포이킬레

세네카
(기원전 약 1–
기원후 약 65)

이오니아 학파

아리스토텔레스
(기원전 384–기원전 322)
• 리케이온

4성질설,
4기원설
만학의 아버지

대립

플라톤
(기원전 427–기원전 347)
이데아론, 이원론
• 아카데메이아

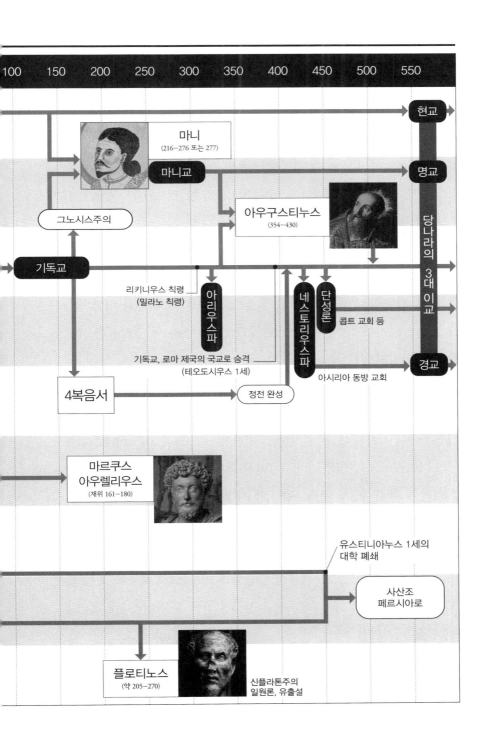

| 100 | 150 | 200 | 250 | 300 | 350 | 400 | 450 | 500 | 550 |

현교

마니
(216-276 또는 277)

마니교

명교

그노시스주의

아우구스티누스
(354-430)

당나라의 3대 이교

기독교

리키니우스 칙령
(밀라노 칙령)

아리우스파

네스토리우스파

단성론

콥트 교회 등

기독교, 로마 제국의 국교로 승격
(테오도시우스 1세)

경교

아시리아 동방 교회

4복음서

정전 완성

마르쿠스
아우렐리우스
(재위 161-180)

유스티니아누스 1세의
대학 폐쇄

사산조
페르시아로

플로티노스
(약 205-270)

신플라톤주의
일원론, 유출설

플라톤과 아리스토텔레스가 살았던 시대는 그리스 고전 시대의 꽃이었던 아테네가 펠로폰네소스 전쟁의 수렁에 빠져 패배하여 그리스 전체가 마케도니아 왕국에 제압된 시대였다. 아테네는 과거 황금 시대에 누렸던 폴리스로서의 독립성을 박탈당하고 자신감마저 상실했다.

그러나 플라톤이 만든 대학 아카데메이아와 아리스토텔레스의 리케이온은 여전히 건재하여 영향력을 과시했다. 이 두 대학은 기원전 4세기에 건설되어 기원후 529년에 폐쇄되었다. 창설 이후로 약 900년을 이어 내려온 것이다. 아카데메이아와 리케이온에 모인 사람들은 두 철학자를 사랑했고, 두 사람이 집필한 서적들을 지켜왔다. 그러나 로마 황제 유스티니아누스 1세(재위 527-565)가 기독교에 힘을 실어주기 위해서, 두 대학을 이교도의 학교라는 이유로 탄압하고 폐쇄했다.

제6장에서 살펴볼 헬레니즘 시대는 일반적으로 그리스어(코이네 그리스어)가 아카드어, 아람어에 이어 세계에서 통용되는 국제어(링구아 프랑카)로 자리 잡은 시대였다. 좀더 구체적인 시대상을 설명하면, 마케도니아의 알렉산드로스 대왕이 페르시아의 아케메네스 왕조를 무너뜨리고 대제국을 완성한 때가 기원전 330년이었는데, 이때부터 헬레니즘 시대가 열렸다. 이 대제국은 알렉산드로스 대왕의 사망 이후로 3개의 주요 왕국으로 분열되며 명맥을 유지했다. 그러나 신흥 강국 로마가 등장하며 세대 교체가 이루어졌다. 기원전 27년, 최후로 남은 이집트의 프톨레마이오스 왕조가 아우구스투스에게 제압되며 대제국은 사라졌다.

기원전 330년부터 기원전 27년까지의 시대를 지금까지는 "헬레니즘 시대"라고 불렀다. 그러나 그리스와 페르시아라는 서로 다른 2대 문명이 뒤섞이기 시작했다는 의미에서 보면, 다리우스 1세(아케메네스 왕조 페르시아 전성기의 다리우스 대제, 재위 기원전 522–기원전 486)의 시대, 즉 페르시아 전쟁 때부터 이미 헬레니즘 시대가 시작되었다는 주장이 오늘날에는 유력하게 받아들여진다.

이 시대의 철학이 아테네의 3대 철학자의 뒤를 이어 어떻게 전개되었는지가 이번 장의 주제이지만, 본격적으로 들어가기 전에 헬레니즘 시대의 특징을 살펴보자.

1. 헬레니즘 시대란?

페르시아 전쟁을 거친 그리스인은 동방의 풍요로움에 큰 충격을 받았다. 이는 후세에 예루살렘에 입성한 십자군이 받은 충격과 맞먹는 수준이었다. "문화와 문명이 발달했다. 온갖 농산물이 풍부하고 음식이 맛있다." 그리스 반도 밖으로 나온 이들은 동방에서 고도로 발전된 문명 사회를 만나고 충격을 받았다.

이렇게 막을 연 헬레니즘 시대는 알렉산드로스 대왕의 동방 원정으로 속도를 높이며 시대 변화의 급물살을 타기 시작했다. 알렉산드로스 대왕은 페르시아부터 인더스 강 유역에 이르기까지 자신의 제국을 확대하는 과정에서 수많은 도시들을 건설했다. 그는 총 70개가 넘는 도시들을 세웠다고 알려져 있다. 현재까지 흔적이 남은 도시만 해도 10곳이 넘는다. 인더스 강 서안과 중앙 아시아의 사마르칸트 등 동북부에도 그의 흔적이 남아 있다. 이들 도시에는 모조리 알렉산드리아라는 이름이 붙었다. 오늘날까지 남은 대표적인 도시는 이집트의 알렉산드리아이다.

알렉산드로스 대왕은 이들 도시에 그리스인을 살게 했다. 알렉산드로스 대왕의 동방 원정으로 그리스 본토의 인구가 줄어들었다. 인구 감소는 그리스의 쇠퇴에 박차를 가했다.

그리스인은 지금도 배 타기를 즐기며 전 세계에서 활약하고 있다. 그리스인은 원래 페니키아인과 동지중해 제해권을 놓고 다투던 민족이었다. 안에 틀어박히기보다는 외부 세계로 뻗어나가는 사람들이다. 폴리스의 번영이 과거의 영광으로 변해버린 그리스 반도를 떠나 동방의 신흥 도시로 향한 젊은이도 많았으리라.

인구가 대량으로 유출된 그리스의 폴리스들은 어떻게 되었을까? 작은 지방 도시로 전락했다. 플라톤과 아리스토텔레스의 대학이 학문에 열을 올리던 아테네는 한적한 전원 도시로 변모했을 수도 있다.

헬레니즘 시대는 동서 문화가 융합한 시대로, 세계 시민(코스모폴리탄)의 의미가 싹튼 시대라고 규정하는 시각이 있다. 다리우스 1세와 알렉산드로스 대왕이 그 포문을 열었다고 보는 관점이다.

참고로 고대 그리스인은 자신들을 "헬레네스(Hellenes)"라고 불렀다. 그리스 신화에 등장하는 헬레네의 자손이라는 뜻이다. 이 헬레네스에서 파생된 말이 헬레니즘이다. 헬레니즘이라는 용어는 근대에 들어 사용된 역사 용어이다. 유럽 문화의 원천이 된 문화 가운데 하나라는 위상으로 사용되었다. 물론, 알렉산드로스 대왕의 시대에는 존재하지 않았던 단어이다.

그렇다면 전 세계로 그리스인이 흩어진 이후에는 어떤 철학자가 등장했을까?

2. 헬레니즘 시대의 철학 1 : 에피쿠로스는 무엇을 쾌락이라고 규정했을까

헬레니즘 시대에는 4대 학파와 후세에 이름을 남긴 철학자들이 대거 등장하며 전성기를 누렸다. 아카데메이아, 리케이온, 에피쿠로스 학파, 스토아 학파를 헬레니즘 4대 학파라고 일컫는다. 플라톤의 아카데메이아와 아리스토텔레스의 리케이온에 관해서는 앞에서 이미 설명했다.

에피쿠로스(기원전 341-기원전 270)는 아테네의 영토였던 사모스 섬에서 태어났다. 에게 해의 동쪽, 아나톨리아 반도에 가까운 섬이다. 에피쿠로스는 청년기에 아테네로 향했다. 그는 아테네로 가서 아카데메이아와 리케이온에서 공부했던 모양이다. 그러나 그의 철학은 유물론을 기조로 삼았다. "만물의 근원은 원자이다"라고 단언한 데모크리토스의 원자론적 유물론 계열에 속하는 인물로 볼 수 있다.

플라톤과 아리스토텔레스를 제외하면 고대 그리스 철학자들의 저작은 편지와 서적이 단편적인 형태로만 전해진다. 에피쿠로스도 마찬가지이다. 그나마 에피쿠로스는 운 좋게 후세에 그의 철학을 공부한 사람이 있었고, 그가 에피쿠로스의 사상을 시와 같은 아름다운 문체로 적어 남겨놓은 덕분에 오늘날까지 전해진다. 그가 바로 고대 로마의 문인 루크레티우스(기원전 약 99-기원전 약 55)로. 책의 제목은 『사물의 본성에 관하여(*De Rerum Natura*)』이다. 이 책은 긴 세월 동안 빛을 보지 못하고 묻혀 있었는데, 르네상스 시기 이탈리아의 인문학자 포조 브라촐리니(1380-1459)가 독일의 한 수도원에서 발견했다. 브라촐리니가 이 고서를 필사하여 세상에 내놓음으로써 르네상스 시대의 사상 형성에 큰 영향을 미쳤다.

에피쿠로스

혹시 에피큐리언이라는 말을 들어본 적이 있는가? 에피큐리언은 주로 쾌락주의로 번역된다. 에피쿠로스의 철학에서 탄생한 말이다. 그런데 에피쿠로스가 주장한 쾌락이란 우리가 일반적으로 생각하는 쾌락과는 의미가 다르다. 즉, 흔히 우리가 상상하듯이 산해진미와 향기로운 술을 탐닉하고 사랑하는 사람과 뒹굴며 향락에 젖은 생활을 하며 느끼는 쾌락과는 다르다. 에피쿠로스가 말하는 쾌락이란 일시적, 현세적, 감각적 쾌락이 아니다. 이는 우리가 생각하는 쾌락의 정반대로서, 신체적으로 고통을 느끼지 않고 정신적으로 불안하지 않은 고요한 상태를 가리킨다. 이처럼 "영혼이 혼란스럽지 않은 평온한 상태"를 에피쿠로스 학파의 철학에서는 "아타락시아(ataraxia)"라고 불렀다. 쉽게 말해서 "마음의 평정"이다. 에피쿠로스는 아타락시아를 실현하는 인생이 행복하다고 생각했다.

그렇다면 왜 사람은 사치스러운 식사와 향기로운 술에 빠지고 연인에게 매혹되고 부자가 되고 싶어하고 위대한 사람이 되기를 열망하는가? 사람의 마음에는 그러한 현세의 쾌락에 영향을 받는 파토스(pathos)가 있기 때문이다. "파토스"라는 그리스어는 본래 "청중의 감성에 호소하다"라는 뜻이다. 고통받는 수난과 거세게 마음을 움직이는 격정과 같은 감정적인 정신을 표현하는 단어이다. 여기에서 패션(passion, 격정, 정열, 정념)이라는 영어 단어가 탄생했다. 파토스는 인생과 예술에서 느끼는 희열을 뜻하는 페이소스(pathos)라는 영어 단어의 어원이기도 하다. 파토스와 달리 이지적인 정신이자 인간이 지속적으로 지니는 성질은 "에토스(ēthos)"라고 불렀다. 에피쿠로스는 이 파토스에 정신이 침식당할 기회를 차단하라고 가르쳤다. 인생에서 "마음의 평정"을 실현하기 위해서는 필요 최소한의 조건으로 사는 금욕 생활을 추구해야 한다. 속세에는 파토스를 어지럽히는 조건들이 차고 넘치기 때문이다. 에피쿠로스는 제자들에게 말했다. "숨어서 살아라."

그리고 에피쿠로스는 아테네 교외에 "정원 학원(에피쿠로스의 정원)"을 창설했다. 에피쿠로스는 그 학원에서 제자들과 함께 수도원처럼 검소하고 금욕적으로 생활하다가 생을 마감했다. 그의 가르침은 광범위한 제자들이 충실하게 계승하여 기원전 1세기 무렵 로마에서 부흥기를 맞이했다. 그러나 그후 차츰 쇠퇴하여 5세기에는 소멸했다고 전해진다.

에피쿠로스는 물질적 충족은 고통이며 정신적 충족이 쾌락이라고 주장했다. 이성(異性)을 접하지 않고 빵과 물만 먹으며 조용하게 사는 삶을 쾌락이라고 규정했다. 그런데도 오늘날에는 에피큐리언(쾌락주의자, 향락주의자)이라는 단어가 퍼지면서 에피쿠로스가 감각적 쾌락주의의 문을 연 사람으로 오해받고 있다. 에피쿠로스 본인에게는 딱한 일이지만 운명의 장난에서 묘한 재미가 느껴지기도 한다.

3. 헬레니즘 시대의 철학 2 : 스토아 학파가 추구한 이상적인 인생

스토아 학파는 제논(기원전 335-기원전 263)이 창시했다. 제논은 페니키아인이었다. 아버지는 상인이었고 그도 가업인 상업에 종사했는데, 우연히 들른 아테네에서 크세노폰의 책 『소크라테스의 회상(*Memorabilia*)』을 만나 감명을 받고 철학의 길로 들어섰다고 전해진다.

이윽고 그는 사상을 확립하고 아테네에서 강의를 시작했다. 그가 강의하던 곳은 아테네의 중심이었던 시민 광장(아고라)의 스토아 포이킬레라는 곳이었는데, 채색된 기둥이 늘어선 주랑(柱廊)이었다. 그래서 제논에게서 시작된 철학이 스토아 학파라고 불리게 되었다. 참고로 주랑이란 벽이 없이 기둥만 죽 늘어선 복도를 가리키는 건축 용어이다.

제논 철학의 자료가 되는 문헌은 단편밖에 남아 있지 않다. 그는 철학을 자연학, 논리학, 윤리학이라는 세 부문으로 나누었고, 그 사상의 중심에 어떻게 마음의 평온을 추구할 것인가라는 명제가 있음을 판명했다. 에피쿠로스의 철학과 살짝 닮아 보이지만 알고 보면 상당히 동떨어져 있다.

스토아 학파의 철학은 초기, 중기, 후기로 나눌 수 있는데, 제논의 사상으로부터 시작된 초기부터 중기에 걸친 스토아 철학에 관련된 자료는 거의 존재하지 않아서 그다지 알려지지 않았다. 후기와 관련해서는 중요한 문헌이 남아 있다. 해방 노예에서 철학자로 변신한 에픽테토스가 지은 『에픽테토스의 인생을 바라보는 지혜(*Encheiridion*)』, 로마 제정 초기 정치인 세네카의 『인생이 왜 짧은가(*De Brevitate Vitae*)』, 그리고 황제 마르쿠스 아우렐리우스의 『명상록(*Ta eis Heauton*)』 등이 있다. 스토아 학파의 철학은 내용이 여러 갈래에 걸쳐 있고 사색 전개도 난해하다. 여기에서는 에피쿠로스 학파와의 대비를 중심으로 이야기를 풀어나갈 생각이다.

에피쿠로스의 "아타락시아"와 스토아 학파의 "아파테이아"의 차이
에피쿠로스는 파토스(격정, 정열, 정념)에서 멀어짐으로써 정신적 쾌락을 추구하는 생활을 행복이라고 규정했다. 반면 스토아 학파는 행복이란 덕을 추구한 결과로 얻을 수 있으며, 파토스에 동요되지 않는 마음(부동심)에 이르는 길이라고 믿었다. 그들은 그 상태를 아파테이아(apatheia)라고 불렀다. 다시 말해서 스토아 학파는 마음의 평정을 추구하는 것만으로는 마음의 평정을 얻을 수 없고, 인생의 덕을 실천해야 이를 수 있는 경지라고 생각했다. 그렇다면 덕이란 무엇일까?

스토아 학파는 4개의 성질을 가장 큰 덕으로 규정했다. 지혜, 용기, 정의, 절제이다. 덕을 실천한다는 것은 곧 악덕과 싸운다는 말이다. 악덕이란 무지, 두려움, 부정, 방종이다. 가장 큰 악덕은 인간이 지켜야 하는 4개의 덕이 존재한다는 사실을 무지로 인해서 알지 못하는 상태라고 보았다.

덕을 배우기 위해서 지식을 갈고닦고 앎을 실천하며 살아야 비로소 마음의 평정을 얻을 수 있다. 그것이 아파테이아이다……. 에피쿠로스의 아타락시아가 "숨어서 살아라"라는 말로 대표된다면, 아파테이아는 그와 정반대 노선에 자리한 사상임을 알 수 있다.

"운명을 받아들이고 살아라"

스토아 학파는 덕(지혜, 용기, 정의, 절제)을 자연과 하나가 된 상태라고 규정했다. 자연을 뜻하는 영어 단어 "nature"에는 두 가지 의미가 있다. 첫째로는 산천초목 등으로 구성된 영역을 뜻하고, 둘째로는 그와 같은 자연을 포함하여 인간의 존재와 여러 사상(삶과 죽음, 생활과 사회, 국가와 세계)의 존재 그리고 변화를 아울러 뜻한다.

스토아 학파의 철학자들은 후자의 의미인 자연에서 어떻게 살아야 행복해질 수 있을지를 고찰했다. 그리고 만물을 움직이는 근원인 자연의 순리(진리에 이르는 법칙)와 모순되지 않고 하나가 되는 인간의 성격과 행동이 있다고 보았다. 그것이 다시 말해서 선(혹은 선을 실현하는 힘인 덕)이며, 이와 반대되는 개념이 악이라고 생각했다. 인간은 본래 자연에서 로고스(이성)를 부여받았기 때문에 누구나 의식적으로 덕을 추구할 수 있다고 믿었다.

우리는 자연에 속해 있고 우리 부모도 자연의 세계와 연결되어 있기 때문에 이 세상에 태어났다. 자연의 순리는 큰 강의 흐름처럼 세계를 계속 만들고 과거로부터 미래로 시간을 이어나간다. 그 항구적인 흐름 속에서 우리가 살아가기 때문에 우리는 주어진 인생을 당당히 살아가야 한다. 인간은 인생에서 지혜를 추구하고 악을 배제하고 덕을 실천하며 현자가 되어 마음의 평정을 얻기 위한 로고스를 가지고 있다. 이 로고스의 힘으로 마음에 풍파를 일으키는 파토스와 맞서 싸워 이겨야 한다. 그 과정에서 행복에 이를 수 있다.

스토아 학파는 자신들의 운명을 인정하고, 그 운명을 거부하거나 피하지 않고, 정면으로 받아들여서 적극적으로 살아가야 한다고 생각했다. 또 스토아 학파의 이상은 인간이 모두 평등하게 자연의 질서 속에서 살아가는 것이었기 때문에, 전 세계 사람들이 모두 평등하다고 주장했다. 말하자면 코스모폴리탄 사상이다.

스토아 학파의 철학이 지도자의 학문이 된 이유

자연의 법칙에 따라서 지금의 나라는 존재로 태어났기 때문에 그 섭리를 운명으로 받아들이고 산다. 그리고 덕을 실천하며 아파테이아라는 마음의 평정을 얻어 행복해진다. 이러한 삶의 방식에는 강한 의지가 필요하다.

그러나 현실적으로 생각하면 어떠한가? 가난하게 태어나서 끼니를 걱정하며 하루하루 살아가기 벅찬 삶이라면 어떠한가? 그 삶을 당당히 받아들이고 덕을 쌓아 아파테이아에 이르는 행복을 얻으라는 말을 들어도 뜬구름 잡는 소리로밖에 들리지 않는다. 누구나 강인한 의지를 타고난다는 보장은 없기 때문이다.

에피쿠로스의 정원 학원에는 몸을 팔아 생계를 유지해야 하는 운명을 짊어지고 태어난 여성들이 배움을 구하러 왔다고 전해진다. 가난하고 지친 사람들에게 에피쿠로스가 주장한 "숨어서 살아라"는 사상은 인생의 구원이 되었을 수도 있다.

로마가 제정 시대로 들어서자 에피쿠로스 학파의 철학과 스토아 학파의 철학은 전성기를 맞이했는데, 이윽고 스토아 학파의 철학은 로마를 이끄는 지도자들의 철학으로 자리매김했다.

로마 공화정 말기, 정치인 키케로(기원전 106-기원전 43)는 그리스 철학을 라틴어로 번역하여 소개했다. 그는 그중에서도 스토아 학파의 철학을 정리했고, 에피쿠로스 학파의 철학을 강력하게 비난했다. 로마의 지체 높은 가문에서 태어난 사람들은 자신의 운명을 받아들이고 당당히 살며, 이성으로 감정을 억누르고 덕을 쌓는 삶의 방식에 적극적으로 매진했다. 스토아 학파의 철학이 민중의 위에 군림하며 사는 지배층에게 적합한 사상이라고 생각했기 때문이다. 그 전형적인 인물이 로마 황제 마르쿠스 아우렐리우스(재위 기원후 161-180)이다.

마르쿠스 아우렐리우스의 시대, 로마 제국은 전성기에 그림자가 드리우기 시작했다. 달도 차면 기우는 법. 동북 방면에서 여러 부족들이 침공하여 막대한 국방비를 썼고, 그로 인해서 재정이 궁핍해지며 불안정한 시

마르쿠스 아우렐리우스

대에 접어들었다. 황제는 몸소 군대를 이끌고 침략에 맞서 싸웠고, 최전방이었던 빈도보나(현재의 빈)에서 세상을 떠났다.

마르쿠스 아우렐리우스가 쓴 『명상록』이라는 책에는 그의 진심이 절절히 묻어난다. 자신은 황제로 태어났기 때문에 최선을 다해서 나라를 다스려야 한다. 그리고 높은 덕을 추구하며 살아야 한다. 덕분에 자신도 행복해지면 기쁜 일이겠지만, 단순히 개인의 행복을 추구하기 위해서 덕을 쌓는 것이 아니라는 강한 의지를 행간에서 읽어낼 수 있다.

로마 제국의 지도층은 마르쿠스 아우렐리우스만큼은 아니더라도 대부분 스토아 학파의 철학에 따랐다. 주지육림에 빠진 방탕한 지도자는 의외로 적었기 때문에 로마 제국이 오랜 세월 멸망하지 않고 버틸 수 있었을지도 모른다. 로마 제국의 영광은 스토아 학파의 사고방식이 지도층에 널리 받아들여지고 큰 영향을 미쳤기 때문이라고 볼 수 있다.

그리고 후대에는 로마 제국을 본보기로 삼았던 대영제국의 지도층이 노블레스 오블리주(귀족은 의무를 가진다는 뜻으로, 지위가 높은 사람이 져야 하는 사회적 의무)를 중시하는 방향으로 이어지기도 했다.

스토아 학파와 칼뱅파를 믿는 프로테스탄트의 유사점

스토아 학파를 신봉하던 로마 제국의 지배층과 16세기 종교 개혁가 장 칼뱅(1509-1564)을 따르는 사람들이 묘하게 닮았다는 생각이 든다. 칼뱅은 "사람이 천국에 갈지, 지옥에 갈지는 태어나기 전에 신이 결정한다"고 주장했다. "예정설"이라고 부르는 이론이다. 따라서 로마 교회를 위해서 선행(기부)을 베푼다고 해도 아무런 도움이 되지 않는다. 교회와 로마 교황에게 입에 침이 마르게 칭찬받아도 사후의 운명과는 아무런 관계가 없다는 그의 가르침은 로마 교회에 큰 타격을 주었다.

그런데 나 개인적으로는 당당히 칼뱅을 따르는 사람들에게서 모순을 느낄 때가 있다. 칼뱅을 따르는 사람들은 자신들이 천국행을 보장받고 이 세상에 태어났다고 믿는다. 그렇다면 대충 살든 타락한 삶을 살든 천국행은 떼어놓은 당상이다. 그런데 왜 굳이 힘들게 일하고 성실하고 청빈하고 바르게 살아야 할까? 어차피 천국행이 예정되어 있다면, 나라면 되는 대로 적당히 한세상 즐기며 살리라.

물론 칼뱅파 사람들은 나와 생각이 달랐다. 그들은 천국에 가려면 신을 배신해서는 안 된다고 믿었다. 즉, 성실하게 세상과 남을 위해서 살아야 천국의 문을 통과할 수 있다고 생각하며 자신들의 믿음에 강한 자부심을 품었다.

스토아 학파를 신봉한 로마 제국의 지배층도 세계와 조상이 일군 접점에서 태어나 삶을 누릴 수 있다고 믿었기 때문에, 선택받은 사람으로서 올바르게 살아야 한다고 믿어 의심치 않았다. 칼뱅파와 스토아 학파를 믿은 로마 지배층이 품었던 고결한 뜻은 무척 닮았다.

한편, 에피쿠로스 학파의 철학은 유물론을 기반으로 두고 있어서 정해진 운명에 따르는 사고방식에는 부정적이다. 유물론에 따르면 어차피 죽으면 아무것도 남지 않기 때문이다. 유물론자들의 사고과정은 단순하다. 이 세상의 괴로움은 어디에서 비롯될까? 저세상에서 올 리가 없다. 그들은 이 세상의 괴로움이 우리가 사는 현실 안에 있다고 생각한다. 그런데 왜 아등바등 힘들게 일해야 할까, 아무래도 이러한 방향으로 생각이 기우는 경향이 있다. 그럴 바에야 세상을 등지고 "숨어서 살자"는 생각이 들게 마련이다. 에피쿠로스 학파의 철학은 로마 서민의 지지를 받았다.

여기에서 잠깐 사전적인 의미를 중심으로 유물론의 골자를 살펴보자. 유물론이란 만물의 근원은 물질이며 일원적으로 설명되어야 한다는 사상이다. 즉, 정신에 대한 물질의 근원성을 주장하는 입장이다. 물질에서 벗어난 영혼, 정신, 의식의 존재를 인정하지 않는다. 현대 뇌과학에 기초를 둔 유물론에서는 의식을 고도로 조직된 물질(뇌)의 소산이라고 규정하고, 인식은 객관적인 실재인 뇌의 반영이라고 추정한다.

제6장 2

헬레니즘 시대, 중국에
제자백가의 전성기가 도래하다

상(은)나라를 제압한 주나라는 청동기 제조기술을 상나라에게서 물려받았다. 청동기에는 문자가 새겨져 있다. 즉, 상나라에는 문자를 읽고 쓸 수 있는 사람들이 존재했고, 주나라가 그 사람들을 받아들였음을 의미한다. 청동기에 문자(금문, 한자의 원형)를 새기는 사람들을 금문 장인이라고 불렀다.

문자를 읽고 쓸 수 있는 금문 장인은 당시 아주 일부였다. 지식인이자 엘리트였다. 상나라도 주나라도, 오늘날 기준으로 보더라도 고액 연봉으로 그들을 고용했다. 국가는 그 특수한 재능을 독점하기 위해서 장인들의 이동의 자유를 제한했다. 그래서 한자를 읽고 쓸 수 있는 금문 장인(식자 계급)을 최고 권력자가 독점하는 시대가 이어졌다.

그러나 기원전 771년, 주나라는 이민족에게 밀려나 수도를 서쪽의 호경에서 동쪽의 낙읍으로 옮겼다. 역사적으로는 서주에서 동주로 바뀌었다. 그리고 국력은 큰 폭으로 쇠퇴했다. 시대는 춘추 시대에서 전국 시대로 이어지는 난세에 접어들었는데, 서주에서 동주로 천도하며 우왕좌왕하던 시기에 수많은 금문 장인들이 중국 전역으로 뿔뿔이 흩어졌다. 앞에서 설명했듯이, 이 과정에서 중화 사상이 탄생했다.

지식인 계층은 춘추 전국 시대의 제후에게 고용되어 문서 행정 등의 업무에 종사했다. 야망이 크고 부지런히 공부한 지식인들은 자신의 사상을 정리하여 책으로 엮었다. 요즘 식으로 말하면 족집게 과외 교사의 족보 책인 셈이다. 이 지식인들은 패권을 원하는 제후에게 강의를 제공하며 자신의 학문 실력을 혼란하던 세상에 보탬이 되는 방향으로 활용하려고 했다. 이미 이 시대에 일종의 정치 자문 직책을 노린 이들이 나타난 셈이다.

이처럼 큰 뜻을 품은 지식인 집단을 아울러 후세에 제자백가(諸子百家)라고 불렀다. 제자란 사상가와 학파 혹은 그 저서를 뜻하며, 백가는 인도의 육십이견과 마찬가지로 많다는 뜻이다.

주요 제자백가를 살펴보자.

- 유가 : 공자를 받드는 학파.
- 묵가 : 묵가를 받드는 학파.
- 법가 : 법을 중시하고 신상필벌(信賞必罰, 공이 있는 자에게는 반드시 상을 주고, 죄가 있는 자에게는 반드시 벌을 내린다)을 정해 권력을 군주에게 집중시켜서 백성을 다스리는 통치를 주장한 학파. 상앙이 실천을 시작했고 한비자가 집대성했다.
- 명가 : 명(언어)과 실(실천)의 관계를 명확히 하려는 논리학파. 실제로는 단순한 궤변론으로, 그리스의 소피스트와 유사하다.
- 도가 : 무위자연을 주장한 학파. 노자가 창시하고 장자가 집대성했다. 훗날 신선 사상과 음양오행설과 하나가 되어 도교가 탄생했다.
- 병가 : 춘추 전국 시대의 병법을 논한 학파. 병법서인 『손자병법(孫子兵法)』의 저자는 춘추 시대 인물인 손무와 그의 후손이자 전국 시대 인물인 손빈이라는 설이 유력하다.
- 음양가 : 다음 절에서 해설.

지금까지 소개한 제자백가 이외에 종횡가, 잡가, 농가, 소설가 등 다양한 사조가 존재했다. 전국칠웅의 유력 제후들은 자신의 정책 입안 참모로 발탁하기 위해서 제자백가의 학자들을 초빙했고, 최대한 많은 학자들을 자신의 식객으로 거느리려고 애썼다. 재산 경쟁을 벌이듯이 뛰어난 학자들의 후원자임을 자랑하려는 마음이 작용했으리라. 제후들은 그 유명한 학자가 우리 집에 있다는 식으로 위세를 과시했다.

그 대표적인 예가 전국칠웅 중에서 대국에 속했던 제나라이다. 제나라는 현재의 중국 산둥 성을 지배했던 나라로, 수도는 린쯔였다. 기원전 4세기 후반, 제나라의 전성기였던 위왕과 선왕 시대의 일이다. 수도 린쯔를 둘러싼 성벽에 직문(稷門)이라는 성문이 있었는데, 그 문 근방에 수많은 학자들을 불러모아 저택을 주고 연구비(자금)를 지급했다. 그리고 자유로운 연구와 저술을 허용했을 뿐만 아니라 학자끼리 활발한 논쟁도 권장했다. 마치 플라톤의 아카데메이아와 비슷한 모습이었다고 상상할 수 있다.

제나라의 인재 등용법은 전국적으로 유명해졌고 많은 학자들이 직문으로 찾아왔다. 그들을 "직하학사(稷下學士)"라고 불렀다. 가령, 성악설을 주장한 유가의 순자, 병가의 손빈, 음양가의 추연, 맹자도 직문을 방문했다. 음양가의 추연은 직하학사의 수장 격으로 활동한 학자들 중의 한 사람이었다.

1. 제자백가에서 음양가의 특수한 위치

음양학 및 그 발전형인 음양오행설에 관해서는 앞에서 간략히 설명했다. 음양설은 중국에서 우주 생성의 원리라고 일컫는다. 중국에서는 이미 서

주 시대부터 세계가 하늘과 땅, 해와 달 등 무수한 양과 음(2대 원기)으로 이루어져 있다고 생각했다. 그리고 양과 음의 운동으로 삼라만상이 변화한다고 믿었다.

왜 그러한 사고방식이 만들어졌을까? 군주가 정책 결정을 할 때에 결과를 점치기 위해서였다. 점을 치는 방법을 역(易)이라고 불렀고 후대에 『역경(易經)』이라는 책으로 집대성되었는데, 이 책은 유교에서 가장 중요한 경전인 오경(『시경[詩經]』, 『서경[書經]』, 『역경』, 『춘추[春秋]』, 『예기[禮記]』) 중의 하나로 자리매김했다.

유교에서는 권위 있는 경전이지만 워낙 풍부한 상상력으로 구성된 이론이다 보니 "뜬금없이 점 이야기가 왜 나와?"라는 생각이 들 수도 있다. 중국 고전 사상을 학문이라는 관점에서 정면으로 바라볼 때, 특히 뛰어난 사상가들이 대거 등장한 제자백가를 고찰할 때, "점"에 중심을 두는 사상을 다루는 것은 학문적으로는 이야기하기 껄끄러운 주제일 수 있다. 음양설과 그 발전형인 음양오행설이 더해짐으로써 음양의 가르침은 나날이 다채로움을 더해갔다. 이 음양오행설이 미신과 세속의 풍습으로 변형되어 사람들의 생활습관과 연례 행사에까지 침투했다.

추연의 음양오행설과 아리스토텔레스의 4성질설의 흥미로운 공통점
추연(기원전 305-기원전 240)이 주장한 오행설은 음과 양의 2대 원기(원소)가 교차하며 5원소(목, 화, 토, 금, 수)가 생성되고 오기(五氣)라고 부르는 이 5원소가 동조하거나 반발하며 세계가 움직인다는 가르침이다.

오행의 운동은 상생과 상극으로 분류된다. 상생은 오기가 목, 화, 토, 금, 수의 순서에 따라서 상대방을 낳아가는 양의 관계이다.

- 목생화(木生火) : 나무와 나무를 마주 비비면 불이 붙는다.
- 화생토(火生土) : 물체가 타며 재(흙)가 만들어진다.
- 토생금(土生金) : 광물 대부분은 흙 속에 묻혀 있다.
- 금생수(金生水) : 공기 중의 습도가 높으면 금속 표면에 물방울이 맺힌다.
- 수생목(水生木) : 모든 나무는 물로 자란다.

반대로 상극은 오기가 하나씩 상대방을 방해하는(나쁜 영향을 미치는, 침범하는) 음의 관계이다.

- 목극토(木克土) : 나무는 뿌리를 땅속으로 뻗어 양분을 빼앗는다.
- 토극수(土克水) : 흙은 물을 막아 세력을 약하게 한다.
- 수극화(水克火) : 물은 불을 끈다.
- 화극금(火剋金) : 금속은 단단하고 강하지만 열기에 녹는다.
- 금극목(金剋木) : 나무는 금속 도끼에 잘린다.

상생도, 상극도 비합리적인 이론처럼 보이지만 나름대로 이치에 맞는다. 이 오행의 상관관계를 적절하게 조합하여 색이나 방향이나 계절, 혹은 인간의 신체 부위에 적용하는 등 모든 것에 응용할 수 있다는 것이 음양오행설이다. "음양오행설과 배당표"라고 불리는 목화토금수가 우주 삼라만상과 어떤 관계에 있는지를 도식화한 도표(141쪽)가 있다. 그 일부를 소개한다.

목화토금수에도 각각 강약(음과 양)이 있다는 사고방식인데, 예를 들면 목의 형은 대목(大木)이고, 목의 아우는 저목(低木)이라는 식이다. 십간이

추연의 음양오행설과 배당표

5원소 / 항목	목	화	토	금	수
색	청	적	황	백	흑
방향	동	남	중앙*	서	북
계절	봄	여름	토용**	가을	겨울
동물	용	주작	기린***	범	거북이
장기	간	심장	비장	폐	신장

*   땅(土)은 하늘에 대응하므로 방향은 중앙.
**   토용(土用)은 입춘, 입추, 입동 전 각각 18일 동안을 가리킴.
***   기린은 상상 속의 동물.

라는 사고방식은 이미 상나라 시대에 확립되었다. 상신 등 상왕의 이름은 십간을 따랐다.

또 음양오행설은 세월과 시각을 나타내는 십이지 개념도 창조했다. 이 개념은 본래 『역경』의 세계에서 목성이 12년에 걸쳐 천체를 태양과 반대 방향으로 운행한다는 사실에서 도출되었다고 알려져 있다. 12마리 동물로 표현하는데, 우리는 흔히 자신이 태어난 해의 띠로 알고 있다. 그리고 십이지에도 음양이 있다.

십이지 : 홀수가 양●, 짝수가 음○

① 자(子) : 쥐●   ② 축(丑) : 소○   ③ 인(寅) : 호랑이●   ④ 묘(卯) : 토끼○

⑤ 진(辰) : 용●   ⑥ 사(巳) : 뱀○   ⑦ 오(午) : 말●   ⑧ 미(未) : 양○

⑨ 신(申) : 원숭이●   ⑩ 유(酉) : 닭○   ⑪ 술(戌) : 개●   ⑫ 해(亥) : 돼지○

아리스토텔레스의 4성질과 상관도

4원소 항목	불	공기	물	흙
성질	뜨거움, 건조함	뜨거움, 습함	차가움, 습함	차가움, 건조함
방향	남	동	서	북
사람의 성격	황담즙	다혈질	점액질	흑담즙
4대 정령	살라만드라*	실프**	운디네***	노움****

*　　　Salamandra : 불의 정령. 도롱뇽의 모습을 한 용.
**　　Sylph : 바람의 정령. 인간과 흡사한 모습.
***　Undine : 물의 정령. 물결이나 파도에 나타나는 아리따운 여인의 모습.
****　Gnome : 땅의 정령. 난쟁이 모습.

　음양오행설에서는 환갑이라고 해서 만 60세가 되면 "태어난 해가 돌아왔음을 축하하기 위해서" 성대한 잔치를 열었다. 이는 지금까지도 관습으로 남아 있다. 일본에서는 환갑이 되면 붉은 옷을 입거나 붉은 모자를 쓰고 잔치를 열어 축하하는 풍습이 있다. 이 풍습은 십간과 십이지를 각각 순차 조합하여 60년을 만들며 시작되었다. 그대로 십간과 십이지를 조합하면 120년이 되는데, 십간과 십이지의 홀수와 짝수를 각각, 즉 음은 음, 양은 양과 조합하면 60이 된다. 이 60회를 하나의 주기로 보고 그 주기를 인생의 큰 통과 지점으로 여겼다. 예전에는 60세가 상당히 장수한 축에 속했다. 예를 들면 2019년은 기해(己亥)년이다. 기와 해 모두 음끼리의 조합이다. 2019년에 환갑을 맞는 사람은 모두 1959년(기해년)에 태어났다.

　그런데 이 음양오행설과 유사한 발상이 서양에도 있었다. 그리스에서는 엠페도클레스가 세계는 불, 공기, 물, 흙이라는 네 가지 원소로 이루어져 있다고 믿었다. 반면, 아리스토텔레스는 4원소설을 인정하고 4원소를 구성요소로 해서 네 가지 성질이 생겨난다고 생각했다. 그리고 이 네 가지 성질이 만물을 생성한다고 추정했다. 구체적으로는 "열기와 냉기", "습기와 건기"라는 상반된 두 가지 성질의 조합이다. 또 여기에 네 가지 원인을 더했는데, 4원소설을 보면 상생, 상극을 연상할 수 있다.

아리스토텔레스의 4성질설과 4원인설은 유럽과 이슬람 사회에 널리 퍼졌고, 르네상스 무렵까지 진실로 여겨졌다. 이 상관관계의 일부를 표로 나타낸 것이 142쪽의 표이다. 특히, 사람의 성격 분류는 오늘날에도 미신이나 속설처럼 살아남아 영향력을 발휘하고 있다. "혈기왕성하다", "다혈질이다" 등의 표현은 4성질설에서 뿌리를 찾을 수 있다. 정령은 눈에 보이지 않는 존재로, 본래 4원소에 깃들어 있다고 믿었다.

중국인은 양을 좋아한다?

음양오행설은 5원소, 아리스토텔레스의 4성질설에서는 4원소가 기초가 된다. 그러나 4원소가 논리적으로 더 잘 맞아떨어진다. 방향도 계절도 각각 4개로 나눌 수 있다. 그렇다면 왜 중국에서는 굳이 다섯 가지로 나누었을까? 음양오행설에서는 필연성을 주장하는 이론도 존재하는데, 5개가 된 진짜 이유는 이 음양의 사상에 있다고 추측할 수 있다. 계절과 방향을 4라는 음수(陰數)로 생각하고 싶지 않았기 때문에 가운데에 흙을 추가한 것이다. 요컨대 중국인은 양(陽)을 좋아한다. 그렇게 생각하면 논리적으로 모순이 없다.

1월 1일, 3월 3일, 5월 5일, 7월 7일 그리고 9월 9일. 이 양이 겹치는 중양(重陽)의 날은 중국에서 명절이었다. 중양절은 중국 이외에 한국, 베트남,

일본 등 동아시아 국가에서 찾아볼 수 있다. 동아시아 국가의 세시 풍속은 상상 이상으로 중국 문화의 영향을 많이 받았다.

2. 맹자의 성선설, 순자의 선악설

제자백가 시대에 유가에는 맹자(기원전 약 372-기원전 약 289)와 순자(기원전 약 313-기원전 약 238)라는 학자가 등장했다. 두 사람이 각자 주장한 성선설과 성악설을 먼저 살펴보자.

성선설이란 인간은 본래 훌륭한 본성을 가지고 태어나기 때문에 제대로 교육하면 모두 주체적으로 노력한다는 사고방식이다. 반면, 성악설은 인간은 본디 그다지 현명하지 않은 존재로 스스로 배우려고 하지 않는다고 본다. 그러므로 사회 체계와 제도를 적절하게 세워 반강제적으로 가르쳐야 한다는 사고방식이다. 시대 흐름으로 보면 같은 유가에서 후배인 순자가 선배인 맹자의 주장을 비판하는 형태로 등장했다. 성선설과 성악설은 정반대 노선에서 평행선을 달리는 이론처럼 보이지만, 알고 보면 같은 이론적 토대를 공유하며 공존하는 이론이다. 즉, 당시의 시대 배경을 고려하여 두 사람의 유학자가 성선설과 성악설을 주창했다고 볼 수 있다.

전국 시대에 문서 행정이 시작된 이후 중국에서는 사람을 상인, 중인, 하인 등 세 종류로 분류했다. 중앙정부 관리가 상인이다. 그들은 행정 문서의 서식을 고안하고 내용을 기재할 수 있었기 때문이다. 그 문서를 읽고 중앙의 명령에 따르는 지방 관리가 중인으로, 즉 문서를 쓰지는 못하고 읽기만 하는 사람이다. 그리고 그 나머지가 읽고 쓸 줄 모르는 평범한 사람, 즉 하인이다.

맹자는 누구에게 성선설을 대입했을까? 그는 상인을 중심으로 생각했다. 상인은 자신과 같은 지식인 계급이다. 총명한 머리를 타고나서 노력해서 공부하는 정도로도 충분하다고 여겼다.

반면, 순자는 하인을 대상으로 논리를 전개했다. 글자를 읽지 못하는 인간에게 스스로 노력하라고 입이 아프게 말해도 소귀에 경 읽기이므로, 반강제로 붙들어 앉혀놓고 공부시키는 구조를 만들어야 한다고 주장했다. 따라서 성선설과 성악설은 사회를 구성하는 서로 다른 계급의 교육을 논한 이론으로, 두 주장 사이에는 모순이 없다. 오히려 두 가지 주장이 나란히 섰다는 점에서 유가 사상의 깊이를 알 수 있다.

이러한 생각은 유가의 사상을 중심으로 생각하면 일관적이라고 볼 수 있다. 그러나 교육이라는 주제에서 생각하면 지식과 양식을 익히는 수단을 개인의 주체적인 노력에 맡길지, 아니면 사회 체계와 제도, 구조로 확립할지를 정하는, 즉 사회적인 합의와 결단이 필요한 중요한 문제이다. 더욱이 성악설을 주장했던 순자는 사회 안정을 기초 법 제도로 규율하는 법가 사상에 가까운 측면이 있었다. 법가를 대표하는 사상가 한비자는 본래 순자의 제자였다.

이러한 사고방식을 바탕으로 순자는 맹자의 학설을 비판했다. 그러므로 성선설과 성악설을 "인간은 본래 선인으로 태어나는가, 아니면 악인으로 태어나는가?"라는 운명론의 대립으로 단순화하여 이해하기보다는, 교육에서 중요한 요소가 개인의 주체적인 노력인지, 사회 체계로서 교육의 장을 제도화하는 것인지를 둘러싼 논쟁임을 파악하는 방향으로 나아가는 것이 현명하다.

3. 맹자의 독창적인 발상 "역성혁명론"과 정전제

맹자는 청년 시절 공자의 손자인 자사의 제자로 학문을 공부했고, 공자를 깊이 존경했다고 전해진다. 그러나 조상 숭배(예)에 중심을 둔 공자와 비교하면 맹자의 사상은 상당히 독창적이고 혁신적이다. 맹자의 대표적인 사상으로 "역성혁명론(易姓革命論)"과 정전제(井田制)를 꼽을 수 있다.

맹자의 역성혁명론이란 천명을 중시하는 사상이다. 맹자가 태어난 시대에는 천계에 사는 신을 "천(天)"이라고 불렀다. 앞선 시대인 상나라 시절에는 천계에 사는 신을 "제(帝)"라고 불렀다. 그러한 시대에 맹자는 나라를 다스리는 행위에 관해서 다음과 같이 생각했다.

하늘이 한 사람의 인격자에게 왕이 되어 나라를 다스리고 백성의 안녕을 보증하라고 명했다. 왕은 천명, 즉 하늘의 뜻에 따른다. 그런데 그 왕의 자손이 어리석고 부덕하여 백성이 도탄에 빠지는 잘못된 정치를 편다. 그 모습을 본 하늘은 우매한 왕에게 경고한다. 이 경고는 기근이나 하천의 범람 등 자연재해의 모습으로 나타난다. 그런데도 아둔한 왕이 하늘의 경고를 알아차리지 못하고 정치를 바로잡지 않는다. 그러면 하늘은 백성, 즉 농민에게 명령하여 하극상(농민 반란)을 일으키게 하고 왕을 교체한다. 맹자는 하늘이 이렇게 선정을 베푼다고 주장했다. 다시 말해서, 천명에 따라서 왕조의 성(姓)이 갈린다[易]는 사상으로, 후대에 "역성혁명론"이라고 부르게 되었다.

산업혁명이 일어날 때까지 인간 사회는 농업 중심으로 돌아갔다. 악천후가 장기간 계속되면 작물 수확량이 떨어져서 식량 부족 사태가 이어진다. 그러면 어지간한 명군의 시정이 아닌 한 백성의 생활은 궁핍해진다.

하물며 평범한 군주라면 난세가 펼쳐질 것이 불 보듯이 빤하다. 그러면 정권을 비판하는 실력자가 나타나 민중을 움직여 정권을 타도하고, 새로운 왕조를 연다. 이것이 당시의 역사적인 진실이었다. 맹자의 역성혁명론은 이러한 하극상, 다시 말해서 무력을 사용한 왕조 타도를 이론적으로 뒷받침하는 논리였다.

맹자

그러자 전 왕조의 마지막 군주는 필요 이상으로 폭군으로 기록되었다. 만약 명군이라면 새로운 왕조의 정통성을 유지할 수 없기 때문이다. 그래서 새로운 왕조의 창시자는 명군으로 묘사되었다. 상나라의 제신(주왕)과 주나라의 문왕 및 무왕, 수나라의 양제와 당나라의 태종 등이 전형적인 예이다.

천명이라는 추상적인 개념을 소거하고 생각하면 실제로 하극상(혁명)을 실현하는 주체는 농민, 즉 민중이다. 그래서 맹자의 사상이 인민주권의 시초라고 보는 학자도 있다. 당시에는 지나치게 과격한 사상이었다. 참고로 일본의 천황 가문에는 성(姓)이 없다. 성이 없다면 성을 갈아치우는 역성혁명이 성립하기 어렵겠다는 생각 때문이라는 주장이 있다.

맹자의 역성혁명론과 루소의 사회계약설의 유사성

천명으로 약속된 민중의 생존 권리를 지키지 못한 군주는 혁명으로 응징당한다. 이 정변을 용인하는 맹자의 사상은 프랑스의 계몽 사상가인 장-자크 루소(1712-1778)의 사회계약설과 닮은 측면이 있다. 루소의 사회계약설을 대략 설명하면 다음과 같다.

루소는 프랑스 혁명 전야의 시기를 살았다. 신과 인간이 계약을 맺는다는 기독교의 발상(「구약성서」, 「신약성서」)은 이미 부정된 시기였다. 인간은 각자 개인이 본래 주체적인 힘과 자유를 가지고 있다. 이는 자연법으로 규정된다. 이 자연법을 바탕으로 살아온 자유로운 인간이 사회에서 더욱 주체적으로 사는 권리를 확립하기 위해서 자신이 사는 공동체와 계약을 체결하는 행위를 루소는 사회계약(社會契約)이라고 불렀다. 이때 개인은 공동체를 원활하게 운영하기 위해서 자신의 제반 권리 일부를 공동체에 위임한다. 그 결과물로 도시와 국가가 탄생했다. 모두가 자기 마음대로 행동하면 공동체는 제 기능을 상실한다.

다만 개인의 모든 권리가 위임된 공동체에는 개개인의 의지가 하나가 된 추상적인 의지가 만들어진다. 루소는 그 추상적인 의지에 일반의지(一般意志)라는 이름을 붙였다. 일반의지는 공동체의 의사 결정에 관여하는 정치적인 인격이다.

루소는 사회계약으로 공동체의 구성원이 자유롭게만 행동한다면 사리사욕을 추구하게 되어 정치가 제 기능을 하지 못할까봐 두려워했다. 그래서 공동의 이익을 목표로 하면서 공공 정의로 이어지는, 일반의지라는 통일된 개념을 중시했다.

이 루소의 사회계약설에서 등장한 일반의지의 개념과 맹자의 천명이라는 사상은 사회 생활의 질서를 수호하는 행동 기준으로서 많은 유사성이 있다. 둘 모두 "인민주권에 중점"을 두었으나, 맹자와 루소 모두 민중의 지나치게 자유로운 의사에 제동 장치를 거는, 공공의 정의와 같은 도덕적 관점이 필요하다고 생각했다.

맹자는 역성혁명이라는 과격한 발상을 내놓았으나, 왕도와 패도는 확실히 나누어 생각했다. 역성혁명에서도 선양(禪讓, 전 왕이 통치권을 새로운 왕에게 양위)과 방벌(放伐, 무력으로 전왕을 타도)을 구분했다. 왕도란 인(仁)의 힘으로 나라를 다스리는 정치이다. 패도란 실력으로 백성을 지배하는 정치이다. 물론 이상은 왕도 정치였다. 맹자는 민중의 생활 안정을 정치의 첫째 의무로 간주하는 민본주의 사상가였다. 그리고 공자와 마찬가지로 무력보다는 인덕을 정치의 지침으로 삼아야 한다고 생각했다.

맹자의 정전제, 공지공민 제도의 원점

사방이 1리(400미터 × 400미터)인 땅이 있다고 치자. 이 땅을 똑같이 9개로 나눈다. 그러면 우물 정(井) 자와 닮은 꼴이 나온다. 이 아홉으로 나눈 토지 한가운데를 공유지로 정하고, 그곳에서 거두어들인 곡식은 세금으로 낸다. 나머지 8개 토지에서 나온 곡식은 여덟 가족이 나누어 가진다.

맹자는 이러한 제도를 고안하여 정전제라고 이름을 붙였다. 놀라울 정도로 공산주의와 닮은 발상이다. 이 정전제는 북위와 수나라 그리고 당나라 등 탁발(척발, 선비족 지파인 탁발선비의 성씨) 국가에서 실시된 공지공민 제도(균전제)에 큰 영향을 주었다. 농민을 나이와 성별로 구분하여 구분전(口分田)을 주는 토지 제도이다. 일본에서 701년에 제정된 다이호 율령의 반전수수법에도 영향을 주었다. 맹자가 세상을 떠난 것은 기원전 289년 전후이고 일본의 다이호 율령은 701년에 제정되었으니, 얼추 1,000년 후에 맹자의 정전제를 연원으로 삼는 공전공민 제도가 극동의 소국에서 실시된 것이다. 이처럼 공산주의적인 토지 제도가 우리의 상식보다 훨씬 오래 전에 구상되어 명맥이 유지되었다는 사실을 알고 나면 짜릿한 전율이 느껴진다. 맹자는 시대를 앞선 발상을 했던 인물이다.

지금은 공맹의 사상이라고 해서 공자와 맹자를 한데 묶어 칭하는데, 맹자가 집중 조명되며 높이 평가받은 시대는 송나라 시대(기원후 960-1279)였다. 주자학을 집대성한 주희(주자)가 유교의 근본 경전으로 『대학(大學)』, 『중용(中庸)』, 『논어(論語)』, 『맹자(孟子)』를 지정하고, 이 책들을 사서(四書)라고 부른 무렵부터이다. 제자백가 시대에는 공자와 맹자를 따로 떼어 각각 걸출한 사상가로 구분하기보다는 일반적으로 제자백가 가운데 뛰어난 사상가에 포함되는 존재 정도로 평가했다. 플라톤이 소크라테스를 위대한 학자로 규정하며 그의 위상이 높아졌듯이, 맹자와 주희도 소크라테스와 플라톤 같은 관계라고 볼 수 있다.

4. 순자는 무엇을 생각한 철학자였나

맹자는 하늘이 지상의 군주가 어떤 정치를 펼치는지를 줄곧 지켜보며 악정을 행하면 천재지변을 일으켜 경고한다고 생각했다. 이러한 사고방식을 "천인상관설(天人相關說)"이라고 부르는데, 순자는 이 주장을 정면으로 부정했다. 순자는 유성도, 태풍도, 단순한 자연현상이라고 주장했다. 기우제를 지내면 비가 내리지만, 기우제를 올리지 않아도 비가 내려야 할 때가 되면 비가 내린다. 순자는 기우제와 비가 내리는 날씨가 우연히 겹쳤을 뿐이라고 생각했다.

순자는 합리적인 사고방식의 소유자로 그의 사상에는 유물론적인 측면도 있었다. 순자는 한편으로 깊은 통찰력을 겸비했다. 그는 인간이 태어나면서부터 현명한 존재일 리가 없고, 오히려 인간은 주체성이 없어 세간의 유혹에 영향을 받기 쉬운 나약한 존재라고 추정했다. 따라서 인간은 학문에 매진하고 선한 존재가 되기 위해서 최선을 다해서 노력해야 한다고 생각했다. 말하자면 태어나서부터 죽을 때까지 공부하는, 요즘 말로 치면 평생 학습 개념을 일찍이 그 시절에 주장한, 시대를 앞서가는 사상가였다.

순자

그는 『순자(荀子)』에서 다음과 같은 말을 남겼다.

"쪽에서 나온 푸른색이 쪽보다 더 푸르다(청취지어람이청어람[靑取之於藍而靑於藍])."

푸른색 염료는 쪽이라는 식물에서 얻는데 쪽보다 푸른색 염료가 더 푸르러 아름답다는 뜻이다. 이는 믿을 수 있는 훌륭한 스승에게서 체계적으로 제대로 배우면 스승을 능가하는 뛰어난 인물이 될 수 있다는 뜻이다. 이 말에서 "청출어람(靑出於藍)"과 "출람지예(出藍之譽)"라는 사자성어가 나왔다. 두 말 모두 "제자가 스승을 능가한다"는 뜻이다.

5. 철저한 법치주의를 주장한 한비자, 철저한 무위자연을 주장한 장자

순자의 제자로 알려진 한비자(기원전 약 280-기원전 233)는 전국칠웅 중에서 가장 작은 나라였던 한나라의 사람이었다. 한비자는 상앙(기원전

장자

390-기원전 338)이 진나라의 재상으로서 실천을 통해서 주창했던 법가를 완성시켰다.

한비자는 국경을 접한 진나라의 공격에 골머리를 앓던 한나라 왕에게 정책을 제안했으나 받아들여지지 않자, 적국인 진나라로 넘어가 정책을 제안했으나 음모에 휘말려 목숨을 잃은 비운의 사나이였다. 그는 심하게 말을 더듬었는데 말더듬이라는 약점을 뛰어난 문장력으로 보완했다고 전해진다. 그의 저서 『한비자(韓非子)』는 인간이 지닌 어두운 측면을 적나라하게 그려낸 걸작 중의 걸작이다.

한비자는 민중에게 도덕성을 기대하는 마음 자체가 잘못되었다고 생각했다. "무릇 도를 갖춘 군주는 인의를 멀리하고 지능에 의지하지 않고 법에 따라야 한다."

한비자와 함께 순자 문하에서 동문수학한 진나라의 정치인 이사(?-기원전 208)는 한비자의 재능을 시샘하여 그를 죽음으로 몰아넣은 음모에 힘을 보탰다고 전해진다. 이사는 중국을 최초로 통일한 시황제의 재상이 되었고, 진나라를 법치국가로 만들기 위해서 제도를 설계하는 데에 크게 이바지했다.

장자(기원전 369-기원전 약 286)는 맹자와 거의 동시대 사람이다. 그는 맹자와 순자가 고지식하게 교육과 이상적인 정치를 논할 때에 태평스럽게도 무위자연을 주창했다. 인간은 마음의 날개를 활짝 펴고 자유롭게 즐기며 살아야 한다. 만물의 절대성에 따라서 살면 그만이다. 인간은 불완전한 동물이라서 자연에 따라 무위(無爲)하게 살면 충분하다. 즉, 자연 속에서 유유자적하는 삶을 추구하는 사고방식이다. 혼돈, 무용지용(無用之用), 호접지몽(胡蝶之夢), 대붕(大鵬) 등이 장자가 즐겨 사용하던 말이다.

노자

장자의 발상은 실존주의에 가깝다. 자신에게 단 한 가지 확실한 존재는 자신이라는 관점이다. 속세의 일은 깡그리 무시하라는 자세이다. 그러나 속세를 무시하고 자유롭게 살 수 있는 사람은 먹고살 걱정이 없는 유한 계급의 특권을 가진 일부일 뿐, 내일 당장 먹을 양식을 걱정해야 하는 평범한 민중에게는 엄두가 나지 않는 사고방식이다.

장자는 정치인이나 기업가처럼 현실의 이해득실만 따지고 손톱이 닳도록 아등바등 일하는 삶을 사양했다. 이처럼 한쪽으로 살짝 기운 발상은 지식인의 취향에 맞았다. 장자의 철학은 중국 사회에서 니체의 사상과 같은 존재가 되며 독특한 위치를 차지했다. 장자의 사상은 기원후 3세기 후반에 크게 유행했고 삼국 시대 말에 위나라로부터 제위를 물려받은 진(晉)나라 시대에는 대세가 되었다. 당시에는 혼란한 정세를 피해서 교외의 죽림에 살며 자유롭게 세속을 초월한 토론(청담)을 주고받은 유명한 7명의 현인이 있었다. "죽림칠현(竹林七賢)"이라고 불리던 이들의 토론은 장자가 주장한 무위자연을 바탕으로 삼았다.

장자의 무위자연설의 시조는 노자였다. 공자와 동시대 인물로 추정되는 노자는 생몰 연대가 불확실하다. 일반 사람들은 노자와 장자의 사상을 아울러 도가라고 불렀다. 도가 사상과 신선 사상에 음양오행설이 더해지며 후한 말기에 도교가 탄생했다. 중국에서는 후대에 유교, 불교, 도교를 삼교(三敎)라고 불렀다.

중국 고전은 두루두루 인기가 있고 다양한 전문가가 해설을 붙인 책들이 출간되어 있으나, 학자들이 정성스럽게 주석을 붙인 "원문"을 읽는 것이 공부에 훨씬 도움이 된다.

6. 유가, 법가, 도가는 중국 사회에 안정을 가져왔다

유가의 사상은 예와 인과 덕을 근간으로 삼는다. 군주는 민중을 사랑하고 임금이 마땅히 지켜야 할 도리에 충실해야 한다는 가르침이었다. 요컨대 지배자의 철학이 된 사상이다. 유가는 서한의 무제(재위 기원전 141-기원전 87) 시대에 국교 수준의 대우를 받았다. 그런 의미에서는 스토아 학파의 철학과 공통분모가 있다. 제왕이 되는 자라면 사적인 즐거움을 다소 억누르고서라도 국가의 안정과 민중의 행복을 생각하라는 사상이었다.

한편, 노자와 장자의 사상은 노력이 인생의 전부가 아니다, 인간은 만물의 절대성을 움직일 수 없다, 그러니 자연에 맡기고 유유자적 살며 마음의 즐거움을 중시하라고 주장했다. 에피쿠로스의 사고방식과 닮은 구석이 있다.

법가 사상도 있었다. 유교를 정치의 이론으로 삼았다면, 실제 정치는 법률에 따라 운영되었다.

중국에서는 상앙이 체계를 세우고 한비자가 완성한 법가 사상을 기축으로 삼아 진나라의 시황제가 중앙 집권 국가(법에 따른 행정이 이루어지는 법치국가)를 수립한 이후로 2,000년 넘게 밑그림에 변화가 없었다. 정치의 겉모습이 유교에서 공산주의로 간판을 바꿔 달았을 뿐이라고 볼 수 있다. 일반 민중은 대외적인 정치 이념인 유교의 가르침에 따라서 조상을 모시고 부모를 공경하고 가족을 중시하며 세상의 순리에 맞추어 살아간다. 무법자는 법이 벌한다. 그리고 법가와 유가가 뒤죽박죽 섞여 제 모습을 찾을 수 없는 세태에 염증을 느낀 지식 계급은 노장 사상에 몰두한다.

이처럼 제자백가의 사상은 서로 공존할 수 있었고, 중국 사회를 구성하는 사람들이 각자 구미가 당기는 사상을 계급별로 적절하게 취할 수 있도록 일종의 사상적인 뷔페가 마련되어 있었다. 이처럼 여러 사상들이 각자의 영역을 존중하며 공존할 수 있었던 중국의 환경은 사회 안정에 크게 이바지했다. 그러나 어느 시대에나 중국을 체계적으로 다잡은 사상은 법가라는 점이 중요하다. 즉, 일반 민중을 위한 패로 무대 앞에는 유가가, 무대 뒤에는 법가가 준비되어 있었다. 그리고 지식인을 위해서 도가가 마련되어 있었다.

이러한 사상의 공존은 당나라 중기(8세기 전반)에 이르러 불교가 민중들 사이에 뿌리를 내릴 때에도 살아 있었다. 중국의 불교계는 삼무일종(三武一宗)의 법난(法難)이라는, 4차례에 걸친 대규모 종교 탄압을 겪었다(그중에서도 회창의 폐불이 유명하다). 그 경험으로부터 불교계에는 국가의 보호에 의지하기만 해서는 살아남을 수 없다는 생각이 싹텄다. 민중은 어려운 교리를 들이미는 종교는 손사래를 치며 거부하는 경향이 있다. 그래서 "나무아미타불"이라는 염불만 부지런히 외우면 극락에 갈 수 있다고 가르친 정토교가 중국에 널리 퍼졌다.

같은 시기에 선종도 등장했다. "나무아미타불"을 입이 아프게 외운다고 해서 성불할 수 있는가. 인생이 그리 단순하다고 믿는가. 정토교의 가르침에 논리적인 갈증을 느낀 지식 계급의 의문에 대처한 종파가 선종이었다. 눈앞에 있는 돌을 가리키며 "이것이 무엇이냐?"라고 묻는다. 누가 봐도 돌인데, 대놓고 물으면 배운 자들은 필사적으로 머리를 굴려 생각한다. 저게 정말 돌일까? 돌과 나의 인생이 무슨 관계가 있지? 그 과정에 오묘한 진리가 있다고 멋대로 생각한다. 지식 계급은 이처럼 정신을 조종하는 수법에 약하다.

불교는 민중을 위한 정토교와 지식인을 위한 선종이라는 두 가지 축을 지렛대 삼아 중국 사회에 깊숙이 뿌리를 내렸다. 정토교와 선종은 한국과 일본 등 이웃 나라에도 영향을 주었다.

각계각층이 자유롭게 목소리를 내는 상황을 요즘에도 "제자백가식 논쟁"이라고 표현한다. 이처럼 제자백가의 시대는 중국의 사상과 철학에 큰 의미를 지닌 시대라고 할 수 있다.

제6장 3

헬레니즘 시대, 「구약성서」가
완성되고 유대교가 시작되다

1. 「구약성서」의 성립

헬레니즘 시대는 기독교의 탄생과도 밀접한 관련이 있다. 이 시대에 「구약성서」가 탄생했기 때문이다. 기원전 7세기 후반에 메소포타미아를 정복한 신바빌로니아 왕국(기원전 625-기원전 539)의 네부카드네자르 2세(느부갓네살, 재위 기원전 605-기원전 562)는 기원전 597년에 예루살렘을 수도로 삼은 유대인의 작은 나라 유대 왕국을 정복했다. 유대 왕국은 신바빌로니아 왕국이 보기에 상당히 서쪽으로 치우친, 지중해 동쪽 연안의 작은 나라였다. 딱히 신경 쓰지 않던 소국이 가소롭게 반란을 일으켜서 어쩔 수 없이 점령했을 뿐이다. 그런데 하필 유대 민족은 독자적인 신을 믿으며 꼬치꼬치 따지기를 좋아하는 반항적인 민족이었다. 네부카드네자르 2세는 반란의 뿌리를 뽑기 위해서 유대 왕국의 지도자 계급 사람들을 모조리 신바빌로니아의 수도인 유프라테스 강 근처의 바빌론으로 끌고 갔다. 이 사건은 흔히 세계사 책에서 유대 민족이 수난을 겪었다는 의미로 "바빌론 유수"(기원전 597년부터 세 차례에 걸쳐 일어났다)라고 부른다.

한 나라를 이끄는 지도자 계층을 이국 땅으로 몽땅 끌고 간 상당히 가혹한 처사로 보이지만, 당시에는 지극히 일반적이고 합리적인 시책이었다. 점령군을 주둔시키면 군사 비용이 발생한다. 그렇다고 반란을 일으킬 때마다 군대를 보내면 효율이 떨어진다. 또한 반란 지역을 싹쓸이할 수 있는 총이나 대량 파괴 무기가 없던 시대였기 때문에 파병에는 엄청난 국력과 체력이 필요했다.

이처럼 합리적인 이유로 고대 전쟁에서는 일반적으로 적국의 주요 지도자 계층을 인질로 삼아 본국으로 끌고 가서 감시하며 노동시키는 방식을 시행했다. 저항하는 자들을 죽이기만 해서는 원한이 쌓일 뿐이다. 그러므로 "바빌론 유수"는 유독 유대인에게만 일어난 불행한 사건이 아니라, 전 세계에서 다양한 사례를 찾아볼 수 있는 일반적인 사건이었다. 20세기에 들어서도 스탈린이 조선인을 원래 거주지에서 중앙 아시아로 강제로 이주시키는 사건이 있었다.

네부카드네자르 2세

어쨌든 유대인들은 약 60년을 바빌론 땅에서 생활했다. 마침내 신바빌로니아 왕국은 페르시아 아케메네스 왕조의 키루스 2세에게 멸망당했다. 키루스 2세는 민생을 살피기 위해서 바빌론 궁 밖을 산책하다가 유대인 지구를 발견했다. 그리고 유대인들이 예루살렘에서 강제로 끌려왔다는 사실을 알게 되었다. 키루스 2세는 이들을 딱하게 여겨 해방시켜주었다. 내가 왕이 되었으니, 너희들은 이제 자유이다. 너희 고향인 예루살렘으로 돌아가도 좋고 바빌론에 남아서 계속 살아도 좋다.

그런데 대부분의 유대인들은 예루살렘으로 돌아가지 않았다. 당시 평균 수명은 30세 정도였고, 유대인이 바빌론에 살기 시작한 지는 60년 가까이 지난 때였다. 그들 중 열에 아홉은 예루살렘 땅을 밟아보지도 못했다. 나는 미에 현의 미스기무라라는 깊은 산골 마을에서 태어났다. 아름다운 마을이지만 인구가 감소하여 소멸 위기에 처한 곳이다. 만약 이 마을 사람들이 먼 옛날에 도쿄로 끌려가 2-3세대가 지난 후에야 고향 마을로 돌아가도 좋다는 말을 들으면 어떨까? 익숙해진 도쿄를 버리고 가본

적도 없는 머나먼 고향으로 돌아갈 사람이 얼마나 될까? 고향으로 돌아가도 세대가 바뀌어서 친척도 없고 아는 사람도 없을 것이다. 유대인들은 바빌론을 떠나지 않았다. 바빌론은 당시 세계 최고의 수도였기 때문이다. 이렇게 유대인들의 디아스포라가 시작되었다.

사제 계급을 중심으로 한 일부 유대인만이 예루살렘으로 돌아왔다. 조상의 묘를 지켜야 하는 사람들이었다. 그들은 고향으로 돌아와 파괴된 유대교 성전(제2 성전)을 재건했다. 바빌론에서 다른 동포들이 돌아오지 않은 채 세월이 흘렀다. 사제 계급은 점점 불안해졌다. 이대로는 유대인이 페르시아 제국에 흡수되고 말 것이라고, 유대 민족이 사라질 수 있다고 우려했다. 그들은 자신들의 정체성을 확인하기 위해서 「구약성서」를 만들기 시작했다.

「구약성서」는 유대인에게 말했다. 지금은 힘들고 불행하지만, 우리는 본래 신에게 선택받은 민족이다. 반드시 구세주가 나타나서 우리를 구원해주신다. 바야흐로 종교에 선민 사상이 등장했다. 구세주는 히브리어로 메시아라고 한다. 그리스어로는 메시아가 크리스토스이다. 이 크리스토스를 한자로 음역하여 그리스도라고 부르게 되었다. 「구약성서」라는 이름 역시 기독교에서 부르는 이름으로 유대교에서는 「타나크(Tanakh)」라고 부른다. 이 「타나크」와 『탈무드(Talmud)』라고 부르는 구전 율법(생활법규)을 믿음으로써 유대교의 체계가 대부분 완성되었다. 돌아오지 않는 유대인에게 유대인 선조로부터 전해져 내려오는 이야기를 전하고, 민족의 정체성을 잃어버리지 않게 하려는 목적이었다. 긍지를 가져라. 우리는 선택받은 민족이다…….

한편 「타나크」는 창세기부터 역사적인 흐름에 따라서 시간 순서대로 구성되었다. 그러나 사실 창세기를 포함한 모세 5경이 마지막에 집필되었다. 쉽게 말해서, 가장 오래된 이야기가 가장 새로운 부분이다.

만약 여러분이 집안 이야기를 쓴다고 상상해보자. 아마도 아버지나 어머니 이야기부터 쓰기 시작하지 않을까. 아무래도 기억하는 부분이 많기 때문이다. 이어서 할아버지와 할머니, 증조할아버지와 증조할머니로 시간을 거슬러 오르며 쓰게 될 가능성이 높다. 그것이 일반적이다. 그러나 조부모 세대부터는 무엇을 써야 좋을지 종잡을 수 없어진다. 기억이 적기 때문이다. 그러면 어떻게 될까? 옛날이야기를 글로 적어야 한다면 창작에 의존할 수밖에 없다. 그러나 인간의 창의성에는 한계가 있기 때문에, 대개 먼 옛날이야기에서 모티브를 따오게 된다.

「구약성서」, 「타나크」에도 수많은 창작 요소가 포함되어 있다. 후대에 짜깁기된 이야기들은 대개 바빌론 유수 시절에 전승된 고대 메소포타미아 전승에서 빌려왔다. 아담을 흙으로 빚었다는 이야기는 수메르 신화에서, 노아의 방주는 메소포타미아의 대홍수 전설에서 따왔으며, 에덴 동산의 에덴은 메소포타미아의 지명이다. 그리고 최후의 심판에 이른다는, 시간을 직선으로 보는 개념은 조로아스터교에서 빌려왔다. 또 모세는 갈대로 엮은 바구니를 타고 나일 강에서 떠내려왔는데, 이 이야기는 태곳적에 메소포타미아를 최초로 통일한 아카드의 사르곤 대왕이 강에서 떠내려왔다는 이야기에서 그대로 따온 것이다.

오래된 부분일수록 전승과 무관하고 가장 나중에 창작되었다. 전형적인 예가 「타나크」이다. 「타나크」는 유대 민족의 정체성을 상실하기 직전이라는 절박한 위기감에서 창작되었다. 이 위기감을 귀향하지 않는 동포에게 호소하려는 것이 창작의 또다른 목적이었다. 세계 제국이었던 페르시아의 아케메네스 왕조에 지지 않고 유대인도 훌륭한 역사를 지닌 우수한 민족임을 주장하고 싶었던 것이다. 일본이 세계를 호령하는 제국으로 성장한 당나라에 마주하기 위해서 일본인도 훌륭한 민족이라고 주장하는 『일본서기(日本書紀)』를 창작했듯이 말이다. 민족의 존재가 사라질 위기를 맞이하면 정체성을 추구하는 법이다.

그리고 설령 창조해서 덧붙은 부분이 있더라도 글로 남은 기록은 엄청난 힘을 발휘한다. 가령, 고대 이스라엘 왕국은 다윗과 솔로몬 부자(父子) 시대에 엄청난 영광을 누렸다는 이야기가 전해진다. 시바 여왕이 솔로몬을 방문하여 그와의 사이에서 자식을 낳았고 에티오피아 왕실의 선조가 되었다는 전설도 유명하다.

그런데 시바 여왕이 다스린 왕국의 수도는 아라비아 반도의 끝 아덴에 있었다. 유향과 몰약 등 화장에 사용되던 방향제의 산지로 유명한 지역이다. 당시에 유향과 몰약은 귀중품으로 고가에 거래되었다. 학자들은 시바 여왕이 다스리던 왕국의 수도에 당시 2만-3만 명이 살았다고 추정한다. 고고학 발굴 조사에 따르면, 다윗과 솔로몬 시대에 예루살렘의 인구는 1,000명 남짓으로 추정된다. 고고학적으로 생각하면 인구 3만 명의 도시에 사는 여왕이 인구 1,000명 남짓한 마을에 와서 둘러보고 그 발전상에 감탄했다는 이야기이다. 논리적으로 앞뒤가 맞지 않는다. 그래서 역사학계에서는 다윗과 솔로몬의 존재 자체를 의심하는 학자도 있다. 그러나 다윗과 솔로몬의 존재에 이의를 제기하지 않고 믿었던 것은 「구약성서」라는 번듯한 기록이 이를 너무나 사실처럼 멋진 문장으로 묘사했기 때문이다.

"바빌론 유수" 이후 유대인이 예루살렘으로 돌아가지 않고 세계 각지로 흩어진 사건을 "디아스포라(diaspora)"라고 부르는데, 이 단어를 예전에는 이산 가족처럼 민족의 비극이라고 해서 "이산(離散)"이라고 번역했다. 그러나 유대인은 자신들의 의지로 예루살렘으로 돌아가지 않았고 전 세계 각지의 대도시로 뿔뿔이 흩어졌기 때문에 "산재(散在)"라는 단어로 번역하는 것이 최근의 일반적인 추세이다. 유대교의 성서인 「타나크」는 기원전 500년부터 기원 원년 사이에 완성되었을 것으로 추정된다.

2. 불교 교단이 분열되다

한편 인도에서는 불교 교단이 분열되었다. 불교의 원시 교단은 부파불교의 모임이었다. 붓다가 입적한 이후 제자들은 각기 붓다의 가르침을 연구하고 각자 교리에 따라서 부파(部派)를 형성해서 서로 논쟁하며 교단을 형성했다. 당시 교단은 장로 계급에 해당하는 연장자 무리와 신자가 된 지 얼마 되지 않은 신입 신자로 나뉘었다. 광장과 지붕이 있는 건물에 모여 교단 회의를 열 때에는 연장자가 많은 무리가 상좌를 차지하고, 나머지 사람들은 그 앞에 다소곳하게 줄지어 앉았다. 이 청년 무리를 대중부(大衆部)라고 불렀다. 그런데 이 상좌부(上座部)와 대중부가 분열하는 사건이 발생했다. 교단이 둘로 갈라졌기 때문에 근본 분열이라고 불렀는데, 가장 큰 원인은 돈 문제였다. "돈을 받을지 말지"를 두고 갑론을박 논쟁이 벌어진 것이다.

원시 불교는 본래 개인의 수행이 중심이었다. 숲속에 앉아 명상하며 이런저런 화두를 생각한다. 그러나 목숨을 유지하려면 음식을 먹어야 하므로 발(鉢)이라는 그릇을 들고 법의를 걸치고 거리를 돌며 민가 문간에서 경을 읊어주고 시주를 받았다. 이 행위를 탁발이라고 부른다. 지금 도 동남 아시아 등지에서는 일상적으로 볼 수 있다. 그런데 승려가 탁발 할 때에 음식뿐만 아니라 돈을 시주하는 사람도 있었다. 배가 고프면 음 식을 사드시라는 소박한 배려였다. 처음에 승려들은 사양하면서도 돈을 받았다.

그런데 붓다는 본래 수행하는 몸이 무일푼이어야 한다고 가르쳤다. 재 산과 처자는 출가할 때에 버려야 하지만, 시주받은 돈은 함부로 거부할 수 없다. 그러자 교단에 점점 돈이 쌓였다. 그런데 예나 지금이나 돈에는 세금이 붙는다. 동서고금 모든 종교에 마찬가지이다.

따라서 돈을 받을지 말지를 두고 대논쟁이 벌어졌다. 상좌부 사람들은 돈을 받지 말자고 주장했다. 돈은 타락에 이르는 길이라는 논리였다. 반 면, 대중부 사람들은 "시주로 들어온 돈을 모아서 교단을 키워 더 많은 사 람들에게 붓다의 가르침을 전파해야 한다"고 주장했다. 논쟁은 좀처럼 결 론에 이르지 못했으나 상좌부가 결국 승리를 거두었다. 역시 "붓다의 가 르침을 있는 그대로 실천해야 한다"는 정론이 통했다. 대중부 사람들도 불교의 발전을 생각하여 소신껏 발언했으나, 붓다의 가르침에 어긋난다 며 상좌부 사람들에게 면박을 들었다. 상좌부 사람들은 붓다의 말씀을 기록한 글을 처음부터 끝까지 읽어도 돈을 받아도 된다는 말씀은 없다는 논리를 내세웠고 대중부 사람들은 반론할 수 없었다.

상좌부에 찬성한 부파가 11부파, 대중부에 찬성한 부파가 9부파라고 전해진다. 당시 대중부에서 대승불교가 탄생했다는 주장은 거짓이다. 대 승불교를 주장한 사람들이 상좌부 11부파와 대중부 9부파를 합해서 "소 승 20부"라고 일컬었다는 기록이 있다. 또 인도에서 최초로 인더스 강과 갠지스 강을 아우르는 대제국을 건설한 마우리아 왕조의 제3대 왕 아소카 제왕(재위 기원전 약 268−기원전 약 232) 시대에 그가 적극적으로 불교의 교리를 정치 지침으로 삼았기 때문에 불교가 크게 발전했고 세 번째 불경 편찬이 이루어졌다고 전해지는데, 이는 불교 교단 측의 선전일 가능성이 농후하고 이를 뒷받침하는 확실한 사료는 없다.

제6장 4

그리스 왕이 불교 신자가 되었다?
헬레니즘 시대를 상징하는
『밀린다 팡하』

헬레니즘 시대는 알렉산드로스 대왕의 진두지휘로 그리스인이 대거 동방을 향하며 그리스 반도의 "폴리스가 텅텅 빈 시대"이기도 했다. 굳이 이런 설명을 덧붙이는 것은 그리스를 중심으로 앞서가던 유럽 문명이 그보다 뒤처진 동방에 침투하여 헬레니즘 문화가 탄생했다는 견해에 전혀 찬성할 수 없기 때문이다.

19세기 영국이 아시아 초대국인 청과의 아편전쟁에서 승리하고 인도를 식민지로 만들었던 무렵, 유럽에서는 다음과 같은 관점으로 세계사를 바라보는 견해가 일반적이었다. 19세기에 태동한 현실, "서양은 선진국이며 동양은 후진국"이라는 관점이 역사적으로 줄곧 진실이었다는 역사관이다. 이 역사관은 중국의 진한 제국과 당과 송나라, 페르시아와 이슬람의 대제국, 인도의 여러 왕조와 몽골 제국보다 서방의 문명을 높이 평가하는 사고방식이다. 사실은 정반대이다. 이러한 서양사관을 기본으로 한 세계사의 관점이 바로잡히는 과정에 있으나, 아직은 뿌리 깊게 남아 있다.

그래서 일부러 헬레니즘 시대를 폴리스가 텅텅 빈 시대라는 자극적인 문구로 묘사했다. 그리스인이 세계 각지로 적극적으로 진출하며 세계화가 실현되었다는 부분만은 사실이다. 그리스인이 헬레니즘 시대에 풍요로운 동방 문명과 융합했다는 기록이 『밀린다 팡하(*Milinda Pañha*)』라는 책에 남아 있다.

알렉산드로스 대왕 사후, 기원전 3세기에 현재의 시리아에서부터 이란에 걸친 광대한 영토를 지배하던 그리스인의 셀레우코스 왕조로부터 박트리아 왕국이 독립했다. 마찬가지로 그리스인의 나라인 박트리아는 다시 동쪽으로 나아갔고 인도의 서북 지방(현재의 파키스탄)으로 진출하여 인도-그리스 왕국을 세웠다. 이 왕국의 제8대 왕이 메난드로스(밀린다) 1세(재위 기원전 약 155-기원전 약 130)인데, 이 책은 그 시대의 이야기이다.

메난드로스 1세

　이 책은 밀린다와 인도의 불교 승려 나가세나와의 대화로 채워져 있다. 나가세나는 상좌부 불교의 높은 승려로 추측된다. 밀린다가 다양한 질문을 던지면, 나가세나가 대답하는 형식이다. 이 책은 불교의 윤회와 업(카르마. 인과의 연쇄관계. 선과 악이라는 업으로 발생하는 인과응보로 그에 상응하는 대가가 발생한다는 것)이 중심 내용으로, 무척 재미난 문답이 등장한다. 예를 들면 어느 남자가 아침부터 줄곧 불을 피우고 있는데, 그 연기가 아침과 낮과 저녁에 같은 연기인지, 다른 연기인지를 밀린다가 물었다. 그러자 나가세나는 같지도 다르지도 않다고 대답했다. 어디선가 들어본 듯한 이야기라고? 바로 "테세우스의 배" 역설(290쪽 참조)이다.

　그리스인 밀린다는 플라톤과 아리스토텔레스 등 그리스 철학자들의 학설에 관한 지식을 어느 정도 가지고 있었다. 『밀린다 팡하』는 그리스 철학과 원시 불교의 접촉이었다. 대화는 그리스어(코이네)로 이루어졌을까? 어떤 언어로 대화했을지를 상상하는 것도 흥미롭다. 밀린다는 불교에 관심이 생겨서 불교에 귀의했다고 전해진다.

　헬레니즘은 일반적으로 코이네라는 구어 그리스어가 국제어(링구아 프랑카)가 되었다거나 밀로의 비너스가 헬레니즘 예술의 대표라는 등 서양의 주도성 부분만 강조되는 경향이 있다. 그러나 『밀린다 팡하』와 같은 예도 있고, 동방과 서방의 고도로 발전한 문화 및 문명이 융합한, 진정한 의미에서의 세계화가 이루어졌다는 것이 사실이다.

제6장에서는 동서의 헬레니즘 시대를 살펴보았다. 사람들의 입에 자주 오르내리는 위대한 철학자도 종교가도 등장하지 않는, 얼핏 지루한 시대였으나, 동서 세계에 오늘날까지도 뚜렷한 발자국을 남긴 나름대로 의미 있는 시대였다. 반대로 지금의 세계를 사는 우리가 그다지 진화하지 않았다는 생각도 든다.

제7장

기독교와 대승불교의
탄생과 전개

세계 종교 인구 중에서 가장 많은 신자들을 거느린 종교는 기독교이다. 기독교는 세계 종교 인구의 32.9퍼센트를 차지하며 24.5억 명에 달한다. 뒤를 이은 이슬람교가 23.6퍼센트로 17.5억 명, 그리고 힌두교가 13.7퍼센트로 10.2억 명, 불교는 7퍼센트로 5.2억 명이다. 기독교 종파별 분포율은 로마 가톨릭 50.7퍼센트, 개신교 22.6퍼센트, 동방 정교회 11.6퍼센트, 기타 15.1퍼센트이다. 이번 장에서는 기독교와 대승불교, 이 두 가지 종교의 탄생을 알아보겠다.

1. 「신약성서」가 성립하기까지

「신약성서」와 「구약성서」는 기독교의 교전(敎典)이다. 유대교의 교전은 「타나크」로서, 그 내용은 「구약성서」와 거의 일치한다. 또 이슬람교에서는 「구약성서」와 「신약성서」 일부가 근본 교전인 『쿠란(Quran)』에 버금가는 교전으로 여겨진다. 셈족의 일신교에서 비롯한 세 종교의 교전은 다음과 같은 이유에서 공통성을 발견할 수 있다.

　서아시아와 북아프리카 등지에서 사용된 언어들 중에 셈어족은 인류 최초의 국제어(링구아 프랑카)였다. 기원전 2500년 무렵부터 기록이 남은 메소포타미아의 아카드어, 기원전 7세기경 같은 지역에서 두 번째 국제어가 된 아람어, 또 고대부터 현대까지 사용되고 있는 이스라엘의 히브리어와 이슬람 문명의 기초가 되었던 아라비아어 등이 셈어족에 포함된다.

벽화 "부활"에 그려진 예수

　셈어족에서 태어난 일신교가 셈족의 일신교이다. 신의 이름은 히브리어로 YHWH라고 표시한다. 그런데 히브리어에는 모음이 없기 때문에 어떻게 읽어야 하는지 정설이 없다. 대개 야훼라고 통칭한다. 야훼는 셈어족이 믿는 유일신으로서 천지를 창조한 전지전능한 신이다. 야훼는 자신을 믿는 자를 지켜주는 대신, 믿지 않는 자에게는 배타적인 공격성을 보인다. 그 점에서 태양과 달을 비롯한 만물에도 신의 존재를 인정하는 그리스와 아시아의 다신교와는 대조적인 신격을 가졌다. 야훼는 시나이 산의 정령과 우가리트라는 도시의 수호인 엘(El)이 합쳐진 신이라고 보는 학자도 있는데, 정설은 없다. 이 야훼가 유대교와 기독교와 이슬람교의 신이기 때문에 당연히 세 종교의 교전에는 공통되는 부분이 생길 수밖에 없었다.

　영어로 「구약성서」는 "Old Testament"라고 하고, 「신약성서」는 "New Testament"라고 한다. 기독교에서는 예수 그리스도 이전의 예언자와 신의 계약(다시 말해서, 사람과 신이 맺은 계약)을 구약이라고 부르고, 예수의 말씀과 그가 행한 기적을 제자들이 글로 남긴 기록(말하자면 새로운 사람과 신이 맺은 계약)을 신약이라고 부른다. 또 성서는 영어로 더 바이블(The Bible)인데, 그리스어로 책을 가리키는 비블리아(biblía)에서 유래한 단어이다. 글과 그림을 기록하는 재료였던 파피루스가 거래되던 페니키아의 도시 비블로스(Biblos)가 비블리아의 어원이다.

예수는 기원전 4년 무렵 팔레스타인의 나사렛에서 태어나서 기원후 30년에 골고타 언덕에서 십자가에 못 박혔다고 전해진다.

예수의 생애와 기독교를 이해하고 싶다면 『공동번역 성서』를 추천한다. 천주교와 개신교가 공동으로 번역위원회를 구성하여 편찬한 성서로, 신자가 아닌 사람도 편하게 읽을 수 있다.

예수의 가르침과 바울로의 가르침

예수의 가르침은 무슨 내용을 담고 있을까? 예수의 가르침에 관해서는 학술적으로 밝혀지지 않은 부분이 많다. 당시 유대교 상층부에 만연하던 타락을 비판한 유대교 쇄신운동이었다는 부분은 확실한 역사적 사실로 볼 수 있다. 예수는 아람어로 설교했다. 시리아의 메소포타미아를 거점으로 하여 동방 전역으로 대상무역을 주도하던 아람인의 언어가 당시 국제어였다.

예수가 30대에 십자가에 못 박혀 죽은 이후, 포교 활동은 예수의 남동생과 제자들이 예루살렘을 중심으로 계승했다. 그러나 예수의 가르침을 가장 체계적으로 발전시킨 사람은 바울로(바울 또는 바오로, ?-기원후 약 65)였다.

그는 예수의 제자가 아니었다. 로마 시민권을 가진 유대인이었다. 아나

코르토나의 작품 "바울로의 회심"의 바울로

톨리아 반도의 소도시에서 태어난 바울로는 원래 예수의 가르침을 박해하는 유대교 바리새파의 인물이었다. 그런데 예수가 죽고 나서 4-5년 후, 말을 타고 다마스쿠스로 향하던 길에 하늘에서 빛이 내려와 그는 깜짝 놀라서 말에서 떨어지고 말았다. 눈이 보이지 않게 된 그에게 하늘에서 예수의 목소리가 들려왔다.

"바울로야, 너는 왜 나를 박해하느냐?"

목소리를 들은 후에 바울로는 마음을 바꿨다고 전해진다. 처음에 바울로는 예루살렘에서 예수의 가르침을 전할 생각이었다. 그러나 예수의 남동생 야고보를 비롯한 사람들이 이미 포교 활동을 펼치고 있었다. 그들은 예수의 가르침을 박해한 바울로를 받아들이지 않았다. 어쩔 수 없이 바울로는 아나톨리아 반도의 서부(소아시아 지방)와 에게 해 주변 도시에 사는 디아스포라 유대인들 사이를 돌며 포교 활동에 힘을 쏟았다.

에게 해에 접한 지역은 로마 제국의 영토였다. 이 지역에서는 유대인도 유대교 예배당(시나고그) 이외에서는 코이네를 사용하며 생활했다. 코이네란 당시의 그리스어로, 헬레니즘 시대에는 세 번째 국제어였다. 바울로는 코이네로 예수의 가르침을 전파했다.

바울로가 팔레스타인에서 멀리 떨어진 로마 제국 변방에서 코이네로 예수의 가르침을 전파한 덕분에, 유대인 거주자 이외에 에게 해 주변에 사는 사람들에게도 예수의 가르침이 알려졌다. 바울로는 예수가 유대교 쇄신 운동으로 시작한 포교 활동을 세계 종교로 확대하는 데에 이바지했다.

그렇다면 바울로는 예수의 말씀으로 무엇을 포교했을까? 교리의 골격은 다음과 같다. 신은 천지 만물을 창조하고 인간은 에덴 동산에서 즐겁게 살았는데, 신의 가르침을 지키지 않고 금단의 열매를 따 먹어 원죄를 지게 되었다. 예수는 모든 인류를 대신하여 속죄하고 십자가에 못 박혀 돌아가셨다가 부활했다. 예수야말로 전 인류의 구세주 메시아(그리스도)이다. 바울로가 전한 예수의 가르침에는 그 무렵까지 전해지던 예수의 이야기와 바울로가 창조한 이야기가 섞여 있었다고 여겨진다.

「신약성서」가 만들어지기 시작했다

바울로가 유대인뿐만 아니라 모든 사람들에게 복음을 전파하며 시작된 기독교는 조금씩 로마 제국 안으로 퍼져나갔다. 그리고 예수의 가르침을 글로 정리하려는 움직임이 생겨났고 「신약성서」 집필이 시작되었다. 예수의 죽음은 기원후 30년경이고, 바울로가 포교 활동을 시작한 시기가 기원후 34~35년이며, 바울로의 편지와 복음서가 기원후 60~90년경에 집필되기 시작했다고 추정된다. 바울로는 기원후 65년 무렵에 세상을 떠났다고 하는데, 「신약성서」를 쓰기 시작한 사람들은 어쩌면 만년의 바울로와 접점이 있었을 수도 있다. 그러나 예수에 관해서는 멀리서 들려오는 풍문으로만 전해들었을 확률이 높다.

「신약성서」는 최종적으로 27편의 문서 집합체로 완성되었다. 현재 기독교 교회에서 정식으로 인정하는 27편의 문서는 기원후 4세기 말을 맞이하던 무렵에 공인되었다. 그때까지는 어떤 전승과 가르침을 정전에 추가할지를 두고 논쟁이 이어졌다. 특히, 기독교의 골격인 복음서를 두고 공방이 오갔다.

「신약성서」는 다음과 같은 27편의 문서로 구성되어 있다. 4편의 복음서, 사도행전, 바울로의 서신을 비롯한 21편의 서신(편지) 그리고 묵시록. 이렇게 27편이다. 복음이란 소식을 전한다는 뜻이다. 사람들을 구원한 예수의 말씀과 행적을 4명의 복음서기가 정전으로 이야기한다. 마태오, 마르코, 루가, 요한이라는 4명의 인물이 복음서를 썼다. 사도행전은 예수의 제자인 베드로와 바울로 등의 전승을 모은 기록이다. 마지막으로 묵시록은 그리스도의 재림과 지상 왕국의 멸망을 계시하는 내용이다. 이를 제외한 예수에 관한 이본(문서)은 외경(外經)이라고 불러 구별한다.

"공관복음서"와 Q 자료의 존재

복음서는 예수의 가르침과 행동을 전하고 동시에 예수의 죽음과 부활에 관한 이야기를 알리는 것이 가장 큰 목적이다. 예수의 언행을 다루며 복음서라고 부를 수 있는 문서는 사실 마태오, 마르코, 루가, 요한의 4편의 복음서 외에도 존재한다. 4복음서 중에서도 마태오, 마르코, 루가 편에는 공통된 기술이 자주 등장한다. 성서를 연구하는 학자들은 이 세 문서를 비교하여 유사점을 한눈에 볼 수 있도록 표로 정리했다. 3개의 복음서를 공통된 관점에서 정리했다고 하여 이를 "공관복음서(Synoptic Gospels)"라고 부른다.

공관복음서와 관련하여 19세기에 들어서 마태오와 마르코의 복음서가 닮았고, 두 복음서 모두 같은 자료를 근거로 집필되었다는 학설이 등장했다. 또 마르코 편에는 없고 마태오와 루가 편에 공통으로 등장하는 예수의 말씀이 존재한다는 사실도 밝혀졌다. 즉 마태오, 마르코, 루가라는 3편의 복음서에는 공통된 원자료가 있었을 것이라는 견해가 등장했다. 이 학설은 독일의 개신교 학자에게서 나왔다. 독일 학자들은 이 새로운 자료를 Q 자료라고 불렀다. Q란 자료를 뜻하는 독일어 "Quelle"에서 따왔다.

Q 자료 문제는 20세기에 접어들어 다시 주목받기 시작했다. 1945년에 이집트에서 대량으로 발견된 『나그함마디 문서(*Nag Hammadi Library*)』 가운데 형태가 거의 온전한 토마스의 복음서(외전)가 발견되었다. 이 복음서는 예수를 따르는 12사도 중의 한 사람인 토마스의 이야기라는 가정으로 집필되었는데, 「신약성서」의 4복음서와 달리 예수의 행동과 일화에 관한 기술이 거의 없고, 대부분 예수의 말씀을 늘어놓은 "어휘집"이라는 특징이 있다. 그래서 토마스의 복음서가 Q 자료일 수 있다는 학설이 나왔다.

그런데 「신약성서」를 정전으로 정하는 과정(기원후 2–3세기)에서 흔히 그노시스주의(gnosticism, 그리스어로 '인식')라고 부르는 이단 사상이 생겨났다. 그노시스주의는 도케티즘(docetism, 가현설, 예수의 신성만을 인정하고 탄생과 십자가 위에서의 죽음 등의 인간성은 허상으로 보며 예수의 혈과 육을 부정하는 영지주의 교리)에 입각하여 인간은 금욕을 통해서 육체, 물질 세계로부터 정화되고 영혼의 참된 인식을 얻음으로써 구원받을 수 있다고 주장하는 이원론이다. 쉽게 말해서, 육체와 물질이 악이고 영혼과 정신이 선이라는 입장이다. 그노시스주의는 앞에서 설명한 마니교에서 많은 영향을 받았다.

2. 초기 기독교가 펼친 멋들어진 포교 전술

로마 제국의 수도 로마에서 기독교 교단이 포교를 시작했을 무렵, 지배층이 따르던 사상은 주로 스토아 학파의 철학이었다. 로마에는 그리스 신화에서 파생된 여러 신들이 다양하게 존재했는데, 로마의 지배층은 신심이 그다지 깊지 않았다. 굳이 종교를 묻는다면 무신론에 가까웠다.

한편, 로마 서민에게는 두 가지 신흥 종교가 인기가 있었다. 첫째는 페르시아에서 탄생한 태양신 미트라를 섬기는 미트라교였다. 미트라는 동지에 태어나 하지에 가장 강해지고 동지에 죽음을 맞이했다가 부활한다. 그래서 동짓날을 미트라의 생일로 보고, 그날 신자들은 성대하게 축하 의식을 거행했다. 소를 도살하여 그 피를 미트라에게 바치고, 고기를 구워먹고 포도주를 빵에 적셔 피 대신 마셨다.

또 하나의 인기 종교는 이집트에서 들어온 이시스교였다. 이시스는 여신이다. 이시스는 남편인 오시리스가 남편의 남동생인 세트에게 죽임을 당하자 사자(死者)가 된 오시리스를 부활시켰고, 자식인 호루스를 훌륭하게 키워 세트에게 복수한 강인한 여신이었다. 이시스는 대지의 여신으로 모셔졌다. 신자들은 이시스 여신이 자식을 품에 안고 무릎에 앉힌 상을 숭배 대상으로 삼았다.

로마에서 기독교를 포교하기 시작한 사람들은 예수가 동지 무렵에 태어났다고 정했고 그날이 크리스마스가 되었다. 기원후 4세기에 크리스마스가 12월 25일로 정해졌다. 물론 예수가 실제로 언제 탄생했는지는 알 길이 없다. 어쨌든 예수가 태어난 날을 기념하며 소고기 대신 빵을 먹고 적포도주를 마시며 축하했다. 또 이시스 여신이 아이를 안은 상에서 아이디어를 빌려와 아기 예수를 품에 안은 마리아상을 만들었다.

기독교 교단이 이미지를 빌려온 종교가 하나 더 있다. 바로 그리스 신화이다. 예수의 생김새는 그리스 신화의 제우스에게서 따왔다. 우리가 아는, 수염을 기른 뚜렷한 이목구비에 당당한 표정의 예수는 제우스의 모습에서 이미지를 빌려왔다. 그리스에는 만물의 지배자라는 의미에서 황제의 호칭으로 사용하던 판토크라토르(Pantocrator)라는 호칭이 있었다. 이 호칭은 기독교가 국교가 된 후에 예수의 호칭이 되었다. 제우스를 연상시키는 예수의 표정은 비잔틴 시대의 미술 작품에 많이 남아 있다.

기독교가 미트라교와 이시스교에서 아이디어를 빌려와 펼친 포교 전술은 멋지게 성공했다. 이들 종교를 믿던 사람들은 자신들이 경애하던 요소가 대부분 포함되어 있는 기독교를 친숙하게 느꼈다. 덕분에 기독교 신자는 꾸준히 증가했다.

2-3세기 무렵부터 유라시아 대륙에 기후 변화가 시작되며 한랭화 시대가 도래했다. 동쪽의 몽골에서 서쪽으로 이어지는 대초원 지대의 여러 부족(유목민)들은 추위를 피해서 대거 남하하기 시작했다. 그러자 여러 부족들이 로마 제국의 국경선을 넘나들며 치안이 악화되었다. 엎친 데 덮친 격으로 이상기후와 한랭화로 농작물 수확량이 감소했고, 생활이 불안정해진 사람과 굶주림에 시달리는 사람이 늘어났다. 이러한 사회적 불안 속에

서 예수의 말씀을 믿으면 최후의 심판에서 천국에 갈 수 있다는 기독교의 가르침이 민중의 마음을 파고들었다. 이러한 사회 환경의 변화가 기독교 세력의 확장에 큰 힘을 보탰다고 볼 수 있다.

3. 콘스탄티누스 황제, 삼위일체론을 위해서 기독교 교회의 공의 회를 소집하다

유라시아 대륙의 한랭화로 여러 부족들이 로마의 국경을 넘어 침입해오자, 디오클레티아누스는 무너지기 시작한 지배체제를 바로잡기 위해서 광대한 로마 제국을 동서로 분할하고 다시 동서에 각각 정제(아우구스투스)와 부제(카이사르)를 두는 사두 정치를 시작했다. 그러나 293년에 시작한 사두 정치는 오래가지 못했고, 4명의 정제, 부제는 티격태격 힘겨루기를 시작했다. 이 분할 통치는 제국을 재통일한 콘스탄티누스 1세(재위 324-337)가 폐지했다.

313년, 동쪽의 정제인 리키니우스는 서쪽의 정제인 콘스탄티누스 1세와 밀라노에서 회담한 이후, 종교의 자유를 인정하는 리키니우스 칙령을 내렸다. 후세에는 이 칙령을 "밀라노 칙령"이라고 부르며 콘스탄티누스 1세의 공적 중의 하나로 간주했으나, 역사적 사실은 다르다. 이 칙령이 나온 후에 두 황제는 충돌했고, 이 다툼에서 승리한 콘스탄티누스 1세가 전 로마 제국의 황제가 되었다(324).

콘스탄티누스 1세는 로마 제국을 재통일하자, 제국 내의 기독교 교회에서 대표자들을 불러모아 대규모 회의를 개최했다. 훗날 공의회라고 불리는 기독교 최대 회의이다. 제1차 회의는 325년, 아나톨리아 반도 서북

공의회 개최 기록

개최 횟수와 연도		초청자	공의회 명칭 (개최 장소)	주요 의제
1	325	콘스탄티누스 1세	제1차 니케아 공의회	니케아 신조 채택 (아리우스파 파문)
2	381	테오도시우스 1세	제1차 콘스탄티노폴리스 공의회	삼위일체론 확인
3	431	테오도시우스 2세	에페소스 공의회	네스토리우스파 파문
4	451	마르키아누스	칼케돈 공의회	단성설을 이단으로 규정
5	553	유스티니아누스 1세	제2차 콘스탄티노폴리스 공의회	칼케돈 공의회 재확인
6	680–681	콘스탄티누스 4세	제3차 콘스탄티노폴리스 공의회	단의론을 이단으로 규정
7	787	이리니 여제 (콘스탄티누스 6세의 섭정)	제2차 니케아 공의회	성상 파괴 운동 금지
제8차(869–870)–제21차(1962–1965)는 로마 교회만 개최				

(참조)

* 기독교 교회는 1054년에 동서로 분열했다(시스마). 로마 교회와 동방 교회로 크게 분열되어 각자의 길을 걷기 시작했다.
* 330년에 콘스탄티누스 1세는 수도를 로마에서 콘스탄티노플(콘스탄티노폴리스)로 옮겼다.

쪽 지방인 니케아(현재의 터키 이즈니크)에서 열렸다. 공의회는 기독교와 관련된 여러 문제들을 토론하기 위해서 발족했는데, 표 "공의회 개최 기록"에서 볼 수 있듯이 개최 목적의 태반은 교리를 둘러싼 논쟁이었다. 초기 기독교계를 나누는 논쟁의 원인은 "삼위일체론"이라고 불리는 종교 교리였다.

4. 삼위일체론의 복잡한 논점

마태오의 복음서에는 예수의 탄생에 관해서 다음과 같은 이야기가 실려 있다.

마리아의 배가 점점 불러오자 나사렛의 목수 요셉은 아직 손끝 하나 대지 않은 약혼녀 마리아가 임신한 사실을 눈치챘다. 요셉은 몰래 이별을 결심했다. 그러자 꿈속에 천사가 나타나 요셉에게 전했다. "다윗의 자손 요셉아, 두려워하지 말고 마리아를 아내로 맞아들여라. 그 몸에 잉태된 아기는 성령으로 말미암은 것이다. 마리아가 아들을 낳으리니 그 이름을 예수라고 하여라. 그분께서 백성을 죄에서 구원하실 것이다."

꿈에서 깨어난 요셉은 상황을 이해했고, 두 사람은 아이를 낳을 때까지 부부이되 동침하지 않고 살다가 무사히 예수의 탄생을 맞이했다……

사제 아리우스가 "예수는 사람의 아들이다"라고 주장하다

「신약성서」가 완성될 무렵의 기독교 신자들은 마태오가 말하는 그리스도의 탄생 이야기를 순수하게 받아들였다. 마치 자기가 사는 마을에 전해져 내려오는 전설을 믿듯이 순박하게 믿었다. 그때 한 사제가 홀연히 나타나 설교를 시작했다.

"신은 유일한 존재이다. 예수는 신의 아들이 아닌, 신이 창조한 신의 피조물이다. 따라서 신과 예수는 별개의 존재이다. 신은 신이고 예수는 사람의 아들이다."

우리에게 친숙한 그리스 신화에 나오는 표현으로 바꾸어 생각해보자. 제우스는 어느 인간 소녀와 사랑에 빠졌다. 소녀는 제우스의 아기를 가졌

아리우스

고 아기를 낳았다. 이처럼 예수는 마리아라는 인간 여성의 몸에서 태어난 인간이라는 논리이다. 그러나 예수의 신성을 부정하지는 않았다. 다만 예수가 신이 아니라는 주장이었다.

이 사제는 알렉산드리아 교회의 아리우스였다. 일반 신자들은 어머니 마리아에게서 태어난 예수가 신의 권능을 부여받아 모든 인류를 구원한다는 사고방식을 매우 자연스럽게 받아들였다.

콘스탄티누스 1세가 니케아 공의회를 소집하다

아리우스가 소속된 이집트의 알렉산드리아 교회에서는 총대주교를 비롯한 수많은 성직자들이 아리우스의 설교에 반대하고 나섰다. 그리고 간부회의를 열어 아리우스를 파문했다. 아리우스에 반대하는 성직자들은 "예수는 신의 아들"이라고 주장했다.

그러나 "예수는 사람의 아들"이라는 아리우스의 주장은 간단하고 이해하기 쉬웠기 때문에 이집트에서 동방 지방으로 그리고 다시 서유럽으로 지배권을 확립 중이던 여러 부족들 사이에서 퍼져나가 세력을 확장했다.

로마 제국을 막 통일한 콘스탄티누스 1세는 종교의 자유를 인정했을 뿐만 아니라, 기독교의 내부 분열을 수습하기 위해서 니케아 공의회를 소집했다. 이 325년 공의회의 주요 목적은 "예수는 신의 아들인가, 사람의 아들인가?"라는 주제에 대한 답을 찾는 것이었다. 공의회에서는 신의 아들이라는 설을 체계화하여 삼위일체론을 완성했다.

아타나시우스가 주장한 삼위일체론이란 어떤 이론이었을까?

니케아 공의회에서 "예수는 신의 아들" 이라고 주장한 측의 주요 논객은 알렉산 드리아 교회의 젊은 부제 아타나시우스 (298-373)였다.

아타나시우스

"신은 예수라는 인간을 빌려 강생(降 生, 성육신)했기 때문에 예수에 대한 신앙 이 성립한다. 아리우스가 주장하듯이 신과 예수가 이질적인 존재라면 신 앙은 성립하지 않는다. 그러므로 아버지인 신과 아들인 예수는 같다. 예 수는 신의 아들이다."

이것이 아타나시우스가 내세운 주장의 요지이다.

강생이란 신의 아들인 예수가 인간(즉, 육신)으로 태어났음을 가리킨다. 또 아타나시우스는 다음과 같은 주장을 전개했다.

"마리아를 잉태시킨 것은 신의 분신이기도 한 성령이다. 다시 말해서, 우주의 창조주(주님)는 인류를 원죄로부터 구원하기 위해서 아버지이신 신과 아들이신 예수 그리고 마리아를 잉태시킨 성령이라는 세 가지 위격 을 창조했다. 그러므로 이 세 가지 위격 모두 신이다. 예수는 어머니이신 마리아에게서 태어났으나 위격을 지닌 존재이다. 사람이 아니다."

위격(位格)이라는 낯선 종교 용어는, 라틴어로는 페르소나(persona)라고 쓴다. 본래는 가면이라는 뜻이다. 거기에서 발전하여 사람과 인격이라는 의미가 탄생했다. 영어로는 "person"에 해당한다. 따라서 위격이라는 표현 은 "지혜와 의지를 갖춘 독립된 주체"라는 뉘앙스를 포함하며, 단순하게

"신격(神格)"이라고 생각해도 충분하다. 아타나시우스로 대표되는 사람들이 주장한 "아버지이신 신과 아들인 예수와 성령, 이 셋의 위격은 하나의 신이다"라는 관점이 삼위일체론이다.

니케아 공의회에서는 예수를 신으로 규정할지, 사람으로 규정할지를 두고 격렬한 논쟁이 벌어졌다. 격론 끝에 삼위일체론이 승리했고 "니케아 신조"가 확인되었다. 아리우스파는 이단으로 규정되었다. 그러나 "사람의 아들 예수"라는 교리는 친숙하게 받아들일 수 있었기 때문에 믿는 사람이 줄지 않았고 세력도 수그러들지 않았다. 니케아 공의회를 개최한 콘스탄티누스 1세가 죽음을 맞이하기 직전에 아리우스파의 세례를 받았다고 전해질 정도이다.

마침내 아리우스가 세상을 떠나고 아타나시우스도 고인이 되었다. 그런데도 "예수는 사람의 아들"이라는 믿음은 좀처럼 사라지지 않았다. 381년, 로마 황제 테오도시우스 1세(재위 379-396)는 콘스탄티노폴리스에서 제2차 공의회를 소집했다. 이 공의회에서는 삼위일체론을 인정한 니케아 신조가 재확인되었다.

콘스탄티노폴리스 공의회를 소집한 테오도시우스 1세는 기독교 교회의 교리를 둘러싼 논쟁에 마침표를 찍기 위해서 기독교를 로마 제국의 국교로 승인했다. 북방에서 여러 이민족들이 침입하며 로마 제국의 지배망(로마 가도와 로마 군단의 거점)이 느슨해졌기 때문이다. 그는 기독교가 포교 활동을 위해서 로마 제국 전역에 뻗친 교회 조직을 그대로 제국의 통치 기구로 이용할 속셈이었다. 물론 본인도 기독교 신자였다.

그리고 테오도시우스 1세의 결단에 마중물 역할을 한 인물이 밀라노 교회의 사제 암브로시우스였다. 하나의 종교가 국교로 정해지면 권력을 등에 업고 승승장구한다. 이때부터 그리스의 다신교 신들은 르네상스 시대까지 강제로 긴 잠에 빠져야 했고, 그리스의 신들에게 바치던 제의인 고대 올림픽도 금지되었다.

참고로 콘스탄티누스 1세가 제국의 수도를 콘스탄티노폴리스로 천도한 무렵부터 기독교 5대 교구인 5개의 교회가 성립했다. 콘스탄티노폴리스 교회, 안티오키아 교회(시리아), 예루살렘 교회, 알렉산드리아 교회, 마지막으로 로마 교회이다. 삼위일체론을 둘러싼 논쟁에서는 동쪽의 4개 교회가 주인공을 맡았다. 로마 교회는 이미 제국의 수도 교회라는 위상을 상실했고, 인구가 감소하여 시골 소도시 수준으로 전락한 로마에서 그저 예수의 첫 번째 제자라고 전해지는 베드로의 무덤 위에 세운 교회라는 전승에만 의지하는 이빨 빠진 호랑이 신세가 되었다.

네스토리우스파의 가르침이 이단으로 규정된 이유

앞에서 이야기한 5대 교회의 최고위직 성직자는 나중에 총주교라는 호칭으로 불렸다. 그중 알렉산드리아 교회와 로마 교회의 수장만을 특별히 교황이라고 부르는 관행이 생겼다. 5대 교회 중에서 가장 큰 권위를 자랑하는 사람은 로마 제국의 수도인 콘스탄티노폴리스 교회의 총주교이다. 이 콘스탄티노폴리스 교회에 네스토리우스(재위 428-431)라는 총주교가 등장했다.

그 무렵, 예수를 안고 있는 마리아상은 인자한 사랑을 전하는 성모상으로 제작되어 신자들의 신앙심을 하나로 모으는 존재로서 자리매김했다. 그러던 중에 누가 꺼낸 말인지는 알 수 없으나 마리아에게 "테오토코스(Theotokos, 신성 출산)"라는 존칭을 붙여 포교에 사용하기 시작했다. 네스

네스토리우스

토리우스는 마리아가 인간이므로 신의 어머니라는 호칭을 붙이는 것은 옳지 않다고 주장했다.

"인간 어머니께서 성령으로 말미암아 신의 아들인 예수를 낳으셨다. 마리아에게 신격을 인정하면 그녀가 사람인지 신인지 알 수 없게 된다."

네스토리우스는 예수가 신의 요소를 가지고 있지만, 인간의 요소도 함께 가지고 있다고 생각했다. 요컨대 예수의 신격은 성령의 힘으로 마리아의 태내에 깃들었으나, 예수는 사람인 마리아의 인격도 겸비하고 있다. 그리고 예수의 인격은 예수가 십자가에 못 박혀 죽었을 때에 상실되었고, 신격만 부활하여 예수로 남았다는 사고방식이다. 기독교의 정통적인 신앙으로 공인된 삼위일체론과 아리우스파의 중간에 자리한, 이해하기 쉬운 이론으로 느껴진다. 그러나 삼위일체론을 믿는 사제들은 강하게 반발했다.

그리고 431년에 아나톨리아 반도의 에게 해에 면한 에페소스에서 에페소스 공의회가 개최되었다. 이 공의회는 로마 황제인 테오도시우스 2세(재위 408-450)가 소집했다. 이 제3차 공의회에서 콘스탄티노폴리스 교회의 네스토리우스에게 반기를 든 무리 중에서 알렉산드리아 교회의 키릴로스 총주교가 선봉장에 나섰다. 에페소스 공의회는 두 교회 간의 세력 다툼 양상을 보였다. 급기야 에페소스 공의회는 분열하여 두 교회가 서로 상대 진영을 파문하는 진흙탕 싸움으로 번졌다고 전해진다. 보다 못한 로마 황제 테오도시우스 2세가 중재에 나서 삼위일체론을 인정하고, 네스토리우스파를 이단으로 규정하며 네스토리우스를 파문했다.

삼위일체론을 주장하는 측의 반론에 네스토리우스파는 승복할 수 없었던 모양이다. 삼위일체론은 신격과 인격을 뭉뚱그려 하나의 실체로 보고 논리적인 설명은 하지 않는다. 네스토리우스를 따르는 사람들은 한 걸음 더 나아가 예수는 신성과 인성을 모두 가지되 두 본질이 분리되지 않고 조화를 이룬다는 양성설(兩性說)을 주장했다. 그편이 논리적으로 더 이해하기 쉬웠기 때문이다.

그러나 삼위일체론 진영의 사람들은 이 진보적인 견해를 부정했다. 네스토리우스파 사람들은 이렇게 머리가 굳은 답답한 사람들과는 함께 갈 수 없다며 제 갈 길을 가기 시작했을 수도 있다. 그들은 로마 제국을 나와 동방으로 향했고 현재의 터키 및 이란, 중앙 아시아 전역에서 신자를 모았다.

칭기즈 칸의 손자로 원나라를 세운 쿠빌라이(재위 1260-1294)의 어머니도 네스토리우스파 신자였다. 그녀는 몽골 고원에서 살던 튀르크계 유목민 가문 출신이었다. 쿠빌라이가 1200년대에 태어났고 에페소스 공의회는 431년에 개최되었으니 장장 800년의 시간이 그 사이에 있는 것이다. 네스토리우스파는 중국에도 전해져서 당나라 태종 시대(7세기 전반)에 경교라고 불리며 대진사(大秦寺)라는 교회를 중국 각지에 건립했다. 네스토리우스파는 지금도 건재하다. 티그리스 강 상류 지역에 본거지가 있었기 때문에 그 지역의 이름을 따서 아시리아 동방 교회라고 부른다.

"예수에게는 신성만 있다"는 교리도 이단이 되었다

451년에 제4차 공의회로 칼케돈 공의회가 열렸다. 칼케돈은 행정 구역상 현재의 터키 이스탄불에 속하는 지역이다. 이 공의회에서는 예수에게 신성만을 인정하는 단성론(單性論)을 이단으로 규정했다. 이 단성론을 믿는 교회는 오늘날에도 활동하고 있다. 콥트 교회(이집트)와 시리아 교회, 또 아르메니아 교회 등이 단성론을 지지한다.

삼위일체란 무엇일까? 이 가르침은 예수의 본질을 신성과 인성의 일체로 일관되게 규정하고 "신이냐, 사람이냐"를 묻지 말라고 하기보다는, 오히려 이에 관하여 생각하지 말라고 가르치는 듯하다. 「신약성서」를 있는 그대로 믿어야 하고, 복음서의 가르침만이 오직 기독교의 진실이라고 주장하는 입장이다. 지금도 교회에서 사용하는 "성부와 성자와 성령의 이름으로, 아멘"이라는 성호경 문구 속에 삼위일체의 정신이 집약되어 있다고 볼 수 있다.

다만 삼위일체론이 정리되는 데에는 기나긴 세월이 필요했다. 그리스도를 낳은 후에 마리아의 처녀막은 어떻게 되었을까, 신을 낳았다면 그대로 남아 처녀성을 유지했을 것이다, 등을 두고 토론이 벌어지기도 했던 모양이다. 신앙의 세계에서 일어나는 사건에 세속적인 사회의 사실관계를 적용하는 어리석은 행위를 무의식적으로 저질렀다. 삼위일체론은 오묘한 이론이다. 이상하다면 이상하다. 신앙의 세계에서 일어나는 일이라는 전제 없이는 이론적으로 이해하기 어렵다.

참고로 마리아의 처녀 수태에 관해서는 「구약성서」가 최초로 그리스어로 번역되었을 때(『칠십인역』) 아가씨를 뜻하는 히브리어가 처녀를 뜻하는 그리스어로 번역된 것이 원인이라는 학설이 있다. 즉, 오역으로 처녀 수태라는 도그마가 만들어졌다는 주장인 셈이다.

5. 기독교의 동서 분열

공의회는 제4차 칼케돈 공의회 이후, 제7차 제2 니케아 공의회(787)까지는 전 교회가 모여 개최되었다.

그러다가 기독교 내부에서 콘스탄티노폴리스 교회와 로마 교회 사이에 대립의 골이 생각보다 깊어졌고 1054년 두 교회는 둘로 갈라졌다. 기독교 교회는 이 해를 기점으로 동쪽의 동방 교회와 서쪽의 로마 교회로 분열되었다(시스마). 이 분열은 1965년까지 수복되지 않았다. 따라서 이후의 공의회는 20세기에 이를 때까지 로마 교회 단독으로 개최되었다.

교회 분열 이후, 기독교의 세계는 동방 교회와 로마 교회로 나뉘어 각자의 길을 걸으며 역사를 만들어나갔다.

6. 기독교 발전을 전후로 붓다와 무관한 대승불교가 등장했다

로마 제국의 영토를 중심으로 기독교가 발전하던 시대에, 인도에서는 대승불교가 등장했다. 인도 대승불교의 발전에는 다음과 같은 시대 배경이 작용했다. 브라만교는 까다롭고 복잡한 교리를 내세웠다. 그리고 제의를 위해서 소를 수시로 도살했다. 그러자 불교와 자이나교가 등장하여 "살생 금지"라는 가르침을 설파하며 브라만교의 소 도살을 규탄했다.

브라만교는 도시에서 지방으로 밀려났다. 그러나 실패는 성공의 어머니라는 말처럼, 브라만교도 실패에서 깨달음을 얻어 소 도살을 중단하고 어렵고 복잡한 교리도 간소하게 다듬었다. 브라만교에서 가장 중요한 신격을 부여받은 신은 번개를 관장하는 신 인드라였지만, 대중적인 인지도가 높은 시바와 비슈누를 믿고 따르면 무조건 구원을 받는다는 소박하고 단순한 교리를 핵심으로 내세우는 쪽으로 방향을 선회했다. 브라만교는 시바 신을 점토로 빚은 우상과 시바 신의 상징으로 여겨지는 링가(남근)를 본뜬 돌기둥에 기도하라고 가르쳤다.

교리를 단순화하고 포교 방식을 바꾼 브라만교는 인도의 지방에서 대중적인 인기를 얻었고, 일자리를 찾아 도시로 흘러들어오는 지방민들 사이에서도 영향력을 되찾았다. 이때부터 브라만교를 힌두교라고 불렀으며, 힌두교는 인도의 국민 종교로 거듭났다.

힌두교가 부활하자 도시 지식인 계층을 중심으로 신자를 모은 불교계는 동요하기 시작했다. 원래 도시에서도 하층 계급은 깨달음이나 열반 등 불교의 심오한 가르침을 이해하지 못했다. 하루 벌어 하루 먹고사는 걱정이 전부였으므로 깨달음처럼 추상적인 개념을 추구할 여력이 없었기 때문이다. 힌두교가 세력을 확장하자 불교계에서는 과격파에 속하는 승려들이 대항책 마련에 나섰다. 그 과정에서 대승불교가 탄생했다.

"대승불교"라는 새로운 사고방식

그때까지 부파불교라고 불리던 불교는 어디까지나 개인의 깨달음 추구를 주목적으로 하는 종교였다. 인생의 갈림길에서 길을 잃고 헤매는 중생을 구제한다는 발상은 없었다. 그러나 대중을 전도 대상으로 삼은 힌두교의 이해하기 쉬운 교리가 교세 확장으로 이어지는 현상을 바라보며 불교 교단에서 새로운 사상을 주장하는 승려가 등장했다.

"나 혼자만 구원받으면 그만이라는 교리는 작은 거룻배에 혼자 타고 노를 저어서 극락정토에 이르러 행복해지겠다는 사고방식이나 다름없다. 우리는 이런 불교를 소승불교라고 부르며, 기존의 사고방식을 부정한다. 우리는 많은 사람들이 타서 함께 극락정토에 이를 수 있는 큰 배를 만들겠다. 이 새로운 가르침이 앞으로의 불교이다. 이를 대승불교라고 부르겠다."

물론 붓다가 수행을 거듭하여 깨달음에 이르려는 데에는 개인의 구원을 목적으로 할 뿐만 아니라 불행한 사람들을 자신의 힘으로 구제하겠다는 생각도 염두에 있었다. 부파불교를 소승(小乘)으로 치부하는 주장은 지나치게 엄격한 관점일 수 있다. 그러나 당시 부파불교에는 분명 개인적인 측면이 강했기 때문에 대승불교 측의 지적을 완전히 부정할 수는 없었다. 다만 소승이라는 용어에는 상대방을 은연중에 무시하는 뉘앙스가 들어 있어, 현재는 소승이라는 용어를 사용하지 않고 전통적인 불교를 상좌(부)불교라고 부르며 둘을 구분하는 것이 일반적이다.

이렇게 대승불교의 깃발 아래에서 붓다의 가르침을 따르는 과격파 승려들이 모여서 다양한 경전들을 창작했다. 이 과정에서 붓다가 직접 말하지 않은 불경이 대량으로 탄생했고, 이를 대승 경전이라고 부르게 되었다.

대승불교의 주요 경전

주요 대승 경전은 다음의 네 가지로 크게 분류할 수 있다. 『반야경(般若經)』, 『법화경(法華經)』, 『정토삼부경(淨土三部經)』, 『화엄경(華嚴經)』이다.

『반야경』은 기원 전후로 집필되었다. 가장 오래된 대승 경전으로 여겨진다. 공(空)을 중심으로 한 가르침을 담고 있다. 숫자 0을 발견한 인도인다운 사고방식으로, 이 세상에 존재하는 삼라만상은 우리 인간을 포함하여 서로의 관계성이 있기 때문에 비로소 실체로서 성립한다는 시각이다. 관계성 없이는 실체가 없다. 다시 말해서 공(空)이라고 생각할 수 있다. 세상은 모두 서로의 인연이 있기 때문에 성립한다는 주장이다. 그런 의미에서는 만물의 기원을 설명하는 이론으로도 볼 수 있다.

그리고 반야(般若)란 "진실을 알기 위한 근본적인 지혜"라는 뜻이다. 『반야경』의 경전에는 주술적인 내용이 많아서 나중에 등장하는 밀교로 이어지는 측면도 무시할 수 없다. 현존하는 대표적인 『반야경』은 당나라의 승려 현장이 인도에서 가지고 돌아온 『대반야바라밀다경(大般若波羅蜜多經)』이라는 600여 권의 불경이다.

『법화경』은 3세기 후반에 중국에서 번역된 대표적인 대승 경전이다. 산스크리트어 원전 제목은 『흰 연꽃과 같은 올바른 가르침』이다. 이 제목이 『묘법연화경(妙法蓮華經)』과 『법화경(法華經)』이라는 한자어로 번역되었다. 『법화경』에서는 붓다는 한 번의 인생에서 깨달음을 얻은 것이 아니라 아득하게 먼 과거에 성불했고 현세까지 존재한다고 주장한다. 이 영원히 존재하는 성불한 붓다가 지금도 모든 중생을 평등하게 구제하고 영원한 생명을 주신다고 가르친다. 이상주의적이고 평등주의적인 색채가 진한 대승불교 중에서도 특히 과격한 주장을 담은 경전이라고 할 수 있다. 현존하는 대표적인 『법화경』 경전은 5호16국 시대(304~439)에 쿠라마지바가 번역한 『묘법연화경』 8권 28품이다.

『정토삼부경』은 『대무량수경(大無量壽經)』, 『관무량수경(觀無量壽經)』, 『아미타경(阿彌陀經)』이라는 세 가지 경전을 가리킨다. 3세기 중반부터 5세기 중반에 걸쳐 집필되었다. 참고로 무량수(無量壽)란 아미타를 한자로 번역한 이름이다. 아미타는 서방에서 극락정토를 관장하는 부처이다. 현세에서 가난하거나 괴로움이 많은 인생이라도 성실하게 살며 아미타불을 믿고 합장하며 "나무아미타불"을 외면 죽어서 극락정토에서 영원한 생명을 얻을 수 있다는 가르침이 『정토삼부경』에서 펼쳐졌다.

대승불교에서는 『정토삼부경』의 아미타불을 비롯하여 수많은 부처가 등장한다. 상좌(부)불교에서는 부처라고 하면 오직 붓다 한 사람, 석가모니밖에 존재하지 않는다. 대승불교에서는 붓다도 수많은 부처 중의 한 사람이라고 생각한다. 상좌(부)불교 승려들이 대승비불설(大乘非佛說)을 주장하며 이를 비난한 것도 무리는 아니다.

『화엄경』의 원전은 인도가 아닌 4세기 중반 중앙 아시아에서 성립되었다고 추정된다. "시간과 공간을 초월한 절대적 존재인 부처의 장엄하고 완전한 깨달음"이라는 뜻의 경전으로, 화엄경(華嚴經)이라는 한자어로 번역되었다. 이 우주를 지배하는 부처는 비로자나불이라고 부른다. 비로자나불은 수많은 보살들을 거느린다. 보살은 부처 아래의 신분으로, 언젠가 부처가 되려고 수행하며 세상의 중생을 구제하기 위해서 공덕을 쌓는다.

『화엄경』의 가르침은 중국에 들어와 이민족 왕조 아래에서 국가불교로 탈바꿈했다. 군주(황제)가 비로자나불, 군주를 모시는 관리와 군인이 보살, 백성은 구제되기를 기다리는 중생(대중)이라고 규정한다. 그리고 황제가 부처와 같은 자비로운 왕도 정치를 통해서 현세를 동방 정토와 같은 낙원으로 만들어서 백성(중생)을 구제한다는 논리이다.

지금까지 주요 대승 경전에 관한 대략적인 내용을 살펴보았다.

그리스 조각을 본보기로 삼아 불상을 제작했을까?

『화엄경』에 등장한 관세음보살은 다양한 모습으로 변신(화신)한다. 그 전형이 보관에 말 머리를 얹고 3개의 얼굴을 한 마두관음과 1,000개의 손을 가진 천수관음 등이다. 그런데 관세음보살은 『화엄경』이 창조한 부처가 아니다. 변신은 힌두교의 신 비슈누의 특기(본성)이다. 본래 힌두교의 교리에서는 석가가 비슈누가 모습을 바꾼 형태라고 주장한다. 불교와 힌두교 모두 서로에게서 이미지를 빌려오며 발전했다.

우리는 천수관음의 모습을 불상의 형태로 보고 있으나 불상은 대승불교가 등장할 때까지 존재하지 않았다. 그때까지의 불교에서는 법륜(法輪)과 불족적(佛足跡)을 기도의 대상으로 삼았다. 법륜이란 수레바퀴를 가리킨다. 붓다의 가르침이 수레바퀴가 굴러가듯이 중생에게 퍼져 나간다고 믿으며(전법륜) 수레바퀴를 상징으로 삼았다. 불족적은 자신의 수행과 중생 구제를 위해서 인도 각지를 떠돌던 부처의 발자국을 존중하여 부처의 발 모양을 본떠 만든 조형물이다.

이러한 상징을 종교 창시자의 모습 대신에 사용한 것은 종교 창시자는 지엄한 존재로 감히 그 모습을 그리거나 우상으로 만들기를 꺼리는 태도에서 비롯되었다. 그래서 「구약성서」에 등장하는 모세의 가르침(유대교)과 이슬람교에서도 우상 숭배를 금했다. 무함마드를 그린 오래된 그림에서는 그의 얼굴을 하얀 천으로 덮어 가려놓았다.

불상은 1세기에서 3세기에 번성한 인도의 쿠샨 왕조 시대에 최초로 등장했다. 이 왕조는 인더스 강 상류 지역에서 탄생하여 전성기에는 갠지스 강 중류까지 지배했고, 후대에는 간다라 미술이라고 불리는 불상을 포함한 불교 미술을 파키스탄 서북부와 간다라 지방에 남겼다.

왜 이 지역에서 불상이 만들어졌을까? 알렉산드로스 대왕의 동방 원정은 아프가니스탄 북부를 거점으로 하는 그리스인 왕국을 탄생시켰다. 바로 박트리아 왕국(기원전 약 250-기원전 약 145)이다. 이윽고 이 왕국에서 동방으로 진격하여 인도를 침공한 그리스인들이 『밀린다 팡하』로 유명한 인도-그리스 왕조(야바나 왕조)를 건국했다. 간다라 지방에서는 그리스 조각을 제작했는데, 나중에 이 지역으로 들어온 쿠샨 왕조의 불교 신자들이 그 조각을 모방하여 붓다의 석상을 제작한 것이 불상의 시작이라고 지금까지 추정되었다.

간다라 미술

그러나 최근 이와 다른 학설이 학계에서 제기되었다. 쿠샨 왕조가 지배하던 갠지스 강 중류 지역의 중심 도시 마투라에서도 불상이 만들어졌는데, 이 부근에서는 그리스인의 발자취가 발견되지 않았다. 마투라 불상에는 힌두교의 영향이 진하게 남았다는 학설이 등장했다. 이러한 학술 연구로 불상 제작은 마투라에서 힌두교 우상의 영향을 받아 시작되었다는 학설이 힘을 얻고 있다.

7. 기독교의 정통성을 논증하기 위해서 철학적인 사고를 활용한 "교부 철학자" 아우구스티누스

기독교가 발전하는 과정에서 그리스에서 시작된 철학(좀더 정확하게는 모든 학문)은 쇠퇴 일로를 걷기 시작했다. 예를 들면 바울로는 신앙의 순수성을 유지하기 위해서 철학을 부정했다.

아우구스티누스

그러나 삼위일체론을 두고 지리멸렬한 논쟁이 벌어진 끝에 가까스로 정통 교리로 인정받을 무렵부터 이러한 사고방식에 변화의 조짐이 나타났다. 철학을 배척하기보다는 오히려 그리스 철학의 사고와 논리 전개를 기독교 교리의 체계화 또는 이단과의 논쟁에 활용하려는 움직임이 나타나기 시작한 것이다.

대개 신학자와 성직자가 그러한 움직임의 주인공으로, 이들을 교부(敎父)라고 불렀다. 교부들이 기독교 논리를 강화하기 위해서 그리스 철학의 사고방식을 이용했다고 해서 철학의 세계에서는 교부 철학이라는 명칭을 부여했다. 그중에서 대표적인 인물이 아우구스티누스(354-430)이다.

그는 『신국론(De Civitate Dei contra Paganos)』이라는 책을 남겼다. 신국이란 신의 나라, 즉 예수가 다스리는 나라이다. 예수는 "아버지 하느님과 아들과 성령"의 삼위일체인 신격으로, 아우구스티누스는 이 신의 나라가 지상의 나라가 멸망한 후에 세계를 지배하는 나라라고 설명했다. 다만 지상의 나라에서는 신의 뜻이 존재하는 공간이 교회라고 주장했다. 쉽게 말해서 교회의 권력을 세속의 권력보다 상위에 두는 사고방식이다.

아우구스티누스가 이 주장을 4-5세기에 내놓았다는 부분에 특별한 의미를 부여할 수 있다. 당시 로마 제국이 기독교를 국교로 공인하고 나서 로마 황제가 예수의 대리가 되었고 교회는 기껏해야 예수의 제자인 베드로의 대리에 지나지 않았기 때문이다.

아우구스티누스의 『고백록』에서 언급된 자유의지

아우구스티누스는 마니교에 입교하는 등 이런저런 사상 편력을 거쳐 기독교 신자가 된 북아프리카 태생의 인물이다. 그는 수많은 저작들을 남겼는데, 자서전 격인 『고백록(Confessiones)』은 지금도 널리 읽힌다. 그는 이 책에서 젊은 시절에 한 여성과 긴 동거 생활을 했고 사내아이를 두었다고 고백했다.

『고백록』은 인간의 자유의지를 논했다는 점에서 철학적으로도 주목받는다. 이 주제는 서양 철학에서 중요한 화두이다. 그는 자유의지를 다음과 같이 규정했다.

"인간은 태어나면서부터 자유의지를 가지고 있다. 그러나 인간은 탄생 직후에 에덴 동산에서 신의 말씀을 거역하고 '선악과'라는 금단의 과실을 따 먹은 원죄를 범했다. 그래서 인간은 그 원죄를 갚지 않으면 자유의지를 되찾을 수 없다. 속죄하기 위해서는 신의 은총을 얻어야 한다. 기독교를 믿고 신의 은총을 얻어야 비로소 인간은 자유의지를 얻을 수 있다."

이러한 논리로 아우구스티누스는 기독교로 귀의하여 믿음을 얻음으로써 인생에서 짊어지는 고뇌로부터 자유로워질 수 있다고 역설했다. 이 사고방식은 이윽고 르네상스 시대부터 종교 개혁 시대에 걸쳐 철학과 종교에서 지치지 않는 논쟁을 불러일으키는 주요 논제가 되었다.

제8장 **1**

이슬람교의
탄생, 발전, 좌절의 역사

1. 무함마드는 평범한 사람이었다

전직 가톨릭 수녀인 카렌 암스트롱이 쓴 『무함마드 : 우리 시대의 예언자 (*Muhammad : A Prophet For Our Time*)』라는 책은 지금까지 읽은 무함마드 관련 서적들 중에서 가장 흥미로운 전기이다. 캐런 암스트롱이라는 이름을 인터넷으로 검색하면 활기찬 여성이 이슬람에 관해서 이야기하는 동영상이 나온다. 이슬람을 이해하고자 하는 사람에게 가장 먼저 추천하고 싶은 책이다. 카렌 암스트롱의 책들 중에 『이슬람(*Islam*)』도 명저이다.

예수와 붓다는 말하자면 속세에서 벗어난 출가자였다. 반면, 무함마드(약 570−632)는 상인이자 시장이자 군인이었던 인물로, 사랑하는 아내의 보살핌을 받으며 자기 집에서 임종을 맞은 평범한 사람이었다.

흔히 IS라는 줄임말로 부르는 이슬람국가(Islamic State) 등의 급진적인 무장단체를 필두로, 이슬람교는 20세기 말부터 21세기 역사에 풍운을 몰고 온 종교이다. 이번 장에서는 기독교와의 관계에 집중하면 비로소 눈에 들어오는 이슬람교의 모습을 살펴보자.

이슬람교는 유대교와 기독교와 마찬가지로 야훼를 유일신으로 모시는 셈어족의 일신교이다. 최후의 심판에서 구원받은 선인은 천국으로, 악인은 지옥으로 간다고 믿는다. 그리고 유일신 야훼를 알일라흐라고 부르다가, 지금은 일반적으로 알라라고 부른다.

이슬람교에서는 무함마드를 최후의 예언자로 본다. 예언자란 신의 말씀을 듣고 이를 사람들에게 전하는 역할을 하는 사람을 가리킨다. 요컨대 무함마드는 인간이다. 이슬람교에서는 예수도 무함마드 이전에 등장한 예언자의 한 사람, 즉 인간으로 규정한다. 이슬람교에는 삼위일체와 같은 복잡한 교리가 없다.

이슬람교의 성서에 해당하는 경전은 『쿠란』으로, 원래는 "암송해야 하는 것"이라는 뜻이다. 『쿠란』에는 무함마드가 신에게 들었다는 말씀이 적혀 있다. 『쿠란』 다음으로 중요한 경전은 『하디스(*Hadith*)』로, 이 책은 무함마드의 언행(수나)을 기록한 언행록이다.

무함마드는 632년에 세상을 떠났다. 『쿠란』은 650년에 완성되었다. 당시 살아 있던 무함마드의 여러 동료들이 무함마드가 평소에 전하던 신에게 들은 말씀을 떠올리면서 책으로 정리했다. 그 중심인물은 제3대 칼리프인 우스만 이븐 아판으로, 무함마드와 친분이 있는 사람이었다. 그는 『쿠란』을 완성하고 나서 나머지 의심스러운 신의 말씀은 모조리 소각했다. 그래서 『쿠란』은 성서와 같은 이본(외경)이 존재하지 않는다. 『쿠란』 정본은 총 4권으로 제작되었다. 또 『하디스』는 『쿠란』보다 후대에 완성되었는데, 무함마드의 말씀을 최후로 전해듣고 구전한 사람의 말을 정리한 책이라고 해서 전승 경로가 명확하여 이견이 없다.

이슬람교 경전의 탄생 과정을 검증해보면 『신약성서』가 완성될 때까지의 우여곡절이나 대승불교의 여러 창작 경전에 비해서 비교적 단순 명쾌함을 알 수 있다. 이슬람교의 경전은 『쿠란』이 114장으로 1권, 『하디스』가 6권이다. 다만, 10세기 이후 시아파가 이 6권과 별개로 4권의 『하디스』를 완성하여 경전으로 삼았다.

2. 종교인(사제나 승려)이 없는 이슬람교에는 "육신오행"이 있다

이슬람교의 큰 특징으로는 기독교나 불교와는 달리 종교인(사제나 승려)이 없다는 점을 들 수 있다. 쉽게 말해서 이슬람교에는 교회나 사찰을 경영하고 포교와 관혼상제 등을 주관하는 성직자가 존재하지 않는다. 예를 들면 이슬람교에서는 채소가게 주인이 성직을 겸업하다가 필요할 때에 전통 의상을 입고 『쿠란』을 읽으며 의식을 집전하는 사제 역할을 한다. 그래서 이슬람교에서는 성직자의 생활을 위해서 헌금할 필요가 없다. 모스크라고 부르는 사원과 묘지 등의 시설물은 자치단체나 비영리단체와 유사한 조직이 관리한다. 물론 이슬람교를 공부하는 대학도 존재한다. 그리고 신학자도 존재한다. 그러나 직업 종교인은 없다.

이슬람교 신앙의 중심은 "육신오행(六信五行)"이라는 율법이다. 여섯 가지를 믿고 다섯 가지를 실천하라는 가르침이다. 육신, 즉 여섯 가지 믿음은 신, 천사, 경전, 예언자, 내세, 정명(定命)이다. 신은 야훼로, 이슬람의 알라이다. 천사는 무함마드에게 신의 예언을 전했다는 지브릴(가브리엘)이다. 경전은 신의 예언을 기록한 『쿠란』이다. 예언자는 무함마드를 가리킨다. 그리고 내세란 천국과 지옥의 존재에 관한 믿음이다. 정명은 칼뱅의 예정설과 유사하다. 사람의 구원 여부는 신이 미리 결정한다는 사고방식이다. 정명을 믿는다는 것은 그와 같은 신의 결정을 믿고 산다는 뜻이다. 신자는 이 여섯 가지를 믿어야 할 의무가 있다. 입문 의식은 무척 간단하다. "알라가 유일한 신이며 무함마드가 최후의 예언자이다"라고 신앙을 고백하면 누구나 신자가 될 수 있다.

이렇게 이슬람교 신자가 되면 다섯 가지 행동을 실천해야 할 의무가 생긴다. 신앙고백, 예배, 희사, 단식, 순례라는 다섯 가지 행동을 삶의 의무로 준수해야 한다. 신자의 의무 첫째는 신앙고백이고 둘째는 예배이다. 하루에 5번 메카의 카바 신전이 있는 방향을 향해서 예배를 드린다. 셋째는 희사이다. 돈이 있는 신자는 가난한 사람에게 베풀라는 가르침이다. 넷째는 단식(라마단)이다. 이슬람력 9월이 단식 기간이다. 그리고 다섯째가 순례이다. 가능하면 평생에 한 번은 무함마드가 태어난 성지 메카의 카바 신전으로 순례를 다녀오라는 가르침이다. 하루에 5번이나 예배를 드려야 한다는 의무는 부담스럽게 느껴진다. 그러나 인간 뇌의 집중력은 2시간 남짓밖에 유지되지 않는다. 뇌과학적 관점에서 5번의 예배를 일종의 기분전환으로 본다면 의외로 합리적인 가르침일 수 있다.

전체적으로 보면 육신오행은 누구나 지킬 수 있는 수준이라고 여겨진다. 다만 질병 등의 이유로 단식을 버티기 힘든 사람이 있을 수 있다. 그러나 단식은 건강 측면에서는 도움이 되는 수행이다. 직업 사제나 승려가 존재하지 않는 이슬람교에서는 신자들이 지키기 쉽고 실천하기 쉬운 육신오행을 각자 주체적으로 준수함으로써, 자립할 수 있는 강인함이 생겨나는 측면이 있다고 볼 수 있다.

3. 상인인 무함마드가 창시한 이슬람교의 합리성

이어서 무함마드의 일생을 살펴보자. 무함마드는 아라비아 반도에서 홍해에 가까운 교역 도시 마카에서 태어났다(약 570). 최근까지는 마카를 메카, 마디나를 메디나, 무함마드를 마호메트, 쿠란을 코란이라고 표기했다. 그러나 이들은 프랑스어 발음을 본뜬 표기이다. 현지 아라비아어에서는 마카, 마디나, 무함마드, 쿠란에 가깝게 발음하므로 이 책에서는 현지음에 가깝게 표기한다.

무함마드는 마카의 명문가인 쿠라이시족 가문에서 태어났다. 그러나 일찍 부모를 여의고 조부모와 숙부 슬하에서 자랐다. 자라서 상인이 되어 20세 무렵에 열 살 연상의 유복한 여자 상인인 카디자와 결혼했다. 그리고 사랑하는 딸 파티마를 비롯하여 몇몇 자식들을 두었다.

그런데 마흔 고개를 넘어섰을 무렵부터 무함마드는 이따금 마카 교외의 히라 산 동굴에 틀어박혔다. 무엇인가 마음에 걸리는 일이 있어서 혼자 골똘히 생각할 시간이 필요했던 모양이다. 어느 날 한 사내가 동굴에서 명상하는 무함마드를 찾아왔다. 이어지는 이야기는 전승 분위기를 물씬 풍긴다. 기척도 없이 다가온 수상한 사내는 무함마드를 향해서 말문을 열었다.

"읽어라."

무함마드는 읽고 쓸 줄을 몰랐는데, 사내는 자신의 마음의 목소리를 듣고 들은 말을 소리 내어 노래하듯이 읊으라고 말했다. "읽어라"라는 말은 곧 소리 내어 읽어라, 즉 낭송하라는 뜻이다. 아랍어로는 쿠란이다. 무함마드는 홀린 듯이 사내의 마음의 목소리를 암송하며 명상에 몰입했다. 그리고 사내가 동굴에서 홀연히 사라지는 모습을 본 듯한 기분이 들었다.

무함마드는 흥분한 채 집으로 돌아가 아내 카디자에게 자신의 경험을 이야기했다. 이것이 이 세상의 마지막 예언자 무함마드가 탄생한 순간이라고 전해진다. 아내 카디자는 최초의 무슬림이 되었다. 무슬림은 이슬람교의 신자를 가리키는 말이다. 동굴을 찾아온 사내는 알라의 명령을 받은 대천사 지브릴(가브리엘)이었다.

이렇게 무함마드는 신의 예언자로서 생활하기 시작했다. 그러나 신의 말씀(쿠란)을 마카 사람들에게 전하는 것 이외에 그의 생활에는 별다른 변화가 없었다. 그런데 당시 마카에서는 소박한 다신교가 종교 생활의 주류를 차지했기 때문에 마카 사람들은 무함마드가 가르치는 새로운 일신교에 반감을 느꼈다. 반감은 차츰 악의로 바뀌어 분위기가 험악해졌다. 무함마드와 신자들은 마카를 버리고 서북쪽 마디나로 도피하여 그곳에서 새롭게 포교하기 시작했다. 622년의 일이다. 무함마드가 마디나로 이주한 해를 이슬람 세계에서는 헤지라(Hegira)라고 부르며, 이슬람교 달력에서는 이 해를 원년으로 삼는다.

마디나로 생활의 터전을 옮기고 나서 무함마드의 가르침을 믿는 사람들이 늘어났다. 이슬람의 작은 공동체(움마)가 생겨났고, 이윽고 마디나 전체를 지배할 정도로 세력이 커졌다. 무함마드는 마디나의 지배자가 되었다. 요즘 말로 시장이자 군의 사령관이자 이슬람교 교주로, 한 명의 성직자로서 의식 등을 주관하기도 했다.

마침내 무함마드는 자신을 추방한 마카의 군대와 싸워 승리를 거두었다. 그러나 마카로 돌아가지 않고, 마디나를 거점으로 삼아 동지이자 전우인 이들과 아라비아 반도에서 이슬람교 세계를 확대하고 아라비아 반도의 사실상의 지배자가 되어 만년을 맞이했다. 그리고 인생의 마지막을 젊은 아내 아이샤의 무릎 위에서 평온하게 잠자며 맞이했다.

깨달음을 얻기 위해서 붓다는 사회적 지위와 처자식을 버리고 수행의 길로 들어섰다. 예수는 막달라 마리아를 사랑했겠지만, 순교자로서 죽음을 선택했다. 붓다와 예수는 평범한 인생이 아닌 출가자, 즉 속세를 버린 사람으로 평생을 바쳤다. 반면, 무함마드는 평생 평범한 인생을 살았던 사람이다. 세속에서 평범한 인생을 살고, 장사로 생계를 꾸린 사람이 창시한 종교가 이슬람교이다. 따라서 많은 사람들이 받아들이기 어려운 극단적인 사상이나 공격적인 행동을 교리로 삼지 않았다. 가령 육신오행이라는 가르침만 해도 특별히 어렵지 않고 나름대로 합리적인 가르침이다. 타인을 공격하기만 해서는 장사를 할 수 없다. 지금도 이슬람 세계의 모스크를 방문하면 주변에 미로처럼 펼쳐진 거대한 상가 거리(바자르)를 볼 수 있다.

이슬람교의 신자는 인도네시아, 파키스탄, 방글라데시, 인도, 말레이시아 등 동남 아시아 각지에 대거 분포한다. 아라비아 상인이 중국과 교역 관계를 맺을 때에 동남 아시아에 상품을 대량으로 가지고 들어와서 장사를 하며 접점이 생겼기 때문이다. 아시아 사람들은 이슬람 상인을 보고 자신들도 이슬람교를 믿으면 장사가 번창할 것이라고 생각했을 수도 있다.

앞에서 설명했듯이 이슬람교에는 직업 성직자가 없다. 그래서 이슬람교에 관심이 있는 인도네시아 상인이 무역 상대인 아랍인에게 이슬람교를 믿고 싶다고 말하면 상인과 뱃사람으로 성직자를 겸하는 사람이 알음알음 소개해주었으리라. 이렇게 낮은 진입 장벽은 이 지역에 신자를 늘리는 데에 이바지했다. 불교와 힌두교 교리가 어렵고 민족적인 색채가 지나치게 강한 측면이 있는 것이 이슬람교에 유리하게 작용했을 수도 있다.

4. 우상숭배 금지와 키블라 예배, 그리고 아랍어로 암기하는 『쿠란』

이슬람교는 오늘날에도 철저히 우상숭배를 피한다. 유럽의 어느 신문이 무함마드 풍자화를 그려서 심각한 사회 갈등을 일으킨 적이 있었다. 이슬람교에서는 무함마드를 그리는 행위를 엄격하게 금지한다. 예로부터 무함마드의 전기를 그린 그림 이야기에서도 그의 얼굴에 하얀 천을 덮어서 얼굴이 보이지 않게 가렸다. 원래 기독교나 불교에서도 우상숭배를 용인하지 않았다. 그러나 일찍부터 그리스도상이나 성모 마리아상, 불상을 만들어 기도하는 행위를 허용했다. 그래야 일반인이 받아들이기 쉽기 때문이다.

그렇다면 무슬림은 무엇을 기도의 대상으로 삼을까? 마카에 있는 카바 신전 방향을 키블라(Qibla)라고 부르는데, 무슬림은 그 방향을 향해서 예배를 드린다. 모스크에서는 마카 방향 벽면을 아치 모양으로 파서 기도의 방향을 알려준다. 무함마드가 마디나에 있을 때에는 예루살렘 방향을 향해서 예배했다. 예루살렘은 무함마드가 하늘로 오르는 경험을 한 장소였기 때문이다.

그러나 이슬람교의 탄생지인 마카를 재정복한 후에는 무함마드가 마카의 카바 신전이 있는 방향을 향해서 예배를 드리라고 정했다. 이후 오늘날까지도 전 세계의 무슬림들은 키블라를 향해서 기도를 올리고 있다.

마카는 예로부터 교역 도시로 번성했다. 도시 광장에는 다신교의 신들을 모신 신전(카바)이 있었다. 카바란 정육면체라는 뜻이다. 교역 상인들이 이 신전 광장에 모여 정기적인 제전을 열었다. 홍해에서 인도양으로 나가는 뱃길 여행과 마카에서 사막이 많은 길을 지나 메소포타미아와 지중해에 이르는 여로의 안정을 기원하고, 교역의 성공을 빌었다. 이 제전을 열 때에 상인들은 교역 여행의 추억과 안전을 비는 마음가짐을 시의 형태에 멜로디를 붙여 소리 높여 암송했다. 그리고 누가 더 멋지게 암송하는지 우열을 겨루었다. 카바 신전의 이 행사는 유명했다. 가장 뛰어난 시가는 천에 적혀 카바 신전에 내걸렸다(카바를 감싼 검은 천, 키스와[kiswah]의 연원). 마카에서 나고 자란 무함마드는 몇 번이나 그 시의 낭송 소리, 아니 노래를 들었으리라. 이슬람교의 경전인 『쿠란』은 이러한 무함마드의 경험과 절대 무관하지 않다.

무함마드는 승리를 거두고 마카로 돌아갔을 때에 카바 신전에 모셔진 다신교 신들의 우상을 모조리 파괴했다. 그러나 신전 건물은 이슬람교의 중요한 모스크로 존속시켰다. 아랍인에게 중요한 신전임을 존중한다는 의미였을 것이다.

천사 지브릴에게 받은 신의 말씀을 소리 내어 암송한 문장이 『쿠란』이 되었기 때문에 지금도 『쿠란』은 소리 내어 읽는 것이 원칙이다. 무함마드는 아랍인으로 아랍어밖에 말하지 못했다. 그래서 『쿠란』도 아랍어로 만들어졌다. 오늘날에도 전 세계 무슬림은 모두 아랍어로 『쿠란』을 암송한다는 점에 특히 주목해야 한다. 신의 말씀은 유일무이하기 때문에, 『쿠란』을 번역하는 불경스러운 행위는 종교적으로 용납되지 않는다. 전 세계의 모스크에서 들리는 소리는 아랍어 기도이다. 참고 문헌으로 사용할 번역은 허용되기 때문에 『쿠란』의 뜻은 각 나라의 언어로 가르친다. 이렇게 전 세계 무슬림은 귀로 들으며 아랍어를 이해할 수 있게 되었다.

일본어 『신약성서』를 읽는 일본인 기독교 신자와 독일어 『신약성서』를 읽는 독일인 기독교 신자가 만나도 두 사람이 서로의 언어를 이해하지 못하거나 국제 공용어 위치에 있는 영어를 쓰지 못한다면, 두 사람은 같은 믿음을 공유하면서도 기독교를 주제로 토론할 수 없다. 그러나 무슬림은 같은 아랍어로 『쿠란』을 배웠기 때문에 기초적인 소통은 가능하다. 『쿠란』을 암기하려면 아랍어를 외우는 수밖에 없다. 그 과정에서 전 세계 무슬림들을 이어주는 공통분모가 생긴다. 즉, 언어로 만들어지는 종교적인 동질감을 가진 종교가 바로 이슬람교이다. 그 결과 이슬람교는 포교하기 쉬운 종교가 될 수 있었다.

5. 시아파와 수니파

같은 이슬람교라도 시아파와 수니파는 물과 기름처럼 겉돌며 옥신각신 다툰다는 인식이 널리 퍼져 있다. 이러한 우리의 인식은 사실과 상당히 다르다. 시아파와 수니파의 탄생 유래부터 살펴보자.

먼저, 기독교의 종교전쟁처럼 피로 피를 씻는 종교적인 갈등이 시아파와 수니파 사이에는 없었다는 사실을 알아두어야 한다. 기독교의 로마 교회와 프로테스탄트 교회 사이에 일어난 격렬한 종교전쟁에 관해서는 종교 개혁을 다루는 부분에서 설명할 예정이다. 이슬람교는 경전 성립 과정부터 명확했기 때문에 무엇이 진실한 가르침인지에 관한 의혹이나 대립은 발생하지 않았다.

그렇다면 시아파와 수니파는 무엇을 두고 대립할까? 극단적으로 단순하게 말하면 파벌 다툼이다. 수니는 언행과 관행을 뜻한다. 『쿠란』과 『하디스』에 기재된 무함마드의 말씀과 행동을 있는 그대로 관행으로서 중시하는 사고방식이다. 반면, 시아는 알리를 따르는 무리라는 아랍어 시아 알리에서 나온 이름으로, 시아는 파벌이라는 뜻이다. 따라서 시아파라고 부르면 역전 앞처럼 "파벌 파벌"이 되어 의미가 겹친다. 그러나 시아파라는 용어가 어느새 일반적으로 통용되고 있다.

수니파와 시아파의 세력관계를 살펴보면 세계적으로는 수니파가 다수이다. 시아파는 극적인 성립 과정을 겪으며 이란을 중심으로 강한 존재감을 과시하고 있다. 그렇다면 "시아 알리"의 성립 과정을 살펴보자.

시아파의 탄생

무함마드 사후, 막 성립된 이슬람 공동체(움마)는 그와 함께 싸웠던 3명의 전우들이 차례로 계승했다. 아부 바크르, 우마르 1세, 우스만 이븐 아판은 이슬람 제국의 기반을 닦은 인물들이다. 그들을 칼리프라고 부른다. 예언자 무함마드의 대리로 그를 뒤따르는 자라는 뜻이다. 632년에 무함마드가 세상을 떠나고 656년에 우스만 이븐 아판이 암살당할 때까지 칼리프는 순서대로 계승되었는데, 제4대 칼리프가 알리 이븐 아비 탈리브로 결정되었을 때에 문제가 발생했다.

　기존의 삼인방은 무함마드의 전우였으나 알리 이븐 아비 탈리브는 무함마드의 딸 파티마의 남편, 즉 사위였다. 동시에 그는 무함마드의 사촌 동생이기도 했다. 물론 이러한 관계 때문에 칼리프로 선출되었다고는 볼 수 없고, 지도자로서 자질을 인정받았기 때문에 칼리프로 선출될 수 있었다. 그런데 그의 칼리프 취임에 "제동"을 건 남자가 있었다.

　그 남자는 쿠라이시족 명문이자 우스만이 속한 우마이야 가문의 무아위야 이븐 아비 수프얀이었다. 그는 알리에게 우스만 암살의 진상 규명을 요구하며, 진상을 밝히지 못한다면 칼리프의 지위를 자신에게 양도하라고 요구했다. 무아위야의 요구에는 나름의 사정이 있었다.

　알리가 제4대 칼리프로 선출되었을 때, 이슬람이 지배하는 영역은 이미 세계 제국이라고 일컬을 만한 규모에 달했다. 서쪽으로는 이집트를 넘어 트리폴리(오늘날 리비아의 수도)까지, 동쪽으로는 현재의 아프가니스탄까지를 아우르는 광대한 영토에 이슬람의 깃발을 꽂았다. 그런데 무함마드와 그를 계승한 칼리프들은 작은 도시인 마디나의 칼리프 거처에서 통치했다.

칼리프는 대개 궁전이 아닌 민가에 거처했다. 방호벽도 없고 해자에 둘러싸이지도 않은 데다가 경비병도 거의 거느리지 않았다. 제국의 국사를 논할 때에도 마을 행정을 결정하는 마을 회의를 열듯이 수뇌부가 모여서 무릎을 맞대고 옹기종기 앉아 의논하고 정책을 결정했다. 민주적인 방식이라고 볼 수 있으나, 이슬람 공동체인 움마가 제국 규모로 성장하고 확대되었으니 통치 기구도 그에 걸맞게 정비될 필요가 있었다. 다시 말해서, 지배체제 변화가 요구되는 시대를 맞이했기 때문에 대응책을 내놓아야 했다.

무함마드 사후, 초대 칼리프인 아부 바크르와 강력한 지도자였던 제2대 칼리프 시대까지는 그럭저럭 지나갔으나, 제3대 칼리프인 우스만 이븐 아판은 회의 도중 반대파의 과격 분자들에게 암살을 당했다. 변변한 방어 설비도 없는 평범한 민가에서 살았기 때문에 암살이라는 거사가 어린아이의 손목을 비틀 듯이 뚝딱 끝났다.

우스만 이븐 아판 암살 후에 새로 제4대 칼리프로 알리가 선출되었을 때, 우마이야 가문의 무아위야가 강경하게 나왔다. 무아위야 이븐 아비 수프얀, 즉 무아위야 1세(재위 661−680)는 당시 이슬람 제국의 영토로 편입된 시리아의 총독 지위에 있었다. 그는 이슬람 공동체는 이미 제국이 되었으니 확실한 방어 시설이 있는 궁전을 짓고, 근위병과 같은 경호 부대를 비롯한 전문 군대를 갖추고, 관료 조직을 만들어 조직적 행정을 진행하지 않으면 대제국의 안정을 유지할 수 없다고 생각했다.

무아위야의 생각은 로마 제국이라는 거대한 제국이 나아갈 길을 개척한 카이사르와 닮았다. 카이사르는 세계 제국으로 우뚝 선 로마를 원로원과 같은 책임 소재가 불분명한 공화정체제로는 통치할 수 없다고 주장한 정치인이었다. 무아위야는 이슬람 제국을 확실하게 지배하고 싶다는 야망을 품고 있었고 정치 감각도 뛰어났다.

그러나 알리는 무함마드와 친하게 어울려 지내던 생활이 익숙했다. 그래서 예전부터 하던 대로 동료와 힘을 합쳐서 이슬람교를 확대한다는 전통적 발상을 중시했다. 무아위야는 반기를 들고 이슬람 제국에 대규모 반란을 일으켰다.

이 반란에는 승부가 나지 않았다. 알리는 같은 종교를 믿는 이슬람 형제 간의 싸움은 무익하다고 생각하여 무아위야에게 화의를 청했고 둘은 화해했다. 알리는 칼리프, 무아위야는 시리아 총독 자리를 유지한 채 사태는 일단 수습되었다.

그러나 일부 과격파들은 분개했다. 알리는 정통적인 절차를 밟아 제4대 칼리프로 선출된 인물이다. 반면, 무아위야는 반란자로서 일개 지방 총독에 지나지 않는다.

"반기를 든 무아위야를 그냥 봐줄 수 없다. 그러나 그런 무아위야에게 아무 제재도 가하지 않고 넘어간 알리 이븐 아비 탈리브도 타락했다."

이 과격파는 "카와리지(떨치고 일어난 자들)"라고 불렸는데, 분을 이기지 못하고 알리와 무아위야 양쪽으로 암살자를 보냈다. 시리아의 다마스쿠스 궁전에 있던 무아위야는 무사했으나 쿠파의 모스크에 있던 알리는 암살범을 피하지 못했다.

암살 사건 이후, 알리의 큰아들인 하산은 무아위야에게 제국을 맡기고 물러났다. 그리고 마디나의 자택에서 주색에 빠져 해시시를 피우며 속세를 떠난 사람으로 평생을 보냈다. 이렇게 무아위야가 새 칼리프가 되었고, 그는 수도를 다마스쿠스로 옮기며 우마이야 왕조 시대의 막을 올렸다(661).

알리는 3명의 아들을 두었는데, 둘째 아들인 후사인은 형과 달리 반란을 일으킨 무아위야에게 승복하지 않았다. 그러나 형이 무아위야를 인정했기 때문에 불만은 있어도 잠자코 있을 수밖에 없어서 와신상담하며 세월을 보냈다. 그런 후사인의 거처에 메소포타미아의 군영 도시(미스르) 쿠파(현재의 이란)에서 사자가 찾아왔다. 쿠파 사람들은 알리를 지지했다. 그들은 후사인에게 알리의 유지를 이어 진정한 이슬람 제국을 동방에 건설해달라고 간청했다. 후사인은 기꺼이 청을 받아들여 일족을 이끌고 쿠파로 향했다. 여성과 어린아이를 합쳐 50명을 전후한 인원이었다고 전해진다.

후사인이 여정에 올랐다는 정보는 다마스쿠스의 우마이야 왕실의 귀에 들어갔다. 이미 무아위야는 고인이 되었고, 그의 아들인 야지드의 시대였다. 야지드는 후사인이 쿠파에서 반기를 들고 일어나면 골칫거리가 되리라고 계산했다. 그는 반란의 싹이 나기 전에 씨를 뿌린 자들을 처리하기 위해서 정규군을 파견했다. 야지드가 급파한 군대는 바그다드 근처 커발라에서 후사인 일행을 습격하여 여성과 어린아이들만을 남기고 후사인을 포함한 전원을 몰살했다. 680년의 일이다.

이 커발라 전투가 있었던 날을 시아파에서는 "아슈라(Ashura)"라고 부른다. 무참하게 살해된 후사인의 순교일로, 이날 시아파 남성들은 자신의 몸을 채찍이나 사슬로 때리고 울부짖으며 거리를 행진하고 기도한다. 커발라 땅에서 몰살당한 후사인 일족은 무함마드의 혈통을 정당하게 계승했기 때문에 후사인으로 이어지는 일족만이 모든 무슬림의 종교적, 정치적 수장이 될 권리를 부여받았다고 믿는 사람들이 "시아 알리"(시아파)가 되었다.

이란이 열두 이맘파를 열렬히 믿고 따르는 이유

제4대 칼리프 알리는 무함마드의 딸인 파티마와 결혼했다. 이 부부의 둘째 아들인 후사인의 아내들 중의 한 사람은 사산조 페르시아의 여왕이었다. 즉 이 아내와 후사인 사이에서 태어난 자식은 이슬람교 창시자의 혈통과 사산조 페르시아의 왕통을 동시에 물려받은 셈이다. 게다가 사산조 페르시아는 페르시아가 자랑하는 정통 왕조, 아케메네스 가문의 피를 물려받은 뿌리 깊은 명문가였다.

이중으로 고귀한 혈통을 물려받은 후사인의 자손들은 커발라 전투 후에도 너무 어려서 학살을 면할 수 있었다. 커발라 전투에서 후사인을 잃은 쿠파 사람들은 자신들이 후사인의 여정에 호위 부대를 딸려 보내지 않아서 참상이 일어났다며 애도하고 반성했다. 그리고 끔찍한 비극이 일어났음에도 고귀한 피를 물려받은 자손들이 살아서 화를 면했음을 불행 중의 다행으로 여겼다. 페르시아의 명문 왕가와 무함마드의 피를 이어받은 일족이 탄생한 것이다. 페르시아 사람들의 긍지와 자부심을 한 몸에 모은 가문이다. 페르시아 사람들은 알리와 후사인으로 시작되는 일족의 수장을 이맘(Imam)이라고 불렀다. 이맘은 지도자라는 뜻이다.

이러한 연유로 페르시아 땅에서는 오늘날까지도 시아파가 우세하고 정치와 종교의 주도권을 장악하게 되었다. 페르시아는 오늘날 이란이다. 지금도 이란 이슬람 공화국은 시아파 중의 최대 파벌인 열두 이맘파가 종교와 정치의 주도권을 꽉 잡고 있다. 이 열두 이맘파는 16세기 초, 사파비 왕조가 이란을 지배하던 시절부터 이란의 국교가 되었다.

열두 이맘파에서는 초대 이맘을 알리 이븐 아비 탈리브로, 제3대 이맘을 후사인으로 삼았고, 후사인의 혈통이 차례로 이맘 자리에 앉았다가 제12대 이맘이 소년일 때에 대중 앞에서 모습을 감추고 "은둔하기" 시작했다. 980년의 일로, 이 사건을 "가이바(Ghayba)"라고 부른다. 그리고 "은둔한" 제12대 이맘은 최후의 심판에 모습을 드러낸다고 가르친다. 아마 이맘이 죽었거나 살해당했다는 진실을 감추기 위해서 에둘러 "은둔"이라고 표현했으리라.

그렇다면 "가이바"에 들어간 제12대 이맘이 출현할 때까지는 누가 세상을 다스려야 할까. 덕을 쌓은 승려가 이맘의 대리자가 된다. 지금도 이란 대통령 위에는 하메네이라는 스승(라흐바르[Rahbar])이 있다. 이슬람교와 접점이 없는 사람에게는 희한한 정치체제로 보일 수 있다. 그러나 이란 사람들에게는 조금도 이상하지 않다. 그들은 시아파 교리대로 이슬람교를 있는 그대로 믿고 따르며 신앙 생활을 하기 때문이다.

수니파와 시아파는 누구를 현세의 지도자로 생각하는지를 두고 싸운다. 현세의 지도자는 다수결로 선출된 칼리프인가, 후사인의 피를 물려받은 이맘인가. 우리의 생각과는 달리 이슬람교 교리가 달라서 생긴 갈등이 아니다. "수니파와 시아파의 갈등"이라는 말이 언론에 자주 등장한다. 그러나 대부분의 사례들을 자세히 들여다보면, 서유럽 열강이 석유 자원 등의 이권을 얻고 그 이권을 지키기 위해서 생긴 경쟁이 원인으로 잠재되어 있다. 시아파와 수니파가 교리의 차이를 이유로 일으킨 종교전쟁은 역사적으로 존재하지 않았다고 해도 결코 과장이 아니다.

6. 지하드에 대한 커다란 오해

IS 등 과격파의 테러 행위를 일부 언론이 종종 "지하드"라고 부르는 경우가 있다. 지하드가 단순히 "성전(聖戰)"이라고 번역되면서 이슬람의 투쟁을 규정하는 단어로 곡해되는 경향도 있다. 그러나 지하드의 참뜻은 훌륭하게 행동하는 인간이 되도록 스스로 고군분투한다는 말이다.

훌륭한 행동이란 무엇일까? 무함마드가 가르친 관용과 자비를 중시하는 삶의 방식이다. 물론 이슬람교 신자로 훌륭한 인간이 되기 위해서 이교도와 싸우지 않았다는 것은 아니다. 무함마드 본인도 다신교를 믿는 마카의 군대와 싸웠다. 그러나 무함마드의 움마 운영과 이슬람교 포교의 근본 정신은 관용과 자비였다. 국경을 넘어가는 과정에서 격렬한 무력 저항이 없는 한 세금을 냈고 이슬람교의 존재를 인정하면 기존 종교와 관습을 용인했다. 물론 『쿠란』을 믿고 무슬림이 되면 두 팔 벌려 환영했다. 사람과 조화롭게 어울리지 않으면 성립하지 않는 상업을 생업으로 삼았던 사람이 고안한 종교가 이슬람교임을 잊지 말아야 한다. 이 점이 이슬람교를 이해하는 원점이라고 생각한다.

캐런 암스트롱의 『무함마드 : 우리 시대의 예언자』라는 책 속에는 무함마드를 추방한 마카의 다신교 집단과 싸움을 마치고 고향으로 돌아가는 길에 무함마드가 이야기했다는 구절이 실려 있다. "우리는 작은 지하드인 전투에서 돌아와 큰 지하드로 향해야 한다." 무력 충돌은 불행이지만, 작은 지하드(고군분투)에서 다시 마디나로 돌아가 마디나를 더욱 살기 좋은 평화로운 도시로 탈바꿈시키는 큰 지하드를 실행해야 한다는 속뜻을 담은 말이다.

무슬림에게 진정한 지하드란 관용과 자비의 세계를 실현하기 위해서 개개인의 내면에서 일어나는 큰 성전, 자신과의 투쟁을 의미한다. 절대로 전투 행위를 중시하지 않는다. 이슬람 원리주의를 신봉한다는 IS 등의 행동에 관해서는 "8. 이슬람 원리주의와 청년 인구의 급증 문제"에서 살펴보자.

7. 4명의 아내를 어떻게 바라보아야 할까?

『쿠란』에는 아내를 4명까지 허용한다고 적혀 있다. 무함마드는 카디자가 세상을 떠난 후에 12명의 아내를 두었다. 무함마드는 아내들을 어떻게 선택했을까? 그녀들은 거의 대부분이 마디나와 마카에서 격렬한 전투가 되풀이되던 무렵에 전사한 무함마드 전우의 아내들이었다. 당시는 여성 대부분이 자립해서 살 수 없던 시대였다. 무함마드는 전우의 아내의 생활을 보살펴주기 위해서 혼인을 했다. 그리고 최고의 전우이자 이후 초대 칼리프가 된 아부 바크르의 딸인 아이샤를 마지막 아내로 맞았다.

『쿠란』은 전란의 시대를 배경으로 4명까지 아내를 두어도 좋다고 허용했다. 병사가 줄줄이 사망하는 시대에는 필연적으로 과부가 증가한다. 대부분의 여성이 생활 수단이 없던 시대였다. 과부가 되면 노예가 되거나 몸을 팔아 생계를 꾸려나갈 수밖에 없었다. 여성이 시대의 희생양이 되어 고생하지 않도록 『쿠란』은 아내를 4명까지 두어도 좋다고 인정했다.

그러나 아내를 4명까지 허용해도 이는 남성 측의 일방적인 권리가 아니었다. 남성 측에게 부과된 의무도 존재했다. 가령 두 번째, 세 번째 아내를 맞아들인다면 기존 아내의 양해를 구해야 한다. 여성에게도 거부권이 인정되었기 때문이다. 또 첫 번째 아내에게 진주 장식을 선물한다면 다른 아내에게도 그와 맞먹는 선물을 주어야 한다. 그리고 아내들을 평등하게 사랑해야 한다. 첫 번째 아내와 동침하고 나서 두 번째 아내가 잠자리를 요구하면 응해야 했다. 4명의 아내를 두는 데에는 어디까지나 네 여자를 평등하게 대우해야 한다는 전제조건이 따라붙었다. 경제적으로나 육체적으로나 엄청나게 부담스러운 일이다. 현실 이슬람 사회에서는 왕족과 같은 일부 예외를 제외한 일반 가정은 보편적으로 일부일처 생활을 한다.

그리고 무함마드는 남존여비가 일반적이던 시대에 여성의 재산권을 인정했다. 동등하지는 않았고 남성의 절반 수준이었으나 당시 유럽에서는 생각지도 못한 발상이었다. 『쿠란』을 처음부터 끝까지 읽으면 남녀평등에 가까운 발상이 많다. 여성에게 복종을 강요하는 사상은 결코 아니다. 여성이 머리카락을 가리는 히잡을 착용하는 것은 차별이라는 의견도 있다. 그러나 히잡을 단순하게 관습의 발전이라고 보면 넥타이도 별반 다르지 않다. 사막이 많고 건조한 중동 및 근동에서는 히잡이 뜨거운 열기로부터 머리를 보호하는 합리적인 복장이었다. 남성도 터번처럼 생긴 케피예라는 두건을 머리에 쓴다.

2018년, 사우디아라비아에서 최초로 여성에게 자동차 운전이 허용되었다는 뉴스가 보도되었다. 또한 사우디아라비아에서는 여성의 사회 진출이 사회적 문제가 되기도 했다. 그러나 사우디아라비아는 이슬람교 중에서도 와하브파라는, 극단적으로 보수적인 사고방식을 고수하고 있는 특수한 국가임을 알아둘 필요가 있다. 인도네시아, 파키스탄, 방글라데시, 인도 등 무슬림 인구가 많은 나라들에서는 여성이 활발하게 사회에 진출하여 일하는 여성들의 모습을 흔히 볼 수 있다. 이 네 나라는 모두 여성 대통령과 총리를 배출했다.

모세의 가르침도, 예수의 가르침도, 붓다의 가르침도 그들이 살던 시대에 사람들에게 바람직하다고 여겨지며 받아들여졌다. 그 시대의 가르침에 현대의 도덕적 잣대를 적용하며 비판하는 태도는 무책임하다. 그들이 생각한 진리에 항구적인 인류애로 이어지는 부분이 있었기 때문에 세계 종교가 될 수 있었다는 사실을 마땅히 인식해야 한다. 이슬람교도 마찬가지이다. 특히, 이슬람교는 여성 경시와 지하드에 관해서 편견이 생기기 쉽다.

8. 이슬람 원리주의와 청년 인구의 급증 문제

"이슬람 원리주의자들이 자행한 테러 행위" 등의 문구로 중동 분쟁을 표현하는 사례가 많다. 그러나 본래 원리주의라는 용어는 19세기 말부터 20세기 초에 아프리카에서 성행한 과격한 기독교 단체를 지칭하는 말이었다. 예를 들어 박물관에서 다윈의 진화론 관련 해설을 제공하면 이 과격파들은 고소장을 내고 법원에 재판을 신청하여 전시를 중지시켰다. "인간은 아담과 이브에서 시작되었는데 오스트랄로피테쿠스라는 '원숭이'가 인류의 선조라는 주장은 성서에 어긋난다. 즉각 전시를 중단하라!"

이 과격파들은 성서가 진실만을 담고 있다고 곧이곧대로 믿었다. 이들의 고지식한 행태는 빈축을 샀고, 조롱의 의미를 담아 원리주의자(funda-mentalist)라고 불렸다. 이 용어가 이슬람교에 확대 적용되었다.

그렇다면 왜 IS 등의 단체들은 "무함마드의 가르침으로 돌아가야 한다"거나 "『쿠란』의 세계로 돌아오라"고 주장할까? 역사적으로 보면, 이슬람 세계도 중국이나 일본과 마찬가지로 산업혁명과 국민국가라는 인류의 2대 사건에 편승하지 못하고 뒤처졌다. 일본은 메이지 유신이라는 근대화 개혁을 통해서 세계 주류를 따라잡으려고 아등바등 안간힘을 썼다. 그러나 중동의 일부 이슬람 세계는 시대의 흐름을 제대로 따라잡지 못했다.

생각해보면 IS의 주장은 중국과 한국, 일본의 문호 개방 시대의 구호와 묘하게 닮았다. 부청멸양(扶淸滅洋)을 내세웠던 청나라의 의화단 운동, 척화주전론(斥和主戰論)을 주장했던 한국의 위정척사 운동, 존왕양이(尊王攘夷)를 내건 일본의 메이지 유신을 떠올릴 수 있다.

현대 중동의 궁핍한 경제 상황은 뛰어난 정치 지도자가 샛별처럼 등장하지 않는 한, 좀처럼 만회할 기회를 잡지 못할 수도 있다. 중동의 이러한 상황은 이슬람교 교리와는 무관하게, 역사적, 정치적 문제에서 비롯되었다고 볼 수 있다.

빈발하는 테러 행위에 관해서는 청년 인구의 급증 문제를 염두에 두어야 한다. 정치 상황이 불안정하고 경제가 바닥을 헤매는 중동에서는 인구가 많은 10-20대 청년들이 일을 하고 싶어도 일할 자리가 없어 실업자 신세로 놀고 있다. 이라크도, 시리아도 나라가 무너졌다. 청년은 넘쳐난다. 그런데 일할 곳이 없다. 피가 끓는 청년들은 사랑을 하고 싶다. 데이트를 즐기며 청춘을 만끽하고 싶다. 그러나 일자리가 없으니 돈을 벌지 못하고 여가를 즐길 기회도 적다. 그래서 이들 나라의 청년들은 절망을 느끼고 테러라는 극단적인 행위로 치닫는다.

급증한 청년 인구가 중동 테러 문제의 기저 부분을 형성하고 있다. 물론 이것은 이슬람교의 현재 상황과 무관하지 않다. 테러와 이슬람교를 한 몸으로 보는 사고방식은 지나치게 극단적이다. 이슬람교보다는 폭증한 청년 인구가 테러와 더 관련이 깊다. 폭증하는 청년 인구 문제가 궁금한 사람에게는 군나르 하인손의 『청년들과 세계 권력 : 국가의 흥망성쇠 속 테러(*Sons and World Power : Terror in the Rise and Fall of Nations*)』라는 뛰어난 책을 추천한다.

9. 기독교와 이슬람교의 탄생에는 약 600년의 시차가 있다

이슬람교 신자는 일반적으로 시판되는 식품을 먹지 않는다. 특별히 처리한 식품, 즉 할랄 인증을 받은 식품만을 먹는다. 신자의 식생활까지 간섭하다니 여간 까다로운 종교가 아니라는 생각이 들지만, 알고 보면 유대교도 별반 다르지 않다. 기독교는 일찍이 특이성을 버리고 세속화로 방향을 전환했고, 다른 종교에서 태연하게 성모상과 크리스마스를 빌려왔다. 그런 관점에서 생각하면 이슬람교는 유대교와 닮은 꼴로, 전통적인 셈어족의 일신교 골격이 농후하게 남아 있다.

　이슬람교는 돈에 관해서도 특별한 규칙을 따른다. 이슬람교는 이자를 받는 행위를 금지한다. 기독교 역시 옛날에는 마찬가지로 사채업을 금지했다. 그러나 로마 교황은 로마 교회의 재산을 불리기 위해서, 돈을 빌려주고 이자를 받아 교회에 헌금하면 용서받을 수 있다고 허용했다. 그래서 유럽과 미국의 기독교 사회의 금전 기부가 활발해졌다. 그 전까지는 오직 유대인만이 금융업에 종사할 수 있었다. 그러나 아직도 이슬람교는 돈을 빌려주고 이자를 받는 행위를 용인하지 않는다.

　우상 숭배 금지에서 볼 수 있듯이, 이슬람교는 어딘가에 셈어족의 일신교라는 신앙의 순수함이 남아 있어서 그 부분이 좋은 쪽이든 나쁜 쪽이든 사회적으로 첨예한 대립을 자아낸다. 그러나 생각해보면 기독교와 이슬람교의 탄생에는 약 600년이라는 시차가 존재한다. 역사적인 시간의 척도로 생각하면, 앞으로 이슬람교도 언젠가 기독교가 그랬듯이 세속화의 길을 걸을 수도 있다. 신만이 아시지 않을까. 현대 세계를 상징하는 거대 도시 뉴욕에서 인구 증가율이 가장 높은 집단은 무슬림이다.

3대 종교 중에서는 상대적으로 젊은 이 세계 종교에 대한 평가는 지나치게 이념의 방향으로 치우쳐져 있으므로, 실태를 기준으로 고찰할 필요가 있다.

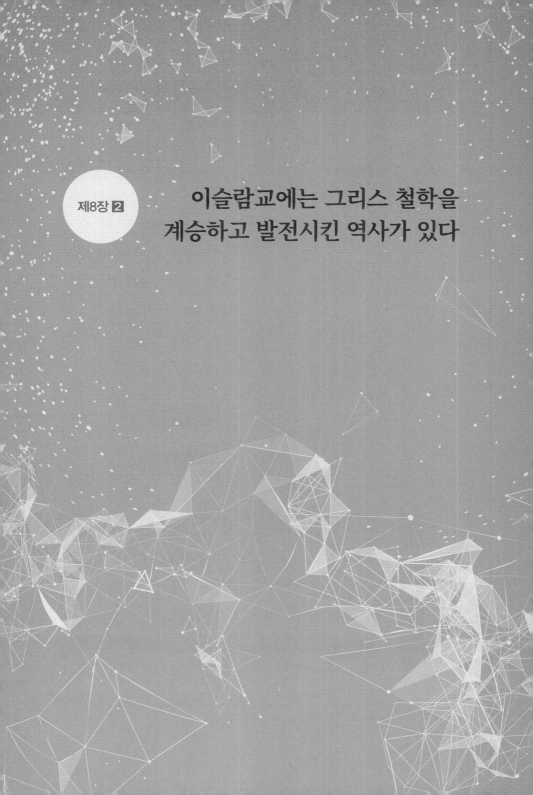

제8장 **2**

이슬람교에는 그리스 철학을
계승하고 발전시킨 역사가 있다

유스티니아누스 1세의 대학 폐쇄부터 12세기 르네상스까지의 철학과 종교의 흐름

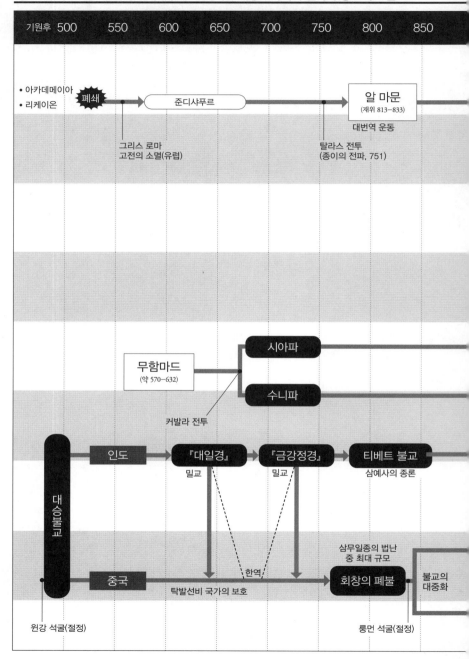

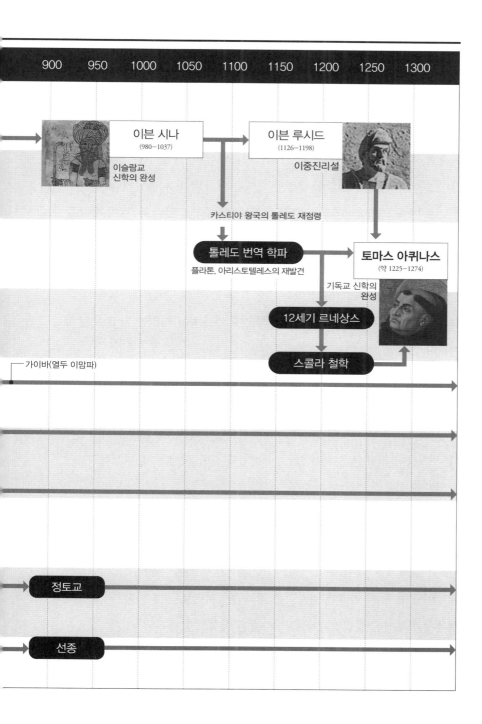

| 900 | 950 | 1000 | 1050 | 1100 | 1150 | 1200 | 1250 | 1300 |

이븐 시나
(980—1037)

이슬람교
신학의 완성

이븐 루시드
(1126—1198)

이중진리설

카스티야 왕국의 톨레도 재점령

톨레도 번역 학파

플라톤, 아리스토텔레스의 재발견

토마스 아퀴나스
(약 1225—1274)

기독교 신학의
완성

12세기 르네상스

스콜라 철학

가이바(열두 이맘파)

정토교

선종

알 마문의 무시무시한 '아랍의 호기심 정신'

이슬람교가 세력을 확장하던 중세는 이슬람 철학이 발전한 시대이기도 했다. 중세에 이슬람 철학이 발전한 데에는 나름의 이유가 있었다.

로마 황제 유스티니아누스 1세는 529년, 아테네에 있던 두 개의 대학을 폐쇄했다. 플라톤이 창설한 아카데메이아와 아리스토텔레스가 창설한 리케이온이 이때 폐교했다. 이들 대학에서 기독교와 무관한 플라톤과 아리스토텔레스의 철학을 가르쳤다는 것이 이유였다. 그 당시 로마 제국의 국교로 공인된 기독교는 성서 이외의 학문을 가르치는 행위를 달갑지 않게 여겼다.

유스티니아누스 1세는 좋게 말하면 기독교를 배려했고, 나쁘게 말하면 기독교의 눈치를 보며 알아서 비위를 맞추었다. 유럽을 종교적으로 지배하던 기독교가 유스티니아누스 1세가 계획하던 서방 원정에 협력해주리라는 계산이 작용한 정책이었다. 이 시기에 서방 세계의 "분서갱유"가 단행되었다.

아카데메이아는 요즘으로 치면 하버드 대학교와 맞먹는 권위를 자랑하는 대학이었다. 리케이온은 옥스퍼드 대학교쯤 되는 대학으로 볼 수 있다. 두 대학에서 플라톤과 아리스토텔레스의 유지를 이어받은 교수들은 대학이 문을 닫자 졸지에 일자리를 잃고 실업자 신세가 되었다. 최고의 지성에서 하루아침에 실업자가 된 학자들은 어디로 갔을까?

당시 페르시아는 사산조의 시대였다. 사산조는 아카드 제국 이후로 메소포타미아 세계 제국의 정신을 계승하여 학문을 적극적으로 보호했다. 사산조는 오늘날 이란 남서부의 준디샤푸르에 대학과 대형 도서관을 세웠다. 아테네의 대학에서 거리로 내몰린 교수들은 이 준디샤푸르 대학으로 이적했다. 물론, 플라톤과 아리스토텔레스를 비롯한 온갖 석학들의 서적을 바리바리 싸서 짊어지고 이동했다.

사산조 페르시아는 이슬람 제국의 제3대 칼리프인 우스만 이븐 아판 시대에 멸망했다. 사산조를 정복한 아랍인은 준디샤푸르의 대학과 도서관에 보존된 그리스와 로마의 문헌을 접수했다.

그런데 당시 아랍인은 전통적으로 호기심이 많기로 유명했다. 무함마드의 말로 다음과 같은 문구가 남아 있다. "지식을 탐구하라. 설령 그 지식이 중국에 있을지라도."

물론 이 말은 사실이 아니다. 무함마드는 중국의 존재를 알지 못했을 가능성이 높기 때문이다. 어쨌든 이런 말이 전승으로 남았다는 사실 자체가 당시의 시대 정신을 반영한 것이라고 볼 수 있다. 또 다음과 같은 속담도 있다. "즐거움은 말 등 위, 책 속 그리고 여자의 무릎 사이에 있다."

여성에게는 실례되는 표현이지만, 이런 속담이 있을 정도로 아랍인들은 책을 읽고 새로운 지식을 얻는 과정에서 짜릿한 지적 흥분을 느꼈다. 그런 아랍인이 엄청난 양의 그리스 로마 고전을 손에 넣었다. 그런데 그 책들은 대부분 그리스어로 집필되었다. 읽고 싶어도 읽을 수가 없었다. 관련 지식이 있는 유대인이나 네스토리우스파 기독교 신자에게 읽어달라고 부탁하는 수밖에 없었다.

바야흐로 이슬람 제국은 아바스 왕조 시대(750−1258)에 접어들었다. 그리고 아바스 왕조의 군대가 중앙 아시아 남부, 탈라스 강에서 당나라의 군대와 맞붙었다(751). 이 탈라스 전투를 전후로 아랍인은 당나라에서 종이 제조법을 배울 기회를 얻었다. 범에 날개를 단 격이다. 호기심 많기로 둘째가라면 서러운 아랍인의 학구열이 폭발했다.

종이라는 절호의 필사 재료를 얻은 아랍인들은 불경 번역 작업과 맞먹는 규모로 그리스 로마 고전의 일대 번역 운동을 개시했다. 이 운동은 제7대 칼리프인 알 마문(재위 813-838) 시대에 정점을 맞았다. 번역 운동의 중심 도시는 물론 아바스 왕조의 수도 바그다드였다.

알 마문은 번역 운동을 물심양면으로 적극적으로 지원했다. 그는 아리스토텔레스의 책을 번역하는 대회를 열어 최우수상을 받은 사람에게 책무게와 동일한 무게의 다이아몬드를 상품으로 증정했다. 눈이 번쩍 뜨이는 상품이다. 번역에는 유대인과 네스토리우스파 기독교 신자가 대거 참여했다.

이 방대한 규모의 번역 운동은 중국에서 일어난, 대승 경전을 인도의 산스크리트어에서 한문으로 번역한 운동과 맞먹는 인류의 2대 번역 운동이라고 할 수 있다. 이렇게 플라톤과 아리스토텔레스의 작품들을 아랍어로 읽을 수 있게 되었고, 수많은 이슬람 학자들은 그리스 철학에 푹 빠져들어 공부했다. 그중에서 유럽에 큰 영향을 남긴 위대한 사상가가 몇 명 등장한다. 여기에서는 대표적인 사상가 두 명을 살펴보겠다.

이븐 시나의 획기적인 사상 "무에서 유를 창조할 수 없다. 고로……"
이븐 시나(980-1037)는 중앙 아시아의 부하라(현재의 우즈베키스탄) 근교에서 태어났다. 훗날 유럽인들은 그를 아비센나라고 불렀다. 이븐 시나는 알라라는 신의 존재와 플라톤 및 아리스토텔레스의 철학을 이론적으로 결합한 인물이다.

이야기는 3세기로 돌아간다. 이집트의 철학자 플로티노스(약 205-270)는 신플라톤주의를 완성한 인물로 알려져 있다.

플라톤은 세계를 이해하기 위해서 이원론 입장을 채택했다. 세계에는 인간이 영혼의 눈으로 통찰할 수 있는 순수한 형태(즉, 물질의 진실한 형태)가 있다. 그리고 현실 세계의 모든 형태에는 이데아가

플로티노스

있고, 그 이데아를 모방한 실재가 세계를 만든다고 플라톤은 생각했다. "책상은 이런 물건이다"라는 이데아가 존재한다고 치자. 그러면 그 이데아를 모방하여 "책상 하나가 여기에 있다"라는 식으로 세계가 만들어진다.

이렇게 말하면 무슨 소리인지 도통 종잡을 수 없다는 느낌이 든다. "그럼 우리가 쓰는 책상은 뭐야? 가짜야?" 하며 괜히 트집을 잡고 싶어진다. 이원론은 이해하기 어렵다. 명쾌하게 딱 떨어지는 답이 나오지 않은 상태에서 어중간하게 끝난 듯해서 찝찝하다.

플로티노스는 이원론 이론의 골격만 언급하고는 다음과 같이 생각했다. 이는 "유출설"이라는 이론으로, 최초에 완전한 한 사람(일자[一者])이라는 이데아가 있고 그 이데아에서 만물이 유출되었다는 생각이다. "이데아의 책상이 있고 그것을 모방해서 현실의 책상이 만들어져 여기에 있다"고 생각하기보다는 "이데아의 세계에서 책상의 이데아가 유출되었다"고 생각하면 일원론의 세계에 가까워진다. 이데아의 책상과 현실의 책상을 양립시키는 이원론보다 명쾌하다. 즉, 유출설에 따르면 이데아라는 관념

이븐 시나

적인 존재가 현실의 책상보다 더 완전하다고 고개를 끄덕일 수 있다. 플로티노스에 관해서 더 알고 싶다면 『엔네아데스(Enneades)』를 읽어보자.

자, 이쯤에서 이야기를 다시 이븐 시나로 되돌리자. 그는 플로티노스의 학설과는 다르지만, 번역된 플라톤과 아리스토텔레스의 저서를 독파하고 나름의 학설을 완성했다. "무에서 유는 창조할 수 없다"고.

현대 자연과학에서는 무에서 유가 단숨에 탄생하는 과정을 이론으로 해명했다. 모든 것은 빅뱅에서 시작되었고, 별의 파편에서 탄생한 지구에서 단 한 번 무에서 유(생명)가 태어났다. 그러나 이는 당시의 과학 수준에서는 상상도 할 수 없는 일이었다.

이븐 시나는 무에서 유는 나오지 않기 때문에, 무에서 유를 만들어내는 무엇인가가 있다고 추정했다. 그렇게밖에 생각할 수 없다. 그렇지 않으면 이데아가 존재하지 않기 때문이다. 독실한 무슬림인 이븐 시나는 무에서 유를 창조하는 존재로 이슬람의 유일신 알라를 상정했다. 무슬림인 이븐 시나에게 알라의 존재는 필연적이었다. 그렇게 생각하면 이데아의 책상이든, 진짜 책상이든, 이 세상에 존재하는 근원에는 알라가 있다고 생각할 수 있다. 말하자면 알라에서 모든 것이 유출되었다고 본 것이다. 이렇게 이븐 시나는 플라톤과 아리스토텔레스의 철학 이론을 신의 존재를 전제로 둔 이슬람교 신학에 응용하는 데에 성공했다. 신학에 철학 이론을 도입함으로써 이슬람 신학은 정교한 이론을 구축할 수 있었다.

이븐 시나는 또 하나의 획기적인 사상을 전개했다. 바로 공중 부유 인간설이다. 공기도 존재하지 않고 빛도 없는 캄캄한 세계에 한 인간이 둥둥 떠 있다고 가정해보자. 그는 아무것도 느끼지 않고 의식하지 않는다. 애초에 주위에 아무것도 없기 때문이다. 그러나 유일하게 의식하는 것이 있다. 여기에 부유하는 자신이 존재한다는 사실이다. 이 발상, 어딘가에서 들어본 적이 있지 않은가? 바로 근대 철학의 아버지로 일컬어지는 데카르트의 명제 "나는 생각한다, 고로 존재한다"이다. 데카르트의 이 논리는 근대적 자아를 확립한 명제로 여겨진다. 그 사상적 싹이 이븐 시나에게 이미 존재했던 셈이다.

이븐 루시드는 아리스토텔레스를 정독하고 "이중진리"를 고안했다
이븐 루시드(1126-1198)는 코르도바(현재 스페인의 도시) 사람이다. 그는 아리스토텔레스의 문헌을 깊이 연구하고 주석서를 집필하여 유명해졌다. 그의 이름은 라틴어로는 아베로에스라고 불렸다. 그는 아리스토텔레스를 읽으며, 그의 철학이 "이중진리설"에 입각했다고 해석했다. 요컨대 세계에는 신(알라)이 존재하며 그 신을 믿음으로써 얻어지는 진리와 아리스토텔레스와 같은 탁월한 이성이 구축한 논리에서 파생되는 진리 등 두 가지 진리가 있다는 생각에 도달했다. 그의 철학에서는 신의 속박으로부터 벗어나서 자유를 갈망하는 인간의 의지를 엿볼 수 있다.

물론 이븐 루시드는 이 두 가지 진리가 신의 큰 뜻 아래에 있다는 전제 조건을 설정했다. 즉, 이중진리란 말하기에 따라서는 약점이 될 수도 있다. 그러나 그는 "이중진리"라는 이론에 바탕을 두고 아리스토텔레스의 철학을 이해하기 쉽게 풀어냈다는 성과를 남겼다. 그리고 그의 연구 성과

이븐 루시드

도 이슬람 신학의 구조를 더욱 정교하게 다듬는 데에 이바지했다.

두 철학자의 생애

이븐 시나도, 이븐 루시드도 이슬람교를 믿었다. 둘은 위대한 사상가이자 뛰어난 자연과학자이기도 했다. 그들은 시대를 대표하는 의학자이자 유능한 의사였다. 각각 이슬람 왕조의 궁정에서 어의로 봉직했다.

이븐 시나는 중앙 아시아의 부하라에서 청년 시절을 보내며 의학을 공부하다가 플라톤과 아리스토텔레스의 철학을 만나 공부하기 시작했다. 그러나 그의 생애가 행복했다고는 말할 수 없다. 그는 뛰어난 의술과 학식을 가졌으나, 그가 섬기던 왕조가 멸망하거나 노예에게 배신당하거나 지배자에게 추방당하는 굴곡진 인생을 살았다. 22세 때에 부하라를 떠난 이븐 시나는 카스피 해 동남 해안에서부터 이란 북부의 여러 왕조를 방랑하며 끊임없이 집필 활동에 매진하여 수많은 저작들을 남겼고, 말년에는 테헤란 남서부의 바그다드에서 가족도 없이 홀로 쓸쓸히 병사했다.

그는 이슬람 세계가 낳은 최고의 지식인이라는 평가를 받으며 유럽의 의학과 철학 세계에 엄청난 영향력을 미쳤다. 히포크라테스(기원전 약 460-기원전 약 370)와 갈레노스(약 129-약 200)의 사상을 체계화한 이븐 시나의 의학서 『의학 전범(Canon Medicinae)』은 적어도 16세기 말까지 서유럽의 의과대학 표준 교과서로 채택되어 의사 양성에 활용되었다.

이븐 루시드는 코르도바의 법학자 집안에서 태어나고 성장하여 모로코의 베르베르인이 세운 무와히둔 왕조(1130-1269)의 궁정에서 의사가 되었고, 마라케시에서 살면서 의사로 활동했다. 동시에 철학적인 재능도 꽃을 피웠다. 특히, 아리스토텔레스의 철학을 번역하여 뛰어난 주석을 덧붙였다. 그의 저작 활동은 유럽 스콜라 철학자들에게 지대한 영향을 미쳤고, 일파를 형성할 정도로 엄청난 영향력을 행사했다. 그러나 무와히드 왕조는 어느 날 갑자기 그의 저작을 금서로 지정했으며, 궁정 의사 지위를 박탈하고 그를 추방했다. 고향 코르도바에서도 쫓겨난 이븐 루시드는 마라케시에서 실의에 빠져 생애를 마감했다.

그런데 이븐 시나에게는 아비센나, 이븐 루시드에게는 아베로에스라는 라틴어 이름이 있다. 유럽의 기독교 신자였던 철학자와 신학자들이 무슬림의 저작을 공부하기에는 억울하고 자존심이 상했던지 라틴어 이름을 지은 것이다.

풍요로운 이슬람 철학의 얼개를 공부하고 싶은 사람에게 올리버 리먼의 『중세 이슬람 철학 입문(*An Introduction to Medieval Islamic Philosophy*)』을 추천한다.

제8장 3 이슬람 신학과 토마스 아퀴나스의
기독교 신학과의 관계

1. 토마스 아퀴나스의 위업

토마스 아퀴나스(약 1225-1274)는 아리스토텔레스 철학과 그리스 철학의 조화를 도모하여 기독교 교리 심화에 크게 이바지했다는 평가를 받아, 로마 교회에서 성인으로 추대되었다. 이번 장에서는 토마스 아퀴나스의 철학과 이븐 시나와 이븐 루시드 철학과의 관계에 대해서 살펴보자.

아바스 왕조의 일대 번역 운동의 성과는 스페인의 이슬람 국가, 후우마이야 칼리파국(코르도바 칼리파국, 서칼리프국, 756-1031)에도 전해졌다. 후우마이야 칼리파국이 멸망한 이후, 기독교 국가인 카스티야 왕국이 톨레도를 재정복했다(1085). 톨레도는 마드리드 교외에 있는 오래된 도시로, 무슬림의 거점 중의 하나였다. 당시 카스티야 국왕이었던 알폰소 6세는 톨레도에서 수집한 그리스 로마 고전과 이슬람 학자들의 저작을 모조리 라틴어로 번역하라고 명령했다. 라틴어는 당시 서유럽 사회에서 지식 계급의 공용어였다. 이 번역 활동에 종사한 학자들을 "톨레도 번역 학파"라고 불렀다. 그들이 번역한 서적들에는 이븐 시나를 비롯한 이슬람의 저작도 포함되어 있었다.

이 번역 작업으로, 아카데메이아와 리케이온이 폐쇄된 이후로 무려 500년의 세월이 지나서야 플라톤과 아리스토텔레스가 유럽에서 부활했다. 이때부터 "12세기 르네상스"가 시작되었다.

이 그리스 로마 고전 부활과 발맞추어 유럽에서는 스콜라주의가 발전했다. 스콜라주의란 기독교 신학자들이 확립한 학문 방법이다. 그때까지의 학문이 교회와 수도원에서 일방적으로 기독교 신학을 가르치는 신앙생활을 중심으로 이루어졌던 데에 비해서 스콜라주의는 논리 학습과 질의응답을 중심으로 이루어졌다. 당시 도시에 조성되기 시작한 교육 공간(스콜라)이 학습 활동의 중심이었기 때문에 이를 스콜라주의라고 불렀다. 스콜라라는 단어에서 오늘날 영어로 학교를 가리키는 스쿨(school)이 탄생했다. 물론 스콜라에서 이루어지는 질의응답과 이론 학습은 신인 예수의

토마스 아퀴나스

존재를 인정한다는 대전제를 바탕으로 하고 있었다.

스콜라주의 발전은 학문에 대한 욕구로 확대되어 대학의 탄생으로 이어졌다. 11세기 말에 볼로냐 대학교, 12세기 초반에는 파리 대학교가 문을 열었다. 파리 대학교는 특히 스콜라 철학의 중심지로 자리를 잡았다. 또 대상이 되는 학문의 범위도 넓어져서, 톨레도 번역 학파의 성과를 바탕으로 그리스 철학 연구 역시 활발하게 이루어졌다. 뿐만 아니라 그리스 로마 시대에 자유로운 학예라고 불렸던 리버럴 아츠(현재의 교양 학부)도 추가되었다.

이처럼 여러 갈래로 가지를 치듯이 뻗어나간 스콜라주의 중에서, 특히 신학과 철학에 관한 학문을 스콜라 철학이라고 불렀다. 그중에서도 도미니크 수도회 소속의 토마스 아퀴나스는 위대한 스콜라 철학자로 평가받는다.

신의 존재를 우주론적으로 증명하다

토마스 아퀴나스는 그리스 철학서와 이븐 시나와 이븐 루시드의 저작을 꼼꼼히 읽었다. 그 성과를 바탕으로 신의 존재를 이론적으로 증명하려고 노력했다.

토마스 아퀴나스는 다음과 같은 과정을 거쳐 신의 존재를 증명했다. 당시에는 신의 존재를 증명하기 위해서 다양한 이론들이 등장했고 활발한 토론이 벌어졌다. 그는 신이란 무엇인지 그 본질을 알 수 없으므로, 신의 존재 증명을 신의 개념 규정으로부터 시작할 수 없다고 생각했다. 그러다가 그는 아리스토텔레스의 "4원인설"을 만났다. 이 학설을 아주 단순하게 설명하면, 무엇이든 하나의 상태가 발생하거나 존재가 태어날 때에는 반드시 그 원인이 있다는 이론이다. 그리고 그 원인을 크게 나누면 네 가지가 있다는 학설이다. 쉽게 말해서 무엇인가가 움직인다면 누군가가 그 물체를 밀었기 때문이라는 단순한 논리이다. 지극히 당연한 논리이지만, 콜럼버스의 달걀처럼 듣기 전에는 깨우치기 어려운 논리이다.

아리스토텔레스를 접한 토마스 아퀴나스에게 영감이 찾아왔다. 지구는 둥글고 그 주위를 태양이 돈다. 그러므로 아침이 오고 밤이 온다. 천동설이다. 동시대인과 마찬가지로 토마스 아퀴나스도 천동설을 믿었다. 그런데 아리스토텔레스는 "누군가가 밀기 때문에 책상이 움직인다"고 말했다. 그렇다면 지구 주위를 도는 달과 별과 태양은 누가 밀고 있을까…….

토마스 아퀴나스는 모든 존재와 상태를 만드는 근본 원인이 되는 존재가 있다고 가정했다. 그 존재를 제1원인이라고 명명했다. 즉, 신이다. 그가 생각한 신의 존재 증명 이론은 신의 우주론적 증명이라고 부른다. 그는 신의 존재를 명확한 개념으로 만들었다. 이 논리 전개 과정은 "무에서

유는 나오지 않는다"라는 말에서 알라를 상기했던 이븐 시나의 이론을 쏙 빼닮았다.

"철학은 신학의 시녀이다"

이븐 루시드는 이중진리라는 개념을 통해서 신앙의 진리와 이성의 진리가 있다고 말했다. 토마스 아퀴나스는 아리스토텔레스와 플라톤의 철학과 기독교 신학을 통일하려는 과정에서 이 이중진리 이론을 교묘하게 활용했다. 대략 다음과 같은 논리 전개 과정을 거쳤다.

인간에게는 이성이 있어서 플라톤과 아리스토텔레스로 대표되는 철학이 탄생했다. 철학을 공부하면 세상만사를 이성의 잣대로 판단할 수 있다. 인간의 존재, 사회라는 개념, 동물이나 식물 등의 자연계, 즉 우리가 사는 세계를 이성으로 이해할 수 있다. 그러나 죽은 자는 말이 없으므로 사후 세계는 알 길이 없다. 마찬가지로 우주도 누구도 갈 수 없는 곳이기 때문에 미지의 공간이다. 이를 설명하려면 신앙의 진리로 구축된 신학이 필요하다.

토마스 아퀴나스는 철학으로 이해하는 이 세상의 진리와 신학으로 이해하는 저세상과 우주의 진리가 있다고 가정했다. 당연히 신학이 철학보다 위에 있다. 신은 전능하며 전 인류를 구원하는 존재이기 때문에 토마스 아퀴나스는 당연히 철학의 진리를 신학의 진리 아래에 두어야 한다고 부르짖었다.

"철학은 신학의 시녀이다."

시녀란 지체 높은 사람 가까이에서 시중을 드는 여자이다. 이 말은 필연적으로 다음과 같은 논리를 끌어냈다. 이 세상에서는 신앙의 하인인 로마 교회가 신학의 세계에 가장 가깝기 때문에 가장 권위 있는 존재라는 논리이다. 토마스 아퀴나스는 이슬람 신학의 지식과 견문을 빌려서 로마 교회의 지위를 격상시켰다. 말하자면 이슬람 신학이 기독교 신학의 교사가 되었던 셈이다.

중세 철학의 얼개를 "철학은 신학의 시녀"라고 규정하고 이를 집대성한 책이 『신학대전(Summa Theologica)』이다. 이 책을 이러한 관점에서 읽으면 인간이 얼마나 현명한지 새삼 깨달을 수 있다. 원문을 전체 번역한 전집은 무려 16권에 이르는 방대한 분량이므로, 도저히 읽을 엄두가 나지 않는 사람은 해설서나 명언집을 읽어도 충분하다.

참고로, 토마스 아퀴나스는 나폴리 대학교 출신이다. 왕좌에 앉은 최초의 근대인이라고 평가받는 중세의 가장 진보적인 군주 프리드리히 2세(페데리코 2세, 재위 1220-1250)가 아마도 세계 최초로 관료 양성 학교로서 세운 학교가 나폴리 대학교이다.

2. 12세기 르네상스

이슬람 세계에서 그리스 로마 고전이 유럽으로 귀향한 시대를 12세기 르네상스라고 부른다. 이 용어는 20세기의 역사학자 찰스 호머 해스킨스(1870-1937)가 붙인 이름이다. 이 시대에는 그리스 로마의 고전 부활과 함께 학문과 신학이 크게 발전했는데, 이슬람(스페인)의 영향을 받은 서유럽에서는 기사도 문화가 발전하며 기사도 문학이 탄생했다. 『아서 왕 이야기(Arthurian Legend)』나 『롤랑의 노래(La Chanson de Roland)』 등 우리도 잘 아는 이야기이다. 또 하늘을 찌를 듯이 아찔하게 솟은 고딕 양식 건축이 발달하여, 파리 노트르담 성당으로 대표되는 대성당들이 줄줄이 지어졌다. 성모 마리아를 숭배하는 신앙도 이 시대에 발전했다.

이 시대는 지구 온난화가 진행되어 농사가 활발해졌고, 삼포식 농법처럼 새로운 농사기술이 등장하여 경작지를 개발했으며, 시토회처럼 적극적으로 농지 개간 운동을 추진하는 종교 집단도 등장하여 생산력이 향상되었다. 생산력 향상은 곧 문화 활동을 적극적으로 후원하는 원동력으로 작용했다. 14세기에 마침내 찾아오는 이탈리아 르네상스의 큰 물결로 이어지는 첫 번째 물결이 바로 12세기 르네상스였다.

불교와 유교의 변모

1. 밀교, 당신에게만 몰래 전수하는 불교

632년 무함마드가 세상을 떠났을 무렵, 인도에서는 밀교가 성행했다. 밀교는 인도 민간의 주술적 의례와 힌두교를 스리슬쩍 버무려서 탄생했다.

불교의 변천사를 되돌아보면 최초에 개인의 깨달음을 추구하는 원시 불교가 탄생했고, 이 원시 불교가 상좌부와 대중부로 분열한 후에 기존의 불교를 비판하면서 많은 사람들을 구제하는 깨달음의 탈것이 되자는 생각에서 대승불교가 창시되었다. 대승불교는 이해하기 쉽고 믿기 쉬운 힌두교에서 이런저런 요소를 배워서 짜깁기했다. 그리고 "나무아미타불"을 열심히 외우면 극락왕생할 수 있다고 가르쳤다.

그러나 새롭게 만들어진 불교는 힌두교의 시바 신앙과 비슈누 신앙의 아류(에피고넨)에 지나지 않았다. 불교는 난관을 타개하기 위해서 고심했다. 그리고 원점으로 회귀하기 시작했다. 본래 불교의 가르침은 하층민을 대상으로 한 종교가 아니었다. 도시의 상류 계급에 신자가 많았다. 그 원점으로 회귀하자는 움직임이 나타났다. 그리고 우주를 관장하는 대일여래(비로자나불)를 찬미하는 경전 『대비로자나성불신변가지경(大毘盧遮那成佛神變加持經)』(줄여서 『대일경』)과 비밀 의례를 상세하게 설명한 『금강정경(金剛頂經)』을 창작했다. 이 비밀 의례는 주문을 외우며 마술 비슷한 행위를 실천함으로써 무엇인가를 기원하고 이루고자 하는 의식이었다.

위대한 이상을 설파하는 『대일경』의 가르침과 『금강정경』의 세속적인 바람을 이루어주는 주술적 의례를 포함한 이 밀교는 부자를 중심으로 포교가 이루어졌다.

"범상치 않은 분이시군요. 당신에게서 고귀한 기운이 느껴집니다. 당신에게만 위대한 가르침을 전수해드리겠습니다. 저와 함께 가서 비밀 의례를 치릅시다."

밀교는 이런 포교 방법으로 상류 계급에 침투했다. 밀교 이외의 다른 불교는 현교(顯敎)라고 부른다. 밀교를 완성한 사람들은 열정적으로 포교에 나섰다. 인도뿐만 아니라 중앙 아시아에서부터 중국까지 교세를 확장하려고 애썼다. 그러나 7세기 무렵 중앙 아시아는 이미 이슬람 세계에 편입되어 있었다. 이슬람이 장악한 지역에 비집고 들어가서 새로운 밀교의 가르침을 전수하겠다고 설명해도 입국 허가가 나올 리 없었다. 최악의 경우 박해를 받을 것이고 붙잡혀서 처형이나 당하지 않으면 다행이었다. 중앙 아시아는 이미 유일신 알라의 세계였기 때문이다. 중국으로 가는 바닷길은 그나마 열려 있었다.

포교자들 중에는 히말라야 산맥을 넘는 험로를 택하는 무리도 있었다. 티베트에 당도한 밀교 포교자들은 그곳에서 대승불교 승려들과 반목했다. 티베트 대승불교 교단과 밀교 포교자들은 서로의 우열을 가리기 위한 한판 종교 논쟁(삼예사의 종론, 794)을 펼쳤다.

당시 티베트는 토번이라는 왕조가 지배했다. 티베트에 터를 잡고 있던 대승불교(선종)의 승려는 토번이 서역의 둔황을 점령했을 때에 티베트로 초빙된 중국인 승려였다. 새로운 가르침을 포교하고 싶다는 열정으로 인도 승려는 중국 승려를 압도했고, 교리 논쟁보다는 의욕 측면에서 밀교가 승리했다. 이때부터 티베트 불교는 밀교의 세계에 들어섰다.

중국에서 발전한 밀교의 흔적은 현대 베이징에도 남아 있다. 대도(베이징)를 건설한 다이 온 이케 몽골 울루스, 즉 대원대몽골국(大元大蒙古國)이 티베트 불교를 수용했기 때문이다. 그리고 중국의 마지막 왕조이자 만주족이 세운 청나라도 티베트 불교를 수용했다. 참고로 만주란 밀교에서 지혜를 관장하는 보살, 문수(보살)에서 따온 이름이다. 문수보살은 세계의 동방을 관장하는 보살로, 중국의 동쪽에 살던 자신들 일족을 문수(산스크리트어로 문수보살이 만주슈리이다)라고 불렀고, 그 발음에서 따와 만주(Manju)라고 썼다. 이러한 연유로 베이징에 있는 사원 대부분은 티베트 불교의 밀교 사원이 되었다.

불교 발전의 역사는 밀교의 등장으로 완성되었다. 인도에서는 이슬람교가 들어왔을 때에 사원이 파괴되며 불교의 명맥이 끊어졌다. 인도 불교는 대중에게 뿌리를 내리지 못하고 도시의 지식인 계층의 종교였기 때문이다. 외적이 침입했을 때에 가장 먼저 타도 대상이 되는 것은 대중 위에 있는 지배층과 그들을 지탱하는 부자와 지식인 계급이다.

그런데 불교의 발전 과정과 동남 아시아로 교세를 확장하는 과정은 일치하지 않는다. 탄생 순서부터 보면 상좌불교, 대승불교, 밀교의 순서이다. 그러나 포교 과정을 보면 제1의 물결이 기원 전후로, 대승불교가 중앙 아시아에서 실크로드를 거쳐 중국으로 들어갔다. 제2의 물결이 7세기 무렵으로, 밀교가 티베트로 넘어가 승전의 깃발을 꽂았다. 그리고 몽골과 만주로 확대되었다. 제3의 물결은 12세기로, 상좌불교가 스리랑카에서 미얀마(버마)로 전해졌을 때이다. 11세기에 미얀마에 바간 왕조(1044-1299)가 성립했을 때, 새로운 군주는 구 지배층이 귀의한 대승불교가 아닌 새로운 불교를 찾았다. 그리고 스리랑카에서 믿던 상좌불교를 미얀마로 들여왔다. 이 상좌불교는 13세기에 태국과 캄보디아로 전해졌다.

생각해보면 불교는 참으로 불가사의한 종교이다. 탄생지인 인도에서는 거의 자취를 감추었고 대승불교와 밀교가 중국과 일본, 티베트 땅에서 번성했다. 그리고 가장 오래된 상좌불교가 동남 아시아에서 분투했다. 그 동남 아시아가 한편으로는 세계에서 이슬람교 인구가 가장 많은 지역이 되었다. 그리고 동남 아시아의 국내 총생산은 착실히 상승하고 있다. 앞으로 이슬람 세계의 정세를 고려할 때, 중동의 혼란에만 주목하지 말고 동남 아시아의 종교 상황에 초점을 맞추어 살펴보는 안목이 필요하다.

2. 이데올로기로 탈바꿈한 유교, 신유교라고 불린 주자학과 양명학

제자백가의 하나로, 유가의 가르침을 기본으로 하고 공자를 교조로 삼는 유교는 중국 각 왕조의 정통 교학(敎學)으로 발전했다. 그러나 하나의 사상이나 종교라고 부르기에는 너무나 다양한 주장이 존재하여 체계화된 가르침이라고 말하기 어려운 측면이 있다.

예를 들면 유교의 가르침은 우주론과 이 세상에 관해서는 거의 언급하지 않는다. 유교는 "수신제가치국평천하(修身齊家治國平天下)"라는 가르침을 가장 중시한다. 자신을 수행하고 집안을 가다듬고 지역을 다스리고 천하를 편안하게 한다는 뜻으로, 유교는 말하자면 이 세상을 헤쳐나가는 구체적인 처방전만을 내놓은 셈이다.

그런데 서역에서 중국으로 들어온 불교는 우주론과 이 세상에 관하여 이야기한다. 가령, 서방정토에는 아미타여래가 다스리는 극락정토가 있고, 동방의 정유리세계(淨瑠璃世界)는 약사여래가 관장한다. 또 도교도 저 세상에 관한 다채로운 이야깃거리를 가지고 있다. 신선 사상이 있고, 거대

한 새인 대붕이 날아오르는 세계가 있다. 이에 비해서 우주와 천상계에 관해서 아무것도 생각하지 않는 듯한 유교는 어딘가 모르게 세계관이 좁은 가르침이라는 인상을 받게 된다.

주자(1130-1200)는 이러한 유교의 약점을 불교의 논리와 도교의 상상력 등을 능수능란하게 짜깁기하여 하나의 장대한

주자

체계로 재구성해서 주자학을 집대성했다.

주자는 정호와 정이의 "성즉리" 이론을 발전시켜 "이기이원론"을 확립했다

주자보다 100년가량 앞선 송나라 시대 뤄양에 정호(1032-1085)와 정이(1033-1107)라는 형제 유학자가 있었다. 세간에서 이정(二程)이라고 불린 두 사람은 "성즉리(性卽理)"라는 개념을 구축하는 큰 업적을 남겼다.

이정은 인간에게 훌륭한 본성이 있다고 생각했다. 그리고 이 본성은 하늘의 이치, 즉 우주의 진리와 일맥상통한다고 추정했다. 주자는 이정이 확립한 성즉리 이론을 대들보로 삼아서 유교 체계를 재구축하려고 했다.

그리고 성즉리 이론을 다음과 같이 나름대로 해석했다. "온 세상을 다스리는 인간의 본성과 천상계를 다스리는 하늘의 이치는 같다." 세상을 다스리는 인간의 본성과 천상계를 다스리는 하늘의 이치가 같다면, 인간의 본성이 세상을 다스려도 아무 탈이 없다는 이론이 성립한다.

이러한 생각을 바탕으로 주자는 "이기이원론(理氣二元論)"이라는 개념을 구상했다. 이(理)란 우주의 진리로서 인간의 본성, 즉 정신이다. 플라톤

이 생각한 영원불변의 실재, 이데아와 닮았다. 기(氣)란 기체 상태의 입자와 같은 물질이다. 이 기는 만물에 내재한다. 이 입자 상태로 존재하는 물질인 기가 이에 따라서 요동친다. 그리고 기는 인간의 이에 따라서 인간을, 개의 이에 따라서 개를, 나무의 이에 따라서 나무를 형성한다고 주자는 생각했다. 이가 이끌고 기가 작동하는 원리를 매개로 만물이 생성되어 계승된다면 이는 유전자와 유사한 존재라고 볼 수 있다. 그리고 이는 당연히 정상적인 유전인자이므로 부정적인 인자나 나쁜 유전자를 계승하지 않으려는 경향을 보인다. 그런데 인간이 만든 역사에 이러한 "이기이원론"을 대입하면 어떻게 될까?

주자는 "이기이원론"으로 한족의 중국 지배를 정당화했다
이기이원론으로 생각하면 이가 잘못된 것을 계승할 리가 없다. 그렇다면 지금 세계도 마찬가지로 올바른 것이 계승되어야 한다. 당시 세계에 존재하던 신분 제도와 군주정은 당연히 계승된다. 그렇다면 그 유전자적 정당성은 어디에서 유래했을까? 주자는 그 기원을 중국 최초의 통일 왕조인 한나라라고 생각했다.

주자가 태어난 남송(1127−1279)은 한족의 나라였다. 송나라를 강의 남쪽으로 몰아낸 북방의 금나라는 여진족의 나라였다. 즉, 주자가 보기에 금나라는 정통적인 정권이 아니었다. 정당한 정권은 남송이었다. 또 주자는 한나라가 멸망한 후의 삼국 시대에, 뛰어난 정치가였던 조조가 세운 위나라를 인정하지 않고 약소국인 촉한이 정통 국가라고 주장했다. 촉나라의 황제인 유비가 한 왕조의 혈통을 물려받았기 때문이다. 이처럼 주자는 역사에 이데올로기를 도입했다.

일본 남북조 시대에는 약소국이던 남조가 메이지 시대 말기에 정통 왕조로 여겨졌던 이유 역시 따지고 보면 주자의 사고방식에서 비롯되었다고 볼 수 있다. 역사를 학문적으로 파악하면 북조가 정통 왕조라는 사실에 의심의 여지가 없지만 말이다.

이러한 주자의 사고방식은 혁신으로 이어지지 못했으나 일관되게 현상 유지를 원하는 사상이자 한 민족 중심의 사상이었으므로 중국의 정치인들에게는 강력한 이론적 근거를 제공했다.

주자의 인생과 주자학에 대한 평가의 변천

당나라(618-907)가 망하고 중국이 여러 나라로 쪼개진 5대10국(五代十國, 907-960) 시대 이후, 송나라가 건국되었다(960). 송나라는 수륙 교통의 요충지인 카이펑을 도읍으로 삼고, 북방의 강력한 유목민 국가인 거란과 교묘하게 평화 협정(전연의 맹약)을 맺어 번영을 구가했다. 그러나 거란에 대항하는 형태로 등장한 금나라(여진족, 1115-1234)와의 외교정책 실패로 말미암아 북방 대부분을 군사 점령당하여 남쪽으로 밀려나고 말았으며, 양쯔 강 강변에 있는 난징을 수도로 삼아 새로운 나라를 세웠다. 이것이 1127년의 일로, 이후의 송나라를 남송이라고 부른다.

주자는 1130년에 푸젠 성에서 태어났다. 송나라의 관리였던 주자의 아버지는 송 왕족들과 함께 남쪽으로 오는 피난 행렬에 있었다. 아버지의 이름은 주송이었다. 주자의 본명은 주희로, 주자는 후대에 붙은 존칭이다. 주자의 아버지는 정호와 정이의 흐름을 따르는 학도이기도 했다. 장성한 주자 역시 남송의 관리가 되었는데, 이윽고 학자로서 목소리를 내며 발언하기 시작했다.

주자가 남송의 관료와 학자로서 정치에 참여할 무렵, 정세적으로는 금나라와의 항쟁에 어떻게 대처해야 할지가 최대 과제였다. 평화냐, 전쟁이냐, 그것이 문제였다. 주자도 몇몇 논쟁에 휩쓸렸다. 인생의 마지막은 관직을 박탈당하고 집필 활동도 모조리 금지당한 상태로 맞이했다(1200). 한족의 중국 지배가 정당하다고 주장한 그의 사상으로 미루어 짐작

왕안석

하자면 주자는 금나라와 맞서 싸워야 한다고 주장했으리라. 주자는 논쟁에 패배하여 은둔 논객 상태로 죽음을 맞이했으나, 주자학은 죽지 않았다.

남송에서는 주자가 세상을 떠나고 약 25년 후에 제5대 황제인 이종(재위 1224-1264)이 등장했다. 이종은 몽골과 손을 잡고 숙적인 금나라를 토벌하려고 했으나, 몽골을 휘어잡지는 못하고 힘겨루기를 해야 했다. 그러한 상황에서 이종은 주자의 가르침을 높이 평가했고, 그의 제자들을 등용했다. 나아가 주자가 국가의 큰 스승이라면서, 공묘(孔廟)에 공자와 맹자와 함께 모셔져 있던 왕안석(1021-1086)의 위패를 주자의 위패로 교체했다. 왕안석은 뛰어난 정책(중상주의, 각종 개혁법)으로 보수파를 몰아내고 송나라를 국난으로부터 구한 거물 정치가였다. 그는 현실 정치뿐만 아니라 유학에도 깊은 소양을 갖춘 탁월한 사상가였다. 그런 왕안석을 공묘에서 밀어낸 이종의 처사는 매우 파격적이었다. 왕안석이 그대로 공묘에 배향되었더라면 중국의 근대화가 좀더 빨리 실현되었을 수도 있다고 한탄하는 학자가 있을 정도이다.

이때부터 주자는 공자와 맹자에 버금가는 위대한 유학자의 자리를 차

지했다. 바야흐로 유가의 세상에서는 주자학이 신유학이라고 불리며 존재를 과시하게 되었다. 그리고 이때부터 유학의 위상이 달라졌다. 인생을 사는 사고방식과 사회적 약속과 도덕을 가르치던 위치에서 체계화된 이데올로기적 존재로 자리매김했다.

주자의 "격물치지" 이론

왕안석은 당나라와 송나라의 뛰어난 문장가 8명을 가리키는 당송팔대가의 한 사람으로 꼽힐 정도로 명필이었다. 그는 문장력도 탁월했지만, 글씨도 참 잘 썼다. 재미있게도 주자의 글씨는 왕안석의 글씨를 빼다 박았다. 주자의 아버지가 명필로 알려진 왕안석의 글을 모아서 주자에게 본보기로 보여주고 서예 연습을 시켰기 때문이다. 왕안석의 글씨는 그만큼 유명했다. 그 주자가 왕안석을 공묘에서 몰아내는 결과가 되었으니 참으로 얄궂은 운명의 장난이다.

어쨌든 주자는 사물의 본성을 이로 규정하고, 이기이원론을 주장했는데, 동시에 사람은 "격물치지(格物致知)"를 배워야 한다고 말했다. 격물치지란, 만물에는 각각의 이가 있으므로 만물을 찬찬히 관찰하고 탐구하면 세상 전체의 이치를 이해할 수 있다는 논리이다. 이를 유전자에 적용하면, 만물의 유전자를 이해하면 만물의 성립 원리를 알 수 있다는 말이 된다. 유전자의 존재는 아직 알려지지 않은 시대였다. 주자의 "격물치지"는 사고방식 자체만 놓고 보면 온당한 주장을 담고 있다.

격물치지를 실행한 왕수인의 이야기

주자가 세상을 떠나고 나서 270여 년 이후인 명나라 시대에 왕수인(1472-

1528)이라는 사상가가 등장했다. 그는 이기 이원론을 바탕으로 격물치지를 규명하려고 했다. 왕수인은 행동으로 실천하는 학자였 다. 그는 정원의 대나무 숲에 앉아 일곱 낮 일곱 밤에 걸쳐 대나무를 바라보며 대나무 의 이가 무엇인지만을 생각했다. 대나무를 뚫어지게 바라본다고 대나무의 이를 알 수 있을까. 일곱 낮 일곱 밤의 노력에도 불구

왕수인

하고 허무하게 아무것도 얻지 못한 왕수인은 피로로 지쳐 쓰러졌다.

그러나 왕수인은 큰 수확을 얻었다. 그는 대나무의 이는 느끼지 못했 으나, 대나무를 바라보는 자신의 존재를 선명하게 깨달았다. "나는 생각 한다, 고로 존재한다"는 데카르트의 발상이다. 게다가 데카르트보다 무 려 100년 이상이나 앞섰다. 애초에 같은 발상에 도달한 이븐 시나는 데카 르트보다 600년 이상 앞섰지만 말이다. 어쨌든 왕수인은 자신이 믿고 따 르던 주자의 이론인 성즉리, 즉 사물의 본성이 이인 것이 아니라, 인간의 마음이야말로 이라고 생각하기 시작했다. 요컨대 "심즉리(心卽理)"이다. 왕수인은 주자의 학설에 심즉리를 기본적인 개념으로 하는 자신의 학문 을 제창했다. 이를 "양명학(陽明學)"이라고 부른다. 양명은 왕수인의 존칭 이다.

주자학은 성즉리→격물치지→지선행후, 양명학은 심즉리→지양지→지행합일
왕수인의 학설을 좀더 자세히 들여다보자.

주자는 성즉리를 주장하며 이기이원론을 바탕으로 이런저런 것들을 배

워 세상의 이치를 통달하고, 세상의 이치를 알면 행동으로 옮겨야 한다고 생각했다. 알고 배우는 것이 우선이고 행동은 뒤따른다는 "지선행후(知先行後)" 사고방식이다.

반면, 왕수인은 이가 마음에 있다고 생각했다. 마음속에는 마음의 본체인 양지(良知)가 있다. 즉, 인간의 본성에는 올바른 지혜가 있다. 자신을 제대로 파악하면 올바른 지혜에 도달할 수 있다. 그러므로 자신의 마음이 중요하고, 자신의 마음에 정직하게 행동하면 족하다. 격물치지를 따지고 이것저것 본질을 파고들며 생각하면 인간은 아무런 행동도 할 수 없다. 그렇게 생각한 왕수인은 "지행합일(知行合一)"을 주장했다. 배우면 즉시 행동하라는 가르침이다. 이레 밤낮을 대나무 숲과 마주 앉았다는 일화는 왕수인이 주자의 이론을 비판하기 위해서 지어냈다고 여겨진다.

국회 중개방송 등에서 상대 의원의 지적에 관료가 대답할 때에 빠지지 않고 등장하는 대사가 있다. "의원님 지적은 잘 알겠습니다. 제가 공부가 부족했습니다. 더 공부하겠으니 선처해주십시오."

국회에서 지금까지 아무 일도 하지 않고 손 놓고 있었다는 말을 그럴듯하게 포장할 때에 나오는 단골 대사이다. 중국 명나라 시대의 주자학은 이처럼 "공부할 시간을 달라"는 변명으로 실천을 게을리하며 학문을 정치에 보탬이 되는 행동으로 삼지 않았다. 자신의 입신양명과 몸을 지키기 위해서 "격물치지" 논리를 악용하는 풍조가 눈에 띄기 시작했다.

왕수인은 그러한 풍조를 비판하며 주자 학문의 불완전성을 바로잡는 데에 주력했다. 왕수인의 학문은 그러한 의미에서 주자라는 거인의 어깨에 올라서서 그를 넘어서려는 시도였다. 동서고금의 철학자가 언제나 선배 철학자를 넘어서려고 했듯이 말이다.

또 주자학과 양명학은 명나라 시대 이후 중국이 사회주의 정권이 될 때까지 중국 사상계의 중심을 차지했다. 일본에서는 고다이고 천황이 주자학을 열심히 공부하여 에도 막부의 통치이론의 중심에 주자학을 놓았다. 왕수인의 양명학은 일본에서 주류가 되지 못했다.

덧붙여 설명하면, 주자의 증손인 주잠(1194-1260)은 몽골이 중원으로 밀고 들어오자 1224년에 고려로 망명했다(신안 주씨). 그리고 고려를 계승한 조선 왕조는 주자학을 나라를 다스리는 사상으로 삼아서 주자학은 19세기 말까지 조선에 큰 영향력을 발휘했다. 하야시 가문은 하야시 라잔 (1583-1657)부터 에도 막부의 학문을 책임지는 다이가쿠노가미(大學頭)의 역할을 했는데, 조선 주자학을 꾸준히 열심히 공부했다.

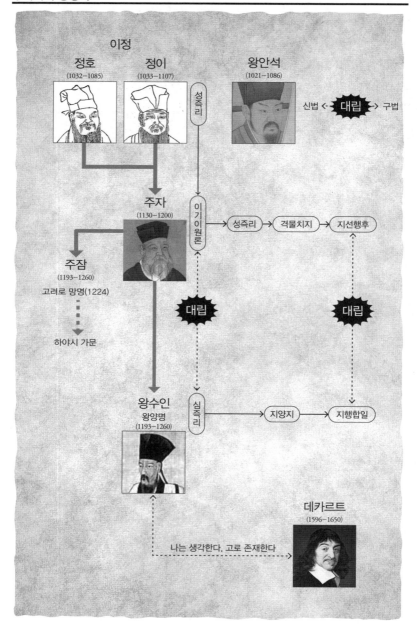

제9장

르네상스와 종교 개혁을 거쳐
근대 합리성의 세계로

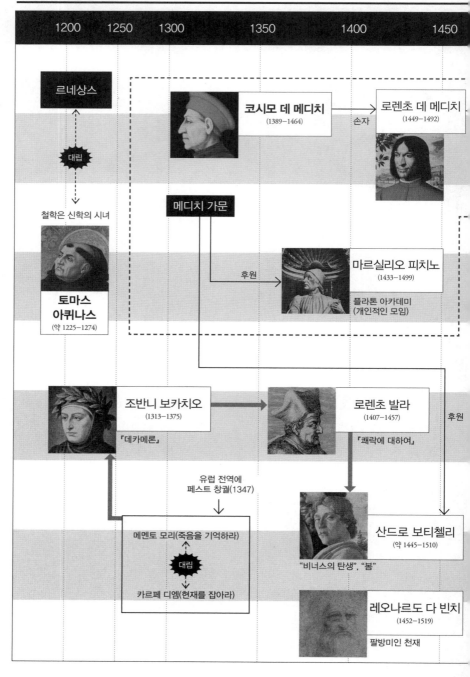

1200	1250	1300	1350	1400	1450

르네상스

대립

철학은 신학의 시녀

토마스 아퀴나스
(약 1225–1274)

코시모 데 메디치
(1389–1464)

손자

로렌초 데 메디치
(1449–1492)

메디치 가문

후원

마르실리오 피치노
(1433–1499)

플라톤 아카데미
(개인적인 모임)

조반니 보카치오
(1313–1375)

『데카메론』

로렌초 발라
(1407–1457)

『쾌락에 대하여』

후원

유럽 전역에
페스트 창궐(1347)

메멘토 모리(죽음을 기억하라)

대립

카르페 디엠(현재를 잡아라)

산드로 보티첼리
(약 1445–1510)

"비너스의 탄생", "봄"

레오나르도 다 빈치
(1452–1519)

팔방미인 천재

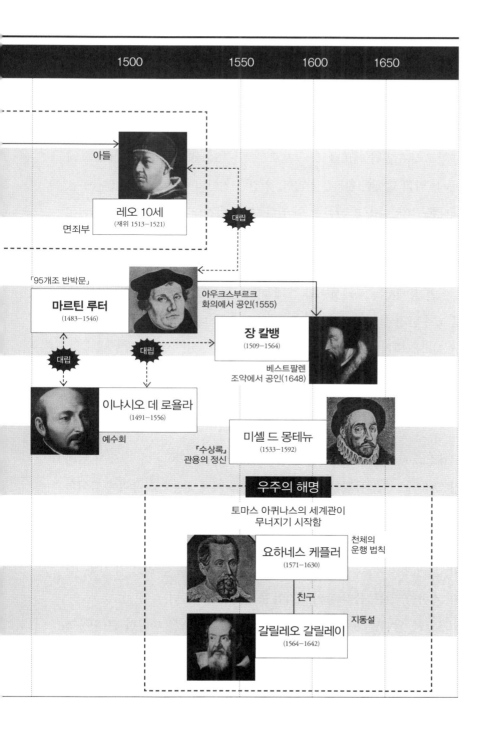

1500 1550 1600 1650

아들

레오 10세
(재위 1513-1521)

면죄부

대립

「95개조 반박문」

마르틴 루터
(1483-1546)

아우크스부르크
화의에서 공인(1555)

장 칼뱅
(1509-1564)

베스트팔렌
조약에서 공인(1648)

대립

대립

이냐시오 데 로욜라
(1491-1556)

예수회

미셸 드 몽테뉴
(1533-1592)

「수상록」
관용의 정신

우주의 해명

토마스 아퀴나스의 세계관이
무너지기 시작함

요하네스 케플러
(1571-1630)

천체의
운행 법칙

친구

갈릴레오 갈릴레이
(1564-1642)

지동설

스콜라 철학이 한창 발전하던 시기, 파리 남서부의 샤르트르 대성당 부속 대학교 교수였던 베르나르 드 샤르트르는 "Standing on the shoulders of giants"라고 말했다(원문은 라틴어). 인간은 거인의 어깨 위에 서서 먼 곳을 내다볼 수 있다라고 해석할 수 있다. 우리 인간의 존재는 작지만 선인들의 위대한 학문적 성취라는 거인의 어깨에 섰으므로, 나름대로 학문에서 업적을 더하고 남길 수 있다는 말이다.

이번 장에서는 르네상스와 그에 이어지는 종교 개혁 과정에서 철학과 종교가 남긴 성과를 바탕으로, 합리성을 추구하는 근대 정신의 싹이 돋아난 궤적을 따라가며 관찰해보자.

1. 르네상스의 철학적 수확

르네상스(renaissance)는 프랑스어로 "재생"이라는 의미이다. 무엇이 르네상스를 일으킨 원동력일까? 이슬람 세계를 거쳐 대량으로 유럽에 들어온 그리스와 로마의 고전이 시발점이다. 조금 극단적으로 말하면 책이라고는 성서와 기독교 관련 서적밖에 없던 유럽에 그리스와 로마의 철학과 문학, 그리고 자유로운 학예(liberal arts)라고 불린 문법, 논리학, 수사학, 수학, 기하학, 천문, 음악 등의 서적이 물밀듯이 들어왔다.

1347년, 남이탈리아에 상륙한 페스트도 르네상스를 촉발한 큰 원동력이 되었다. 흑사병이라고 불린 이 역병은 몇 년 사이에 북유럽과 동유럽까지 번져나갔고, 이로 인해서 유럽 전체 인구의 약 3분의 1이 사망했다. 맹위를 떨친 페스트에 화들짝 놀란 사람들은 삶과 죽음에 관해서 어떤 관점을 가지게 되었을까?

우선, 메멘토 모리(Memento mori, 죽음을 기억하라)라는 말로 대표되는 사고방식이 등장했다. 언제든 죽을 수 있는 덧없는 인생이기 때문에 경건하게 살고자 하는 삶의 방식이다. 요컨대, 인생을 신에게 맡기는 사고방식이다.

이와 상반되는 새로운 삶의 방식도 등장했다. 언제 페스트에 희생될지 모른다. 게다가 페스트에 걸려도 신이 도와주지 않는다. 그러니 차라리 한 세상 즐겁게 살다가 떠나겠다는 사고방식이다. 신의 손길에 자신의 인생을 맡기지 않고, 신에게서 해방된 삶을 추구하는 인생관이다. "카르페 디엠(Carpe diem)", 직역하면 "현재를 잡아라"이다. 다시 말해서 지금 사는 순간을 즐기라는 말도 사람들의 입에 자주 오르내리기 시작했다. 『데카메론(Decameron)』은 이러한 사고방식에서 집필된 책이다. 저자는 단테를 이해하고 지지했던 이탈리아의 조반니 보카치오(1313–1375)였다. 이 책에는 신에 대한 두려움이나 신을 경애하는 태도가 거의 나오지 않는다.

신에 의지하지 말라, 신의 손바닥 위에서만 인생을 살지 말고 벗어나라. 페스트라는 참혹한 역병의 유행은 그리스 로마 고전을 부활시키는 동시에 인간이 신과 인생의 관계를 되돌아보게 하고 르네상스의 물결을 불러오는 마중물 역할을 했다.

르네상스의 중심은 15세기 이탈리아였다. 1400년대 이탈리아를 미술사 분야에서는 "콰트로첸토(Quattrocento)"라고 부르며, 회화를 중심으로 예술을 활짝 꽃피운 시대로서 중요하게 규정한다.

니콜로 마키아벨리

그렇다면 철학의 세계에서는 르네상스 시대에 어떤 일이 벌어졌을까? 안타깝게도, 위대한 철학자로 그 학설이 현재까지 전해지는 인물은 등장하지 않았다.

팔방미인 천재인 레오나르도 다 빈치(1452–1519)는 자연을 관찰하는 능력이 탁월했기 때문에 철학자로 볼 수도 있으나, 사색하는 사람이라기보다는 관찰하고 창조하는 사람이었다. 그보다는 로렌초 발라(1407–1457)와 마르실리오 피치노(1433–1499)가 철학자에 조금 더 가까운 인물이다.

그밖에 눈도장을 찍어두어야 할 사상가로는 『군주론(*Il Principe*)』을 쓴 니콜로 마키아벨리(1469–1527)가 있다. 마키아벨리는 본래 공화주의자로, 소국이 분립하고 프랑스를 비롯한 대국의 간섭을 받는 등 혼란하던 이탈리아의 정치 상황을 타개하기 위한 방법으로 군주정을 제창했다. 이 배경에는 체사레 보르자(1475–1507)라는 이상적인(혹은 이상적으로 보였던) 군주의 존재가 있었다. 참고로 레오나르도 다 빈치도 체사레 보르자의 후원을 받았다.

로렌초 발라의 업적이 사회에 미친 영향

로마 교회의 성직자였던 로렌초 발라는 두 가지 업적으로 종교계와 예술계에 큰 영향을 주었다. 그의 업적을 철학적 성과라고 단언할 수는 없으나, 어쨌든 두 분야에 큰 발자국을 남겼다.

우선, 그는 로마 교회가 중시하던 「콘스탄티누스의 기증(*Constitutum Donatio Constantini*)」이라는 문서가 위조된 것임을 완벽하게 증명했다. 330년 당시 로마의 황제인 콘스탄티누스 1세는 제국의 수도를 로마에서 비잔티움(훗날 콘스탄티노폴리스)으로 옮겼다. 천도 당시 콘스탄티누스 1세가 로마 교황에게 보냈다는 편지가 「콘스탄티누스의 기증」이다. 편

로렌초 발라

지에는 "로마 황제인 짐은 동방의 비잔티움으로 천도한다. 서방에서는 로마 교황에게 전권을 위임하니 자유롭게 지배하라"라는 내용이 담겨 있었다. 요컨대, 로마 황제가 로마 교황에게 서방 세계의 통치권을 위임한다는 말이었다.

로마 교황은 이후에 카롤링거 왕조의 초대 국왕인 피핀 3세로부터 영토를 기증받았다(756). 이탈리아 중앙부의 넓은 영토가 교황에게 주어졌다. 게다가 로마 교황은 피핀의 아들인 샤를마뉴에게 로마 황제로서 대관식을 올려주었다(800). 로마 교회는 자신의 영토를 소유했고, 동방의 콘스탄티노폴리스의 로마 황제가 역할을 다했다며 새로운 로마 황제를 세웠다. 이처럼 대놓고 동방의 로마 제국을 무시하는 행동을 보일 수 있었던 까닭도 이 「콘스탄티누스의 기증」이라는 든든한 뒷배경을 믿었기 때문이다.

이쯤에서 잠시 콘스탄티누스 1세에 관한 기억을 되살려보자(181쪽 참조). 그는 삼위일체를 둘러싼 종교 논쟁 당시 공의회를 주최하여 삼위일체를 인정했으나, 정작 자신은 그리스도는 사람의 아들이라고 주장하는 아

리우스파의 세례를 받은 황제이다. 그런 콘스탄티누스 1세가 수도에서 멀리 떨어진 로마 교황을 과연 존중하기나 했을까? 그 사실을 증명할 역사적 사료는 없다. 무엇보다도 그 시대에 권위 있는 로마 교황이 있었는지를 실증할 수 없다. 「콘스탄티누스의 기증」에는 그 전부터 수많은 이들이 의심의 눈길을 보냈으나 누구도 감히 검증할 엄두를 내지 못했다.

15세기에 들어 드디어 로렌초 발라가 용감하게 나서서 이 문서가 위조된 것이라고 판정했다. 그는 너무나 간단한 방법으로, 그러나 참으로 학술적인 방법으로 이를 증명했다. 문서에 사용된 단어와 문체가 콘스탄티누스 1세 시대에 통용되던 단어와 문체가 아니라, 로마 교황이 피핀에게 영지를 넘겨받은 8세기의 단어와 문체임을 문헌적으로 논증했다. 이 과정에서 합리적이고 근대적인 학문이 등장했다.

로렌초 발라의 『쾌락론』과 "비너스의 탄생"

로렌초 발라는 『쾌락론(De Voluptate)』이라는 책도 썼다. 그는 이 책 속에서 사랑에 관해서 이야기했다. 로렌초 발라는 정신적 순애만이 아니라 성적 사랑도 멋진 사랑이라며 당당하게 논리적으로 주장했다. 또 인간의 몸은 아름답다고도 말했다.

『쾌락론』이 출간되고 나서 약 50년 후에 산드로 보티첼리(약 1445–1510)의 명화 "비너스의 탄생"과 "봄"이 세상에 나왔다. 여성의 벗은 몸을 아름답다고 묘사하는 사상이 당당히 책으로 만들어진 시대 이후에야 비로소 화려하고 생명력 넘치는 명작이 탄생한 것이다. 다시 말해서 로렌초 발라는 신의 손에서 인간을 되찾는 전쟁에서 인간이 이론적으로 무장할 수 있도록 해준 훌륭한 사상가였다.

마르실리오 피치노

코시모 데 메디치

로렌초 데 메디치

피치노와 플라톤 아카데미

이탈리아 중부의 도시 피렌체는 르네상스의 중심지로 거듭났다. 피렌체의 정치는 거물 금융업자인 메디치 가문이 지배했다. 코시모 데 메디치(1389-1464)가 메디치 가문의 수장이던 시절, 그는 마르실리오 피치노라는 젊은 학자의 재능을 발굴하여 학문에 몰두할 수 있도록 별장을 제공하고 플라톤 전집을 라틴어로 번역하는 작업을 맡겼다.

이윽고 그 별장은 학자들과 예술가들의 아지트가 되었다. 코시모 데 메디치의 손자인 로렌초 데 메디치(1449-1492)가 가문을 이끌던 시절에는 이 별장 모임이 더욱 발전했고, 언제 누가 붙인 이름인지 몰라도 자연스럽게 "플라톤 아카데미"라는 이름으로 부르게 되었다.

물론 플라톤 아카데미라는 이름은 플라톤이 설립한 아카데메이아에서 따왔다. 그러나 메디치 가문에게 본격적인 학교를 설립하려는 의도는 없었고, 플라톤 아카데미는 어디까지나 피치노의 개인적인 모임에 머물렀다. 그래서 플라톤의 아카데메이아나 아리스토텔레스의 리케이온에 비해서 체계적인 조직이 없었다. 일종의 동아리방 비슷한 공간에 모여서 담소를 나누거나 떠들썩하게 술판을 벌이다가, 분위기가 무르익으면 토론을 하는 수준이었다. 그러나 이 플라톤 아카데미는 당시 지식인과 예술가들 사이에서 사교의 장 역할을 했고, 르네상스를 움직이는 원동력이 되었다.

또한 현재 아카데미라는 단어를 널리 사용하게 된 계기도 피치노의 플라톤 아카데미가 제공했다. 그의 업적은 철학자로는 평가하기가 어렵다 (신플라톤주의의 계승자라고 일컬어지지만 마술과 신비주의에도 손을 댔다). 그러나 피치노를 중심으로 한 플라톤 아카데미가 르네상스에 미친 영향력의 크기를 고려하면, 르네상스 시대를 만든 지식인들 중의 한 사람으로서 그의 이름을 뺄 수는 없을 것이다.

"관용의 정신"을 주장한 몽테뉴

"모럴리스트(moralist)"라고 불린 미셸 에켐 드 몽테뉴(1533-1592)는 연대로 보면 피치노보다 100년가량 이후에 프랑스에서 등장했다. 그의 사상은 르네상스 시대의 인간성의 부활과 깊은 연관이 있으므로 이쯤에서 다루고자 한다.

모럴리스트란 17세기 프랑스에 대거 등장한 문필가들을 아울러 이르는 호칭이다. 인간을 주의 깊게 관찰하고, 인생에 관한 깊은 성찰을 에세이나 잠언으로 이야기한 사람들이다. 대표적인 모럴리스트가 블레즈 파스칼(1623-1662)로, 그가 쓴 『팡세(Pensée)』에는 "인간은 생각하는 갈대"라는 명언이 나온다. 몽테뉴는 모럴리스트의 선구자로 일컬어지는 인물이다.

몽테뉴가 태어나기 약 40년 전, 크리스토퍼 콜럼버스(약 1451-1506)가 서인도 제도에 상륙했다(1492). 신대륙에 깃발을 꽂고 영유권을 주장하던 스페인은 1544년에 안데스 산맥에서 포토시 은광(銀鑛)을 발견했다. 포토

미셸 드 몽테뉴　　　　　　　블레즈 파스칼

시 은광은 16세기 당시 일본의 이와미 은광과 함께 세계 2대 은광으로 손꼽혔다. 이 은광이 해발 4,100미터의 고지에 자리하고 있었기 때문에 스페인은 채굴 일꾼으로 현지 원주민인 인디오를 동원하여 가혹한 노동을 강요했다. 수백만 명의 인디오들이 강제 노동에 희생당하여 사망했다. 이 은광에서는 17세기 후반까지 채굴이 이어졌다.

　거의 같은 시기에 프랑스에서는 위그노 전쟁(1562–1598)이 일어났다. 가톨릭파와 위그노라고 불린 칼뱅파가 싸운 종교적 내란이었다. 칼뱅파에 관해서는 나중에 다시 자세히 설명하겠다. 어쨌든 수많은 희생자들이 발생한 위그노 전쟁은 마침 몽테뉴의 인생 후반과 겹쳤다.

　몽테뉴는 기독교 포교라는 대의명분을 내걸고 남아메리카 대륙에서 현지인을 혹사하고 학대하는 스페인, 그리고 로마 교회를 비판한다는 이유로 위그노를 살해하는 프랑스 가톨릭파 귀족들에게 회의를 느꼈다. 그리고 자신의 경험과 그리스 로마 고전으로부터 배운 지식을 중심으로 사람들에게 관용의 정신을 꾸준히 주장했다. 그는 숨이 넘어가기 직전까지

『수상록(*Essai*)』의 집필에 매달렸다. 이 책은 지금도 전 세계에서 꾸준히 읽히는 명저이다. 그리스 로마 고전에 비해서 성서를 적게 인용한 것이 특징이다.

몽테뉴는 신의 정의를 운운하는 것보다 인간을 용서하는 것이 더 중요하다고 주장했다. 그가 관용의 정신을 깨닫는 과정에는 르네상스로 촉발된 인간성의 부활이 깊이 관여했다고 볼 수 있다.

2. 루터와 칼뱅의 종교 개혁과 로마 교회의 반종교 개혁

종교 개혁은 르네상스 시대에 정점을 찍은 로마 교회의 세속화와 고위 성직자의 타락, 그리고 하급 성직자의 무지에 대한 비판에서 촉발되었다. 구체적으로는 루터와 칼뱅의 등장이 기폭제로 작용했다.

로마 교황인 레오 10세(재위 1513–1521)가 독일에서 면죄부를 판매한 것이 사건의 발단이 되었다(1515). 면죄부란 이미 저지른 죄에 따른 벌을 탕감해준다는 만능 증서였다. 쉽게 말해서 천국으로 가는 입장권이나 다름없었다. 면죄부는 원래 십자군 전쟁에서부터 시작되는 기나긴 역사가 있다. 그런데 왜 레오 10세는 이 시점에 면죄부를 대대적으로 발행하기 시작했을까? 그것도 왜 로마가 있는 이탈리아 반도가 아니라 독일에서 판매하기 시작했을까?

당시 유럽의 대국들 중에서 국왕(합스부르크 가문)의 권력이 가장 약하고 로마 교황이 어느 정도 자유롭게 운신할 수 있었던 곳이 독일이었기 때문이다. 뿐만 아니라 당시 최대 금융자본이었던 푸거 가문의 조력을 얻을 수 있었기 때문이기도 했다. 게다가 독일 제후도 교황에게 협력하면 떨어질 콩고물이 있다고 판단하여 힘을 적극 보탰다.

레오 10세

그러나 로마 교회의 상징적인 존재인 대성당 개축 비용을 모금하기 위해서였다면 면죄부를 판매하기보다는 신자의 헌금을 정당하게 유도하는 쪽이 더욱 낫지 않았을까. 레오 10세가 헌금에 소극적이었던 까닭은 그가 르네상스 정신을 대표하는 귀족이었기 때문이다. 그는 대놓고 주장하지는 않아도 미와 예술의 세계로 이어지는 문화가 종교보다 우선한다고 생각했다. 레오 10세는 피렌체에서 르네상스를 꽃피운 메디치 가문 출신으로, 로렌초 데 메디치의 차남이다. 그는 아버지인 로렌초가 피렌체의 공금을 문화사업 부흥에 유용했듯이, 로마 교회의 중요한 상징인 대성당 개축 자금을 면죄부 판매를 통해서 간단히 모을 수 있다면, 구질구질하게 헌금을 유도하는 것보다 훨씬 더 합리적이리라고 판단했다.

이쯤에서 잠시 이탈리아 르네상스 전성기의 로마 교황에 관해서 살펴보자. 3명의 독특한 인물이 이 시기에 등장했다. 먼저, 스페인의 명문가 보르자 가문 출신으로, 연애관계가 복잡하기로 소문난 알렉산데르 6세(재위 1492-1503)가 있었다. 염문이 끊이지 않다 보니 그에게 사랑과 미의 여신인 베스타라는 별명이 붙을 정도였다. 다음으로, 라파엘로와 미켈란젤로의 후원자로 유명하며, 교황령의 세속적 영주로 권력을 확대하기 위해서 전쟁도 불사했던 율리오 2세(재위 1503-1513)가 있었다. 그는 전쟁의 신 마르스로 불렸다. 그리고 마지막으로, 지혜의 여신 미네르바라는 별명이 붙은 레오 10세가 있었다. 이 3명의 교황은 모두 인간으로서 개성이 풍부하고 능력도 뛰어났다. 그러나 종교인으로서 예수의 가르침을 전파하고 신자를 이끄는 목회자로 적합했는지는 의문이 남는다.

루터는 성서를 독일어로 번역했다

면죄부를 판매하고 나서 2년 후(1517), 비텐베르크 대학교의 신학 교수인 마르틴 루터(1483-1546)가 교회 벽면에 「95개조 반박문(*95 Thesen*)」이라는 대자보를 내걸었다. 그는 공개 문서를 통해서 면죄부는 오직 신만이 발행할 수 있고 교회는 아무런 권한이 없다고 단호하게 주장했다.

"인간의 죄를 대신 사해주실 수 있는 것은 오직 하느님뿐이다."

그는 「95개조 반박문」에서 로마 교회 내부의 사람들과 토론하자고 제안했지, 이를 본격적인 사회 문제로 제기할 생각은 없었다. 문서는 라틴어로 작성되었기 때문에 서민은 읽을 수 없었다. 그러나 그 내용은 입에서 입으로 퍼졌고, 성직자들의 사치와 타락에 의문을 품고 있던 사람들은 루터의 문제 제기를 계기로 로마 교회를 강하게 비판하기 시작했다.

열렬한 가톨릭 신자이자 신성 로마 황제인 합스부르크 가문의 카를 5세(재위 1519-1556)는 이 사태를 주시했다. 그는 라인 강 중류에 있는 도시 보름스에 제후들을 소집하고 루터도 소환했다(1521). 카를 5세는 루터에게 교회 규탄 행위를 중단하라고 다그쳤다. 그러나 루터는 이를 거부했다. 카를 5세는 보름스 칙령으로 루터를 법의 보호 밖으로 추방했다. 이로써 그를 죽여도 누구에게도 죄를 묻지 않게 되었다.

절체절명의 위기에 빠진 루터에게 유력한 독일 제후인 작센 선제후가 구원의 손길을 내밀었다. 작센 선제후는 루터의 주장에도 일리가 있다고 생각했다. 또 카를 5세의 세력이 커지는 상황이 마뜩잖았다. 그는 루터를 자신의 거처인 바르트부르크 성에 숨겨주었다.

마르틴 루터

안전한 성 안에 몸을 숨기고 신변 안전을 보장받은 루터는 성서를 라틴어에서 독일어로 번역하는 작업에 착수하여 불과 10개월 만에 완료했다(1522). 루터의 번역 덕분에 수많은 독일인들이 성서를 읽을 수 있게 되었다. 모국어로 성서를 읽은 민중들은 성서에 면죄부에 관한 내용이 한 줄도 나오지 않는다는 사실을 알게 되었다. 로마 교회의 가르침이 절대적인 진리라는 내용도 없었다. 성서에는 예수와 그 제자들이 소박한 생활을 했다고만 적혀 있었다.

교회를 비판하는 목소리와 동시에 성서의 가르침으로 돌아가자는 목소리가 삽시간에 퍼져나갔다. 알디네 인쇄소에서 실용화된 출판(활판인쇄) 기술의 발전이 선전물 인쇄 유포의 물꼬를 트면서 루터의 가르침을 홍보했다.

그러나 루터는 독일 농민전쟁의 과격한 사상에 반대했다

루터파의 종교 개혁에 찬성하는 목소리는 나날이 거세졌다. 그러나 진자가 흔들리다가 어느 순간 지나치게 출렁거려 일정한 리듬이 깨지듯이, 종교 개혁운동은 궤도를 벗어나서 원시 공산주의 방향으로 기울기 시작했다. 그 중심에는 토마스 뮌처(1489-1525)라는 인물이 있었다. 그는 루터의 영향을 받아 종교 개혁에 뛰어들었으나, 루터의 성서 중심주의를 넘어 과

중한 세금을 폐지하고 농노의 부담을 줄여야 한다고 주장하는 사회운동 방향으로 목소리를 내기 시작했다. 또한 영주의 존재를 부정하고 농민들을 봉기시켰다. 독일 농민전쟁(1524-1525)은 독일 중부부터 남부까지 들불처럼 번져나갔다.

그러나 루터는 독일 농민전쟁에 강하게 반대했고 독일 제후에게 진압을 요청했다. 루터는 로마 가톨릭 교회가 성서에 없는 횡포를 일삼는다고 거세게 비판했다. 그러나 영주의 존재는 부정하지 않았다. 예수도 "카이사르의 것은 카이사르에게, 하느님의 것은 하느님께 돌려드려라"라고 가르쳤기 때문이다. 애초에 성서에는 영주를 긍정하는 듯한 말씀도 없으나, 루터는 과격한 사상을 가진 사람이 아니었기 때문에 농민전쟁에는 찬성하지 않았다. 그는 어디까지나 상식적이고 보수적인 인물이었다.

루터는 성직자의 결혼도 인정했다. 지금도 개신교인 루터파와 칼뱅파 등의 종파에서는 성직자가 결혼해서 가정을 꾸릴 수 있다. 루터에게도 아내와 자식이 있었다. 성서는 성직자의 결혼을 금지하지 않았다.

독일 농민전쟁은 철저하게 탄압되었으나 이 전쟁으로 인하여 루터파의 가르침은 독일 전역으로 확대되었다.

3. 왜 "루터파"를 프로테스탄트라고 부를까

로마 가톨릭 교회를 구교라고 부르고 루터파와 나중에 다시 살펴볼 칼뱅파는 신교라고 부른다. 그리고 이들 신교 종파를 일반적으로 프로테스탄트(protestant)라고 부른다.

신성 로마 제국의 황제 카를 5세는 보름스에서 루터의 시민권을 박탈하고 루터파를 금지했다(보름스 의회, 1521). 그런데 1453년에 오스만 왕조는 콘스탄티노폴리스(콘스탄티노플)를 공략하여 동로마 제국을 멸망시키고 동방으로 세력을 확대하기 시작했다. 오스만 왕조의 군대는 합스부르크 가문의 본거지인 오스트리아 빈으로 말 머리를 돌리고 진군했다. 카를 5세의 숙적이었던 프랑스의 국왕 프랑수아 1세는 오스만 왕조의 쉴레이만 1세와 동맹을 맺었다.

카를 5세는 빈을 지키기 위해서 독일 제후의 힘을 하나로 모아야 했다. 그는 라인 강 중류의 슈파이어라는 도시에서 제국 의회를 소집했고, 루터파 금지 결의를 일시 보류했다(1526). 이로써 독일 내의 루터파는 활기를 되찾았다. 한편, 빈은 오스만 왕조의 맹공으로 함락 직전까지 내몰렸으나, 동장군이 찾아와 오스만 군대가 후퇴하며 구사일생으로 살아났다(1529). 그러자 카를 5세는 손바닥 뒤집듯이 태도를 바꾸어, 슈파이어에서 제국 의회를 개최하고 다시 루터파 금지 결의를 타결시키려고 했다.

루터파를 지지하는 5명의 제후와 14개 도시는 카를 5세에게 항의 서한을 보냈다. 이 항의(프로테스탄트)에서 비롯되어 루터파 사람들을 "프로테스탄트"라고 부르게 되었다.

4. 예정설로 대표되는 칼뱅의 종교 개혁이 과격한 이유

장 칼뱅은 프랑스인이다. 칼뱅은 법률가 집안에서 태어나 14세에 파리 대학교에 입학하여 법률과 신학을 공부했다. 20대 중반에는 루터의 「95개조 반박문」을 접하고 공감했다. 그 무렵부터 파리에서도 루터의 주장을 지지하는 사람들이 늘어났다. 결국 프랑스 정부도 루터파 탄압에 나섰고, 지

장 칼뱅

지자들은 파리를 떠났다. 칼뱅도 스위스 바젤로 망명했다(1534).

칼뱅은 바젤에서 『기독교 강요(*Institutio Christianae Religionis*)』(1536)를 출간했다. 칼뱅은 신학자이자 뛰어난 논객으로 알려졌는데, 『기독교 강요』는 그의 이론적 무기로서 집필된 작품이므로 그는 이론을 강화하기 위해서 몇 번씩 개정과 증보를 반복했다. 그 과정에서 칼뱅 사상의 중심인 "예정설"이 형성되었다고 추정할 수 있다.

칼뱅은 신앙의 근원을 성서에서 찾아야 하며, 로마 교황의 권위를 부정한다는 점에서는 루터와 같은 노선을 취했다. 그러나 칼뱅은 성직자도 영주도 일반 시민도 모두 성서와 법률 앞에서는 평등하다고 가정했다. 그리고 한발 더 나아가 "예정설"을 주장했다.

"영혼의 구원을 받을 수 있는 사람은 신이 미리 정해둔다."

그때까지 로마 가톨릭 교회는 사후에 천국에 갈지 혹은 지옥에 갈지의 여부가 최후의 심판 때에 판가름 난다고 가르쳤다. 그래서 살아 있는 동안 착하게 살아서 최후의 심판에서 천국행을 보장받아야 한다고 주장했다. 그러나 한 개인이 선하게 살았는지를 과연 누가 판단할 수 있을까? 어차피 로마 교회의 최고 권위자인 로마 교황이 결정한다. 그렇다면 교회에 토지를 바치거나 헌금을 내는 것이 선행을 보장받는 지름길이라고 신자들은 믿었다. 그래서 교회에 가서 미사를 드리고 사제들에게 복종했다. 그런데 태어나기 전부터 사후의 운명이 정해져 있다면 교회에서 기도하고 한 푼 두 푼 모아 헌금을 해도 아무 소용이 없다. 로마 교회의 지도자들은 칼뱅의 예정설을 적대적인 교리로 간주했다.

칼뱅의 예정설을 예전에 처음 접했을 때에는 태어난 순간부터 천국행과 지옥행이 정해져 있다면 마음 가는 대로 신나게 한세상 살다 가도 문제가 없겠다는 생각이 들었다. 그런데 칼뱅을 따르는 사람들은 나와 생각이 달랐던 모양이다. 그들은 자신들이 신의 선택을 받아서 천국에 가는 사람들이기 때문에 주어진 천직(즉, 자신의 직업)에 성실하게 임하며 금욕적으로 생활해야 한다고 생각했다. 또 칼뱅은 선택받은 자임을 자각하고 열심히 일한 결과로 얻은 재물은 신의 재산이라고 가르쳤다.

이렇게 칼뱅의 예정설은 상업과 공업에 종사하는 사람들 사이에서 신자 수를 착실하게 늘려갔다. 또 성서를 제대로 읽고 열심히 공부하는 지식 계급에서도 칼뱅파 신자가 늘어났다. 사회학자인 막스 베버는 칼뱅파 사람들의 삶의 방식과 업적이 자본주의의 원형을 이루며 자본주의를 발달시켰다고 생각하여 『개신교 윤리와 자본주의 정신(*Die protestantische Ethik und der Geist des Kapitalismus*)』이라는 책을 썼다. 칼뱅파는 프랑스에서는 위그노, 영국에서는 청교도라고 불렀다. 1620년에 메이플라워 호를 타고 북아메리카로 건너간 102명의 순례자들도 청교도였다.

칼뱅이 스위스로 망명하자 제네바 시민들은 그를 열렬히 지지했다. 칼뱅은 스위스에서 1541년부터 20년 넘게 제네바를 무대로 신권 정치를 펼쳤다. 그는 시민들에게 신으로부터 선택을 받은 자임을 자각하도록 촉구했고 깨끗하고 바르게 살며 근면하게 일하라고 요구했다.

루터와 칼뱅의 종교 개혁을 비교해보자. 로마 교회의 전성 시대에 "성서로 돌아가라"고 주장한 루터는 위대한 지도자였다. 그러나 자본주의 부흥을 뒷받침한 신흥 계급의 사상적인 거름이 된 칼뱅의 공로도 루터에 뒤지지 않는다. 종교 개혁에서 두 사람의 공적은 우열을 가리기 힘들다. 이 두 사람이 앞서거니 뒤서거니 하며 비슷한 시기에 등장했다는 사실에서 역사의 불가사의한 역동성을 느낄 수 있다.

5. 로마 교회, 종교 개혁에 대항하다

1534년, 영국의 국왕 헨리 8세(재위 1509-1547)는 수장령(Acts of Supremacy)을 선포했다. 수장령은 영국 교회의 최고 권력자는 로마 교황이 아니라 영국의 국왕이라고 정한 법률이다. 로마 교황이 헨리 8세의 이혼을 인정하지 않자, 그는 억지를 부리듯이 수장령을 제정한 것이었다. 물론 이는 어디까지나 표면적인 이유이고 속내는 로마 교회의 수도원이 막대한 재산을 쌓아놓고도 세금은 한 푼도 내지 않았기 때문이다. 헨리 8세는 교회의 넉넉한 재산을 국가에 보탬이 되는 방향으로 사용하겠다는 목표로 영국 교회를 지배하려고 했다.

헨리 8세는 유럽 대륙에서 루터의 종교 개혁이 로마 교회의 권위를 뒤흔들고 칼뱅이 뒤를 이어 등장했을 무렵에 수장령을 선포했다. 로마 교회를 비판하는 시대적 흐름이 도버 해협을 건너기 시작했다. 헨리 8세는 이러한 정세를 빠르게 포착하고 과감히 행동에 나섰다.

독일과 북유럽은 거의 루터파의 천하가 되었고, 원래 로마 교회의 돈줄이었던 프랑스에서도 위그노 신자가 인구의 절반 가까이를 차지했으며, 영국은 영국 국교회로 독자 노선을 걷기 시작했다. 과거에는 유럽 전역을 호령하던 로마 교회의 종교적 영지도 급감했다. 종교 개혁의 방아쇠는 면

죄부 판매가 당겼으나, 성직자들의 태만
과 타락 그리고 교리를 지키지 않는 횡포
에 대한 격렬한 비판이 본격적으로 불씨
를 지폈다. 로마 교회 내부에서도 심각한
반성의 목소리가 터져나왔다.

헨리 8세

신자가 줄어들자 로마 교회는 경제적
으로도 큰 타격을 입었다. 로마 교회에
는 종교 활동에만 전념하고 생산 활동
에는 종사하지 않는 기생 계급이 존재했
다. 로마 교황을 비롯한 주교와 사제 등
이다. 신자에게서 들어오는 헌금이 눈에 띄게 줄어들면서 그들의 생활은
궁핍해졌다.

교리와 조직을 유지하기 위해서 로마 교회는 종교 개혁에 대항하기 시
작했다. 파리 대학교에서 공부한 청년들이 선봉에 섰다. 그들은 로마 가
톨릭 교회를 되살리기 위해서 예수회를 결성했다. 예수회란 스페인어로
"예수의 군대"라는 뜻이다. 예수회는 청빈, 정결, 순종을 3대 서원(誓願)으
로 삼았다. 1540년에 로마 교황의 공인을 받았다. 예수회는 로마 교회를
비판하는 사람들과의 무력 투쟁도 불사하는, 신념이 확고한 집단이었다.
게다가 예수회에는 이론적으로나 종교적으로나 열정에서나 뛰어난 사람
들이 참여했다. 예수회 설립자로 유명한 이냐시오 데 로욜라(1491-1556)
와 프란시스코 사비에르(1506-1552)가 조직의 중심이 되었다. 예수회를
주도한 젊은 성직자들이 적을 두었던 파리 대학교는 당시 신학의 최고 학
부였다.

이냐시오 데 로욜라　　　　　　　　　프란시스코 사비에르

　　로마 교황청도 사태를 수습하기 위해서 트리엔트 공의회를 개최했다.
이 회의는 1545-1563년간 드문드문 열렸다. 이 회의로 로마 교회는 개신
교에 대한 대항책을 강화했다. 동시에 성직자의 부패와 타락에 철퇴를 가
한다는 결정도 내렸다. 신자들의 오해를 부르는 화려한 복장과 교회 내부
를 장식하는 행위도 자제하자고 합의했다.

　　이 회의를 통하여 로마 교회의 신자를 모으기 위한 새로운 종교적 영토
확대 방안이 검토되었다. 신대륙과 아시아로의 선교 활동이 시작된 것이
다. 아시아 선교를 위해서 프란시스코 사비에르가 일본 가고시마에 상륙
했다(1549).

　　종교 개혁으로 유럽에서는 로마 교회의 세력권이 축소되었다. 그러나
그 반대급부로 새로운 세계로 뻗어나가는 계기가 되어 로마 교회는 세계
종교로 뛰어오를 수 있게 되었다.

"아우크스부르크 화의"에서 루터파가 공인되다

양 진영이 팽팽하게 힘겨루기를 하는 와중에도 루터파 탄압에 열정을 쏟

던 카를 5세는 아우크스부르크에서 제국 의회를 소집했다(1555). 루터파의 처우가 안건이었다. 소집된 독일 제후와 황제 직속 도시의 대표자들은 자신들의 영지 안에서 루터파에게 신앙의 자유를 허락하기로 결의했다. 신성 로마 황제이자 독일 국왕인 카를 5세도 이들의 결정을 존중할 수밖에 없었다. 루터의 종교 개혁을 지지하는 계층이 압도적으로 증가했기 때문이다.

물론, 영주의 영내에 사는 사람들과 도시 시민들에게는 신앙의 자유가 여전히 인정되지 않았다. 제후들과 도시 대표자들만 신앙의 자유를 보장받은 것으로, 독일 국왕(신성 로마 황제)은 이에 명백히 개입할 수 없게 되었다. 루터파를 믿는 사람들은 루터파를 공인한 지역에 가서 살면 그만인 상황이었다.

독일 국왕의 위치는 도쿠가와 막부의 쇼군과 비슷하다. 그러나 독일 국왕은 도쿠가와 막부가 여러 번(藩)들에게 행사했던 권력만큼 강력한 권력은 없었다. 원래 영지 내에서의 정치 조직과 신앙은 영주가 결정할 수 있었다. 루터파를 지지하고 열성적으로 신봉하는 제후와 대도시가 증가하면, 독일 국왕은 손을 들 수밖에 없는 구조였다.

사실상 루터파를 공인한 아우크스부르크 제국 의회는 세계사에서 "아우크스부르크 화의"라고 불린다. 카를 5세는 이 종교적 결정에 크게 낙담하여 이듬해 퇴위했고 2년 후에는 세상을 떠났다. 루터파보다 더 과격한 칼뱅파 프로테스탄트는 아우크스부르크 화의에서 공인되지 못했다. 칼뱅파는 30년 전쟁(1618–1648)이 종식되었을 때에야 비로소 공인되었다. 칼뱅파는 베스트팔렌 조약(1648)으로 루터파와 같은 지위를 겨우 획득했다.

프랜시스 베이컨   갈릴레오 갈릴레이   요하네스 케플러

6. 철학은 근대 합리성의 세계로, 첫걸음은 영국에서 시작되었다

토마스 아퀴나스 시대에 스콜라 철학은 신앙 우위의 세계관을 확립했다. 스콜라 철학의 논리는 플라톤과 아리스토텔레스의 철학을 활용하여 정교하게 다듬어졌다. 이렇게 신을 정점으로 하는 세계의 질서가 완성되었다. 그러나 그 질서는 르네상스와 종교 개혁의 큰 파도가 덮치며 무너지기 시작했다. 매사를 합리적으로 바라보고 생각하는 지성의 중요성을 인간이 자각했기 때문이다. 루터와 칼뱅이 제기한 문제도 합리적인 사고를 바탕으로 성립되었다.

신앙 우위의 세계에서 합리성과 자연과학의 세계로 넘어가는 시대가 발을 내디디며 근대의 막이 올랐다. 그 선두에 선 사상가가 영국의 프랜시스 베이컨(1561–1626)이었다.

그는 갈릴레오 갈릴레이(1564–1642)와 요하네스 케플러(1571–1630)와 동시대 사람이다. 갈릴레오와 케플러는 "지동설"을 뒷받침한 과학자들이다. 지구가 움직인다는 주장 자체가 토마스 아퀴나스의 세계관을 뿌리부터 뒤흔드는 것이었다. 인간이 신이 만든 세계 질서에서 벗어나 자유를 찾으며 유럽에서는 철학과 자연과학의 세계에 합리성의 성과가 실현되기 시작했다. 이러한 여러 가지의 의미에서 "지구가 움직였던" 시대라고 할 수 있을지도 모르겠다.

베이컨은 "아는 것이 힘이다"라고 말했다

프랜시스 베이컨은 귀납법을 체계화한 인물이다. 귀납법이라는 용어는 영어 단어 "induction"을 번역한 말이다. Induction은 유도(誘導)라는 뜻이다. 즉, 귀납법은 어떤 사상에 관한 수많은 관찰과 실험들의 결과를 모아 공통적인 사실로부터 일반적인 원리와 법칙을 끌어내는 추론 방법이다. 예를 들어 동물을 조사해보면 두 발로 걷는 동물은 인간과 극히 일부의 원숭이밖에 없다. 이에 따라서 인간과 원숭이는 친척이라고 결론을 내리는 것이 귀납법이다.

'에계, 말만 거창하지 별거 아니잖아'라는 생각이 들 수도 있다. 그러나 귀납법에는 신이 개입할 여지가 없다. 신의 논리와 기성 논리로 매사를 판단하지 않고, 인간이 사는 현실 세계의 사실만을 논증하여 결론을 내린다. 마침내 근대 과학의 방법론이 탄생한 것이다.

베이컨은 자연은 유한하므로 실천적 관찰과 실험을 끊임없이 반복하면 자연의 핵심에 도달할 수 있다고 생각했다. 베이컨의 귀납법에서 시작된 이 영국 철학의 흐름을 "경험론"이라고 부른다. 그 특징을 단적으로 표현한 것이 "아는 것이 힘이다(knowledge is power)"라는 말이다. 이 말은 신이 아닌 인간의 힘을 가리킨다.

베이컨이 생각한 인간의 네 가지 우상

베이컨은 관찰과 실험의 중요성을 언급했는데, 실험과 관찰에는 항상 오해나 선입관 또는 편견이 따라붙는다는 사실을 이해하고 있었다. 베이컨은 인간에게는 편견과 선입관에 얽매이는 성질이 있다고 경고했다. 그 성질을 라틴어로 이돌라(idola)라고 부른다. 이 단어는 우상 또는 환상으로 번역되는데, 아이돌(idol)과 어원이 같다. 오늘날의 아이돌 가수는 팬들이 자신들의 이상으로 우상화한 존재이다. 베이컨이 언급한 이돌라의 성격도 아이돌 가수와 비슷하다. 이돌라도, 아이돌도, 대상을 바르게 보지 못하고 우상화하기 때문이다.

그는 『노붐 오르가눔(*Novum Organum*)』이라는 책에서 인간이 가진 네 가지 우상을 언급했다.

- **종족의 우상** : 인간의 타고난 성향에 의한 편견으로, 대상을 자신의 입맛에 맞는 방향으로 왜곡하여 생각하는 성향이다. 마음에 들지 않는 대상은 과소평가하고, 즐거운 일은 과대평가한다. 즉, 보고 싶은 것만을 보는 성향을 가리킨다. 현대 학문에서는 우리 뇌가 지닌 특성의 하나로 간주하는 경향이 있다.
- **동굴의 우상** : 개인의 경험에 좌우되어 사물을 보는 관점이 왜곡되는 경우이다. 좁은 동굴에서 바깥을 내다보려고 하면 제대로 보이지 않는다. 어린 시절의 비참한 경험이 그림자를 드리워 매사를 비관적으로밖에 생각하지 못하는 경우 또는 사회적 경험이 적어서 자기중심적인 가치 판단밖에 하지 못하는 "우물 안 개구리"와 같은 부류이다.

- **시장의 우상** : 다른 사람의 말만 듣고 생기는 우상이다. 시장에 가서 인파
 속에 떠밀리며 스치듯 들은 소문으로 사건의 진상을 이해하
 려고 하는 경우이다. 주간지 기사에 현혹되는 군중 심리와
 닮았다.
- **극장의 우상** : 권위의 우상이라는 별명도 있다. 극장 무대에서 유명한 배우
 가 이야기하거나 웅장한 교회나 절에서 권위 있는 종교가가
 설교하면 아무 의심 없이 믿는 경우를 가리킨다. 우리가 흔히
 가지기 쉬운 편견이다.

베이컨은 자연현상을 관찰하거나 실험한 결과를 자기 방식으로 해석하
거나 무성의하게 기존 개념으로 분석하지 않기 위한 방어책으로 네 가지
우상을 지적했다. 이 네 가지 우상은 현대인을 위한 경고 역할도 겸한다.
400년 전의 이론이라고는 도저히 생각되지 않을 정도로 시대를 앞선 통찰
력을 보여준다. 베이컨의 『학문의 진보(*Of the Proficience and Advancement of
Learning, Divine and Human*)』도 영어로 집필된 최초의 철학서로 꼽히는 명
저이다.

베이컨은 셰익스피어의 본명일까?

베이컨은 뛰어난 철학자였고 동시에 국회의원으로 일한 정치인이었다.
또한 유토피아(이상향)를 묘사한 공상 소설 『새로운 아틀란티스(*New
Atlantis*)』를 쓴 소설가이기도 했다. 참으로 다재다능한 인물이다. 그래서
인지 베이컨이 윌리엄 셰익스피어(1564–1616)의 본명이라는 설도 있다. 영
국을 대표하는 세계적인 극작가 셰익스피어는 사실 정체가 확실히 밝혀

지지 않은 수수께끼 같은 인물이다.

베이컨과 셰익스피어 모두 엘리자베스 1세(재위 1558-1603) 시대 사람이었다. 엘리자베스 여왕은 인복이 있어서 유능한 부하와 참모들을 거느렸다. 여왕 본인도 개방적이고 우수한 정치인이었다. 여왕은 칼뱅파 청교도를 박해하지 않고 그들의 수완을 높이 평가하여 상공업을 좌지우지할 수 있도록 키를 맡겼다. 또한 당시 유럽에서 최강으로 꼽히던 스페인 해군의 무적함대를 격파하고 영국이 해상 왕국이 되는 기틀을 닦았다. 엘리자베스 1세의 시대는 "영국의 르네상스"라고 불리는 시대로 자유로운 분위기가 충만했다.

셰익스피어의 작품은 기존의 종교관이나 사회 상식에 얽매이지 않고 인간의 희로애락을 적나라하게 표현한다. 사람들의 사고 속 합리성에 바탕을 두는 발상이 뿌리내리기 시작했다는 방증으로 볼 수 있다. 베이컨이 영국에서 경험론이라는 커다란 철학의 조류를 탄생시킨 배경에는 이와 같은 시대적 분위기가 자리하고 있었다.

라틴어 제목인 『노붐 오르가눔』을 직역하면 "새로운 도구" 또는 "새로운 기관"이다. 오르가눔은 아리스토텔레스가 진리를 해명하기 위한 "도구"로서 논리학을 바라본다는 의미에서 책의 제목으로 그리스어 오르가논을 사용한 데에서 따왔다. 베이컨은 진리를 해명하기 위한 새로운 도구로 귀납법을 생각했기 때문에 『노붐 오르가눔』이라는 제목을 붙였으리라.

영국의 경험론을 발전시킨 자유주의와 민주주의의 아버지 로크

베이컨과 갈릴레오가 동시대 사람이듯이 존 로크(1632-1704)와 아이작 뉴턴(1642-1727)도 같은 시대의 공기를 마시며 살았다. 베이컨 시대로부터

100년가량 지나자 자연과학은 뉴턴으로 대표되는 한층 진보한 시대로 접어들었다. 로크는 철학자이자 동시에 정치 사상가이기도 했다. 명예혁명을 이론적으로 옹호한 일로도 유명하다.

존 로크

로크는 경험론을 한 단계 더 진화시켰다. 그는 태어났을 당시의 인간을 "타불라 라사(tabula rasa)"라고 가정했다. 타불라 라사는 아무것도 적혀 있지 않은 석판이라는 뜻이다. 아기의 마음은 외부 세계에 대해서 아직 아무런 인상을 받아들이지 않은 백지와 같은 상태이다. 그러므로 어떤 선천적인 관념도 가지고 있지 않다고 로크는 주장했다. 즉, 인간은 교육을 받거나 경험을 반복함으로써 현명해진다는 주장이다. 말 그대로 경험론이다. "인간은 백지 상태로 태어나 경험과 교육으로 현명해진다"는 로크의 사고방식은 다음과 같은 반론의 여지가 있다. 바로 "인간은 본래 선한 마음을 가지고 태어난다. 그 선한 마음을 끌어내는 것이 교육이다"라는 사고방식이다. 이 발상을 대표하는 사상가로 프랑스의 장-자크 루소가 있다.

로크는 타불라 라사라는 말로 대표되는 인식론을 『인간 지성론(*An Essay Concerning Human Understanding*)』(1690)에서 체계화했다. 정치 사상가로서는 『통치론(*Two Treatises of Government*)』(1689)을 발표했다. 『통치론』에서 로크는 인간이 태어나면서부터 자유롭고 평등하다(자연법)는 점을 전제로 "사회계약설"을 전개했다. 주장의 요지는 국왕과 정부가 권력을 행사할 수 있는 근거가 시민의 신탁(trust)에 있다는 것이다. 만약 정부와 국왕이 시민의 의지를 무시하고 시민의 자유와 재산(소유권)과 생명을 앗아 간다면 시민은 그에 저항하여 정부를 바꿀 수 있다(저항론)는 논리이다. 그리고 이 주장은 왕권신수설을 신봉하는 제임스 2세(재위 1685-1688)를 추방한 명예혁명(1688-1689)의 정당성을 변호했다. 현재 로크는 "자유주의와 민주주의의 아버지"로 일컬어진다.

로크는 베이컨의 경험론을 발전시키면서 뉴턴으로 대표되는 자연과학의 성과에서도 여러 가지를 배웠다. 뉴턴은 이신론자로 알려졌다. 이신론(理神論)을 믿었던 뉴턴은 완전한 신이 창조한 세계에는 완전한 법칙이 있다고 가정하고, 만유인력의 법칙을 발견했다. 역설적으로 만유인력 법칙의 발견은 완전한 신의 존재를 증명하는 과정이나 다름없었다.

로크의 명저 『관용에 관한 편지(A Letter concerning Toleration)』는 정치와 종교를 구분한 "정교 분리"의 원전이다. 참고로 로버트 노직의 『무정부, 국가, 유토피아(Anarchy, State, and Utopia)』는 로크의 소유권론을 현대적으로 응용하여 자유지상주의 사상을 전개하는 책으로, 함께 읽으면 좋다.

"인간이란 지각의 다발이다"라고 경험론을 완성시킨 흄은 말했다

영국의 경험론을 확립한 철학자들은 베이컨이 죽자 로크가 태어나고, 로크가 죽자 흄이 태어나며 배턴을 이어받듯이 등장했다. 그리고 데이비드 흄(1711-1776)은 경험론을 완성시킨 인물로, 현재에도 높이 평가받는다.

인간은 눈, 코, 귀로 대표되는 감각기관을 통해서 외부 세계의 사건과 사물을 구분하고 느끼고 학습한다. 이 작용을 지각(perception)이라고 부른다. 흄은 지각을 두 가지로 나누어 생각했다. 인상(impression)과 관념(idea)이다. 처음에는 인상밖에 없다. 그 사람은 예쁘다, 이것은 재미있다

등의 막연한 인상이다. 그 인상을 여러
번 반복하는 과정에서 하나의 관념이 탄
생한다. 인상에서는 관념이 탄생하지만,
관념에서 인상이 탄생하지는 않는다. 그
관계는 불가역적이다. 즉, 관념이란 인간
이 구체적으로 감지한 인상으로부터 생
겨나며, 관념만이 독립적으로 존재할 수
는 없다고 흄은 생각했다.

데이비드 흄

　흄은 또한 인과관계(인과성)를 의심했
다. 사람은 인과관계를 무심코 필연적인 일로 받아들이는 경향이 있다.
누군가에게 나쁜 일이 생기면 처신을 똑바로 하지 못해서 저 모양 저 꼴이
되었다거나 천벌을 받았다는 등 자기 좋을 대로 사건을 해석하고 받아들
인다. 그러나 곰곰이 생각해보면 원인과 결과를 대충 연결하는 것은 인간
의 본성이다. 인간은 경험을 기반으로 미래를 추측하는 심리적인 습관이
있다. 흄은 이러한 습성을 버리고, 정말로 인과관계가 존재하는지를 따져
보아야 한다고 문제를 제기했다. A라는 인상을 받은 후에 B라는 인상을
만나면, 사람은 멋대로 그 관계를 필연이라고 넘겨짚는다. 그러나 이는 마
음속에서만 성립하는 연상(聯想)의 필연성이다. 흄은 이를 오직 본인만 믿
는 허위 관념이라고 생각했다. 인과관계는 정말로 존재할까. 인과관계에
대해서 깔끔하게 결말을 낼 이론은 아직도 등장하지 않았다.

　흄은 인간을 "지각의 다발"이라는 용어로 설명했다. 흔히 흄의 "다발 이
론"이라고 부른다. 백지인 인간은 외부에서 수많은 인상들을 받아들인다.
그리고 여러 관념들을 익히는데, 인상은 점점 늘어나고 새로운 관념도 덩

달아 증가한다. 그러면 이 순간의 나는 계속 새로운 관념을 익힌다. 그러면 내일의 나는 같은 나일까, 아니면 다른 나일까. 이렇게 소박한 의문이 탄생한다. "축구는 재밌다. 배가 고프다. 흄은 어렵다. 저 사람이 마음에 든다." 사람은 항상 외부 세계로부터 다양한 인상을 받아들여 관념을 형성하고 "지각의 다발"이 된다. 지각의 내용물은 시시각각 변화한다. 인간이 지각의 다발이라면 같은 나는 존재할까? 순간순간 지각의 다발을 잘라보면 그 절단면이 내가 될 수 있을까?

흄은 경험론을 집대성했을 뿐만 아니라 지각의 다발이라는 근원적인 문제를 제기했다. 이 지각의 다발은 현대 생물학의 성과와 일맥상통하는 문제의식으로 이어졌다. 일본의 생물학자 후쿠오카 신이치는 "동적 평형"이라는 개념을 제기했다. 현대 생물학에서 발견한 이론으로, 간단히 설명하면 인간의 세포가 끊임없이 변화한다는 주장이다. 일주일에서 1개월 사이에 묵은 세포는 모조리 새로운 세포로 교체된다. 1개월 전의 나와 지금의 나는 세포부터 다르다. 그래도 나라는 존재가 유지될까? 이처럼 인간의 세포는 시시각각 변화하고 "지각의 다발"의 내용이 변화하면 그에 따라서 감정도 변화하는데, 나라는 생명체는 같은 존재이다. 이 문제를 후쿠오카 신이치는 "동적 평형"이라고 불렀다. 옛날부터 있던 "테세우스의 배"나 헤라클레이토스가 말한 "같은 강물에는 발을 두 번 담글 수 없다"는 명제와 일맥상통한다. 흄이 제기했듯이 지각의 다발이 계속 변화한다면 "그 본체인 나는 존재하는가, 존재하지 않는가?"라는 문제는 "동적 평형"으로 이어진다. 참고로 "테세우스의 배"란 크레타 섬에서 아테네로 귀환한 테세우스의 배에서 유래한 표현으로, 배의 목재가 삭아서 차례로 새로운 목재로 교체하다가 거의 모든 구성물이 새것으로 바뀐다면 그 배를 같은 배로 볼 수 있느냐는 논제이다. 마찬가지로, 헤라클레이토스는 사람이 같은 강에 들어가도 그 강에 흐르는 물은 항상 같지 않다고 지적했다.

흄은 애덤 스미스(1723–1790)와 친분이 있었다. 애덤 스미스는 『국부론(*The Wealth of Nations*)』을 통해서 최초로 경제학을 체계화한 대학자이다. 애덤 스미스는 분업과 교환을 문명의 기초로 파악하고, 부의 원천이 노동에 있다고 추정했다. 그는 정부가 경제를 보호하고 통제하는 중상주의를 비판하면서, 인간의 이기심을 중심으로 한 자유방임주의에 따르는 시장이야말로 자유주의 경제의 기본이라고 논증했다. 그러나 동시에 애덤 스미스는 『도덕 감정론(*The Theory of Moral Sentiments*)』에서 타인에 대한 공감의 중요성을 지적했다. 그는 균형 잡힌 시각의 소유자로, 시장 만능주의(사익이 곧 공익이다)를 신봉한 사람이 결코 아니었다.

흄은 기존의 관념에 얽매이지 않고 인간의 존재에 대해서 생각함으로써 경험론 철학을 성공으로 이끌었고, 시장경제를 확립시킨 애덤 스미스와 함께 근대로 향하는 문을 활짝 열어젖힌 위대한 존재였다. 이러한 관점에서 영국의 경험론은 현재 철학계에서도 중시되고 있다. 베이컨, 로크, 흄 세 사람 중에는 로크가 가장 유명하다. 유명세는 조금 떨어지지만 흄의 철학 세계는 엄청나게 방대하다. 흄의 철학을 더 공부하고 싶다면 『인간 본성에 관한 논고(*A Treatise of Human Nature*)』와 『정치 담론(*Political Discourses*)』을 읽어보자.

7. 영국의 경험론과 동시대에 발전한 대륙의 합리론

영국의 경험론이 베이컨, 로크, 흄으로 발전한 시대와 거의 동시대에 유럽 대륙에서는 르네 데카르트(1596~1650), 바뤼흐 스피노자(1632~1677), 고트프리트 빌헬름 라이프니츠(1646~1716) 등이 후대에 대륙의 합리론이라고 불리는 철학 조류를 발전시켰다. 영국의 경험론에서는 진리를 탐구하는 방법으로 귀납법을 중시했다. 개별 사례에서 일반 법칙을 끌어내는 논법이다. 이와는 반대로 대륙의 합리론에서는 연역법을 중시했다. 연역법은 진리를 탐구하는 추론 방법으로서, 전제가 되는 명제를 경험에 의존하지 않은 채 이론적으로 전개하여 일정한 결론에 도달하려는 논법이다.

대륙 합리론의 선구자이자 거두인 데카르트는 전제가 되는 명제로 인간의 생득관념(生得觀念)을 설정했다. 인간은 백지 상태로 태어나지 않고 일종의 생득관념(경험에 의한 것이 아니라 인간이 태어나면서부터 가지고 있는 관념)을 가지고 태어난다는 가정이 데카르트의 사고방식이다. 이 생득관념의 상정이 데카르트의 철학을 발전시킨 큰 힘이 되었다. 대륙의 합리론에 대한 설명에 앞서서 가장 먼저 이 생득관념이라는 용어를 머릿속에 넣어두자.

참고로 로크가 생각한 타불라 라사(인간은 백지 상태로 태어난다)라는 사고방식(습득관념)은 생득관념과 반대되는 개념이다.

"나는 생각한다, 고로 존재한다"는 말에 데카르트가 담은 것

무엇에도 의지하지 않고 모든 것을 의심하고 어떤 판단도 보류하며 일체의 결정을 내리지 않는 철학 사조를 회의주의라고 부른다. 회의주의는 이미 기원전 4세기부터 기원전 3세기 무렵에 등장했다(이른바 피론주의로, 알렉산드로스 대왕의 동방 원정에 참가했던 불가지론 철학자 피론에게서 따온 이름이다). 회의주의는 플라톤의 아카데메이아가 계승했다.

회의주의는 신의 손에서 벗어나 인간의 부활이 시작된 르네상스 시기에 부활했다. 로렌초 발라의 『쾌락론』과 몽테뉴의 『수상록』에도 그 정신이 이어지고 있다. 영국의 경험론 중에서는 흄이 회의주의적인 입장에서 인과 관계에 의문을 던졌다.

데카르트의 철학도 회의주의와 결코 무관하지 않다. 데카르트는 브르타뉴 지방 사람으로 아버지는 프랑스 최고 사법기관인 고등법원 법관이자 브르타뉴 시의원이었다. 그는 10세 때에 예수회 학원에 입학했다. 데카르트는 우수한 학생이었는데, 신앙과 이성의 조화가 성립한다고 생각하는 스콜라 철학의 토론에 참가하여 이따금 수학적 기법을 활용했다고 전해진다. 18세에 학원을 졸업하고 프랑스 중부의 푸아티에 대학교로 진학한 데카르트는 법학과 의학을 공부했다. 동시에 당시 자연과학의 선구자로 자리를 잡아가던 수학 분야의 동료들과 친밀하게 교제했다. 그리고 기하학과 같은 논증적이고 합리적인 인식의 정신을 함양했다.

데카르트는 20세에 대학을 떠났다. 1616년의 일로, 그 전해인 1615년에는 로마 가톨릭 교회가 지동설을 공식적으로 금지했다. 시대가 움직이고 있었다.

"대학에서 가르치는 책은 모조리 읽었다. 더 읽을 책이 없다. 앞으로는 세상을 여행하며 세계라는 큰 책에서 배울 생각이다." 데카르트가 대학을 나서며 남겼다고 전해지는 말이다. 그는 네덜란드에서 여행을 시작했고, 독일에서는 30년 전쟁에 참여했으며, 베네치아와 로마를 유람하고 파리로 갔다가, 다시 네덜란드로 돌아왔다. 그는 1637년에 그곳에서 프랑스어로 『방법서설(Discours de la Méthode)』을 출간했다. 그리고 이 책에 "나는 생각한다, 고로 존재한다"라는 유명한 대사가 등장한다. 참고로 코기토 에

르네 데카르트

르고 숨(Cogito, ergo Sum)이라는 라틴어는 나중에 제삼자가 번역한 말이다.

데카르트는 20년 넘게 각국을 떠돌며 새로운 진리가 지배하는 세계를 만들겠다고 구상했다. 토마스 아퀴나스가 구축한, 신을 중심으로 한 세계를 대신하는 세계였다. 이 장대한 목적을 달성하기 위해서 그는 회의주의로부터 탈피해야 했다. 신의 존재에 관하여 판단을 보류하는 회의주의적인 태도는 결정적인 오류를 범하지는 않을 것이다. 그러나 이러한 태도로는 사상적으로 진보할 수 없다. 그래서 데카르트는 회의를 목적으로 하지 않고 방법론으로 삼겠다고 생각했다. 그리고 이 방법을 "방법적 회의"라고 불렀다. 매사를 철저하게 의심하여 더는 의심할 수 없는 명제가 남는다면, 그 명제야말로 부동의 기준이 된다고 생각하는 추론 방법이다.

데카르트는 인간의 감각과 지성의 존재를 비롯하여 모든 것을 회의라는 체에 걸렀다. 물론 신도 포함했다. 이렇게 의심하고 또 의심하면 세계에 확실한 존재는 아무것도 없다. 그런데 모든 것을 의심하는 나라는 존재는 항상 확실하게 존재한다. 그래서 "나는 생각한다, 고로 존재한다"라는 명제에 도달했다. 데카르트는 이 명제만이 진실이라고 잘라 말했다. 그는 자신의 철학의 첫 번째 원리로 코기토 에르고 숨을 내걸었다. 나라는 존재야말로 절대적 진리이며, 이 진리가 곧 인간이고 세계에 존재하는 모든 진리에 우선한다고 데카르트는 판단했다. 과거 신의 존재가 그러했듯이 말이다.

이렇게 르네상스에서 시작된 인간 부활의 조류는 종교 개혁을 거쳐 코기토 에르고 숨의 등장으로 이론적으로 거의 완성되었다. 사람은 신으로부터 완전히 자유로워졌다. 데카르트를 "근대 철학의 아버지"로 일컫는 까닭이다.

"나는 생각한다, 고로 존재한다"라고 말하며 데카르트는 신의 존재를 증명했다

인간은 신으로부터 자유로운 존재라고 단언하고 나서, 데카르트는 다시금 신의 존재를 증명했다. 인간이 세상만사를 이리저리 의심해도 어차피 아무것도 모르는 불완전한 존재이다. 그런데도 왜 완전함을 추구하는가. 데카르트는 이 의문에서 출발했다. 불완전한 존재인 인간이 왜 완전한 존재를 추구하는가. 정삼각형이나 완벽한 원과 같은 기하학적 지식이 전형적인 예이다. 더 완벽한 삼각형, 더 완벽한 원, 더 아름다운 꼴. 인간은 왜 완벽함을 추구할까.

데카르트는 여기에서 신의 존재를 생각했다. 신의 존재 증명은 상당히 복잡한데 단순하게 설명하면, 인간이 완전함을 추구하는 이유는 완전함을 아는 신이 가르쳐주었기 때문이라는 가정에서 출발한다. 인간이 창조되었을 때에 성실한 신이 나쁜 신을 이기고 승리했다. 성실한 신은 인간에게 생득관념으로 성실하고 올바른 것, 즉 완전함을 가르쳐주었다. 그래서 인간은 나면서부터 완전함을 추구할 수 있다. 이것이 데카르트가 주장하는 신의 존재 증명이다.

그런 연유로 인간은 생득관념에 따라서 성실하게 공부하고 노력하면 신이 창조한 세계와 자신이 생각한 주관의 세계를 일치시킬 수 있다. 객관과 주관의 일치이다. 그러나 인간은 불완전한 존재이기 때문에 불성실하게 살면 주관도 여물지 못하고 세계도 불완전한 채로 남는다. 데카르트는 이러한 논리를 전개하며 신을 믿는 신앙의 세계에서 독립하는 형태로, 스스로 구축한 철학을 통해서 신의 존재를 다시금 증명했다.

토마스 아퀴나스는 철학이 인간과 자연의 세계에서만 통용되며 사후와 우주 세계에서는 통용되지 않는다고 말했다. 그는 신의 은총으로 만들어진 세계의 진리를 신앙에서 비롯된 믿음 이외의 방식으로는 추구할 수 없다고 주장했다. 그러나 데카르트는 신앙과 무관하게 코기토 에르고 숨을 진리로 설정했다. 그리고 독자적인 철학 체계를 세워가는 과정에서 신의 존재를 증명했다. 이는 인간의 자아를 신의 이름으로 구속하는 행위를 허용하지 않으면서 순수한 자아의 세계를 확립한 과정이라고 볼 수 있다.

데카르트의 『방법서설』을 직장인의 교과서로?

철학의 세계에는 "기계론"이라는 관점이 있다. 자연계의 다양한 운동은 특별한 목적이 없이 일어나는 운동의 연쇄이기 때문에 기계와 같다는 주장이다. 근대의 기계론도 데카르트에게서 시작되었다. 이 세계에서는 오직 인간에게만 정신이 있다. 그러나 인간의 몸은 다른 동물이나 식물과 마찬가지로 물체이다. 그렇다면 동식물도, 인간의 몸도 원리적으로는 기계와 같다고 데카르트는 가정했다. 우주와 인간의 몸을 같은 법칙이 지배한다는 사고방식이다. 이는 고대의 원자론으로 이어지는 한편, 현대의 우주와 인간 탄생의 이론과도 공통분모가 있다.

데카르트는 인간의 정신 및 의식과 인간의 물체로서의 육체는 별개라고 말했다. 정신과 의식은 신이 주신 생득관념으로 노력하고 공부하면 완성도를 높일 수 있으나, 육체는 불변하다. 데카르트는 이처럼 인간이 정신과 신체라는 두 가지로 나누어져 있다고 추정했다. 심신이원론이다.

『방법서설』은 인간이 자신의 의식을 높이는 인식 방법도 다루었다. 이 인식의 방법은 무척 이해하기 쉬워서 현재에도 충분히 통용된다. 베이컨이 생각한 인간의 네 가지 우상(284-285쪽 참조)도 우리의 사고 방법에 경종을 울렸으나, 데카르트의 방법론이 좀더 명쾌하다.

- **명증** : 그것이 진리임을 의심할 수 없는 확실한 증거를 먼저 찾아라.
- **분석** : 수집한 증거를 세부까지 꼼꼼하게 분석한다. 세부 사항까지 샅샅이 검토하라.
- **종합** : 세부까지 검토했다고 끝내지 않는다. 종합해서 전체적으로 검증하라.
- **음미** : 마지막으로 음미하라. 빠진 곳은 없는가. 못 보고 놓치거나 잘못 본 곳은 없는가.

이 명증, 분석, 종합, 음미라는 인식의 방법은 현대의 직장인이나 관리자 교육에도 효과적이라는 생각이 들지 않는가?

데카르트는 왜 스웨덴에서 눈을 감았을까?

발트 제국이라고 불린 전성기 무렵의 스웨덴을 이끈 크리스티나 여왕(재위 1632-1654)은 학문과 문화 진흥에 힘을 쏟았다. 크리스티나 여왕은 데카르트에게 학문을 배우고 싶으니 스웨덴에 와달라고 몇 번이나 친서를 보냈다. 1649년 10월 데카르트는 파리까지 마중을 온 스웨덴 군함을 타고 스톡홀름으로 향했다. 스톡홀름은 이미 혹한기에 들어선 시기였다.

크리스티나 여왕은 전형적인 아침형 인간이었다. 데카르트는 골골거리는 병약한 체질이었기 때문에 이른 아침의 강의가 몸에 부담이 되었는지, 스웨덴으로 오고 난 후로 감기를 달고 살았다. 그러다가 감기가 폐렴으로 발전하여 시름시름 앓다가 1650년 2월에 세상을 떠났다. 인간의 사상을 신의 세계에서 거의 완전하게 독립시키고 그 사상의 힘으로 신의 존재를 증명했던 근대 철학의 아버지 데카르트는 북유럽의 매력적인 여왕에게는 약했다는 농담도 있다.

데카르트의 대표작인 『방법서설』과 더불어 『성찰(*Meditationes de Prima Philosophia*)』과 『철학의 원리(*Principia Philosophia*)』도 함께 읽어보자.

인간의 정신과 육체를 분리하는 데카르트의 심신이원론에 회의를 표한 스피노자

대륙의 합리론은 참된 지식의 원천(즉, 진리의 원천)이 인간의 이성에 기초한다는 사고방식이라고 이해하면 충분하다. 데카르트는 그 이성을 인간의 생득관념이라고 규정했다. 그리고 그는 심신이원론을 전제로 논리를 전개했다.

바뤼흐 스피노자는 데카르트의 대륙 합리론을 계승했는데, 심신이원론에는 회의를 표명했다. 그는 자연을 완전하다고 가정했다. 끊임없이 변하는 날씨나 계절 등 조화를 이룬 아름다운 자연이야말로 완전하다. 그러므로 자연이 곧 신이라고 생각했다. 그는 이 사고방식을 "신, 즉 자연(Deus sive natura)"이라고 표현했다. 전통적인 종교관 가운데 범신론이라는 관점이 있다. 범신론은 우주를 포함하여 삼라만상에 신이 존재한다는 사고방식이다. 인도의 우파니샤드 철학과 불교, 그리스 사상에 그 근원이 있다. 스피노자의 "신, 즉 자연"은 얼핏 범신론처럼 보인다. 신플라톤주의와 유사한 일원론으로 보이기도 한다.

그는 이 "신, 즉 자연"이라는 이념을 바탕으로 인간도 자연의 일부라고 규정했다. 완전한 정신과 불완전한 신체는 별개가 아니다. 몸이 죽으면 정신도 죽기 때문에 데카르트가 주장한 심신이원론은 성립하지 않는다고 주장했다.

그러나 스피노자의 사고방식은 범신론보다는 오히려 유물론에 더 가까운 사상이라고 보는 사람들이 많다. 유물론은 만물의 근원이 물질이라고 보는 사고방식으로, 정신도 물질의 작용이나 물질의 산물이라고 본다. 반면, 범신론은 우주를 포함하여 세상 만물에 신이 존재한다고 생각한다. 스피노자처럼 "신, 즉 자연"이라고 주장하면서 자연의 일부인 인간은 초목이 시들어가듯이 몸도 마음도 동시에 죽는다고 생각하면, 영원불멸한 존재가 부정되므로 자연 속에서 신의 존재도 부정된다. 또 인간도 자연의 일부, 즉 신의 일부라고 생각하면 인간이 자유롭게 생각할 수 있는 독자성이 없어진다. 신의 의지밖에 존재하지 않기 때문이다. 다시 말해서 인간의 자유의지를 부정하는 철저한 결정론으로 이어질 수 있다.

스피노자는 데카르트의 심신이원론에 회의를 표명했다가, 무신론이라는 비판이 쏟아지면서 불우하게 생을 마쳤다. 스피노자는 네덜란드 암스테르담의 부유한 유대인 상인 가문에서 태어났는데, 만년은 생계를 위해서 렌즈를 연마하는 일을 했다고 전해진다. 그의 대표작은 『에티카(Ethica)』로 철저한 연역을 시도한 책이다.

바뤼흐 스피노자

데카르트의 이원론, 스피노자의 일원론 그리고 라이프니츠의 다원론

고트프리트 빌헬름 라이프니츠는 스피노자보다 약 14년 늦게 독일에서 태어났다. 라이프니츠는 데카르트가 심신이원론으로 구축한 대륙의 합리론을 스피노자가 "신, 즉 자연"의 범신론적 일원론으로 반론하자 다시 새로운 논리를 제안했다.

데카르트는 인식의 방법으로 명증, 분석, 종합, 음미라는 단계를 밟으라고 가르쳤다. 이 방법론에 대응하여 말하자면, 라이프니츠는 스피노자가 "신, 즉 자연"이라고 명증했기 때문에 쾌재를 부르며 냉큼 그 명증을 받아 자연을 분석, 종합, 음미한 것이다. 자연이란 이 세상에 존재하는 만물이다. 예를 들면 꽃에는 꽃과 잎과 줄기가 있다. 꽃에는 꽃잎, 수술, 암술 등이 있다. 이렇게 계속 분석하고 좁혀 들어가면 그리스 철학에서는 아톰(원자)에 이르지만, 라이프니츠는 독특한 사고방식을 취했다. 그는 꽃잎과 수술이 다른 존재이므로 분석해도 같은 원자가 되지 않는다고 주장했다.

그는 이 최소 단위를 모나드(Monad, 단자)라고 불렀다. 모나드는 원자처럼 동일한 극소 단위가 아니며, 어떤 모나드라도 다른 모나드와는 다르다. 그러므로 라이프니츠의 모나드론은 다원론이다. 그의 사고방식은 자연 그 자체가 신이라는 스피노자의 일원론과도 이질적이다. 라이프니츠에게 자연은 헤아릴 수 없이 다채로운 모나드의 집합체였기 때문이다.

그렇다면 세계는 어떻게 아름답게 조화를 이룰까? 라이프니츠는 모든 모나드가 독자적인 지각력과 욕구를 내재하고 있어서 다른 모나드와 똑같이 움직이지 않는다고 주장했다. 그러나 신은 모나드를 그 지각력과 욕구에 맞추어 예정된 조화를 이루며 움직이도록 설계했다. 개울물이 졸졸 소리를 내며 흐르는 것도 신이 그렇게 설계했기 때문이다. 그래서 세계는 아름답다고 라이프니츠는 말했다. "참 으로 낙관적인" 사고방식이다. 17–18세 기에는 많은 사람들이 그렇게 생각했던 모양이다. 이러한 사고방식에서 바라보 면, 인간의 자유의지와 무관하게 세계가 바람직한 방향으로 향한다고밖에 생각 할 수 없다.

고트프리트 라이프니츠

스피노자와 라이프니츠는 데카르트 에게 영향을 받아 대륙의 합리론을 발 전시키며 독자적인 철학을 전개했다. 이 두 사람의 철학은 각각의 형태 로 후세에 큰 영향을 남겼다. 라이프니츠의 책 『모나드론(*Monadologia*)』과 『형이상학 논고(*Discours de Métaphysique*)』를 읽어보자.

8. 경험론과 합리론이 발전한 시대에 고대의 인간 사회 분석부터 고 찰하기 시작한 두 사람

17세기 베이컨과 데카르트와 거의 동시대에, 바다 건너 영국에서 살았던 토머스 홉스(1588–1679). 그리고 18세기 흄과 얼추 동년배였던 프랑스의 장–자크 루소. 이 두 사상가는 경험론이나 대륙의 합리론과는 조금 다른 방향에서 위대한 학문적 성과를 후세에 남겼다. 두 사람은 태곳적 아직 예수가 태어나기 전의 인간이 어떻게 살았는지를 고찰했다. 호모 사피엔 스 사피엔스는 약 20만 년 전, 동아프리카 지구대에서 등장했다. 그러나 홉스와 루소가 살던 시대에는 이런 지식이 아직 없었다.

"만인에 대한 만인의 투쟁"이라고 홉스는 생각했다

홉스는 인간이 자연 상태 그대로 살던 무렵에는 언제나 투쟁 상태에 있었다고 생각했다. 가령, 들판에서 사냥감인 영양을 잡아 각자의 몫을 분배해야 한다고 생각해보자. 또 아리따운 아가씨를 두고 구애 경쟁을 펼친다고 치자. 언제라도 주먹다짐으로 발전할 수 있는 상황이었다고 홉스는 설명한다. 그리고 그 상태를 "만인에 대한 만인의 투쟁"이라고 표현했다. 즉, 자연 상태에서는 자연법이 불완전하다는 주장이다.

인간의 능력은 개개인별로 큰 차이가 있기 때문에 투쟁은 오래가지 못하고 결말이 난다. 그래서 홉스는 인간이 평화롭게 공존하며 살기 위한 구조를 고안했다. 인간은 선천적으로 가지고 있는 자연권을 "공동선 (common wealth)"에 양도해야 한다. 요컨대, 홉스는 인간의 상위에 개개인의 주장을 힘으로 억누르는 더 큰 권력이 없다면 다툼이 계속되고 평화가 찾아오지 않는다고 가정했다.

그리고 그는 이 공동선이라는 존재에 "리바이어던"이라는 이름을 붙이고, 자신의 책 제목(『리바이어던[*Leviathan*]』)으로 삼았다. 리바이어던은 성서에 등장하는 바다 괴물의 이름에서 따온 것이다. 홉스는 신을 거론하지 않고 사회 질서가 어떻게 만들어질 수 있는지를 화두로 설정했다.

그런데 그의 논리는 결과적으로 왕권신수설을 뒷받침하는 역할을 했다. 여기에는 나름의 경위가 있다. 왕권신수설은 왕의 지배권이 신에게서 부여받은 절대적인 권력으로서 시민의 저항은 용납되지 않는다고 생각하는 정치 이론이다. 잉글랜드와 스코틀랜드의 동군연합(同君聯合)인 스튜어트 왕조를 연 제임스 1세(재위 1603-1625)는 이 이론의 신봉자였다. 제임스 1세에게 보위를 물려받은 리처드 1세(재위 1625-1649)의 폭정으로 삼왕

국 전쟁(청교도 혁명)이 일어났고, 영국은
내전 상태에 돌입했다. 이 전쟁으로 찰스
1세는 형장의 이슬로 사라졌고, 크롬웰
을 중심으로 한 잉글랜드 공화국이 건국
되었다(1649). 그러나 왕정복고가 이루어
지고, 찰스 2세(재위 1660–1685)가 왕위에
올랐다.

토머스 홉스

　홉스의 『리바이어던』은 이 격동의 시대
한복판에서 출간되었다(1651). 『리바이어
던』의 논조는 스튜어트 왕조가 주장하는 왕권신수설의 절대 왕정에 이론
적인 근거를 부여했다는 비판을 받았다. 홉스는 삼왕국 전쟁이 시작되기
전에 절대 왕정의 지지자라는 낙인이 찍혀서 프랑스로 망명했는데, 망명
도중에 마찬가지로 망명객 신세였던 찰스 2세를 만나 그의 가정 교사가
되었다는 기록이 남아 있다.

"자연으로 돌아가라"와 "일반의지", 루소의 사상

인간은 자연 상태 그대로 살던 무렵, 자신을 소중히 여기기는 했으나 타
인을 밀어낸다는 발상은 없었다. 그래서 루소는 대자연 속에서 인간들이
사냥감인 사슴을 두고 티격태격 싸우거나 연인을 차지하기 위해서 옥신
각신 승강이를 벌이는 일은 없었다고 생각했다. 즉, 자연 상태에서 자연
법은 완전했다는 것이 루소의 주장이다. 이러한 인식은 로크와 루소가 같
았다.

　욕심 없이 다툼을 몰랐던 선량한 인간은 지능을 발달시켜 물질 문명

장-자크 루소

을 이룩하고, 빈부의 격차를 만들어냈다. 인간은 자신의 재산을 지키기 위해서 싸우고 경쟁하게 되었다. 루소는 『인간 불평등 기원론(*Discours sur l'Origine et les Fondements de l'Inégalité parmi les Hommes*)』이라는 책에서 그 결과로 홉스가 말하는 만인에 대한 만인의 투쟁 상태가 발생했다고 주장했다. "자연으로 돌아가라!" 이는 선량, 자유, 행복이라는 근원적 무구함을 회복해야 한다는 루소의 근본 사상을 표명하는 말인데, 엄밀하게 따지면 구체적인 출처가 되는 책은 발견되지 않았다.

어떤 국가를 만들면 인간은 평화롭게 살 수 있을까? 루소는 "일반의지"라는 개념을 제안했다. 이는 자연인이 본래 가진, 자신과 타인에 대한 사랑이라는 감정을 발전시킨 개념이라고 볼 수 있다. 사회의 각 구성원이 이기심을 버리고 공공의 정의를 추구하려는 의지이다. 상부상조 정신이라고 생각해도 좋다. 예를 들면 한 도시에서 시민은 자신의 이기심(특수 의지)이 아닌 이 일반의지로 시장 등 도시를 경영하는 측(주권자 측)과 일체화되어 이상적인 정치체제를 만들어나가야 한다는 식이다. 말하자면 루소는 시민 전체가 참여하는 직접 민주정을 구상했다고 볼 수 있다.

홉스와 로크와 루소의 사회계약설을 비교하면 각각의 차이를 알 수 있다. 영국 출신 두 사상가의 사회계약설은 이미 의회 정치가 확립된 정치체제를 인식하고 나서 성립한 이론이었다. 반면, 루소의 사상은 당시 프랑스의 절대 왕정 치하에서 살아남는 과정에서 사색을 통해서 얻은 결과물이었다. 루소는 일반의지 이론의 필요조건으로 주권자와 시민의 동일성을 구상했다. 그 사상은 국민 주권론으로 이어졌다. 그래서 그의 사회계약설이 프랑스 혁명에 큰 영향을 주었다고 볼 수 있다.

샤를 몽테스키외

"자연으로 돌아가라"는 말은 원시로 회귀하자는 주장에 머물지 않고, 인간 본래의 주권을 되찾자는 사상의 원점으로 볼 수 있다. 이처럼 홉스, 로크, 루소로 이어지는 사회계약설의 정치 원리는 현재 존 롤스(1921-2002)의 『정의론(*A Theory of Justice*)』 등으로 계승되었다.

작곡가이기도 했던 루소는 『사회계약론(*Du Contrat Social*)』, 교육을 논한 『에밀(*Émile*)』, 자서전인 『고백(*Les Confessions*)』 등의 명저들을 남겼다.

루소보다 연배가 약간 위인 프랑스의 귀족 샤를 몽테스키외(1689-1755)는 영국의 정치 사상에서 영향을 받아, 프랑스의 절대 왕정을 비판하고 권력 분립(삼권 분립)을 주장하여 미국 독립과 프랑스 혁명에 막강한 영향력을 미쳤다고 알려져 있다. 몽테스키외는 장장 20년이나 집필하여 1748년에 출간한 『법의 정신(*De l'Esprit des Lois*)』이라는 책을 남겼다. 이 책은 2년 뒤에 영어로 번역되어 권력 분립이라는 이념을 전 세계로 전파했다.

도버 해협을 오간 사람과 사상

홉스와 루소의 철학을 논증해보면, 홉스는 『리바이어던』의 발상 등에서 관념성을 강하게 내비친다. 그의 사상은 대륙 합리론의 데카르트 계통과 가깝다고 볼 수 있다. 반대로, 루소의 사회계약설은 로크의 사상에서 많이 배워서 발전시킨 것이다. 당시 영국과 유럽 대륙의 철학자들은 상당히 활발하게 교류했다. 영국의 경험론과 유럽 대륙의 합리론이 교차하는 조류에 정치 철학을 둘러싼 논쟁이 가세하며 근대의 합리론이 발전했다.

그리고 기독교로 정합적인 세계의 질서를 그렸던 스콜라 철학이 허무하게 무너졌을 때, 도버 해협의 북서쪽에는 유럽 대륙과는 다르게 입헌군주제가 존재했다는 사실은 의미심장하게 느껴진다.

영국과 유럽 대륙은 경제적인 측면뿐만 아니라 사상적인 측면에서도 깊이 교류했다. 이러한 역사적 흐름을 생각해보면 브렉시트(영국의 유럽연합 탈퇴)는 상당히 이질적인 움직임이며, 나는 영국이 언젠가는 EU로 복귀하리라고 예측한다.

일원론과 이원론, 다원론

사전을 펼치면 일원론은 "① 하나의 원리로써 전체를 설명하려는 태도 또는 그런 사고방식. ② 우주의 근본 원리는 오직 하나라는 이론"이라고 설명되어 있다. 플라톤의 이데아론과 기독교의 삼위일체가 여기에 해당한다. 우주의 생성을 규명한 빅뱅 이론도 같은 맥락으로 볼 수 있다.

마찬가지로 이원론은 "① 대상을 고찰함에 있어서 서로 대립되는 두 개의 원리나 원인으로써 사물을 설명하려는 태도 또는 그런 사고방식. ② 정신과 물질의 두 실재를 우주의 근본 원리로 삼는 이론. 17세기에 데카르트가 정신은 의식을 그 속성으로 하고, 물질은 연장을 속성으로 한다고 규정함으로써 근세 철학의 이원론이 성립했다. ③ 선과 악, 창조자와 피조물, 영혼과 몸 따위의 대립되는 원리로써 사물을 설명하려는 입장"이라고 완벽하게 설명되어 있다. 조로아스터교와 마니교 등이 여기에 속한다.

다원론은 "우주를 구성하고 있는 근본적 실체는 하나가 아니고 여럿으로, 모든 존재자는 그런 실체의 결합으로 이루어져 있다고 설명하는 형이상학적 이론"이라고 설명되어 있다. 음양오행설과 아리스토텔레스의 4성질설이 전형적인 예이다.

나는 모르는 무엇인가를 맞닥뜨리면 일단 사전을 펼친다. 그러면 대충은 파악할 수 있다. 여러분도 사전을 가까이 두고 친해지는 습관을 길러보기를 바란다.

루소가 남긴 "주먹 쥐고 손을 펴서"

장-자크 루소는 1712년 스위스 제네바에서 태어났다. 아버지는 부유한 시계 장인이었고, 어머니는 루소를 낳고 출산 후유증으로 며칠 후에 눈을 감았다. 루소는 어머니를 닮아 미소년으로 성장했고, 아버지를 본받아 부지런히 독서에 매진했다. 그런데 아버지는 루소가 열 살 무렵에 지역 귀족과의 분쟁으로 고소를 당해서 제네바에서 추방되고 말았다. 루소와 그의 형은 졸지에 고아가 되었다.

친척 어른들은 루소의 형을 근처 장인의 집에 수습공으로 들여보냈다. 그런데 형은 수습공으로 들어갔던 집에서 도망쳐 행방불명이 되고 말았다. 루소도 제네바 근교의 목사에게 맡겨졌다가, 이후 몇몇 곳에 수습공으로 보내졌다. 그러나 어느 곳에서나 혹사당했고, 약한 자를 괴롭히는 학대가 기다리고 있었다. 힘든 환경에서도 루소는 손에서 책을 놓지 않았다. 그러나 그 책조차 버려지는 불우한 나날을 보내며 그는 자신의 몸과 마음을 지키기 위해서 거짓말을 하거나 자잘한 말썽을 저지르며 천덕꾸러기 신세가 되었다. 루소는 열다섯 살에 사소한 갈등으로 수습공 자리를 박차고 나왔다.

루소는 제네바를 떠나 남쪽으로 발길을 돌려서 이탈리아 토리노로 향했다. 특별한 계획은 없었다. 토리노를 방황하다가 지역 가톨릭 교회 사제의 보호를 받게 되었다. 사제는 루소에게 일시적인 거처로 귀부인 드 베르셀리를 소개해

주었다. 이 만남이 루소의 인생을 결정적으로 바꾸는 계기가 되었다.

어머니의 사랑을 받아본 적도 없이, 마음 기댈 곳 하나 없이 고생스러운 소년 시절을 보낸 열다섯 살의 루소에게 부인의 다정한 미소는 어머니를 떠오르게 했고, 동시에 연인으로 느껴졌다. 그는 드 베르셀리 부인에게 푹 빠졌다. 부인은 당시 스물아홉 살이었다고 한다. 그녀는 처음에는 루소가 자신을 열렬히 사모하는 마음을 어머니처럼 받아주다가 마침내 그의 사랑에 굴복했다. 루소가 20세 전후, 부인이 30대 중반이었다. 두 사람의 사랑은 5년가량 이어졌다.

그는 처음으로 어머니의 사랑을 배웠고 동시에 연인과 살을 맞대고 사는 환희도 알게 되었다. 루소의 삶에 서광이 비치는 듯했다. 짧지만 황홀한 시간이었다. 그는 부인에게 끌려 탐욕스럽게 책을 읽었고, 공부에 몰두했다. 존 로크와 데카르트도 독파했다. 부인이 사랑하는 음악도 공부했다.

부인과 헤어지고 독립해서 살면서도 그는 몇 편의 음악 작품을 작곡했다. 그중 하나인 오페라 「마을의 점쟁이」는 파리 왕궁에서도 공연되었다. 그가 작곡한 오페라 속의 가곡은 놀랍게도 제목과 가사를 바꾸어 우리에게 친숙한 "주먹 쥐고 손을 펴서"라는 동요가 되었다.

제10장

근대에서 현대로, 세계사의
대전환기에 등장한 철학자들

영국의 경험론과 대륙의 합리론

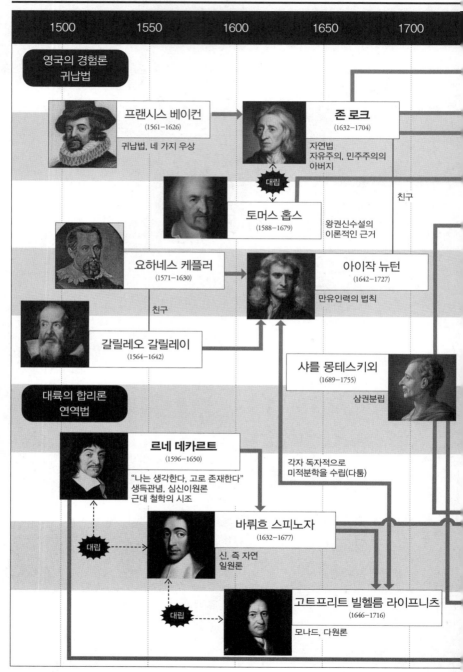

영국의 경험론과 대륙의 합리론

1500　　　1550　　　1600　　　1650　　　1700

영국의 경험론 귀납법

프랜시스 베이컨
(1561–1626)

귀납법, 네 가지 우상

존 로크
(1632–1704)

자연법
자유주의, 민주주의의 아버지

대립

토머스 홉스
(1588–1679)

왕권신수설의 이론적인 근거

친구

요하네스 케플러
(1571–1630)

아이작 뉴턴
(1642–1727)

만유인력의 법칙

친구

갈릴레오 갈릴레이
(1564–1642)

샤를 몽테스키외
(1689–1755)

삼권분립

대륙의 합리론 연역법

르네 데카르트
(1596–1650)

"나는 생각한다, 고로 존재한다"
생득관념, 심신이원론
근대 철학의 시조

각자 독자적으로
미적분학을 수립(다툼)

대립

바뤼흐 스피노자
(1632–1677)

신, 즉 자연
일원론

대립

고트프리트 빌헬름 라이프니츠
(1646–1716)

모나드, 다원론

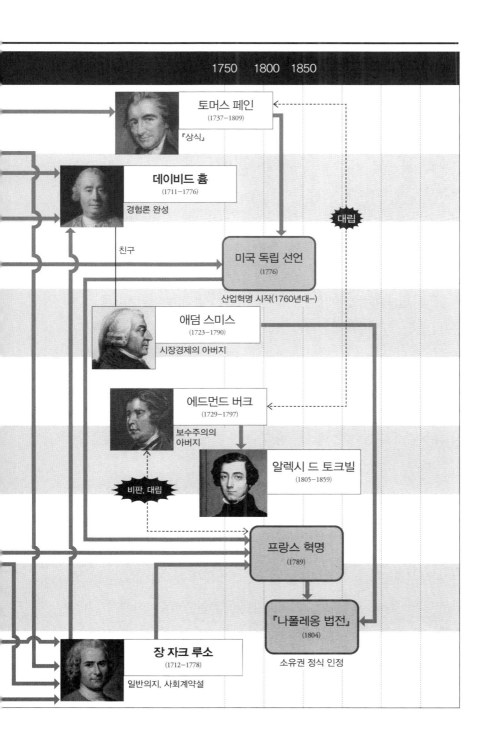

토머스 페인
(1737–1809)

『상식』

데이비드 흄
(1711–1776)

경험론 완성

대립

친구

미국 독립 선언
(1776)

산업혁명 시작(1760년대–)

애덤 스미스
(1723–1790)

시장경제의 아버지

에드먼드 버크
(1729–1797)

보수주의의
아버지

알렉시 드 토크빌
(1805–1859)

비판, 대립

프랑스 혁명
(1789)

『나폴레옹 법전』
(1804)

소유권 정식 인정

장 자크 루소
(1712–1778)

일반의지, 사회계약설

세계 최초 인공국가의 탄생

르네상스와 종교 개혁으로 중세가 끝나고 미국의 독립(1776), 이어서 프랑스 혁명(1789), 『나폴레옹 법전』 성립(1804), 그리고 본격적인 국민국가 시대의 막을 여는 1848년 혁명(국민국가들의 봄)까지, 근대로 이행하던 이 시대에 등장한 사상가와 철학가들에 관해서 앞으로 설명할 예정이다. 본론에 들어가기 전에, 그 입구에 선 두 사람의 사상가를 만나보자.

미국 독립과 프랑스 혁명은 훗날 세계에 커다란 영향을 미치는데, 가장 중요한 핵심은 인공국가를 만들었다는 점이다. 그때까지 국가와 사회는 권력을 잡은 사람이 교체되는 과정에서 자연스럽게 성립했다. 일본에서도 히미코 여왕이 등장하여 야마토 정권이 탄생하며 국가의 꼴을 차츰 갖추기 시작했다. 영국에도 다양한 민족들이 대륙과 북방으로부터 상륙했는데 최종적으로는 프랑스의 노르망디 공이 영국을 정복하고(노르만 정복) 이후 왕권을 유지하며 국가의 형태를 잡아나갔다.

이처럼 여러 사람들이 모여서 자연스럽게 국가를 이룬 사례가 많았는데, 미국이라는 나라는 이와는 달리 인공국가이다. 영국을 비롯하여 세계 각국에서 모인 사람들이 미국을 독립시키며 새롭게 탄생한 나라인 것이다. 따라서 극단적으로 표현하면 미국인의 정체성에는 역사도 전통도 없다. 미국인 정체성의 근간은 곧 헌법이다. 로크와 루소의 "사회계약설"이 말했듯이 세계 최초로 사회계약 국가가 탄생했다. 우리가 아는 미국이라는 나라이다.

2018년 제프 세션스 미국 법무장관이 사임했다. 사실상의 경질이었다. 세션스 장관은 자신에게 충성하라는 트럼프 대통령의 요구에 "저는 미합중국 헌법에 충성을 맹세했습니다"라고 대답하여 미운털이 박혔다는 소식이 전해졌다. 미국에서 헌법이 어떤 존재인지를 말해주는 전형적인 일화라고 할 수 있다. 그 인공국가가 탄생하는 과정에서 치른 독립전쟁 당시, 라파예트를 비롯한 프랑스 귀족과 지식인 등 다양한 사람들이 의용군으로 미국으로 건너갔다. 그리고 독립의 이념이 되었던 "자유, 평등, 박애" 정신을 프랑스로 가지고 돌아와서 대혁명의 불씨로 삼았다.

미국 독립전쟁도 많은 피가 흐른 거대한 사건이었으나, 유럽 최강국이었던 프랑스에서 대혁명이 발발했을 때에는 사람들의 상상을 초월하는 힘이 터져나왔다. 나폴레옹이라는 천재는 그 힘을 고스란히 흡수하여 유럽을 정복하는 과정에서 마치 병원균처럼 "자유, 평등, 박애"의 정신을 대륙 전체로 확산시켰다. 그 영향력의 크기는 이루 가늠할 수 없다.

나폴레옹은 『나폴레옹 법전』을 만들었다. 『나폴레옹 법전』은 민법전으로 최초로 소유권을 정식으로 인정한 법전이다. 다시 말해서 자본주의의 법적 근거를 완성한 셈이다. 나폴레옹이 세인트헬레나 섬으로 유배되고 빈 체제의 반동 시대가 끝나자, 1848년 유럽 혁명의 해가 찾아왔다. 1848년 혁명(국민국가들의 봄)으로 프랑스에서 왕가가 추방되었고, 프랑스는 공화국으로 거듭났다. 제2의 인공국가가 이렇게 탄생했다.

산업혁명과 상상의 공동체로서의 국민국가라는 인류사의 2대 혁신은 서유럽의 패권 시대를 열었다. 국민국가 구조를 분석한 베네딕트 앤더슨의 『상상의 공동체(*Imagined Communities*)』는 역사적인 명저이다.

프랑스 혁명(1789-1799)부터 1848년 혁명까지의 약 60년은 인공국가의 탄생과 자유, 평등, 박애라는 혁명 정신이 라틴아메리카를 비롯한 세계 각지로 퍼져나갔다는 의미에서 인류 역사상 획기적인 시대라고 할 수 있다. 조금 앞선 18세기 중반에 산업혁명이 일어났기 때문에, 유럽의 주요 국가들은 자신들의 나라를 국민국가로 통합하는 힘과 그 국가를 경영하는 경제력을 손에 넣을 수 있었다. 그러한 시대적인 조류 속에서 기억해야 할 두 사람의 사상가가 등장했다.

영국에서 태어난 토머스 페인의 『상식』

1774년, 영국인 토머스 페인(1737-1809)은 미국으로 삶의 터전을 옮겼다. 당시 미국에서는 영국 본국에 대한 독립운동이 이미 무력 충돌로 발전하여, 아슬아슬하게 살얼음판을 걷는 듯이 독립전쟁이 터지기 일보 직전의 상태였다. 문필가이자 사상가인 토머스 페인의 눈에는 "대표 없이 과세 없다"라는 깃발을 내걸고 본국에 저항하는 미국인의 삶의 방식이 뚜렷하게 각인되었다. 1776년 1월 페인은 『상식(Common Sense)』이라는 제목의 소논문을 집필하여 팸플릿 형식으로 발표했다.

그는 소논문에서 다음과 같이 호소했다. 영국 군주정은 노르만 정복 이후 군주들의 패권을 정당화한 데에 지나지 않는다. 이는 왕권을 합리화하는 구조로 미국인의 상식이 아니다. 인간은 태어나면서부터 평등하므로, 미국은 자신감을 가지고 목소리 높여 미국인의 주장을 정당화하자. 영국으로부터의 독립이야말로 미국인의 상식(common sense)이다.

『상식』에는 "미국에 거주하는 사람들"이라는 부제가 붙었다. 이 소논문은 그야말로 독립전쟁의 불씨에 기름을 붓는 역할을 했다. 출간 3개월 만에 무려 12만 부가 팔려나갔다. 미국인은 이 소논문에서 용기를 얻고 자신들의 주장에 자신감을 가지게 되었다. 미국은 1776년 7월에 『상식』의 논지를 활용하여 독립 선언을 발표하고 전쟁에 돌입했다.

토머스 페인

독립전쟁에서 미국이 승리하고, 신세계에서 들려온 승전보에 고무된 프랑스에서 혁명이 일어났다. 프랑스 혁명은 바스티유 습격이 불쏘시개 역할을 하며 그 불길이 번졌고, "인간과 시민의 권리 선언", 즉 "인권 선언"(1789)을 발표하며 본격화되었다. 이 인권 선언 속에 『상식』의 기본 정신이 살아 있다. 혁명은 과격해졌고, 프랑스 국왕 루이 16세를 단두대에 세웠다. 이 프랑스 혁명을 도버 해협 건너편에서 냉정하게 바라보던 한 영국인이 있었다. 바로 에드먼드 버크(1729–1797)였다.

아일랜드에서 태어난 에드먼드 버크의 『프랑스 혁명에 관한 성찰』

에드먼드 버크는 정치인이자 정치 사상가였다. 그는 프랑스 혁명을 거세게 비난했고, 후대에는 "보수주의의 아버지"라는 별명을 얻었다. 그의 논지를 간단히 살펴보자.

왕국을 당당히 구축했다고 해서 왕후와 귀족에게 절대적인 특권을 부여하는 것은 옳지 않다. 그러나 그들이 몇백 년씩 쌓아올린 업적을 간단히 무너뜨려서도 안 된다. 시민이 그들을 적절히 통제하면서 고삐를 잡아야 한다. 가령, 의회 정치를 발전시켜나가는 방안이 현명하다. 인간의 두뇌보다 경험과 습관을 믿어야 한다. 딱히 현명하지도 않은 인간의 이성을 전

에드먼드 버크

능하게 여기며 "자유, 평등, 박애"를 부르짖는다고 해도 무엇을 할 수 있다는 말인가. 인간은 경험이 뒷받침되지 않는 것을 안일하게 믿어서는 안 된다. 프랑스 혁명처럼 과격하게 혁신을 실행하지 말고, 조금씩 사회를 바로잡아 나가는 것이 최선이다.

버크는 이를 중심으로 『프랑스 혁명에 관한 성찰(*Reflections on the Revolution in France*)』(1790)이라는 제목의 책을 출간했다. 그는 이 책에서 최초로 보수주의라는 용어를 사용했다고 알려졌다. 이렇게 "보수주의의 성서"라고 불리는 책이 등장했는데, 이 책을 읽은 토머스 페인은 격노하며 그 반론으로 『인간의 권리(*Rights of Men*)』(1791)를 썼다.

이쯤에서 비로소 우리가 아는, 보수와 진보라는 양자 대립 구조의 이데올로기가 만들어졌다. 그러나 페인과 버크가 주장했듯이 진보도, 보수도 정치 사상의 문제만이 아니었으며 철학적인 명제의 일부분으로서, 극단적으로 표현하면 미국과 프랑스, 영국 사람들이 무엇을 믿는지, 즉 종교의 일부였다고 볼 수 있다. 버크의 후계자로는 보통 프랑스의 정치인 알렉시 드 토크빌(1805-1859)을 꼽는다. 토크빌의 『미국의 민주주의(*Democracy in America*)』는 미국이라는 인공국가를 이해할 때의 필독서로 꼽힌다.

참고로 좌파와 우파라는 용어는 프랑스 혁명 당시 국민의회에서 과격한 발언을 일삼던 사람들이 의회 좌측에 진을 치고 앉았고, 온건한 사람들이 우측에 앉았던 것에서 만들어졌다.

토머스 페인과 애덤 스미스의 주장을 집대
성하고 현실화한 나폴레옹

애덤 스미스는 영국 경험론의 거두, 데이
비드 흄의 지인으로 앞에서 소개했다. 그
는 시대적으로 보면 토머스 페인과 동시
대 인물이다.

    토머스 페인은 존 로크와 마찬가지로
인간의 자유와 평등을 주장했고, 정치적
으로는 미국 독립을 정당화하는 국민국

애덤 스미스

가의 기반에 이론적인 근거를 부여했다. 애덤 스미스는 자유방임주의를
주장하면서, 정부가 경제 활동을 통제하지 않아도 개인의 자유에 맡긴다
면 시장의 "보이지 않는 손"이 공익을 달성한다고 주장을 담아 『국부론』
(1776)을 썼다. 즉, 애덤 스미스는 개인의 자유(사익)와 사회의 질서(공익)가
조화를 이루는 과정을 이론으로 설명했다.

    그러나 그는 절대 약육강식을 표명하지 않았다. 그는 이미 1759년에
『도덕 감정론』을 출간했다. 그는 이 책에서 사회 질서의 요인이 되는 감정
이 공감이라고 추정했다. 구체적으로는 타인의 감정과 행위의 적절성을
중시했다. 그래서 자유방임의 전제조건으로 타인에게 폐를 끼치지 않는
범위에서 경제 행위를 하는 것이 가장 바람직하다며 일종의 상도덕(윤리)
을 요구했다. 참으로 영국인다운 상식이다.

    그리고 이러한 시장경제의 사고방식이 정착하기 시작한 시대에 토머스
페인의 『상식』이 출간되었고 미국이 독립했고 프랑스 혁명이 일어났다. 뒤
를 이어 나폴레옹 보나파르트가 등장하여 애덤 스미스가 이론적인 근거

를 부여한 소유권을 인정하는 『나폴레옹 법전』을 제정했다. 그뿐만 아니라 나폴레옹은 기존의 군주정을 부정하고, "자유, 평등, 박애"의 깃발을 내걸고 유럽 전체와 전쟁을 벌여 프랑스를 국민국가로 통합했다. 물론 실제로는 나폴레옹의 독재국가로 발전했으나, 토머스 페인과 애덤 스미스의 사상은 프랑스 혁명의 영향력을 집대성한 나폴레옹에 의해서 통합 및 실현되었고, 이는 근대로 가는 창을 활짝 열어젖혔다.

1. 영국의 경험론과 대륙의 합리론을 통합하려고 했던 칸트의 철학

중세 이후 유럽에서의 철학의 흐름을 되짚어보자. "철학은 신학의 시녀"라고 단언하며 지상보다 신의 나라를 우위에 두었던 토마스 아퀴나스의 이론이 중세 철학의 세계에 군림했다. 그러나 이 이론은 르네상스로 크게 흔들렸고 여러 학설들이 난무했다. 그 난장판에 데카르트가 등장하여 "나는 생각한다, 고로 존재한다"라고 말하며 신과 무관하게 존재하는 자아를 확립시켰다. 이로써 데카르트는 '근대 철학의 아버지'로 추앙받게 되었다. 데카르트의 학설을 발전시키는 형태로 스피노자와 라이프니츠가 등장했는데, 데카르트의 철학으로부터 대륙 합리론이라고 불리는 커다란 조류가 탄생했다. 한편, 도버 해협 건너 영국에서는 베이컨, 로크, 흄이라는 거성이 연이어 등장하여 경험론이라는 사조를 내놓았다.

　독일에서는 이마누엘 칸트(1724-1804)가 등장했다. 칸트는 흄과 루소와 동시대 인물이다. 그는 흄과 루소의 발상을 접하고 영감을 얻어서(칸트는 흄을 공부하고 "독단의 잠에서 깨어나게 해준 사람"이라고 말했다) 독자적인 철학을 구축했다. 한마디로 대륙의 합리론과 영국의 경험론을 통일하려는 시도였다.

철학의 역사를 살펴보면, 학설의 흐름
이 여러 방향으로 가치를 치듯이 뻗어나
갈 때에 반드시 누군가가 나타나서 혼란
을 수습하려고 애쓴다. 너무 많은 사람
들이 중구난방으로 이런저런 말을 쏟아
내면 듣는 사람들은 혼란스러워진다. 온
갖 사상을 깔끔하게 정리해두면 사람들
도 귀를 기울여 듣고 싶어진다. 그래서

이마누엘 칸트

정리하려는 사람이 나타난다. 토마스 아퀴나스와 데카르트가 그랬다. 그
렇다면 칸트는 영국의 경험론과 대륙의 합리론을 어떻게 통합했을까?

칸트는 인간의 인식 방법이 "감성"과 "오성", 두 가지로 완성된다고 생각했다
영국의 경험론에서는 인간이 본래 백지 상태로 태어나서 교육을 받으며
현명해진다고 생각했다. 칸트도 이 주장에 동의했다. 그러나 그는 이 주
장을 인정하면서도 하나의 의문을 표명했다.

사자를 전혀 모르는 몇몇 어린이들을 낯선 도시의 동물원으로 데려가
서 사자를 보여준다고 하자. 그러면 아이들은 다른 작은 동물을 보았을
때와는 다른 반응을 보일 것이다. 어린이들이 사자를 보고 일반적인 사람
의 반응과 같은 반응을 보이는 이유는 무엇일까? 칸트는 이러한 의문을
제기했다. 보지도 듣지도 못한 대상인데, 마음이 백지여야 할 아이가 어떻
게 동일한 반응을 보일까?

칸트는 인간에게 두 가지 인식 방법이 있다고 추정했다. 감성과 오성

(지성)이다. 감성이란 외부 세계의 자극에 반응하고 특정한 인상을 느끼고 포착하는 인식 능력이다. 감각이라고 생각해도 충분하다. 영어로는 "sensibility"에 해당한다. 오성(悟性)이란 감성과 함께 인식하는 능력이다. 그 인식에는 감성과는 달리 이해와 판단력이 동반된다. 영어의 "understanding", 즉 이해력이다. 어린아이가 사자를 보고 보인 반응은 이 오성의 작용에서 비롯된 것이다.

칸트는 이처럼 인간은 감성과 오성, 두 가지가 하나가 되어 세계를 인식한다고 생각했다. 영국의 경험론처럼 인간은 확실히 백지 상태로 태어나지만, 동물과는 달리 오성이라는 능력을 타고 태어난다는 가정이다. 이 오성은 데카르트의 "생득관념"과 닮은 듯 다르다. 감성과 오성에 관해서 좀더 살펴보자.

칸트는 먼저, 인간이 아 프리오리(a priori), 즉 경험에 앞서서 공간과 시간을 이해한다고 주장했다. 인간은 공간과 시간 속에서 살아가기 때문에 이를 이해하는 것은 당연하다. 참고로 아 프리오리란 후천적인 경험(아 포스테리오리[a posteriori])에 의존하지 않고 인간에게 선천적으로 주어지는 능력을 가리킨다.

세상 만물은 시간과 공간 속에 존재하는데, 우리의 눈에 비치는 대상은 "감성"으로 경험할 수 있다. 눈에 비치는 대상은 다양하고, 이를 감성의 다양성(감각 소여)이라고 부른다. 책상 위에 있는 꽃병에 꽂힌 장미는 위에서 볼 때와 옆에서 볼 때가 서로 다르게 보인다. 그리고 시간이 지나면 꽃잎이 말라서 떨어질 수도 있다. 그러나 인간은 이를 "하나의 같은 장미"라고 인식한다. 칸트는 이 인식은 어떤 감각 소여로도 얻을 수 없는(위에서 봐도 같은 장미, 옆에서 봐도 같은 장미, 혹은 하루 뒤에 봐도 같은 장미), 즉 "오성"에서 비롯된 인식이라고 보았다. 그리고 오성은 범주를 매개로 한다며 그는 12개의 범주(인식의 축)를 들었다. 가령, 사물에는 원인이 있고 결과가 있다는 인과 법칙을 이해하는 인식 방법 등이다. 아침이 오면 밤이 온다는 식이다. 칸트는 인간이 오성을 아 프리오리로서 갖추고 있다고 생각했다.

사람이 사물을 인식하는 행위는 감성과 오성의 공동 작업이다. 칸트는 감성과 오성으로 구성된 인식의 축으로 사람이 사물을 인식한다는 이중 구조를 고안했다. 인간은 사물을 감성으로 인식하며, 동시에 오성의 축에 대상물을 대입하여 그 사물을 인식한다.

꽃을 보았기 때문에 꽃을 인식하는가, 꽃이라고 인식했기 때문에 꽃이 되는가
꽃병에 담긴 장미를 본다고 상상해보라. 꽃은 책상 위라는 공간에 놓여 있다. 그리고 여러분은 인과 법칙에 따라서 다음의 사실을 알고 있다. 식물이 작은 싹에서 성장하여 키가 커지고 줄기가 굵어지다가 이윽고 꽃봉오리를 터트리며 꽃을 피웠다가 마침내 진다.

그런데 벌 한 마리가 같은 장미를 본다고 가정하자. 우리 인간이 보는 색은 3원색을 기본으로 한다. 그런데 벌은 다르다. 벌이 보는 장미의 인상은 우리와 다르다. 아마 빨간 장미도 빨갛게 보이지 않으리라. 물론 칸트에게는 이런 지식이 없었다.

그러나 그는 다음과 같은 의문을 제시했다. 사람은 자신의 감성과 오성으로 구성된 인식의 축으로 대상을 볼 뿐이다. 그러나 사람이 그 대상의 참모습을 보고 있다는 보장은 어디에도 없다. 따라서 사람은 그 대상 자체를 보는 것이 아니라 인식의 축이 포착한 현상을 보는 것이라고 칸트는 추정했다. 사람은 세계의 존재물, 그 사물 자체를 영원히 포착할 수 없다. 따라서 사람은 진짜 대상(object)이 아니라, 인식의 축이 포착한 '현상(phenomenon)'을 본다. 요컨대 칸트는 대상과 현상은 다르다는 이원론을 주장한 셈이다.

칸트의 발상은 획기적이었다. 이에 따르면 인간은 세계에 존재하는 사물의 진실한 모습을 영원히 알 길이 없다. 사람이 그 대상의 현상을 인식할 뿐이라는 이론이기 때문이다. 그때까지의 철학 인식론에서는 대상을 그대로 대상으로서 인식했고 그 대상이 진실한 존재라고 믿었다. 그런데 칸트는 인간이 인식의 축으로 대상의 현상을 인식할 따름이고, 그 사물의 진실한 모습은 볼 수 없다고 단언했다. 칸트는 이러한 인식론의 역전을 자신의 저서 『순수이성 비판(Kritik der Reinen Vernunft)』에서 "코페르니쿠스적 전환"이라고 표현했다. 폴란드의 천문학자인 코페르니쿠스가 1543년 『천구의 회전에 관하여(De Revolutionibus Orbium Coelestium)』라는 책에서 지동설을 주장하며 천동설에 일대 변혁을 일으킨 사건에 비유한 표현이다.

그런데 칸트가 생각한 인식의 축이라는 사고방식은 현대 대뇌 생리학이 해명한 연구 성과와 일치한다. 그것도 소름 끼칠 정도로 완벽하게 맞아떨어진다. 우리의 눈으로 들어온 정보는 머릿속에서 전기 신호로 변환된다. 예를 들면 우리는 빨간 꽃을 보고 "이것은 빨간 꽃이다"라고 인식한다고 판명되었다. 앞에서 설명한 구분은 말 그대로 이러한 뇌의 구조 자체를 가리킨다고 볼 수 있다. 칸트는 뇌의 구조를 알지 못하고도 이미 미래의 지식을 통찰한 셈이다.

기존의 철학은 세계의 다양한 존재들에 관해서 어떤 존재인지를 따지는 존재론에 무게를 둔 측면이 있었다. 인식의 실태에 관해서는 아무런 의

문을 제기하지 않았기 때문이다. 그러나 우리가 세계에 존재하는 사물의 진실한 모습을 영원히 인식할 수 없다면, 논점을 인식하는 행위 자체로 다시 끌고 와야 한다. "인식은 대상에 따라서 결정된다"에서 "대상은 인식으로 결정된다"는 전환은 말 그대로 "코페르니쿠스적 전환"이었다.

칸트는 자연계에는 자연 법칙이, 인간계에는 도덕 법칙이 있다고 말했다

그런데 『순수이성 비판』에서 칸트는 먼저 이율배반(Antinomie) 문제를 언급했다. 우주에 시작이 있다면, 우주가 생기기 전의 문제는 풀 수 없다. 우주에 시작이 없다면, 한정된 현재의 시간을 설명할 수 없다. 이러한 형이상학적인 문제를 이성으로 결론 내리려고 하면 이율배반에 봉착한다. 칸트는 형이상학적 문제가 이성이 다루어야 할 문제가 아니라 신앙의 문제라고 지적했다(이성의 한계).

순수한 이성이란 인식하는 능력을 가리킨다. 그리고 비판이란 순수이성을 비판한다는 의미가 아니다. 독일어 크리틱(Kritik)에는 "구별하다, 식별하다"라는 뜻이 있다. 칸트는 책 제목인 "순수이성 비판"의 "비판"에 인식을 주제로 토론하고 다 같이 생각해보자는 의미를 부여했다. 인식론을 비판하기 위해서 붙인 제목이 아니다.

칸트는 『순수이성 비판』을 집필할 때에 감성과 오성이라는 인식의 축을 설정했다. 어떤 것을 생각하든, 무엇인가를 무조건적인 전제로 두어야만 논의를 발전시킬 수 있다. 그는 인식을 다룰 때에 영국의 경험론에서 주장한 백지 상태의 인간이나 데카르트의 생득관념이 아닌, 인식의 축을 전제로 설정했다.

칸트는 『실천이성 비판(Kritik der praktischen Vernunft)』이라는 책도 썼다.

이 책에서는 아 프리오리로 자연 법칙을 설정했다. 자연 법칙이란 지구가 태양 주위를 돌듯이, 그렇게 움직일 수밖에 없는 법칙이다. 이어서 칸트는 자연계에 자연 법칙이 있기 때문에 인간계에도 마찬가지 법칙이 존재해도 하등 이상할 것이 없다고 가정했다. 그리고 아 프리오리로 인간계의 법칙을 설정하고, 이를 도덕 법칙이라고 명명했다.

예를 들면, 곤경에 빠진 사람을 도와주는 행위는 지구가 태양 주위를 도는 것처럼 당연한 인간계의 법칙이라고 칸트는 주장했다. 여기에 굳이 설명을 덧붙이지 않았다. 만유인력으로 사과가 나무에서 떨어지듯 당연한 일이라는 말이다. "가던 길이나 계속 가지 왜 쓸데없이 오지랖을 부려서 귀찮게 다른 사람을 도와요?"라고 딴죽을 걸며 "인간계에는 도덕 법칙이 없다"를 증명해달라고 요구하면 대답할 말이 없어서 꿀 먹은 벙어리가 될 수밖에 없는, 너무 당연해서 설명하기 난감한 법칙이다. "자연계에는 자연 법칙이 있고, 인간계에는 도덕 법칙이 있다"고 말했지만, 이렇게 나오면 두 손 두 발 드는 수밖에 없다. 이른바 입증 책임의 전환이다(입증 책임이 있는 쪽이 재판에서 불리해지므로, 입증 책임을 전환시키는 것이 재판의 승패를 가른다).

인식의 축으로 사물을 인식하는 행위는 우리 두뇌의 역할이다. 다시 말해서 순수이성의 역할이다. 반면, 도덕 법칙은 사람의 행위, 즉 실천에 속하는 영역으로, 칸트는 이를 "실천이성"이라고 이름을 붙였다. 순수이성은 인식의 축을 통해서 인식하는 일을 하고, 실천이성은 도덕 법칙에 따라서 인간이 행동을 실천하도록 등을 떠밀어준다. 이 구별은 살짝 까다롭지만, 칸트를 이해하는 데에 필수적인 논리이므로 이번 기회에 곱씹어서 머릿속에 넣어두자.

순수이성에 "오성"이 있듯이 실천이성에는 "준칙"이 있어서 목적의 왕국을 실현한다

표제만 보아도 머리가 복잡해진다. 순수이성에는 인식의 축이 있고, 그 축은 감성과 오성으로 구성되며, 고도의 인식에는 오성의 이해력이 크게 기여한다. 반면, 실천이성은 인간은 자신의 실행력에 관해서 독자적인 "준칙(準則)"을 가지고 있다고 칸트는 생각했다. 준칙이란 영어로 맥심(maxim)으로, 독일어로도 같다. 행동 원리라는 뜻이다.

칸트는 인간이 행동에 관해서 개인적으로 가지고 있는 주관적인 규칙이라는 의미로 사용한 모양이다. 쉽게 말해서 신념이라고 생각해도 큰 탈은 없다. 인간은 "악바리처럼 독하게 노력하는 사람은 볼썽사납다"거나 "약한 사람을 괴롭혀서는 안 된다" 등 각자 삶의 방식에 관한 신념을 가지고 있다. 이런 신념을 대략적으로 준칙이라고 생각하자.

칸트는 이 신념(준칙)이 학습을 거듭하면 도덕 법칙과 일치한다고 생각했다. 좀더 자세히 설명하면, 자연계에 자연 법칙이 있고 인간계에 도덕 법칙이 있다. 인간이 공부와 학습으로 자신의 능력을 높이면 자연 법칙의 진실도 눈에 들어오고, 자신이 가진 신념(준칙)도 깊어져서 도덕 법칙에 가까워진다는 생각이다.

가령, 사람들은 옛날에 천동설을 믿었다. 그러나 천동설은 오류이고 사실 지동설이 옳다고 공부를 통해서 배웠다. 이처럼 인간은 자연이나 인간의 삶의 방식이나 신에 관해서도 다양한 지식들을 매일 새로 배운다. 따라서 인간계의 법칙인 도덕 법칙에 관해서도 스스로 사상의 깊이를 더할 수 있다. 권력, 인권, 인간 심리 등이다. 이렇게 도덕 법칙을 이해하는 과정을 칸트는 "자율"이라고 불렀다.

칸트는 자율을 인간의 실천이성이 외적인 권위 또는 욕망에 좌우되지 않고 자신의 신념(준칙)에 따라서 행동하도록 하는 힘이라고 정의했다. 단순하게 설명하면 사람을 자유롭게 하는 원동력인 셈이다. 자율을 달성했을 때에 인간의 준칙, 즉 신념은 도덕 법칙과 일치한다고 칸트는 믿었다.

이렇게 자율적인 인간을 칸트는 인격이라고 불렀고, 자율적인 인격이 모이면 이상 사회를 실현할 수 있다고 생각했다. 칸트는 그 사회를 "목적의 왕국"이라고 불렀다. 목적의 왕국이야말로 실천이성의 궁극적인 모습이며, 인간의 올바른 인식과 올바른 행동의 모습이라고 결론을 내렸다.

세계에는 지동설처럼 자연 법칙이 있다. 이는 영국의 경험론 입장이다. 마찬가지로 인간계에는 당연히 도덕 법칙이 있다고 생각한다. 이는 대륙 합리론의 입장, 관념론이다. 각각의 인간에게는 신념과 유사한 준칙이라는 행동 원리가 있다. 그러나 공부하지 않은 단계에서 인간의 신념(준칙)은 천동설처럼 옳지 않다. 인간이 학습을 거듭하여 사물을 올바르게 생각할 수 있게 되면 지동설을 이해할 수 있다. 지동설이라는 진리를 이해할 수 있는 수준에 도달하면, 자기 신념의 이상적인 형태를 알 수 있고, 신념(준칙)은 도덕 법칙과 일치한다. 이렇게 자율적인 인격을 갖춘 사람들이 "목적의 왕국"이라는 이상 사회를 만들 수 있다……. 이렇게 칸트는 영국의 경험론과 대륙의 합리론을 통합시켰다. 물론 통합시키지 못했다는 반론도 있다.

그러나 자율적인 인간이 모여서 이상 사회를 만든다는 관점은 현재에도 언급된다. 깨어 있는 시민이 사회인으로 교양을 갖추면 더 나은 시민 사회를 형성할 수 있다는 사고방식이다. 그런 의미에서 "목적의 왕국" 이론은 매우 정교하게 구성된 논리라고 할 수 있다.

철학 외길 인생 칸트

폴란드와 리투아니아 사이에 끼인 발트 해에 면한 러시아 연방의 작은 영토가 있다. 그곳에 쾨니히스베르크(현재의 칼리닌그라드)라는 오래된 도시가 있다. 칸트는 이 도시에서 태어났다. 원래 이곳은 프로이센 왕국의 수도였다. 그 무렵의 프로이센 왕국은 프리드리히 2세(재위 1740-1786)가 다스렸다.

칸트는 쾨니히스베르크라는 도시를 한 발짝도 벗어나지 않고 성장하여 학문을 공부했고 데카르트와 라이프니츠의 영향을 받아 철학의 길을 걸었다. 그리고 흄과 루소를 만나며 독단의 잠에서 깨어나, 쾨니히스베르크 대학교에서 철학 교수가 되었다.

그의 하루는 아침 일찍 일어나서 철학을 연구하고 대학으로 출근했다가 오후에 귀가하는 일정으로 채워졌다. 그는 일정한 시각에 같은 길을 산책하고 저녁 식사를 마치고 잠자리에 드는 규칙적인 생활을 했다. 그의 산책길에 있는 집에 사는 주민이 자기 집 벽시계보다 칸트가 집 앞을 지나가는 시각이 더 정확하다는 사실을 알고 깜짝 놀랐다는 일화가 있다.

이 규칙적인 철학자는 데카르트 이후의 합리론과 영국의 경험론을 통합시키는 연구에 밤낮으로 부지런히 매달렸고, 사랑을 속삭일 여유도 없어 독신으로 생을 마쳤다. 그가 높이 평가하던 뉴턴도 평생 독신으로 살았다. 학문의 길에는 우리 속인이 도저히 알 수 없는 매력이 있는 모양이다.

칸트의 철학은 난해하다. 그중에서는 『순수이성 비판』이 비교적 읽기 쉽다. 그밖에 『실천이성 비판』과 『영구 평화론(*Zum ewigen Frieden*)』 등도 추천한다.

홉스
(1588~1679)

대륙의 합리론

데카르트
(1596~1650)

이원론

스피노자
(1632~1677)

일원론

라이프니츠
(1646~1716)

다원론

로크
(1632~1704)

대립

루소
(1712~1778)

사회계약설

영국의 경험론

흄
(1711~1776)

홉스 →
로크 →

경험론 완성

칸트
(1724~1804)

"독단의 잠에서 깨다"

경험론과 합리론을 통합

공리주의

벤담
(1748~1832)

헤겔
(1770~1831)

변증법
진보적 역사관

존 스튜어트 밀
(1748~1832)

현대의 실용주의에 영향

대립

쇼펜하우어
(1788~1860)

염세주의

2. 헤겔의 변증법을 어떻게 이해해야 좋을까?

게오르크 빌헬름 프리드리히 헤겔(1770-1831)은 칸트보다 약 반세기 뒤에 독일의 뷔르템베르크(중심지는 슈투트가르트)에서 태어난 철학자이다. 헤겔이라고 하면 곧 "변증법"이 떠오른다. 그러나 변증법이라는 철학 용어는 이미 고대 그리스에서 등장했다. 그리스 시대에는 이 단어가 우리가 아는 변증법과는 조금 다른 의미로 사용되었다. "어느 사람의 주장에 질문하며 대답을 듣고, 그 주장에 내재된 오류를 일깨운다. 그 과정에서 정답으로 이끄는 과정을 변증법 혹은 문답법이라고 부른다." 앞에서 살펴본 소크라테스가 철학을 연구하던 기법이다.

헤겔 이후로는 변증법의 기본 이론에 변화가 나타났다.

"모든 것은 유한하다. 영원불변하지 않은 존재는 그 내부에 상호 공존할 수 없는 모순을 안고 있다. 이 모순은 테제(정)와 안티테제(반)로 구성된다. 모순은 정지한 상태로 머물지 않고 대립과 운동을 일으키며, 그 존재는 테제와 안티테제를 종합한 새로운 단계의 존재가 된다. 이 새로운 존재를 진테제(합)라고 부른다. 그리고 이 새로운 단계의 존재도 역시 새로운 테제(정)와 안티테제(반)를 내포한다."

헤겔은 변증법 이론을 전개하여 새로운 단계에 이르는 일을 "지양(止揚)"이라고 불렀다. 지양은 독일어 아우프헤벤(aufheben)을 번역한 용어이다. 멈춘 후에 올라간다, 즉 내재하는 성격과 기능을 버리지 않고 앞으로 나아간다는 뜻이다.

존재는 모두 테제(정)와 안티테제(반)를 내포하고, 그 둘은 대립과 운동을 계속하여 진테제(합)에 이르고, 아우프헤벤(지양)한다. 이 운동은 영원

게오르크 헤겔

히 계속되며 존재는 자기 발전을 거듭한다는 것이 헤겔 변증법의 골자이다.

예를 들어보면 좀더 쉽게 이해할 수 있다. "어떤 문제에 관해서 A라는 사람과 B라는 사람이 각자 다른 입장을 취한다. 두 사람은 어느 사무실 1층에서 회의 중이다. 회의를 거듭해도 의견이 맞물리지 않는다. 두 사람은 2층으로 가서 다시 회의한다. 이번에는 합의에 도달한다. 대신 C라는 문제가 새로 나타난다. 두 사람은 논쟁을 계속하며 3층으로 자리를 옮긴다. 그러자 C는 해결되고 더 복잡한 D라는 문제가 나타난다. 두 사람은 4층으로 올라가서……."

헤겔의 변증법은 역동적이어서 보는 재미는 있으나, 아무래도 테제와 안티테제가 합을 이루지 않아 수긍할 수 없다는 비판이 있다. 게다가 아우프헤벤(지양)되어 한 단계 올라간다는 개념도 알듯 말듯 아리송하다. 논의의 차원이 바뀌기 때문에 대립 양상에 변화가 나타나는 것이 당연해 보인다. 어쨌든 이론적인 모호함은 남아 있어도 헤겔의 변증법은 "진보"라는 전제를 깔고 들어간다. 내일은 오늘보다 나은 하루가 된다는 소박한 이론은 인간의 구미에 들어맞는다.

그는 자신만의 변증법을 구사하며 다채로운 이론을 구축했다. 헤겔의 책을 읽고 해석하기보다는 그가 말한 아우프헤벤(지양)의 개념을 최대한 쉽게 풀어서 이해해보자.

"절대정신을 손에 넣은 인간이 자유로워지는 과정이 역사이다"

헤겔은 인간의 정신 활동도 정, 반, 합의 지양을 반복하며 나선 계단을 오르듯이 진보한다고 생각했다. 그리고 마지막에 인간 정신의 최고 단계에 도달하여 "절대정신"을 획득한다고 가정했다.

헤겔이 생각한 절대정신이란 무엇일까? 칸트가 생각하던, 인간이 인식하는 현상(주관)과 존재의 실상인 대상(객관)을 일치시킨 개념이다. 다시 말해서 정신의 최고 단계이다. 칸트는 인간의 인식은 영원히 실상인 대상에 이르지 못하고, 현상으로 끝난다고 생각했다. 헤겔은 인간의 정신이 변증법을 통해서 절대정신을 쟁취하여 현상과 대상이 일치할 수 있다고, 즉 인간은 세계의 대상(진실)을 알 수 있다고 추정했다. 이 헤겔의 사고방식은 당시 전성기를 맞은 교양 소설(젊은이의 성장 과정을 그린 작품으로, 괴테의 『빌헬름 마이스터의 수업시대[*Wilhelm Meisters Lehrjahre*]』 등이 대표적인 예)과 일맥상통한다고 볼 수 있다.

헤겔은 대담하게도 이 절대정신으로 역사를 고찰했다. 역사에도 정, 반, 합의 흐름이 있고, 절대정신을 향해 상승하는 흐름 속에서 인간이 자유를 얻을 수 있다고 가정했다. 고대 사회는 왕족과 노예 시대였기 때문에 인간의 자유는 존재하지 않았다. 이윽고 봉건 사회로 접어들어 노예에서 농노의 신분이 되었다. 생활은 약간 나아졌으나 아직 자유는 없었다. 이제 절대왕정의 시대가 도래했다. 영국에서는 의회 제도가 출현했고, 시민 계급이 생겨나서 자유가 현실에서 이루어졌으나 아직 미약했다. 그러나 노예보다 농노가 낫듯이, 군주 아래에 있는 시민이 낫다. 그리고 프랑스 혁명으로 공화정이 실현되자 더욱 자유로워졌다.

이렇게 헤겔은 인간이 절대정신을 손에 넣고 점차 자유로워지는 과정을 역사라고 생각했다. 인간의 인식뿐만 아니라 인간의 역사도 정, 반, 합의 변증법으로 절대정신을 향해서 높아지고 자유에 도달한다고 믿었다. 올곧게 일직선을 그리는 진보적인 역사관이다. 기술은 차곡차곡 축적되어 확실하게 진보한다. 인간의 하루하루 생활은 누가 뭐라고 해도 편리해지고 있다.

그러나 현대의 뇌과학자는 인간의 뇌가 1만 년 전에 정착과 농경 생활을 시작한 이후로 진보하지 않았다고 추정한다. 그렇다면 역사는 정말로 진보할까? 역사도 축적되기 때문에 역사를 공부하면 같은 실수를 반복할 확률은 낮아지지 않을까?

도덕과 법률로부터 인류이 생긴다, 가족과 시민사회로부터 프로이센 왕국이 생긴다

헤겔은 정, 반, 합이라는 변증법의 개념으로 도덕과 법률을 연결했다. 도덕이란 무엇일까? 개인의 내면적인 행동 원리이다. 누구의 눈에도 보이지 않는다. 다만 사회의 평화를 위해서 구성원들이 암묵적으로 자신의 행동과 사상을 규제하는 형태로 나타난다.

반면, 법률이란 문명화된 누구의 눈에나 보이는 개념이다. 그러나 인간의 내면을 통제하지는 못하고, 법률을 지키지 않는 사람을 벌하기 위해서 존재한다. 헤겔은 도덕과 법률을 적절히 버무리면 인륜이 만들어진다고 생각했다. 인륜이란 인간이 모름지기 실천해야 할 진리로, 올바른 질서관계이다. 헤겔의 철학 용어에서는 객관화된 이성적 의지라고 규정된다. 도덕을 지키지 않는 사람을 법률로 벌하면, 범죄가 확실히 줄어든다는 논리이다. 도덕을 정, 법률을 반, 정반의 결과로 지양되어 인륜이 탄생한다. 멋진 변증법 논증이다. 그러나 인간의 내면을 통제하는 도덕과 인간을 외적으로 규제하는 법률을 하나로 합치는 것이 과연 가능할까? 변증법 논리에서는 가능할 수도 있다.

헤겔은 변증법 이론으로 가족이라는 애정의 세계와 시민사회라는 권리의 세계를 합하면, 가족과 같은 사랑과 시민사회의 권리가 하나가 된 이상국가가 탄생한다고 추정했다. 게다가 그는 그 국가가 구체적으로는 프로이센 왕국이라고 지적했다.

"프랑스에서는 프랑스 혁명으로 시민사회가 성립했다. 시민은 권리를 획득했으나 유혈이 낭자한 아슬아슬한 사회가 되고 말았다. 우리 프로이센에는 전통적으로 확고한 가족애가 존재하기 때문에 시민사회를 확립해도 가족애와 시민사회의 권리를 함께 옹호하는 이상국가가 될 수 있다."

헤겔의 이론은 독일인에게 매력적으로 비쳤으리라. 그러나 어디까지나 그의 변증법에 따른 가설에 머물렀다. 학문으로 입증하기도, 반론하기도 어려운 논리이다. 헤겔은 왜 프로이센을 이상국가로 규정한 이론을 고안했을까? 이 대목에서 그가 자신의 철학을 확립한 시대를 되짚어보자.

조국 프로이센이 어떤 상황일 때에 헤겔의 철학이 형성되었을까

헤겔이 자신의 철학을 완성해나가던 무렵은 프로이센이 프랑스 혁명과 나폴레옹 보나파르트(재위 1804–1814)라는 거센 조류에 휩쓸리며 자신들의 국가 정체성을 모색해가던 시대였다. 프랑스 혁명이 일어난 1789년에 헤겔은 19세였다. 그는 아버지의 추천으로 튀빙겐 대학교에서 신학을 공부했다. 헤겔은 프랑스 혁명을 지지했으나, 루이 16세의 처형과 로베스피에르의 공포정치에는 비판적이었다. 그는 시민의 자유는 지지해도 공화정에는 부정적이었다.

1804년에 프랑스는 나폴레옹의 제국이 되었고, 유럽의 주요 국가들은 프랑스에 대항하는 대동맹을 결성하여 프랑스에 맞섰다. 1806년 10월, 나폴레옹은 베를린으로 진격하는 도중에 예나를 점령했다. 당시 헤겔은 예나 대학교의 강사직을 맡고 있었다. 그는 베를린으로 향하는, 말 위에 탄 나폴레옹을 목격했다.

"세계정신이 말 등에 올라타고 예나 거리를 나아가는구나."

당시 나폴레옹을 직접 본 헤겔의 감상이 이와 같이 전해진다. 헤겔은 나폴레옹을 "세계정신"이라고 평했는데, 나폴레옹의 생각과 행동에 공감했기 때문이라고 추정할 수 있다. 국왕을 참수하고 공화정을 수립한 시점에 헤겔은 프랑스 혁명에 회의적인 태도로 돌아섰다. 그러나 "자유, 평등, 박애"라는 깃발을 내걸고 『나폴레옹 법전』으로 시민의 권리를 명문화하고 스스로 황제가 된 나폴레옹의 모습이 헤겔에게는 자신의 이상과 겹쳐 보였을 수도 있다.

1807년, 프로이센은 나폴레옹에게 패했다. 그 결과 국토는 반으로 줄었고 막대한 배상금을 떠안게 된 프로이센은 붕괴 직전까지 내몰렸다. 이 위기는 하인리히 프리드리히 슈타인과 같은 뛰어난 정치인들의 필사적인 근대화 정책을 통해서 극복할 수 있었다. 이런 프로이센의 수난 시기에 훗날 베를린 대학교의 초대 철학 교수가 되는 요한 고틀리프 피히테(1762-1814)는 "독일 국민에게 고함"이라는 연설을 통해서 프로이센 국민에게 용기를 북돋아주었다. 피히테는 프로이센의 민족주의 형성에 이바지했다. 참고로 칸트 이후 피히테와 헤겔에 이르는 사상적 조류를 철학사에서는 "독일 관념론"이라고 부르게 되었다.

헤겔이 가장 경애하던 철학자는 피히테였다. 피히테는 칸트의 업적을 발전적으로 계승한, 독일을 대표하는 철학자였다. 헤겔의 변증법에는 피히테의 변증법을 계승한 부분도 있다. 그리고 헤겔은 피히테의 뒤를 이어 베를린 대학교의 교수가 되었다. 그의 강의는 학생들에게 엄청난 인기를 끌었다.

요한 고틀리프 피히테

헤겔은 대학 교수로 인생의 절반을 보냈다. 대학과 학생에 대한 애정과 뜨거운 조국애, 철학에 대한 열정이 하나가 된 철학자. 헤겔을 그러한 관점에서 볼 수 있지 않을까.

칸트의 "목적의 왕국"과 헤겔의 프로이센 국가론에 관해서

칸트는 1795년에 『영구 평화론』이라는 책을 출간했다. 이 책은 프랑스 혁명으로부터 6년이 지난 후, 칸트가 71세일 때에 세상에 나왔다. 그는 이책에서 "목적의 왕국"을 언급했다. 목적의 왕국이란 앞에서 설명했듯이 (327-328쪽 참조) 칸트의 이상사회로, 자유를 손에 넣은 자율로서 도덕 법칙을 이해한 사람들이 공동으로 만드는 사회이다. 또 칸트는 한 걸음 더 나아가, 세계시민법과 자유로운 국가 연합도 구상했다. 이 『영구 평화론』에서 칸트가 구상한 내용은 훗날 국제연맹과 국제연합이 결성될 때에 이론적인 토대가 되었다.

헤겔이 생각한 이상적인 국가상은 무엇일까? 헤겔은 애정은 있으나 권리관계와는 무관한 가족이라는 지역 공동체와 권리관계는 있으나 인간

관계에 애정이 없는 삭막한 시민사회를 하나로 합쳐서 변증법적으로 지양하면 탄생하는 국가가 이상적이라고 단언했다. 한 발 더 나아가 헤겔은 프로이센이 이상국가의 전형이라고 주장했다. 그 정도로 단정할 만한 논리적 필연성은 없어 보이지만 어쨌든 헤겔은 그렇게 주장했다. 헤겔이 프로이센을 이상국가로 상정한 데에는 나름의 원인이 있었을지도 모른다. 즉 그는 국왕의 목을 쳐서 실현한 프랑스 시민사회를 이론적으로 부정하고 싶었을 수도 있다.

게다가 헤겔은 묻지도 따지지도 않는 프로이센 신봉자였다. 그는 프로이센의 호엔촐레른 가문을 경애했다. 헤겔은 말년을 베를린 대학교 총장으로 보내고 인생을 마감했는데, 헤겔을 총장으로 임명한 사람이 당시 프로이센 국왕이었던 프리드리히 빌헬름 3세(재위 1797-1840)였다. 프리드리히 빌헬름 3세는 개방적인 군주가 결코 아니었다. 오히려 빈 체제를 지지하는 반동적인 군주였다.

"미네르바의 부엉이는 황혼이 저물어야 그 날개를 편다"

미네르바는 로마 신화에 나오는 지혜와 예술의 여신이다(그리스 신화에서의 아테네 여신). 사람들은 그녀가 데리고 다니는 부엉이를 지혜의 상징으로 여겼다. "미네르바의 부엉이는 황혼이 저물어야 그 날개를 편다"라는 수수께끼 같은 문구는 헤겔의 저서 『법철학(*Grundlinien der Philosophie des Rechts*)』의 서문에 등장한다.

"부엉이가 뉘엿뉘엿 해가 지는 해거름에 활동을 시작하듯이, 지혜의 화신인 미네르바의 부엉이는 하나의 사건과 역사가 혼란해져서 암흑에 이르렀을 때에 인간에게 진실을 가르쳐주기 위해서 날아오른다."

이 문구는 이렇게 해석할 수 있다. 그렇다면 헤겔이 말한 황혼은 무엇일까? 프랑스 혁명이 초래한 유럽의 시대적인 혼란을 가리키는 말이라는 주장도 있다. "해가 지고 한 치 앞도 보이지 않는 어두운 밤이 찾아오기 전의 어슴푸레한 상태인 유럽에 헤겔의 변증법 이론이 미네르바의 부엉이 역할을 한다"고 암시하는 말로 해석할 수 있다.

헤겔은 프랑스 혁명 전후로 일어난 변혁의 이유를 열심히 설명하려고 애썼다. 그 과정에서 진보적 역사관에 이르지 않았을까. 대립하던 가치가 하나로 합쳐지며 새로운 시대에 접어들었다고 설명하면, 다소 투박하더라도 크게 틀리지 않은 생각이라고 고개를 끄덕일 수 있다. 헤겔의 발상은 말 그대로 "황혼에 날아오르는 부엉이"로서의 역할을 혼란한 시대에 다했다고 볼 수 있다.

헤겔의 사상이 비스마르크에게 영향을 주었다는 가설

오토 폰 비스마르크(1815–1898)는 프로이센의 명재상으로 활약하며 독일 제국을 탄생시킨 개국공신이다. 그는 철과 피로 위대한 프로이센을 만들어야 한다는 이른바 철혈 연설로 유명해졌다. 그래서 그를 '철혈 재상'이라는 별명으로 부른다. 당시 프로이센에는 풍부한 석탄과 발전한 철광 산업이 있었다. 그러나 아직 연합왕국(영국)이나 프랑스와 비교하면 후진국이었다. 비스마르크는 산업 진흥과 부국강병을 목표로 내걸었다. 그는 목표를 달성하기 위해서 프로이센 사나이들의 노동력을 최대 동력원으로 삼았다. 석탄을 채굴하고 철강을 생산하는 것은 노동자들이다. 광산이나 철강 공장은 모두 노동 환경이 가혹하다.

비스마르크는 조국 프로이센에 귀중한 노동력을 제공한 장정들이 나이

오토 폰 비스마르크

가 들어 허리가 굽고 제 몸 하나 움직일 힘이 없어지면 노동력을 상실하고 해고 된다는 현실을 깨달았다. 노동자의 권리 보장은 누구도 생각하지 않던 시대였다. 비스마르크도 노동자의 권리에는 딱히 신경 쓰지 않았을 수도 있다. 그런데 비스마르크는 사회보험제도를 세계 최초로 고안했다. 그리고 일을 할 수 없게 된 사람들의 생활을 보장해주었다. 이는 획기적인 정책이었다. 비스마르크는 철저한 현실주의자로 애국자이기도 했다. 비스마르크가 프로이센의 노동력 재생산을 진지하게 생각한 결과, 사회보험에 생각이 미쳤다는 것이 지금까지 그를 연구한 학자들의 추측이었다.

그러나 그는 프로이센을 대표하는 저명한 철학자인 헤겔의 학설을 공부했다. 가족이라는 애정이 있는 지역 공동체와 시민에게 권리가 있는 시민사회를 지양한 이상국가, 그것이 프로이센이라는 학설이다.

"가족과 시민사회를 지양한 개념이 프로이센이라면, 이 나라를 위해서 일하다가 폐인이 된 고령자를 못 본 척한다면 국가의 의무를 소홀히 하고 그들을 저버린 것이다."

비스마르크가 헤겔의 학설을 받아들여 사회보장을 도입했다고 가정한다면, 헤겔의 국가관을 이론적인 바탕으로 설정하고 비스마르크의 사회보험이 실현되었다고 이해할 수도 있다. "사회보험의 아버지" 비스마르크의 등 뒤에는 헤겔이 있었다고 볼 수 있지 않을까. 어디까지나 나의 가설

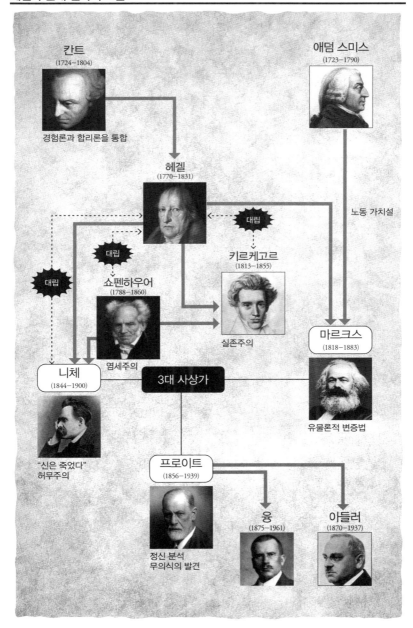

일 뿐이지만 말이다.

일반적으로는 칸트를 비판적으로 계승한 철학자로 헤겔을 꼽는다. 헤겔의 학설을 검증해보면 칸트와 헤겔이 상당히 다른 주장을 펼쳤음을 알 수 있다. 사실 헤겔은 평가하기가 무척 어려운 철학자이다. 헤겔을 깊이 공부하고 싶은 사람에게는 『정신현상학(*Phänomenologie des Geistes*)』, 『역사철학 강의(*Vorlesungen über die Philosophie der Weltgeschichte*)』, 『법철학』을 추천한다.

3. 칸트와 헤겔 시대에 등장하여 오늘날까지 남은 사상을 전개한 3명의 철학자

토마스 아퀴나스와 데카르트, 칸트와 헤겔 등 세계의 모든 것을 종합적으로 고찰하려는 철학자들이 존재했다. 그들은 여러 학설들이 난무하고 사회가 혼란할 때에 전 세계를 통합해서 설명하려는 장대한 체계를 구축했다. 그들처럼 이론적으로 장대한 철학 체계를 구축하지는 못했으나 그 체계에서 가장 약한 부분을 지적하는 날카로운 이론을 고안한 사람들, 그리고 장대한 체계가 놓친 부분에 시선을 집중한 사람도 등장했다.

프랑스 혁명 전후 시대에도 체계적인 철학과 발상에 파문을 던진 개성적인 철학자가 있었다. 그 대표적인 인물이 제러미 벤담과 쇼펜하우어이다.

제러미 벤담의 "최대 다수의 최대 행복"이라는 사고방식
칸트가 고즈넉한 쾨니히스베르크에서 수도승처럼 생활하며 데카르트의 합리론과 영국의 경험론을 통합하려고 시도할 때에, 영국에서는 제러미 벤담(1748–1832)이 태어났다. 그는 신동 소리를 듣고 자란 총명한 소년이었다. 제러미 벤담은 존 로크, 데이비드 흄을 계승한 영국의 경험론을 더욱 단순하고 합리적으로 고찰했다. 그는 인생을 경험론적으로 총괄하면 즐거운 일과 괴로운 일이 있다고 가정했다.

제러미 벤담

"인간의 삶에는 쾌락과 고통이 있다. 쾌락을 강화하는 행위를 선이라고 부르고, 고통을 강화하는 행위를 악이라고 부른다."

벤담은 쾌락의 값어치를 계산했다. 그 행위는 어느 정도의 쾌락을 줄까? 예를 들면 데이트를 한다고 가정해보자. 쾌락은 어느 정도 유지될까? 언제 쾌락을 느낄까? 쾌락을 얼마나 확실하게 보장받을 수 있을까? 그는 항목을 나누어 쾌락에 점수를 매겼다. 그리고 종합 점수가 가장 높은 일을 최대 다수의 최대 행복이라고 규정하여 유명한 명제를 완성했다.

쾌락에 어떻게 종합적으로 점수를 매길까? 이 점수는 하나의 집단 또는 사회의 종합 점수이다. 벤담의 시대를 상상해보자. 데이트의 쾌락 정도를 측정하는 방법으로 군주 한 사람과 신하 세 사람의 쾌락 정도를 상정해보자. 군주는 부와 권력을 독점하고 있으므로 자신이 원하는 여성을 뜻대로 만날 수 있다. 그러면 4명의 쾌락 종합 점수는 군주가 100점, 나머지 세 신하가 0점이다. 그런데 프랑스 혁명 후의 프랑스와 명예혁명 후의 영국이라면 시민 4명(전 군주와 신하)은 각각 30점 정도로, 종합하면 120점이다. 혁명을 일으켜서 군주의 목을 자르거나 명예혁명처럼 권력을 제한하면 군주의 쾌락 정도가 줄어들고 중간 계층인 시민의 쾌락 정도는 증가한다. 이렇게 생각하면 벤담의 "최대 다수의 최대 행복"이라는 개념은 역시 명예혁명과 프랑스 혁명 등 사회제도의 변혁 과정에서 발생했다고 볼 수 있다.

벤담은 "최대 다수의 최대 행복"을 목표로 하는 것이 정책의 근본 이념이 되어야 한다고 주장했다. 사실 이 표현도 벤담이 만든 말이 아니라 예전부터 전해져 내려오던 말이었다. 그의 관점을 공리주의라고 부른다. 참고로, 공리주의는 영어로 "Utilitarianism"이라고 하는데, 이 단어에는 실리라는 뜻도 있다.

"배부른 돼지보다 배고픈 소크라테스가 더 낫다"

1964년 도쿄 대학교 졸업식에서 총장이 연설한 내용이 보도되며 일본에서 유명해진 말이 있다. "배부른 돼지보다 배고픈 소크라테스가 더 낫다." 당시 총장이었던 오구치 가즈오(1905-1984)는 이 말을 영국의 철학자 존 스튜어트 밀(1806-1873)에게서 빌려왔다. 이 말은 존 스튜어트 밀의 『공리주의(Utilitarianism)』에 등장하는 표현이다.

"만족한 돼지보다는 불만족한 인간이 되는 것이 더 낫고, 만족한 바보보다는 불만족한 소크라테스가 되는 것이 더 낫다."

이 말은 무엇을 의미할까? 벤담은 쾌락의 양적인 관점뿐만 아니라 질적인 차이도 고려해야 한다고 주장했다. 즉, 만족한 돼지보다 불만족한 인간, 만족한 바보보다 불만족한 소크라테스가 낫다는 말은 질적인 쾌락을 추구하는 것의 중요성을 말하고 있다.

밀의 아버지와 벤담은 친분이 있어서 그는 어려서부터 벤담에게 가르침을 받았다. 밀은 "공리주의"라고 불린 벤담의 학설을 지지했으나, 쾌락이 많고 오래가는 것이 중요하지 않으며 인간답고 가치 있는 쾌락을 중시해야 한다고 생각했다. 그는 양적인 쾌락을 늘려야 할 뿐만 아니라, 인간이 자유롭게 생각하고 발언할 수 있는 자유로운 삶의 방식으로서 질적인 쾌락을 추구해야 한다고 주장했다. 에피쿠로스의 쾌락주의 (125–127쪽 참조)가 떠오른다. 이러한 관점도 시민 의식이 싹튼 명예혁명 이후의 사회가 요구하는 사상이었으리라.

존 스튜어트 밀

밀의 책은 앞에서 소개한 『공리주의』 외에 『자유론(*On Liberty*)』과 『존 스튜어트 밀 자서전(*Autobiography*)』이 유명하다. 벤담과 밀의 사고방식은 "더 선한" 삶의 방식을 추구하는 20세기의 실용주의로 계승되었다.

쇼펜하우어의 염세주의는 헤겔에 대한 강렬한 안티테제였다

인간의 역사는 정반합으로 높은 단계로 올라간다. 노예 사회보다 농노제가, 농노제보다 절대 왕정이, 절대 왕정보다 공화정이 높은 단계이며 역사는 인간이 자유로워지는 과정이다. 앞으로, 앞으로 나아간다. 그것이 헤겔이 주장한 진보주의 역사관이다. 그러나 다른 관점에서 보면 헤겔의 관점은 지나치게 낙관적이다. 이런 헤겔의 역사관을 정면으로 비판한 인물이 있었다. 바로 헤겔보다 18세나 어린 후배 철학자 아르투어 쇼펜하우어 (1788–1860)이다.

"헤겔은 절대정신을 손에 넣고 자유로워지는 과정이 역사라고 말하는

아르투어 쇼펜하우어

데, 앞으로 쭉쭉 진보하기만 하는 역사가 어디에 있다는 말인가."

쇼펜하우어는 반론했다. 로마 제국의 오현제 시대에는 훌륭한 정치가 이어졌으나, 이후 시대에는 야만족이 침입하는 등 로마는 안팎으로 위기에 시달렸다. 역사는 헤겔이 생각한 것처럼 절대정신으로 진보를 향해서 나아가지 않는다. 역사를 움직이는 것은 인간의 맹목적인 삶에 대한 의지이다. 인간도 동물이기 때문에 자손을 남기기 위해서 살아가야 한다. 그러므로 생존 경쟁에서 비롯되는 갈등이 역사를 움직였을 따름이라고 쇼펜하우어는 단호하게 주장했다. 삶에 대한 인간의 맹목적인 의지가 역사를 움직인다는 사고방식은 오늘날에 많은 지지를 받고 있다. 다윈의 진화론(자연도태설)과도 일맥상통하는 주장이다. 게다가 쇼펜하우어는 더 나아갔다.

"아무도 절대정신을 추구하지는 않는다. 그러므로 역사란 갈등과 분쟁의 과정일 뿐, 세상에 즐거운 것은 없다⋯⋯."

쇼펜하우어의 사상은 염세주의와 닮았다. 세상이 불합리하고 고통뿐이라면 어떻게 살라는 말인가? 쇼펜하우어는 "예술의 세계로 도피하라"고 대답했다. 쇼펜하우어는 탁월한 예술이 인간의 마음을 구원한다고 주장했다. 그러나 이것은 도피주의이다. 자신의 생각이 철학적으로는 불완전하다고 생각했던 것일까. 쇼펜하우어는 다음과 같은 덧붙였는데, 칸트의 도덕 법칙을 본받은 듯하다.

"인간은 사람들과 동조하려는 의지와 지성을 가지고 있다. 따라서 인간은 슬픔과 괴로움을 나눌 수 있다. 슬픔과 괴로움을 나눔으로써 사람은 살아갈 수 있다."

쇼펜하우어는 불교에도 깊은 관심을 보였다. 윤회전생하고 환생하고 죽으며 고통스러운 삶을 반복하는 세상(사바)에서 해탈하여 지혜의 경지에 도달하면 구제받을 수 있다는 가르침 말이다. 쇼펜하우어는 불교와 인도 철학을 깊이 연구했다.

역사가 진행되며 확실히 물질 문명은 다소나마 진보했을 수도 있다. 그러나 인간은 죽고 죽이기를 멈추지 않았다. 역사가 절대정신을 손에 넣고 자유로워지는 과정이라는 헤겔의 주장에 도저히 동의할 수 없다고 생각한 쇼펜하우어는 염세주의를 대표하는 철학자로 평가되는 경향이 있다. 그러나 쇼펜하우어의 철학은 본질적으로 헤겔의 변증법에서 비롯된 진보주의 역사관에 대한 안티테제였다. 그의 철학은 후세에 수많은 철학자와 예술가들에게 영향을 주었다.

쇼펜하우어를 공부하고 싶은 사람에게는 『쇼펜하우어의 행복론과 인생론(*Parerga und Paralipomena*)』, 『의지와 표상으로서의 세계(*Die Welt als Wille und Vorstellung*)』 등을 추천한다.

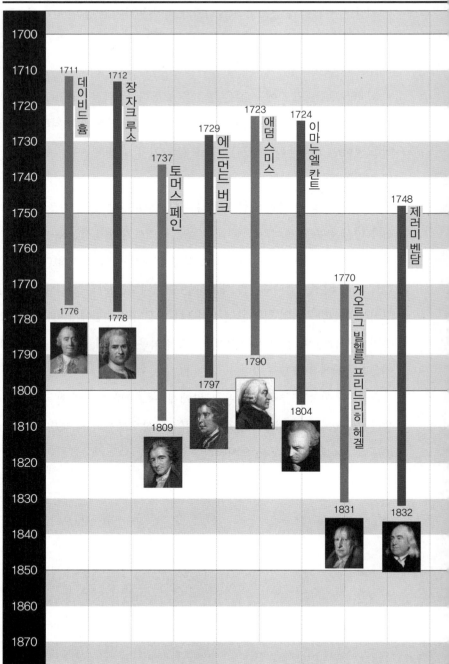

1712	뉴커먼, 증기기관 발명 산업혁명 시작
1733	존 케이, 방직기 "플라잉 북" 발명
1764	하그리브스, 제니 방적기 발명
1765	미국 식민지, 인지세법에 반대
1769	와트, 새로운 증기기관 개발 아크라이트, 수력 방적기 발명
1776	미국 독립 선언
1779	크럼프턴, 뮬 방적기 발명
1789	프랑스 혁명
1793	루이 16세, 단두대에서 처형
1804	나폴레옹 황제 등극, 「나폴레옹 법전」 성립
1806	나폴레옹, 베를린 입성
1812	나폴레옹, 러시아 원정 실패
1814	나폴레옹 패배, 유럽 빈 체제 시작 왕정 복고
1830	프랑스 7월 혁명
1848	1848년 유럽 혁명(국민국가의 봄) 빈 체제 끝 국민국가 수립
1871	독일제국 성립 비스마르크의 전략 성공

존 스튜어트 밀
1806
1873

아르투어 쇼펜하우어
1788
1860

헤겔의 행복, 쇼펜하우어의 행복

1831년, 베를린 대학교 총장이었던 헤겔이 서거했다. 그리고 그의 유언대로 그는 자신이 존경하던 피히테의 묘소 옆에 묻혔다. 죽어서까지 존경하는 사람에 대한 예의를 지킨 셈이다. 그리고 약 30년 후, 쇼펜하우어가 프랑크푸르트에서 독신으로 조용히 눈을 감았다.

쇼펜하우어는 1788년에 프로이센의 단치히에서 태어났다. 현대 폴란드의 도시 그단스크이다. 그의 아버지는 부유한 상인으로 쇼펜하우어는 괴팅겐 대학교 의학부에 진학했다(1809). 그러나 나중에 베를린 대학교 철학부로 옮겼고, 피히테의 강의를 들었다. 1819년에 『의지와 표상으로서의 세계』를 발표하고 철학계의 시선을 한몸에 받으며 1820년에 베를린 대학교 철학부 강사가 되었다.

쇼펜하우어는 "인간의 본질은 의지에 있고 세계는 그 표상이다"라고 생각했다. 그가 말한 의지란 "동물의 생존 본능에서 비롯된 생에 대한 맹목적인 의지"로, "인간의 역사는 그 생의 맹목적인 의지로 움직인다"라고 그는 주장했다. 이 논리는 헤겔이 생각한 "역사란 인간이 절대정신을 손에 넣고 자유로워지는 과정이다"라는 변증법적 관념론과 정반대에서 대립하는 관점이다. 단적으로 표현하면 헤겔의 역사관은 낙관적이고, 쇼펜하우어의 역사관은 비관론을 넘어 염세주의에 가깝다.

쇼펜하우어가 베를린 대학교 철학부 강사가 되었을 때, 철학부 교수는 헤겔이었다. 정열적인 웅변을 선보인 헤겔의 강의는 학생들을 열광시켰다. 인기 원인은 그의 독창적인 변증법적 관념론에 있었으나, 나폴레옹에게 패배한 쓰라린 상처에서 다시 일어서려는 프로이센 왕국에 대한 헤겔의 열렬한 조국 사랑도 영향을 미쳤다고 볼 수 있다.

쇼펜하우어는 강의 첫날 한눈에 출석자 수를 셀 수 있을 정도로 휑한 강의실에서 주눅 들지 않고 당당하게 헤겔의 철학을 비판하며 자신의 주장을 펼쳤다. 그러나 학생들의 반응은 심드렁했고, 이후로도 그의 강의는 화제에 오르지 못했다. 결국, 강사가 된 지 얼마 지나지 않아 사직서를 내고 재야의 철학자로 돌아가 일생을 마쳤다.

그러나 그의 사상은 사후에 많은 사람들에게 영향을 주었다. 철학자인 니체와 비트겐슈타인, 과학자인 아인슈타인, 정신 분석학자인 프로이트 등이 대표적이다. 한편, 한 시대를 풍미한 헤겔의 철학은 현대에는 비판받는 부분이 많다. 생각하는 사람이라는 별명이 붙은 철학자라는 직업으로 살며 과연 둘 중에서 누가 더 행복했을지, 생각해볼 때가 있다.

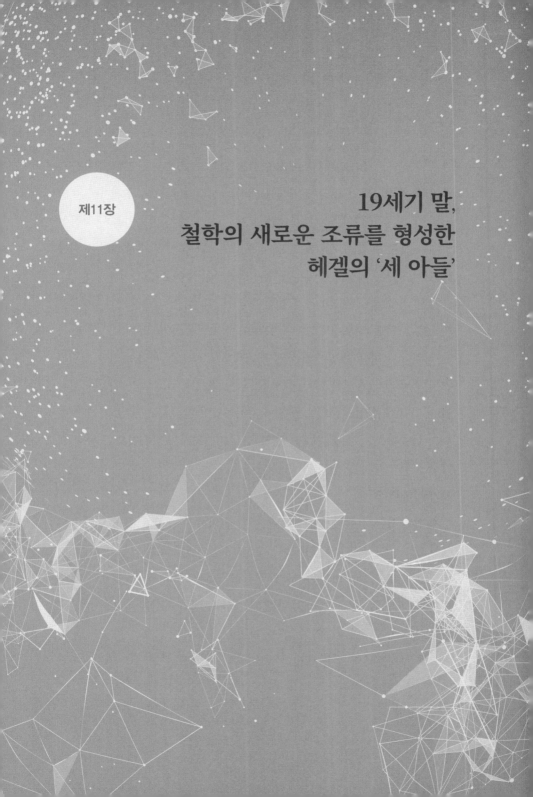

제11장

19세기 말,
철학의 새로운 조류를 형성한
헤겔의 '세 아들'

칸트는 데카르트와 흄, 루소에게 영감을 받았고 헤겔은 칸트에게 자극을 받았다. 대철학자가 눈앞에 거대한 지식의 장성을 쌓으면 후계자들은 열심히 그 장성을 기어올라 정복하려고 애쓴다. 헤겔은 변증법을 구사하여 장대한 학문 체계를 구축했고, 당시 프로이센과 유럽 전체에 영향을 미쳤다. 19세기에는 헤겔을 넘어서는 것이 철학자들의 목표였다.

한편, 유럽에서는 1848년 혁명(국민국가들의 봄)으로 프랑스가 다시 공화정을 회복했고 오스트리아와 프로이센의 반동적인 군주정도 큰 타격을 입었다. 1848년 혁명을 통해서 최종적으로 프랑스 혁명 정신이 성취되며 국민국가가 완성되었다. 국민국가의 힘은 강해졌고 시민사회는 성장했다. 그러나 산업혁명으로 공장제 기계공업이 발달하고 철강과 석탄 수요가 급증하는 등 사회 변화의 영향으로, 비인도적인 장시간의 노동과 열악한 노동 조건, 비위생적인 근무 환경 등 노동 문제가 사회 문제로 불거지기 시작했다.

게다가 기독교 세계에서는 독립을 갓 실현한 이탈리아 왕국이 로마를 점령하고 로마 교황령을 합병하는 사건이 일어났다(1870). 당시 교황이던 비오 9세(재위 1846-1878)는 "오류 목록(Syllabus Errorum)"을 발표하고 근대의 사상과 문명을 싸잡아 비난했다. 그는 근대의 사상과 문명이 잘못이라고 단정하고, "바티칸의 수인"을 자처하면서 외부 접촉을 차단하고 틀어박혀 사회로부터 등을 돌렸다. 이로써 로마 가톨릭 교회의 권력과 권위가 한 단계 추락했다.

이처럼 유럽사에서 전례 없는 진보와 변혁의 과정에서, 헤겔이 세운 철학의 거대한 산에 도전했던 철학자들의 학설을 중점적으로 살펴보자.

1. "헤겔의 큰아들", 키르케고르는 실존주의를 주장했다

쇠렌 오뷔에 키르케고르(1813-1855), 카를 하인리히 마르크스(1818-1883), 프리드리히 빌헬름 니체(1844-1900). 이 3명의 철학자는 헤겔 철학의 높은 봉우리를 향해서 등정했고, 그 봉우리를 넘어서는 과정에서 독자적인 사상을 구축했다. 존재감이 강력한 아버지가 있으면 자식들은 반발하든 동조하든 아버지의 영향을 받으며 자신의 인생관을 세운다. 그러한 의미에서 이 3명의 철학자는 헤겔 철학이 낳은 삼형제라고 할 수 있겠다는 생각이 든다. 이 3명보다 약간 나중에 태어난 지크문트 프로이트(1856-1939)를 포함하여 마르크스, 니체를 20세기 후반의 (새로운) "3대 사상가"라고 부르기도 한다. 이번 장에서는 헤겔의 뒤를 이었다는 관점에서 그들의 철학과 마주해보자.

키르케고르는 덴마크인이다. 그와 헤겔의 차이는 의외로 알기 쉽다.

헤겔이 젊은 시절에 예나에서 베를린으로 진격하는, 말 위의 나폴레옹을 목격했다는 이야기를 앞에서 소개했다. 당시 헤겔은 "세계정신이 말 등에 올라타고 예나 거리를 나아가는구나"라는 의미심장한 말을 남겼다. 이 "세계정신"이라는 말은 "절대정신"과 거의 같은 의미이다. 헤겔은 세상이 변증법으로 계속 진보하는데, 그 원동력은 세계를 진화시키는 "절대정신"이라고 규정했다. 그리고 나폴레옹을 그 절대정신이 구체적인 형태로 드러난 존재라고 인식했기 때문에 이러한 발언을 했다고 볼 수 있다.

쇠렌 키르케고르

예나에서 나폴레옹을 목격한 헤겔은 점령군인 나폴레옹의 병사들을 피해서 원고 다발을 안고 도시 안에서 이리저리 쫓겨 다니는 중이었다. 도시가 불탈 수도 있는 상황이었다. 그 와중에도 헤겔은 나폴레옹을 보고 감동했다. 헤겔은 나폴레옹을 "세계정신"의 상징이라고 찬양했다. 새로운 세계를 열어가는 나폴레옹을 목격한 그는 자신이 근무하는 대학이 있는 도시인 예나의 비극은 안중에도 없었을 수도 있다. 나폴레옹은 "세계정신"을 실현하기 위해서 길가의 잡초가 애써 피운 꽃을 군마로 짓밟고 지나갈 수도 있다. 그러나 이는 대의명분을 실현하기 위한 작은 희생이다. 헤겔은 어쩔 수 없는 일이라고 인식했다. 일종의 전체주의적인 발상이다.

그런데 키르케고르는 헤겔과는 정반대로 길가의 풀꽃이 곧 나 자신이라는 관점을 취했다. 헤겔은 세계가 절대정신을 향해서 진보한다고 주장했다. 그러나 키르케고르는 내가 그 세계에서 예외적인 존재인 한, 나는 개인인 단독자라고 주장했다. 헤겔은 세계의 온갖 사건이 정, 반, 합이 상호 작용하여 더 높은 차원으로 나선을 그리며 진화한다고 생각했다. 그러나 키르케고르는 헤겔이 생각하는 변증법적인 진보가 전부 사고의 유희이자 관념의 산물이라고 통렬하게 비판했다.

헤겔처럼 죄다 객관적으로 정리할 수 있더라도, 항상 변화하는 "나 자신"에게는 아무짝에도 쓸모없고, 아무런 의미도 없다고 키르케고르는 주장했다. 그리고 나는 영원한 단독자라고 주장했다. 그는 『이것이냐 저것이냐(Enten—Eller)』라는 책을 썼다. 키르케고르는 이 책에서 다음과 같이 주장했다. 사람은 자신의 "주체적인 진리"를 추구하며 살아가야 한다. 전체적인 진보를 우선해서는 안 된다. 주체적인 "실존"을 강조한 키르케고르의 발상은 현대 실존주의로 이어졌다.

『죽음에 이르는 병』에서 키르케고르가 보여준 '실존의 3단계'

키르케고르는 "내"가 주체적인 진리를 추구함으로써 자아를 형성할 수 있다고 주장했다. 쉽게 말해서, 자신의 자유로운 선택으로 좋아하는 일을 실천하는 삶을 통해서 자아를 형성할 수 있다는 것이다. 그는 『죽음에 이르는 병(Sygdommen til Døden)』이라는 책에서 다음과 같이 말했다.

먼저 키르케고르는 "미적 실존"을 가정했다. 아름다운 연인, 맛있는 음식, 감동적인 예술 등을 추구하는 삶이다. 그러나 맛있는 음식도 늘 먹으면 싫다는 말처럼 "미적 실존"이라는 삶의 방식은 오래갈 수 없다.

이어서 키르케고르는 주체적인 실존을 보장해주는 삶의 방식으로 "윤리적 실존"을 구상했다. 요즘 식으로 말하면 자원봉사를 하고 보람을 느끼며 삶의 의미를 찾는 삶이다. 즉 남을 위해서 사는 삶을 중시하는 방식이다. 그러나 이타적인 행위로 얻은 뿌듯함은 위선과 종이 한 장 차이이다. 어차피 자기만족을 위한 속물적인 행위가 아니냐며 손가락질하는 사람도 있다. 남을 위해서 사는 삶으로 반드시 주체적인 실존을 획득할 수 있다는 보장은 없다.

그렇다면 사람이 주체적인 실존을 얻기 위해서 최종적으로 다다를 곳은 어디인가? 키르케고르는 신이라고 대답했다. 다시 말해서, "종교적 실존"이다. 사람은 맹목적인 신앙의 대상이었던 신을 한 차례 부정한 이후, 이성을 넘어 신의 존재를 믿고 다시금 자신의 마음을 신의 곁에 투신한다. 사람은 신에게 귀의함으로써 주체적인 실존을 획득할 수 있다. 키르케고 르는 종교적 실존으로 진정한 내가 될 수 있다고 결론지었다.

실존주의적 관점에서 헤겔이 주장하는 보편적인 진리에 반론할 때에 키르케고르처럼 신과의 관계로 자아를 규정하는 방법이 있다. 쉽게 말해서 신을 믿는 길이다. 또다른 방법은 헤겔에 대항하며 신도 부정하지 않고 "나는 나"라고 생각하는 길이다. 앞으로 살펴볼 니체의 관점이다.

참고로 키르케고르의 『죽음에 이르는 병』은 "제1부 죽음에 이르는 병은 절망이다"와 "제2부 절망은 죄이다"로 구성되어 있다. 키르케고르의 다른 책으로 『불안의 개념(Begrebet Angest)』과 『현대의 비판(En Literair Anmeldelse)』도 추천한다.

2. "헤겔의 둘째 아들", 마르크스는 헤겔의 "절대정신"을 "생산력" 으로 치환했다

카를 하인리히 마르크스는 독일인이다. 그의 아버지는 프로테스탄트로 개종한 유대인 변호사 아버지였다. 키르케고르보다는 5세가량 어리다.

아버지(헤겔)의 위세에 눌리는 느낌이 드는 "큰아들 키르케고르"와 달리, 냉정하게 아버지의 철학을 바라볼 여유가 있었던 둘째 아들 마르크스는 헤겔의 철학을 수정하고 발전시키는 방향으로 자신의 학설을 야무지게 펼쳐나갔다.

헤겔은 사회가 절대정신을 실현하기 위해서 계속 진화한다고 생각했다. 마르크스는 사회가 진화한다는 헤겔의 주장을 강하게 지지했다. 그러나 그는 절대정신이라는 이념을 이해할 수 없었다. 절대정신이라는 용어를 설명할 수는 있지만, 구체적으로 무엇이 진보의 원동력인지는 확실하게 설명하지 않아서 다소 모호했다. 마르크스는 그 모호한 부분이 중요하다고 생각했다. 그리고 세계를 진보시키는 힘은 절대정신과 같은 관념이 아니라 물질이라고 주장했다.

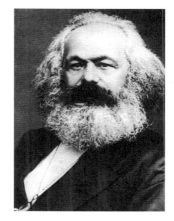

카를 하인리히 마르크스

그렇다면 그 물질이란 무엇인가? 물질이란 사회의 경제 구조가 만들어 낸 생산력을 가리킨다. 마르크스는 사회 구조를 다음과 같이 생각했다. 사회는 토대("하부 구조")가 되는 경제 구조 위에 정치, 법, 이데올로기 등의 "상부 구조"가 올라타는 형태로 존재한다. 그리고 상부 구조는 하부 구조로 규정되며, 양자는 불가분의 관계에 있다. 따라서 하부 구조인 경제 구조가 만들어낸 생산력이 상부 구조의 의식을 형성한다. 생산력이 변화하면 생산관계 전체가 변화하고, 그 변화가 역사를 움직이는 원동력이 된다고 가정했다.

마르크스는 절대정신과 같은 이념이 역사를 움직이는 것이 아니라, 구체적인 생산력이 역사를 움직인다는 사상을 확립했다. 바야흐로 유물주의 역사관이 탄생한 것이다. 강자가 된 인간이 약자가 된 인간을 노예로 부리며 혹사하는 노예제 사회가 최초에 있었다. 주인과 노예만 있는 단순한 사회이다. 이어서 봉건제 사회로 이행했다. 군주가 있고 지방 영주가 있고 농노가 있고 노예도 있는 사회이다. 산업혁명으로 사회의 규모가 커지고 인구도 증가하며 생산력도 급상승했다. 그 단계에서 봉건제에서 자본주의 단계로 나아가고, 이어서 사회주의에서 공산주의로 역사가 진행된다고 마르크스는 유물주의 사관을 구축했다.

마르크스는 "자본주의는 노동을 소외한다"고 주장했다

마르크스는 영국에서 산업혁명이 일어나고 한 세기 넘게 지났을 무렵에 런던에서 저술 활동에 몰두했다. 그는 독일의 비스마르크와 같은 시대를 살았다. 비스마르크는 석탄 채굴과 제철공장 등의 가혹한 노동 현장에서 일하는 시민을 내버려둔다면 프로이센의 내일을 만드는 국력을 재생산할 수 없다고 믿고, 질병 보험법, 재해 보험법, 장애 및 노령 보험법 등을 제정했다. 비스마르크는 프로이센의 국가적 관점에서 노동자의 상황을 고려하여 사회보험제도를 고안했는데, 산업혁명 시기의 런던에서 마르크스는 다음과 같은 이론을 구상했다.

마르크스는 자본주의 사회에서는 부르주아(유산 계급)가 생산 수단을 독점한다고 생각했다. 사전에 따르면, 생산 수단이란 "생산 과정에서 노동의 대상이나 도구가 되는 모든 생산의 요소"로서, "토지, 삼림, 지하자원, 원료, 생산 도구, 생산용 건물, 교통 및 통신 수단 따위가 있다"라고 풀이된다. 구체적으로는 "토지, 삼림, 지하자원, 원료" 등 노동 대상과 "생산 도구, 생산용 건물, 교통 및 통신 수단" 등 노동 수단이 있다.

이러한 생산 수단을 독점하는 부르주아는 노동의 부가가치를 높이려고 궁리한다. 부가가치란 새롭게 만들어진 가치를 의미한다. 마르크스는 부가가치가 토지와 자본과 노동으로 만들어진다고 추정했다.

그리고 마르크스는 궁극적인 가치가 노동이라는, 애덤 스미스 이후의 노동 가치설을 발전적으로 계승했다. 확실히 부가가치는 인간의 노동이 만들어낸다. 더욱이 현대에는 육체 노동보다 두뇌 노동이 줄줄이 새로운 부가가치를 창출한다. GAFA(Google, Apple, Facebook, Amazon)와 차세대 GAFA 후보로 주목받는 유니콘 기업들을 보면 한눈에 알 수 있다.

토지와 자본이라는 생산 수단을 독점한 부르주아는 부가가치를 높이기 위해서 노동의 가치를 높이려고 골몰한다. 구체적으로는 노동량을 늘리는 방향으로 나타났다. 그래서 노동자의 근무 시간을 늘리고 최대한 저렴한 임금으로 고용한다. 쉽게 말해서 착취이다.

일이란 원래 창조적이고 즐거운 행위여야 하는데 프롤레타리아(노동자)는 생산 수단을 보유하지 못해서 그저 혹사당하기만 하고, 부르주아와의 격차는 나날이 벌어진다. 마르크스는 이러한 노동의 소외를 저지하기 위해서 생산 수단을 공유화해야 한다는 이론을 확립했다.

그러나 프롤레타리아가 생산 수단을 공유화하고 싶다고 생각해도, 생산 수단을 독점한 부르주아가 순순히 공유화를 인정할 리 없다. 그래서 계급 투쟁이 발생한다고 마르크스는 주장했다. 프롤레타리아가 계급 투쟁에서 승리하면 생산 수단은 공유화되고 사회주의 국가가 수립되며, 사회주의 국가가 세계적으로 승리하고 다음 단계로 나아가면 이윽고 공산주의 세계가 도래한다. 그것이 세계의 진보이다. 마르크스는 헤겔의 변증법을 유물론적 변증법으로 전환했다. 그리고 마르크스는 철학적 동지인 엥겔스와 함께 1847년에 『공산당 선언(*Manifest der Kommunistischen Partei*)』을 출간했다. 유럽에서 1848년 혁명이 일어나기 1년 전의 일이었다.

"여기가 로도스이다, 여기에서 뛰어라!"

악덕 기업의 가혹한 노동 조건이 문제가 되면 지금도 "노동의 소외"라는 말을 사용할 때가 있다. 공산당은 세계 곳곳에서 살아남았다. 마르크스가 세상을 떠난 지 이미 140년 가까이 지났는데도 여전히 명맥을 유지하고 있다. 마르크스는 철학자로서 독자적인 세계관을 바탕으로 독특한 정치 사상을 구축했다. 유물사관이라는 세계관이 프랑스 혁명의 "자유, 평등, 박애"처럼 전 세계로 퍼져나갔고, 지금까지 살아남아 사회의 원동력이 되고 있다. 마르크스의 이념이 현실적인 정치 사상으로 거듭나며 세계 각국에 영향을 미친다는 점에서 그를 역사적으로 보기 드문 철학자라고 할 수 있다.

"철학자들은 세계를 이러쿵저러쿵 해석하는 데에 그친다. 중요한 것은 세상을 바꾸는 것이다."

마르크스의 사상적 동지 엥겔스가 쓴 『루트비히 포이어바흐와 독일 고전 철학의 종말(*Ludwig Feuerbach und der Ausgang der klassischen deutschen Philosophie*)』에 나오는 말이다. 왕수인은 주자의 지선행후(知先行後)를 비판하고 "영원히 세계를 해석하기만 해서 어쩌려는 것인가. 일단 저지르고 나중에 시행착오를 거치며 수정하더라도 일단 실천하라. '지행합일(知行合一)'이야말로 중요하다"라고 부르짖었다. 이 말과 마찬가지로, 마르크스와 엥겔스는 왜 노동의 소외가 생겨났는지를 원인부터 이해하기 쉽게 설명함으로써 시대를 초월하여 사람들에게 널리 알려질 수 있었다는 생각이 든다.

"히크 로두스, 히크 살타!(Hic Rhodus, hic salta!)" 이는 "여기가 로도스이다, 여기에서 뛰어라!"라는 뜻의 라틴어로, 이솝 우화 「허풍선이 이야기」에서 나온 말이다. 로도스 섬에서 열린 고대 육상경기 대회에 출전했다가 고향으로 돌아온 사내가 있었다. "내가 말이지, 로도스에서 엄청나게 높이 뛰었다네. 다들 로도스에 가서 물어보시게나. 내가 얼마나 높이 뛰었는지 로도스에서 나를 모르는 사람이 없을 정도라네." 그는 틈만 나면 자랑을 늘어놓았다. "뭘 굳이 로도스 섬까지 가서 증인을 찾는가. 그냥 여기가 로도스라고 생각하고 뛰어보시게나!" 잠자코 듣고 있던 한 남자가 말했다.

이 대사를 헤겔은 『법철학』에서, 마르크스는 『자본론(Das Kapital)』에서 각각 인용했다. 행동하지 않는 학자는 의미가 없다. 지금 있는 곳에서 실천하라. 두 철학자는 그러한 의미로 강렬한 구호의 이 대사를 사용했다. 이 말은 19세기 말 유럽에서 들불처럼 번져나갔다. 그리고 소비에트 연방이 탄생했고, 『자본론』은 오랜 세월에 걸쳐 혁명운동의 성서가 되었다. 독이 있다고는 하지만 예리하게 날이 선 사상은 끈질기게 살아남는다는 사실을 잘 보여주는 예이다. 마르크스는 수많은 저서를 남겼는데, 『임노동과 자본(Lohnarbeit und Kapital)』, 『독일 이데올로기(Die Deutsche Ideologie)』, 『1844년 경제학 철학 수고(Ökonomisch-philosophische Manuskripte aus dem Jahre 1844)』, 『루이 보나파르트의 브뤼메르 18일(Der achtzehnte Brumaire des Louis Bonaparte)』, 『철학의 빈곤(Misère de la Philosophie)』 등을 추천한다.

다윈의 진화론, 자연도태설이 준 충격

마르크스의 유물론에 영향을 준 동시대 인물들 중의 한 사람으로 탁월한 생물학자인 찰스 로버트 다윈(1809-1882)이 있다. 명저 『종의 기원(The Origin of Species)』에서 주장한 다윈의 진화론, 자연도태설은 신의 존재를 근저에서부터 전복시키는 불순하고 도발적인 사상으로 여겨졌다. 다윈은 우연의 중요성을 세상에 알리는 데에 공헌했고, 결정론(다양한 사건들이 모두 모종의 원인에 의해서 미리 정해져 있다는 사고방식)은 다윈의 등장으로 존재감이 희미해졌다.

다윈은 2002년에 방영된 BBC의 "100명의 가장 위대한 영국인"에서 시청자 투표로 처칠, 철도 기사 브루넬, 다이애나 왕비의 뒤를 이어 4위에 올랐다. 물론 과학자들 중에서는 가장 순위가 높다. 5위가 셰익스피어, 6위가 뉴턴, 7위가 엘리자베스 1세 여왕이다.

참고로 진화론은 탈레스와 동시대를 살았던 아낙시만드로스를 비롯하여 고대부터 존재하던 관점으로, 9세기에는 바스라(현재 이라크의 도시)의 이슬람 학자인 알 자히즈(약 776–863 또는 869)가 『동물에 대한 책(*Kitāb al-Ḥayawān*)』에서 자연도태와 유사한 사고방식을 개진했다.

3. "헤겔의 셋째아들", 니체는 "신은 죽었다"고 단언했다

프리드리히 빌헬름 니체는 독일인이다. 키르케고르보다 30년가량 후에 태어났다.

헤겔의 셋째아들 격인 니체는 막내답게 아버지를 어려워하지 않고 헤겔 철학을 따끔하게 비판하는 모습을 보였다. 니체도 키르케고르와 마찬가지로 헤겔의 절대정신을 부정했다. 다만, 신에 관한 관점에서는 키르케고르와 다른 견해를 가졌다.

키르케고르는 헤겔의 "절대정신을 향해서 사람은 진보한다"는 생각에 "애석하지만 나는 다르다, 나는 그저 개인의 평화를 바랄 따름이다"라는 관점을 고수했다. 그리고 자신의 존재를 최종적으로 구원해주는 존재로

종교적 실존을 가정했다. 그런데 니체는
헤겔의 절대정신으로 상징되는 "절대진
리"를 부정하고 동시에 신의 존재도 부
정했다.

"신은 죽었다." 이 세계에 절대적인 것
은 없다. 이렇게 생각하는 사람은 어떻
게 될까? 의지할 곳이 없어진다. 그러면
사람은 허무함과 마주해야 한다. 그리고
허무주의에 빠져든다. 그렇게 생각하는
것이 일반적이다.

프리드리히 빌헬름 니체

그러나 니체는 거기에서 끝내지 않았다. 신은 죽었다는 사실을 받아들
이고, 세상은 허무하다는 사실도 인정한다. 그래도 앞을 향해서 나아가고
살아가는 능동적인 자세로 허무주의를 받아들이는 사람이 있다. 니체는
허무주의에 수동적인 사람과 능동적인 사람, 두 가지 유형이 있다고 생각
했다. 절대자가 없어도, 신이 죽어도 살아가는 사람은 있다. 허무주의를
능동적으로 받아들이고 살아가려는 강인한 사람이 있다고 니체가 가정
했을 때에 그의 생각을 뒷받침하는 사상이 있었다. 그것은 역사의 시간에
대한 니체의 관점과 밀접하게 연관되어 있다.

역사는 "영원히 회귀할 뿐, 진보하지 않는다"
니체가 헤겔이나 마르크스와 가장 다른 점은 시간을 바라보는 관점이다.
두 사람은 모두 역사가 이상적인 방향으로 진화한다고 생각했다. 그러
나 니체는 역사는 영원히 회귀한다고 믿었다. 인간은 그다지 현명하지 않

아서 같은 실수를 되풀이한다. 진보는 없다. 역사는 직선적으로 진보하지 않고 영원히 회귀하는 원과 같은 시간이라는 사고방식이다. 불교의 윤회 전생 사상과 같다.

영원 회귀 이론은 헤겔의 진보 사상을 부정했다. 니체는 대체가 불가능한 일회성 연속이 인생이며 그것이 인간의 운명이라고 주장했다. 그리고 그는 그 운명을 담담하게 받아들이고 앞으로 나아가는 사람이 있다고 말했다. 그리고 그와 같은 사람들이 허무주의를 능동적으로 수용하고 살아가는 사람들과 교집합을 이룬다.

"초인"과 "힘에 대한 의지", 니체의 강한 실존주의

시간도, 역사도 진보하지 않는다. 운명을 정면으로 받아들이고 인생 길을 묵묵히 성실하게 걸어가는 사람. 그 강인한 인간을 니체는 "초인(超人)"이라고 불렀다.

니체는 인간이 강인하게 살아갈 때에 무엇을 가장 중요한 이념으로 삼아야 하는지를 생각하여 이를 힘에 대한 의지라고 결론 내렸다. 강하고 멋지게 살고 싶다는 태도이다. 키르케고르는 세상에 도움이 되는 일을 해도 어차피 허무하며, 개인은 단독자라고 생각했고 최후에는 신에게 의지했다. 신을 믿으며 살면 마음은 평안해질 수 있다는 생각이다.

그러나 니체는 "신은 죽었다"고 단언했다. 그리고 시간도 역사도 진보하지 않는다면 의지할 곳은 오직 자신밖에 없다고 보았다. 신도 없고 진보도 없다는 운명을 받아들이고 열심히 살아가는 사람이 초인이며, 그 힘에 대한 의지로 세상이 움직인다고 니체는 생각했다. 키르케고르의 종교적 실존주의와 비교하면, 니체는 더욱 강하게 인생을 긍정하는 실존주의를 확립했다고 볼 수 있다.

니체의 "초인 사상"은 헬레니즘 시대의 스토아 학파의 철학과 묘하게 닮은 구석이 있다. 페니키아인 제논에게서 시작된 스토아 학파는 요동치는 감정(파토스)을 이성(로고스)으로 제어하고 마음의 평안(아파테이아)을 얻으라고 가르쳤다. 운명을 냉정하게 받아들이고 덕을 추구하며 사는 인생이 이상적이라는 철학 사조이다. 로마 제국의 황제와 귀족들은 스토아 학파의 가르침에 깊이 공감했다.

니체와 스토아 학파의 공통점을 생각해보면, 인간의 생각이 거기서 거기이며, 유행이 돌고 돌듯 인간의 사고 역시 반복된다는 생각이 든다. 전율을 느낄 정도로 참신한 사상은 좀처럼 등장하지 않는다. 인간은 우리의 생각보다 현명하지 않다.

니체는 기독교가 인간의 르상티망을 교묘하게 이용했다고 비판했다

르상티망(ressentiment)이라는 프랑스어가 있다. 사전에는 "원한, 증오, 질투 따위의 감정이 되풀이되어 마음속에 쌓인 상태"라는 설명이 실려 있다. 주로 약자가 강자에게 품는 감정으로, 민중이 군주 또는 제후에게 가지는 원한이나 질투를 말한다. 몇 명의 철학자들이 이 단어를 사용했는데, 주로 키르케고르가 철학상의 개념으로 사용했고, 니체가 받아 대담하게 이용했다.

쥐구멍에도 볕 들 날이 있다는데, 뼈 빠지게 일해도 가난한 살림살이가 도통 나아질 기미를 보이지 않는다고 한탄하는 사람에게 기독교는 말했다. "가난한 사람이 천국에 간다. 낙타가 바늘귀로 들어가는 것이 부자가 천국에 들어가는 것보다 쉽다. 그러니 부자에게 신경 쓰지 말라. 그들은 지옥에 간다고 생각하라. 천국으로 가는 길은 가난한 사람들에게 활짝 열려 있다."

이는 니체가 말하는 "노예 도덕"과 같다. 기독교는 지배층과 부유층의 압제 정치에 허덕이는 빈곤층이 품고 있는 르상티망을 교묘하게 이용하여, 천국을 미끼로 내보이는 형태로 가난한 사람들을 포섭해서 신자로 만들었다. 많은 사람들이 원래 그들이 가지고 있는 강인하게 살아가겠다는 마음, 즉 "힘에 대한 의지"를 포기했다. 그들은 운명을 감수하고 신에게 몸을 맡기는 수동적인 허무주의에 빠져들었다. 니체는 그렇게 기독교를 비판했다. 비판이라기보다는 정면충돌이었다. 그러고 보면 마르크스도 "종교는 인민의 아편"이라는 말을 남겼다.

니체는 생물학과 물리학 등의 자연과학이 진보하는 과정에서 본래 신의 이름으로 이해되던 부분이 해명되고 동시에 플라톤 이후의 철학과 종교로 성립된 관념적 세계관이 붕괴되던 현실을 고려하여 "신은 죽었다"고 단언했다. 니체는 거기에서 그치지 않고 기독교가 범한 오류를 르상티망이라는 개념으로 풀어내려고 했다.

그리스 신화에 나오는 영웅인 프로메테우스는 추위와 굶주림에 지친 인류를 딱하게 여겨서 하늘의 신 제우스의 소유물이었던 불을 훔쳐서 인류에게 주었다. 인류는 구원받았으나 프로메테우스는 제우스에게 벌을 받았다. 코카서스 산 정상에 있는 바위에 쇠사슬로 묶여 내장을 독수리에게 쪼아 먹히는 끔찍한 형벌이 그에게 내려졌다. "힘에 대한 의지"를 사람들에게서 빼앗은 기독교를 단죄한다는 의미에서, 니체의 사상과 행동은 프로메테우스와 견줄 수 있다.

니체는 정신병 발작을 일으킨 후인 만년에는 어머니 곁에서 지냈다. 니체의 생애도 프로메테우스처럼 20세기 이후 사상에 큰 영향을 주었다. 니체의 저작으로는 『비극의 탄생(*Die Geburt der Tragödie aus dem Geiste der Musik*)』, 『차라투스트라는 이렇게 말했다』, 『선악의 저편(*Jenseits von Gut und Böse*)』 등이 있다. 현대 무신론에 관해서는 유명한 진화 생물학자인 리처드 도킨스(1941–)의 『만들어진 신(*The God Delusion*)』에 잘 정리되어 있으므로 이 책을 추천한다.

키르케고르, 마르크스, 니체, "삼형제의 철학"의 공통점과 차이점

헤겔의 세 아들이라고 내가 멋대로 이름 붙인 철학자들. 이 세 사람은 형제다운 특징을 공유한다. 키르케고르와 니체는 실존주의라는 사조를 성립했고, 르상티망이라는 개념을 성립했다는 점에서 쌍둥이 형제처럼 느껴진다. 그러나 결과적으로 신에게 의지한 키르케고르와 신을 버린 니체는 정반대 방향으로 갈라섰다. 유물사관에 입각한 마르크스는 종교성을 완전히 부정했기 때문에 신을 인정하지 않았다. 그런 의미에서 마르크스와 니체에게는 공통분모가 있다.

산업혁명과 국민국가 성립이라는 인류 역사상 최대 규모의 두 가지 혁신을 일으키고 유럽이 세계 패권 국가로 도약하는 과정에서, 장대한 철학 체계를 성립한 헤겔이라는 거물 아버지를 둔 세 아들. 아버지의 사고방식에 반항하며 신에게서 구원을 찾았던 섬세한 큰아들 키르케고르. 아버지를 존경하며 아버지의 이념을 더욱 과학적으로 발전시키고자 했던 둘째아들 마르크스. 그리고 아버지의 절대정신을 인정하지 않고 신과도 인연을 끊고 꿋꿋이 홀로 인생길을 걸어나간 막내아들 니체.

이 세 철학자를 헤겔의 아들이라는 관점에서, 또 근대 최후의 철학자로 바라보면, 현대 정신의 큰 틀을 마련한 이들로 볼 수 있다. 크게는 역사는 진보한다는 사고방식과 진보하지 않는다는 사고방식이다. 역사가 진보한다고 생각하면 기댈 곳을 굳이 찾을 필요가 없다. 아니면 세계는 진보하지 않는다고 생각하고 종교와 같은 절대정신에 기대야 할까. 그것도 아니면 프로메테우스처럼 신에게 벌을 받더라도 힘에 대한 자신의 의지로 살아가야 할까. 우리는 현대를 어떻게 살지를 생각할 때에 앞에서 소개한 철학자들이 마련한 큰 틀에서 생각하게 된다. 물론 나중에 다시 살펴보겠지만, 20세기 철학은 다양한 방면으로 펼쳐졌다.

이 세 사람을 감히 헤겔의 아들에 비유했다고 "언짢은" 눈길로 바라보는 사람도 있을 수 있다. 부디 하나의 가설로 보고 여러분의 너른 양해를 부탁드리는 바이다.

4. 무의식이 사람을 움직인다고 생각했던 프로이트의 정신 분석학

지크문트 프로이트는 니체보다 12년가량 늦게 오스트리아에서 태어난 유대인 정신 병리학자이다. 정신 분석의 창시자로 일컬어지는 그는 이른바 철학자는 아니지만 "무의식"을 발견함으로써 인류에 지대한 공헌을 했다.

니체를 포함한 기존의 철학자들은 철학을 이성, 즉 인간의 의식을 기반으로 구축했다. 말하자면 모든 인간이 머리로 생각한다는 논리이다. 그런데 프로이트는 꿈을 해석하여 환자의 정신을 분석하는 과정에서 꿈은 무의식의 표출이고, 그 무의식에서 이루어지는 생각이 사실 인간을 움직인다는 가정을 내놓았다.

"무의식이 사람을 움직이는가?" 철학자들은 오랫동안 이성으로 생각하고 말로 풀어내서 글로 남기는 의식의 세계를 정교하게 이론화했다. 그리고 그 과정에서 몇몇 위대한 철학의 열매가 탄생하기도 했다. 그러나 프로이트는 우리 뇌에서 의식하지 못하는 영역, 즉 무의식이 인간을 움직인다는 인간관을 도입했다. 그리고 실제로 현재 뇌과학의 세계에서는 우리 뇌의 활동의 90퍼센트 이상을 차지하는, 인간이 의식하지 못하는 부분

지크문트 프로이트

의 존재를 확인했다. 그 부분이 틀림없이 우리 인간을 움직인다. 그런 의미에서 프로이트는 기존의 철학과 완전히 다른 길로 나아갈 수 있는 돌파구를 연 사람이다.

그렇다면 이 무의식 영역을 움직이는 것은 무엇일까? 프로이트는 리비도(libido)라고 말했고, 호사가들은 신이 나서 입방아를 찧어댔다. 리비도는 원래 라틴어로 욕망이라는 뜻이다. 프로이트는 이 단어를 성적 행동을 발동시키는 힘이라고 규정했다. 인간의 무의식적인 행동의 이면에는 다양한 성적 동기가 작용하고 있다는 주장이다.

예를 들면 오이디푸스 콤플렉스가 있다. 프로이트는 남자아이가 어머니의 사랑을 얻기 위해서 동성인 아버지를 증오하는 태도를 무의식적으로 취한다는 가설을 세웠다. 오이디푸스 콤플렉스란 친아버지인 줄 모르고 살해한 후에 어머니와 결혼한 그리스 신화의 오이디푸스에서 따와서 프로이트가 창작한 용어이다. 사족을 덧붙이자면 정신 분석에서 콤플렉스란 "감정의 복합"을 뜻한다.

리비도의 해석에 관해서 성적 충동을 중시한 프로이트였으나, 만년에는 자신의 학설을 수정했다. 인간의 무의식을 지배하는 개념으로 생에 대한 본능(에로스[eros])과 죽음에 대한 본능(타나토스[thanatos])의 존재를 지적한 것이다. 프로이트는 자손을 남기고 싶다는 생에 대한 강한 본능을 품은 인간이 세계를 무너뜨리고 싶다는 죽음에 대한 본능 역시 강하게 품고 있다고 생각하기 시작했고, 이윽고 에로스와 타나토스라는 개념을 만들었다.

프로이트는 철학자로 자신의 이념을 체계화하지는 않았다. 그러나 그가 정신 분석의 성과로 남긴 수많은 업적들은 무의식 세계의 크기를 지적하며 현대의 철학, 사상계와 예술계 등에 막대한 영향을 주었다.

철학과 종교의 세계사에 관하여 생각하는 이 책은 현대 20세기 직전 시대(근대)를 "헤겔의 세 아들"과 프로이트로 마무리하려고 한다. 무의식의 세계에 관해서 생각하는 프로이트는 키르케고르와 니체 옆에 있는 사촌동생처럼 느껴지기 때문이다. 프로이트의 책으로는 『정신 분석 강의(*Vorlesungen zur Einführung in die Psychoanalyse*)』와 『꿈의 해석(*Die Traumdeutung*)』이 유명하다.

프로이트의 뒤를 이어 정신 분석학에 큰 업적을 남긴 두 사람

마지막으로 프로이트와 연구 활동을 함께한 경험도 있고, 뛰어난 업적을 남긴 두 사람의 정신 분석학자를 소개한다.

첫 번째는 카를 구스타프 융(1875-1961)으로 스위스 출신이다. 융은 프로이트를 사사했는데, 프로이트가 리비도의 존재를 지나치게 성적 욕망과 강하게 결부하자 반발하여 학문적으로 독립을 선언했다. 융은 인간

무의식의 심층에는 개인의 경험을 초월한 선천적인 집단 무의식이 있다고 추정했다. 그의 학파를 분석 심리학이라고 부른다. 저서로는 『심리 유형(*Psychologische Typen*)』 등이 있다.

두 번째로 만나볼 사람은 알프레트 W. 아들러(1870-1937)이다. 아들러는 프로이트와 공동 연구에 참여한 경험을 거쳐 독자적인 개인 심리학(아들러 심리학)을 확립했다. 현대 성격 심리학과 심리 요법을 확립했다는 평가를 받는다. 2013년 일본에서 출간되어 여러 나라에서 번역 출간된 『미움받을 용기(嫌われる勇氣)』는 아들러 심리학으로 일대 돌풍을 일으켰다.

키르케고르가 한평생 짊어진 것

20세기에 들어설 때까지 그 존재가 거의 알려지지 않았던 키르케고르의 전설적인 생애를 살펴보자. 쇠렌 오뷔에 키르케고르는 덴마크의 코펜하겐에서 태어났다. 아버지는 부유한 모직물 상인이었다. 키르케고르는 3명의 형과 3명의 누이를 둔 대가족 집안의 막내아들이었다. 그의 아버지는 유틀란트 반도에 있는 한 교회의 셋집에 사는 가난한 농가에서 태어났다. 그러나 청년 시절 코펜하겐으로 떠나 재산을 일구었다. 아버지는 농촌에서 살던 시절, 자신의 가난한 처지를 신에게 악다구니를 쓰듯이 하소연하며 원망했다. 또 아버지는 첫 아내와 사별하고 아내의 하녀였던 여성을 임신시켜 아내로 맞았다.

그의 아버지는 자신이 한 세대 만에 부를 일군 것이 가난한 시절에 신을 저주했기 때문이라고 생각했다. 동시에, 신 앞에서 사랑을 맹세하지 않고 전처의 하녀를 임신시킨 죗값을 치르게 될 것이라며 떨었다. 키르케고르의 아버지는 자식들이 신의 벌을 받아 단명할 운명을 타고났다며 비관했던 모양이다. 그래서 그가 56세였던 때에 태어난 막내아들에게 종교적인 금욕을 강요하는 교육을 받게 했다.

키르케고르는 17세가 된 1830년, 코펜하겐 대학교 신학부에 진학했다. 그는 대학에서 철학을 공부했다. 그 무렵 그의 두 형과 세 누이 그리고 어머니가 차례로 세상을 등졌다. 같은 시기에 키르케고르는 아버지에게 자신의 과거와 신에 대한 두려움을 고백하는 이야기를 들었다. 키르케고르는 큰 충격을 받았고 죄의식을 가지게 되었다. 아버지가 1838년에 세상을 떠나고 같은 시기에 키르케고르는 14세의 소녀 레기네 올센과 사랑에 빠졌다. 키르케고르가 27세, 레기네가 17세가 된 1840년, 두 사람은 약혼했다.

그런데 키르케고르는 1년 후에 일방적으로 파혼을 통보했다. 그는 이유를 말하지 않았다. 온갖 억측이 난무했다. 신에 대한 죄의식, 그녀에 대한 순수한 사랑과 결혼이라는 형식에 느끼는 염증, 급기야 성적인 부분을 포함한 그의 신체적 결함이 이유로 언급되었다. 그의 등이 구부정하게 굽어서 외모에 콤플렉스가 있었다는 소문도 있다.

파혼 이후 그는 베를린으로 가서 모차르트의 오페라를 관람했다. 또 베를린 대학교에서 헤겔과 친분이 있던 철학자 프리드리히 빌헬름 요제프 폰 셸링(1775-1854)의 강의를 들었다. 셸링의 학설이 헤겔 철학을 막 비판하기 시작하던 시기였다. 1842년, 고향인 코펜하겐으로 돌아온 키르케고르는 무엇에 홀린 듯이 집필 활동에 전념했다. 1855년 늦가을, 그는 코펜하겐 길에서 쓰러져 며칠 뒤에 세상을 떠났다. 그의 나이 42세였다. 그는 유서를 남겼고 자신의 유산과 유고를 약혼자였던 레기네에게 남겼다. 그녀는 유산을 거부하고 유고만 받았다고 전해진다.

종교란 아편? 철학은?

기독교는 가난한 사람이 부자에게 품고 있는 르상티망의 감정을 교묘하게 이용하여 신자를 확보했다. 그뿐만 아니라 그들에게서 강인하게 살아가려는 의지를 앗아갔다. "가난한 사람에게 천국의 문은 활짝 열려 있다. 그러니 안심하고 신앙의 길로 들어오라." 교회는 설교했다.

니체는 그와 같은 논리를 내세운 기독교를 격렬하게 비판했다. 마찬가지 취지로 마르크스도 기독교 비판에 가세했다.

"종교는 억압된 피조물의 탄식이며, 심장 없는 세상의 심장이며, 영혼 없는 현실의 영혼이다. 종교는 인민의 아편이다."

이 논문은 마르크스가 25세 때인 1843년에 집필한 것으로, 아편전쟁(1840-1842)이 막 끝난 때였다. 마르크스는 종교가 지닌 특징을 마약인 아편의 효과에 빗대어 표현했다.

그는 양귀비에 상처를 내서 흘러내리는 액을 말려서 가루로 만들어 불을 붙여 담배처럼 피웠을 때에 얻을 수 있는 도취감과 최면 작용, 쾌감을 "심장 없는 세상의 심장"과 "영혼 없는 현실의 영혼"이라고 표현했다. 종교는 마음의 안식을 줌으로써 독재 아래에서 신음하는 민중에게 인내와 복종을 강요한다고 마르크스는 비판했다. 주장의 논지는 니체와 흡사하다.

세상에서 불합리한 일은 사라지지 않는다. 그러므로 마음을 치유해주는 마약 비슷한 작용이 사람의 마음에 필요하다. 그것이 종교의 역할이자 철학과의 차이점이라고 생각하는 사람도 있다. 그러나 하나의 이론을 믿음으로써 확고하게 살아갈 자신감과 기쁨을 얻을 수 있다면, 설령 노동자 계급이 세계를 지배한다고 생각한 마르크스주의 철학이라도 종교와 비슷한 측면을 다분히 내포하고 있지는 않을까. 철학과 종교의 경계선 찾기. 그것은 어느 시대에나 결론이 나지 않는 난제이다.

참고로 아편을 채취하는 양귀비 재배는 이미 기원전 3400년 무렵부터 메소포타미아 지방에서 이루어졌다는 기록이 있다. 아편은 주로 진통제와 수면제 목적으로 사용되었다. 마약으로 사용한 역사는 그다지 오래되지 않았다.

마르크스의 둘도 없는 동지였던 사나이

카를 마르크스의 동지로 프리드리히 엥겔스(1820-1895)가 있었다. 두 사람은 우연히 알게 되었다. 마르크스는 독일의 도시 트리어에서 변호사인 아버지의 셋째아들로 태어났다. 본 대학교 법학부에서 베를린 대학교 법학부로 옮긴 이후, 결핵에 걸렸다. 대학 교수의 길을 걸으려고 했으나 뜻을 이루지 못하고, 1843년 잡지 「독불연감(*Deutsch-Französische Jahrbücher*)」 편집자 중의 한 사람으로서 파리로 이사했다.

엥겔스는 독일 라인란트 주 바르멘 시에서 실업가의 장남으로 태어났다. 김나지움(독일의 9년제 고등학교)을 중퇴하고 3년 동안 수습사원으로 일했다. 1841년부터 병역의 의무를 다하기 위해서 베를린에 머무르다가 베를린 대학교에서 셸링의 강의를 들었다. 그후 2년 동안 아버지가 경영하는 영국 맨체스터의 방직 공장에서 일했다. 이 시기에 노동자의 생활 실상을 관찰하고 1844년 잡지 「독불연감」에 "국민 경제학 비판"이라는 논문을 투고했고, 마르크스는 이 논문을 절찬했다.

1844년 엥겔스와 마르크스는 파리에서 만났다. 이때부터 두 사람은 손잡고 사회 경제학적 분석과 노동운동의 세계에 본격적으로 발을 들였다.

1848년, 프랑스의 2월 혁명과 독일과 오스트리아의 3월 혁명 등 유럽의 여러 나라에서 혁명의 폭풍우가 불어닥쳤다. 마르크스와 엥겔스는 공산주의 동맹을 위한 『공산당 선언』을 발표하여 혁명의 신호탄을 쏘아올렸다. 그러나 1849년, 권력을 가진 측의 탄압이 강화되며 혁명운동은 각지에서 좌절되었고, 마르크스와 엥겔스는 런던으로 망명했다.

마르크스의 런던 생활의 중심은 『자본론』 집필이었다. 아내와 세 딸과 사는 생활은 궁핍했고, 미국의 급진주의 신문의 통신원 일을 하며 입에 풀칠하기도 했으나, 쪼들리는 살림에 큰 보탬은 되지 못했다. 마르크스는 주로 엥겔스가 보태준 자금에 의지했다. 당시 엥겔스는 맨체스터에서 두 얼굴의 사나이로 살아가고 있었다.

엥겔스는 평일에는 아버지의 방직 공장에서 중역으로 일했다. 증권거래소 회원에 독신으로 고급 주택에 사는 남자였다. 주말에는 노동자의 딸인 연인의 집에서 생활하며 투쟁에 앞장서는 혁명가였다. 엥겔스는 1850년부터 1870년까지 이 이중생활을 지속하며 마르크스를 경제적으로 원조했다. 1870년에 그는 방직 공장 주식을 매각하고 런던살이를 시작했다. 그때부터 마르크스와 함께 행동하며 자신의 대표작인 『자연변증법(*Dialektik der Natur*)』과 『반듀링론(*Herrn Eugen Dührings Umwälzung der Wissenschaft*)』 등의 책을 썼다. 엥겔스는 1883년 마르크스의 임종을 지켰다. 1895년에는 암으로 시한부 선고를 받자 연인과 정식으로 결혼하고 세상을 떠났다. 마르크스에게는 한없이 관대하고 멋진, 동시에 불가사의한 인생을 살았던 동지가 있었다.

니체의 철학과 건강 그리고 질병

프리드리히 니체는 독일(당시 프로이센 왕국)의 라이프치히 근교에서 부유한 목사의 장남으로 태어났다.

인간의 육체적 혹은 정신적 건강과 질병은 어떤 관계일까? 그러한 관점에서 "초인"과 "영원 회귀" 사상을 고찰해보면, 니체 철학에 한 걸음 더 깊이 들어갈 수 있다는 기분이 든다……. 오해가 두려워 사족을 덧붙이면 니체 전문가인 시미즈 마키 박사는 그렇게 직감했다고 한다. 육체의 건강과 질병은? 정신의 건강과 질병은? 여기에서는 자세한 해설은 생략한다. 니체는 인생에서 가장 무엇인가를 수확해야 할 시기에 질병과 싸우며 인생을 마감한 철학자였다.

1870년 4월, 25세의 니체는 스위스 바젤 대학교의 정교수가 되었다. 그곳에서 같은 해 8월에 일어난 프로이센–프랑스 전쟁(보불전쟁)에 의무병으로 복무했는데, 이질과 디프테리아에 걸려 쓰러졌다. 잠시 회복했다가 이후 그의 건강 상태는 악화 일로를 걸었고, 대학 근무가 불가능할 정도로 건강이 나빠져서 1879년에 사직서를 냈다.

1880년 봄, 니체는 죽음의 문턱까지 갔다가 가까스로 살아 돌아왔다. 그때부터 그는 대학에서 주는 연금에만 의지하여 자신의 철학을 완성하는 데에 인생의 모든 것을 바쳤다. 그는 지적 활동에 지장이 생기지 않도록 규칙적인 생활에 힘을 쏟았다. 그는 7월부터 9월까지는 스위스에서, 10월부터 4월까지는 북이탈리아와 남프랑스의 지중해 연안에서 보내며 규칙적으로 검소한 요양 생활을 반복했다. 이러한 생활 속에서 『차라투스트라는 이렇게 말했다』를 완성했고, 자서전이기도 한 『이 사람을 보라(*Ecce homo*)』도 완성했다. 그는 판에 박힌 듯이 규칙적인 "방랑자"의 삶을 1888년까지 이어갔다. 1889년 1월 토리노에서 정신병 증상이 발병하여 입원, 1900년 8월 바이마르에서 55세로 세상을 떠났다.

"니체는 할 말을 모두 하고 나서 정신을 놓아버렸다. 정신 착란을 일으킨 니체에게 새로 말할 것은 아무것도 남지 않았다." 니체에 정통한 시미즈 박사의 말이다.

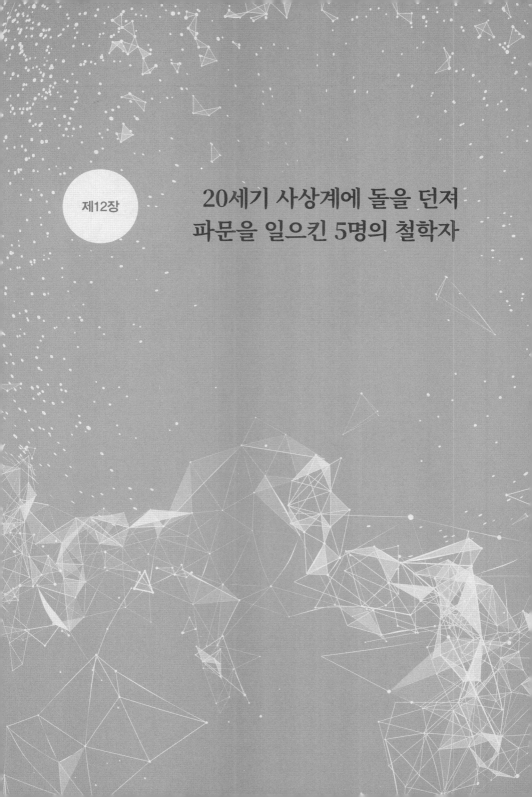

제12장

20세기 사상계에 돌을 던져
파문을 일으킨 5명의 철학자

20세기의 대표 철학자 5인

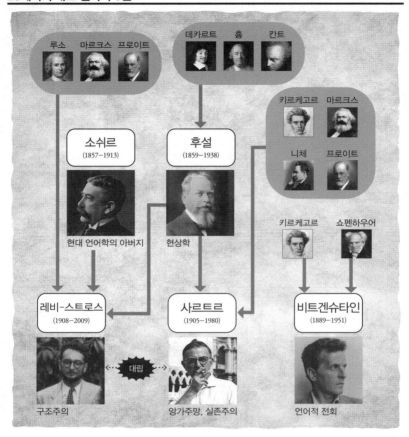

루소 마르크스 프로이트

데카르트 흄 칸트

키르케고르 마르크스

니체 프로이트

소쉬르
(1857–1913)

후설
(1859–1938)

키르케고르 쇼펜하우어

현대 언어학의 아버지

현상학

레비-스트로스
(1908–2009)

사르트르
(1905–1980)

비트겐슈타인
(1889–1951)

‹··› 대립 ‹··›

구조주의

앙가주망, 실존주의

언어적 전회

20세기의 주요한 철학자

찰스 샌더스 퍼스(1839–1914)	해나 아렌트(1906–1975)
앙리 루이 베르그송(1859–1941)	에마뉘엘 레비나스(1906–1995)
존 듀이(1859–1952)	모리스 메를로-퐁티(1908–1961)
알프레드 노스 화이트헤드(1861–1947)	윌러드 밴 오먼 콰인(1908–2000)
존 맥태거트(1866–1925)	아이제이아 벌린(1909–1997)
버트런드 러셀(1872–1970)	존 롤스(1921–2002)
루카치 죄르지(1885–1971)	질 들뢰즈(1925–1995)
마르틴 하이데거(1889–1976)	미셸 푸코(1926–1984)
헤르베르트 마르쿠제(1898–1979)	위르겐 하버마스(1929–)
카를 포퍼(1902–1994)	자크 데리다(1930–2004)
테오도어 아도르노(1903–1969)	에드워드 사이드(1935–2003)

나의 개인적인 의견이지만, 20세기 철학의 세계에서는 칸트와 헤겔처럼 거대한 흐름을 형성한 사상가가 등장하지 않았다. 철학과 종교의 영역에서 보면 20세기는 분단의 시대였지, 통합의 시대는 아니었다는 생각이 든다.

두 차례에 걸친 세계대전이 일어난 20세기. 20세기는 유럽이 퇴조하고 동서 냉전이 시작되었으며 사회주의체제가 붕괴되고 끝난 세기였다. 자연과학이 눈부시게 발전하고 다양한 의문들이 해명된 시대이기도 했다. 무엇보다도 우주를 구성하는 요소들(물질, 암흑물질, 암흑 에너지 등)과 그 비율까지 밝혀냈으니 말이다.

20세기의 철학자는 그릇이 작아졌다는 의견도 있다. 과학의 발달 덕분에 세계에서 미지의 부분이 사라져가고 기상천외한 발상을 떠올릴 여지가 줄어들었기 때문일 수도 있다.

이번 장에서는 20세기 사상계가 페르디낭 드 소쉬르, 에드문트 후설, 루트비히 비트겐슈타인, 장–폴 사르트르, 클로드 레비–스트로스라는 5명의 철학자로 대표된다고 보고 이야기를 진행한다. 지나치게 임의적인 선택이라는 지적도 충분히 이해할 수 있다. 다만, 20세기 철학의 세계를 이야기할 때는 5명 아니면 30명이라는 선택밖에 없다는 것이 나의 생각이고, 이번에는 5명을 택했을 따름이다. 참고로 20세기의 주요한 철학자 30명은 384쪽의 하단에 실린 표에 나오는 이들을 추가한 숫자이다.

1. 언어는 기호라고 생각한 소쉬르

페르디낭 드 소쉬르(1857-1913)는 "언어학의 아버지" 또는 "근대 언어학의 아버지" 등의 별명으로 불린다. 소쉬르 이전의 언어학은 "역사 언어학"이라고 부르며, 언어의 계통과 전통관계 및 특이성 등 개별적인 언어 연구가 중심이었다. 반면, 소쉬르는 개별 언어 연구에 종사하면서도 언어의 본질을 꾸준히 추구하여 위대한 업적을 남겼다.

소쉬르는 10대 시절부터 다양한 언어들을 연구했다. 그는 언어를 공부하다가 사람이 말하는 언어에 민족과 문화를 초월하는 공통된 특징이 있다는 사실을 깨달았다. 모든 언어는 기호 체계라는 것이 그의 추정이었다.

기호는 프랑스어로 시뉴(signe)로, 영어의 사인(sign)과 동의어이다. 시뉴의 동사형은 시니피에르(signifier)이고, 현재분사형이 시니피앙(sigifiant)으로서 "의미하는 것", 즉 하나의 기호를 표현한 문자 또는 그 음성인 기표(記標)를 가리킨다. 과거분사형이 시니피에(signifié)로서 "의미로 규정된 것", 다시 말해서 하나의 기호가 가진 개념 또는 이미지로서 주로 기의(記意)로 번역된다.

예를 들면 "바다"라는 단어에서 바다라는 기호는 "바다"라는 문자이며, 동시에 "바다"라는 음성으로 읽을 수 있다. 그런데 우리는 "바다"라는 글자를 보거나 "바다"라는 소리를 들으면 하얀 파도와 해변에 펼쳐진 소나무 방풍림 등의 풍경을 떠올린다. "바다"라는 시뉴(기호)는 시니피앙(문자 또는 음성, 즉 기표)과 시니피에(개념 또는 이미지, 즉 기의)로 구성된다고 소쉬르는 깨달았다.

소쉬르는 멈추지 않고 사고를 확장했다. 그는 하나의 단어, 즉 기호를 구성하는 시니피앙(기표)과 시니피에(기의) 사이에는 필연적인 관계가 없다고 단정했다.

페르디낭 드 소쉬르

일본에서는 흔히 참치라고 부르기도 하는 참다랑어를 마구로(まぐろ)라고 부르고 가다랑어를 가쓰오(カツオ)라고 부른다. 그러나 영어로는 일반적으로 참치와 가다랑어를 뭉뚱그려 튜나(tuna)라고 부른다. 생선가게 좌판에서 참치와 가다랑어를 판다고 말해도 영국인은 튜나밖에 못 봤다고 대답한다. 일본어에서는 나비와 나방을 다른 단어로 구분한다. 영어에도 나비와 나방을 구별하는 단어가 있다. 그러나 프랑스에서는 나비와 나방을 모두 파피용(papillon)이라고 부른다.

소쉬르는 세계에 존재하는 실체 요소(참치와 가다랑어)에 인간이 이름을 붙인 것이 아니라고 지적했다. 세계에서 각각의 언어를 사용하는 사람들은 자신의 눈앞에 펼쳐진 세상을 나름대로 정리한다. 요컨대 세계를 구별하여(튜나인가, 아니면 참치와 가다랑어인가) 기호를 붙이고, 다양한 실체 요소를 인식하는 셈이다. 즉, 소쉬르는 연속체인 자연을 구분하는 행위가 문화의 본질이라고 생각했다.

끝없이 펼쳐진 수면에 바다라는 시뉴(기호)를 붙였다. 그리고 바다라는 시니피앙(기표)에 하얀 파도와 소나무 숲이라는 풍경을 시니피에(기의)로 연관 지었다. 그러나 바다를 시(sea)라고 기호화한 영국인이라면 이 시니피앙(기표)에 어떤 시니피에(기의)를 연관 지을까. 사용하는 언어가 달라지면 이 연관 또한 달라질 수밖에 없다. 영국인에게는 그들의 시(sea)에 대한 개념(시니피에)이 있을 터이다. 아마 소금기 섞인 갯바람이 불어오는 푸른 소나무 숲은 아니지 않을까.

존재가 세계를 규정하지 않는다, 언어가 세계를 규정한다

소쉬르의 관점을 삼단논법으로 표현하면 다음과 같다.

- 언어라는 기호 체계는 시니피앙과 시니피에로 성립한다.
- 그러나 시니피앙과 시니피에 사이에 필연적이고 본질적인 관계는 없다.
- 따라서 세계에 다양한 실체들이 있고 그 실체에 사람들이 이름을 붙이는 것이 아니라, 사람이 세계를 어떻게 구분 지을지에 따라서 사물에 관한 인식이 성립한다.

소쉬르는 어떻게 세계를 구분 지을지가 가장 중요하다는 사실을 깨달았다. 구분법에 따라서 세계는 달라질 수 있다는 생각이다. 지금까지 누구도 깨닫지 못한 사고방식이었다.

예를 들면 가다랑어와 참다랑어 모두 회유어(回游魚)라고 부르는 어종이다. 둘은 몸집에서 차이가 난다. 가다랑어보다 참다랑어가 훨씬 큼직하고 살이 꽉 차 튼실하다. 일본어에서 둘의 크기 차이를 구별했는지, 영어에서 회유어라는 공통성을 선택하여 튜나라고 불렀는지는 알 길이 없다. 그러나 가다랑어와 참다랑어라고 나누어서 부르는 언어와 튜나라고 뭉뚱그려서 부르는 언어는 명백히 둘을 다른 대상으로 인식한다. 세계를 어떤 기호로 구분하는가. 소쉬르는 그것이 세계를 규정하고 각각의 세계상을 만든다고 간파했다.

역사적으로 언어학에서는 언어가 인간들의 의사소통 필요성에서 발달했다고 생각했다. 인간의 발성 원리는 타인에게 자신의 존재를 알리기 위해서 단음을 발성하는 데에서 시작했다는 가설과 관련이 있다. 그러나 곰곰이 생각해보자. 의사소통이 목적이라면 "아"든 "어"든 어떻게든 뜻만 통하면 그만이다. 배시시 웃거나 선물을 내밀면 호의는 통한다. 고도로 발달한 단계의 언어는 필요하지 않다.

최근 언어학자 대다수는 언어가 사고의 도구로 발달했고, 세계를 생각하기 위해서 언어가 탄생했다고 추정한다. 따라서 소쉬르의 관점인 "인간은 언어라는 기호를 사용하여 세계를 구분 지음으로써 세계를 인식한다"는 사상은 최신 언어학 풍조에 큰 영향을 미쳤다고 볼 수 있다. 소쉬르의 사상은 나중에 등장하는 레비-스트로스 등이 계승했다.

페르디낭 드 소쉬르가 태어난 가문은 가족 대부분이 학문에 종사하는 학자 집안이었다. 소쉬르 집안은 16세기에 프랑스에서 스위스 제네바로 이주했다. 소쉬르는 19세에 파리의 언어학회에 가입할 정도로 조숙한 천재였는데, 안타깝게도 55세의 이른 나이에 병으로 급사했다. 그는 생전에 한 권의 책도 출간하지 않았다. 소쉬르의 대표작인 『일반언어학 강의(*Cours de Linguistique Générale*)』는 사후에 제자들이 정리하여 출간한 책이다.

2. "현상학적 환원"이라는 난해한 용어를 사용한 후설은 최후의 철학자?

내가 페트병이라는 실체를 보고 있다. 정확하게 말하면 나의 대뇌가 눈으

에드문트 후설

로 전달된 "페트병"이라는 신호를 받아 페트병이라고 인식하고 있다. 그러나 대뇌는 나의 머릿속에 있고 깜깜한 두개골 속에서 전기 신호를 타전하면서 눈에서 신호를 받아들이고 페트병을 인식했기 때문에, 대뇌가 페트병을 직접 인식했다고는 볼 수 없다. 따라서 엄밀하게 따지면 페트병의 실존을 증명할 수 없다는 것이 현재 뇌과학 분야의 논리이다.

에드문트 후설(1859-1938)은 대뇌에 관한 최신 학문이 밝힌 사실을 자신의 논리 전개로 이미 예견했다.

"세계는 현상이지 실재가 아니다. 세계는 인간의 머릿속에서만 존재하기 때문이다. 그러한 세계의 실재를 인간은 어떻게 확신할 수 있을까."

후설은 어떻게 실재를 확신할 수 있을지에 대해서 논리를 펼쳐나갔다. 구체적으로 페트병이라는 사물을 예로 들어 살펴보자. 후설은 "페트병이 있다고 어떻게 확신할 수 있을까, 그 확신의 근거는 무엇인가"를 탐구하는 논리를 "현상학적 환원(phänomenologische Reduktion)"이라는 난해한 용어로 표현했다.

"현상학적 환원"을 달성하기 위해서는 "에포케"가 필요하다

"현상학적 환원"을 달성하기 위해서 후설은 "에포케(epoché)"라는 개념을 이용한다. 에포케는 고대 그리스 철학에서 사용된 용어이다. 회의주의자였던 피론은 어떤 일을 잘못 판단하는 이유가 "……이다"라고 단정 짓기 때문이라고 생각했다. 이를 방지하기 위해서는 무슨 일이든 경솔하게 판단하지 말고 판단을 보류해야 한다. 그리고 그 판단을 보류하고 중지하는 행위를 에포케라고 불렀다.

후설은 이 에포케를 자신의 철학적 고찰의 기본으로 설정했다. 그는 인간의 일상생활에서 그 존재가 명백하다고 여겨지는 사실에 관해서 그 실재성을 신뢰하지 말고 일단 보류한다는 의미를 에포케라는 용어로 치환했다. 조금 쉽게 풀어서 설명하면, 아무것도 생각하지 말고 일단 보라는 말이다. 이러한 행위를 후설은 에포케라고 불렀다. 에포케가 현상학적 환원의 본질이라고 생각해도 충분하다.

우리는 모든 것을 의심하며 페트병을 본다. 그리고 만져본다. 그러면 확실히 페트병임을 알 수 있다. 후설은 이를 지적 직관이라고 불렀다. 우리는 페트병이 플라스틱으로 만들어졌고 물을 담을 수 있다는 지식을 가지고 있다. 후설은 이를 본질 직관이라고 불렀다. 우리는 에포케를 함으로써 지적 직관과 본질 직관으로 페트병이 존재한다는 사실을 알 수 있다. 이 과정을 후설은 일련의 이론으로 체계화했고 실재의 확신을 검증했다.

먼저 페트병을 보는 자신의 존재, 자아의 존재를 확인할 수 있다. "나는 생각한다, 고로 존재한다"에 가까운 발상이다. 이어서 그 자아를 가진 우리의 몸이 실재한다는 사실을 확신할 수 있다. 자아라는 기능을 담당하는 대뇌는 자신의 몸에 붙어 있으니 말이다. 다음 단계로, 자신의 몸으로 타인의 몸을 만져보면 손도 있고 발도 있어서 그 사람이 인간이라는 사실을 확신할 수 있다.

타인도 인간이라고 확신하면, 타인의 몸에도 대뇌가 있고 자아가 있다고 확신할 수 있다. 이 과정을 "타아(他我)"라고 부른다. 후설은 이 타아의 존재를 확신하는 행위를 "간주관성(間主觀性, intersubjectivity)"이라는 어려운 용어로 표현했다.

내 안에는 자아가 있다. 다른 사람 안에는 타아가 있다. 나의 뇌는 외부 세계로 나갈 수 없다. 그러므로 페트병의 실재를 입증하는 것은 불가능하다. 그러나 뇌의 반영인 자아와 마찬가지로 인간인 타인의 타아가 페트병이라는 물체를 확신했다. 후설은 자아와 타아가 확신한 대상물이 동일하다는 사실은 인간이 객관적인 세계의 실재를 확신할 수 있음을 증명한다는 이론을 전개했다.

후설은 무척 복잡한 사고 과정을 구축하여 그의 "현상학적 환원"이라는 철학을 완성했다. 그의 철학 내용은 뇌의 본질을 규명하는 데에 할애하고 있다. 설명만 들어도 머리가 복잡해지는 어려운 이론인데, 최후의 철학자라는 호칭이 아깝지 않은 연구 자세라고 볼 수 있다.

후설의 철학은 "현상학(現象學)"이라고 부른다. 후설은 20세기 자연과학의 견지를 접목하며 자신의 이론을 구축했다. 인간은 사물 자체를 파악할 수 없다는 칸트의 관점을 답습하여 인간이 인식할 수 있는 현상을 철학의 대상으로 규정한 철학자가 후설이다.

후설은 오스트리아 사람이다. 유대계 직물 상인의 아들로 태어난 그는 처음에는 수학의 길로 들어섰다가 나중에 철학에 흥미를 느끼고 진로를 수정했다. 하이데거와 사르트르가 후설의 영향을 받았다고 알려져 있다. 후설은 많은 작품들을 발표했고, 그의 책은 여러 나라의 언어로 번역되어 출간되었다. 그의 철학적 성과를 대표하는 책으로는 『순수 현상학과 현상학적 철학의 이념들(*Ideen Zu Einer Reinen Phanomenologie Und Phanomenologischen Philosophie*)』을 꼽을 수 있다.

3. "말할 수 없는 것에 대해서는 침묵해야 한다"고 말한 비트겐슈타인

루트비히 요제프 요한 비트겐슈타인(1889~1951)은 빈에서 태어나 영국 케임브리지에서 세상을 떠난 철학자이다. 그는 2권의 대표 저작을 남겼다. 1921년에 출간된 『논리−철학 논고(*Tractatus Logico−Philosophicus*)』와 사후인 1953년에 출간된 『철학적 탐구(*Philosophische Untersuchungen*)』이다. 그의 철학은 후기에 크게 변화했다. 그러나 소쉬르와 마찬가지로 언어학과 철학의 관계에 대한 중요한 제언을 내놓았다. 먼저 『논리−철학 논고』의 학설부터 살펴보자.

비트겐슈타인은 "언어는 세계에 대한 그림이다"라는 관점을 제시했다. 예를 들면 바다에서 가다랑어가 헤엄친다는 사실을 언어를 사용하여 객관적인 말로 그려낼 수 있다. 따라서 비트겐슈타인은 세계는 언어로 그려낸 것이며, 우리는 언어 없이는 세계를 인식할 수 없다고 추정했다.

그리고 비트겐슈타인은 이렇게 생각했을 때에 언어에 두 가지 성격이 있다고 지적했다. 첫째는 일상 언어이다. 자연 언어라고 부르기도 한다. 평소 대화에 쓰는 말이다. 또 하나는 과학적 언어이다. 자연과학 세계의 진실을 그려내는, 구체적이고 과학적이며 합리적인 말이다.

"비가 내릴 것 같다"는 일상 언어이다. "바다에서 가다랑어가 헤엄치고 있다"는 세계의 진실을 그려낸 합리적 언어이다. 두 언어 중에서 어느 쪽이 더욱 중요할까? 『논리−철학 논고』를 쓸 무렵, 비트겐슈타인은 당연히 과학적 언어가 중요하다고 생각했다. 그리고 과학적 언어로 객관적인 세계를 전부 그려낼 수 있고 표현할 수 있다고 추정했다. 그렇다면 니체가 단언한 "신은 죽었다"는 말은 무엇을 그려냈을까? 비트겐슈타인은 『논

루트비히 비트겐슈타인

리-철학 논고』 끄트머리에 다음과 같이 썼다. "말할 수 없는 것에 대해서는 침묵해야 한다."

비트겐슈타인은 신의 존재와 죽음 등 사실로 인식할 수 없는 일을 분석하는 데에는 관심이 없었다. 과학적이고 유물론적인 발상이다. 그리고 윤리의 중요성을 알고 있던 비트겐슈타인은 말하지 않는다는 윤리적 태도를 이 표현으로 보여주려고 했는지도 모른다.

마침내 비트겐슈타인은 "언어 게임"이라는 개념을 구상했다

비트겐슈타인은 과학적 언어를 중시했으나, 현실적인 문제로 사람은 일상 언어 속에서 생활해야 한다는 사실을 다시금 깨달았다. 인간은 세계란 무엇일까 등의 화두를 평소에는 그다지 생각하지 않는다. 그러므로 그와 관련된 언어는 사용하지 않는다. "잘 지내셨어요?" 등의 안부 인사처럼 일상적으로 주고받는 언어가 중요하지, 과학적 언어를 분석해도 세계에 관해서는 아무것도 알 수 없다고 그는 생각하기 시작했다.

누군가가 "비가 내릴 것 같네요"라고 말한다면, 다음과 같은 생각을 전하고 싶은 것일 수도 있다. "그러니까 우산을 가지고 나가는 것이 좋아요." "한동안 비가 안 내려서 땅이 바짝 말랐는데, 이번 비로 가뭄이 끝날 것 같아 다행이네요." 부뚜막의 소금도 집어넣어야 짜듯이, 언어도 사용해야 비로소 의미가 확정된다. 말하자면 문맥이 중요하다.

비트겐슈타인은 "언어 게임(Sprachspiel)"이라는 개념을 고안했다. 그가 인생 후반기에 숙고하던 개념으로, 사후에 출간된 『철학적 탐구』에 전체적인 틀을 풀어놓았다.

게임이란 무엇인가? 각각의 게임에는 각기 다른 규칙이 있고, 각각 다른 용어가 쓰인다. 어떤 게임의 달인이 되려면, 그 게임의 규칙과 용어에 숙달할 필요가 있다. 인간은 게임과 마찬가지로 하나의 생활권과 직업에서 그 생활과 직업 특유의 규칙을 이해하고 표현하는 언어를 사용한다. 비트겐슈타인은 이처럼 언어가 지닌 구체적이고 다양한 모습들을 "언어 게임"이라고 불렀다.

이러한 이유로 하나의 문장과 단어가 지닌 의미는 그 문장과 단어가 문맥 속에서 어떤 문화 또는 세계에서 등장하는지에 따라서 달라진다. 그러므로 세계나 신, 정의 등은 각 민족과 문화에서 이야기된 여러 단어들을 배워야 비로소 무엇인지 알 수 있다. 따라서 다양한 언어 게임을 반복하며 각 언어의 배경을 아는 과정이 중요하다고 비트겐슈타인은 결론 지었다.

예를 들면 토마스 아퀴나스는 신학이란 무엇인지를 철학과 비교하는 형태로 논했는데, 그의 철학을 논의해도 사실 무의미하다. 토마스 아퀴나스가 사용한 신학이라는 용어의 의미를 이해하고자 한다면 그가 살았던 시대 배경을 생각하며 분석하는 수밖에 없다고 비트겐슈타인은 주장했다. 철학에 주어진 과제는 신이란 무엇인가, 역사란 무엇인가 등 추상적인 화두에 답을 내놓는 것이 아니다. 그는 각 민족과 문화 속에서 살아온 인간이 신이나 역사라는 단어를 어떤 의미로 사용했는지를 분석하는 것이 철학의 과제라고 단언했다.

비트겐슈타인의 발상은 철학계에 "언어적 전회"를 가져왔다

언어 분석이야말로 철학의 본질적인 역할이라는 비트겐슈타인의 발상은 세계 철학계에 엄청난 영향을 주었다. 그때까지 철학계의 중심 명제는 "신이란 무엇인가, 역사란 무엇인가, 선이란 무엇인가" 등의 인식론이었다. 그러나 비트겐슈타인은 인간 의식의 알맹이를 파헤칠 수 없다고 생각하고, 철학의 중심 명제를 언어 분석으로 치환했다. 말하자면, 세계의 객관적인 존재 따위는 존재하지 않는다, 오직 언어만이 존재한다는 현대적인 발상이자 유물론적인 관점이었다.

이렇게 비트겐슈타인이 철학의 주요 화두를 전환한 사건을 코페르니쿠스의 지동설이 천문학에 미친 "코페르니쿠스적 전환"에 빗대어 "언어적 전회(linguistic turn)"라고 부른다. 비트겐슈타인의 이론은 언어라는 기호가 사상을 만든다고 생각한 소쉬르와 마찬가지로, 언어학의 본질에 접근했다. 비트겐슈타인은 분석 철학을 대표하는 철학자로 알려져 있다.

4. 사르트르는 어떤 상황에서 실존주의를 구상했는가

언어 게임을 제창한 비트겐슈타인은 1951년에 사망했다. 그의 만년은 제2차 세계대전으로 채워졌다. 제2차 세계대전은 유럽에 미증유의 피해를 가져왔다. 나치로 대표되는 전체주의, 파시즘과의 싸움이었다. 제2차 세계대전 이후 사상계에서 조명이 집중된 철학자로는 장—폴 사르트르(1905-1980)를 들 수 있다.

이번 장에서 다루는 5명 중에서 마지막까지 망설인 사람이 사르트르이다. 다른 4명은 망설이지 않고 선정했는데, 왜 마르틴 하이데거나 모리스

메를로-퐁티나 에마뉘엘 레비나스가 아닌 사르트르를 골랐는지를 묻는다면 직감이라고밖에 대답할 수 없다.

장-폴 사르트르

사르트르의 사상은 실존주의라고 부른다. 키르케고르는 신의 존재를 인정하고 나서 종교적 실존을 생각했다. 니체는 신을 부정했고 그래도 살아가는 초인으로서의 강인한 실존을 구상했다. 사르트르는 실존에 관하여 "실존은 본질에 앞선다"고 생각했다.

사르트르의 실존주의는 무신론적 실존주의라고 부른다. 만약 신이 존재한다면, 세계를 창조하고 세계의 본질과 인간의 본질을 결정하는 것은 신일 것이다. 그러나 신이 존재하지 않는다면, 인간의 아기는 먼저 물체로서 이 세계에 태어난다. 그리고 성장함에 따라서 다양한 것들을 배우고 인간의 본질에 관해서 이것저것 생각하기 시작할 것이다. 이처럼 인간은 "자유로운 실존으로서 존재한다"고 사르트르는 추정했다.

그러나 자유롭다는 말은 인간이 자신의 의지로 인간의 본질을 만들어내야 한다는 뜻으로 해석할 수 있다. 어떤 인생을 살지, 어떤 미래를 그릴지 스스로 생각하고 실행해야 하는 "자유"가 우리 인간에게 주어졌다. 인간이 사회와의 관계 속에서 살아가는 한, 자신의 의지로 자유롭게 행동한 데에 따른 책임은 자신뿐 아니라 사회에 대해서도 져야 한다.

인간이 자신의 의지로 자기 본질을 만들어나가는 것은 자유이다. 그러나 신이 없는 세계인 이상, 그 자유에서 벗어날 수 없는 자유이다. 사르트르는 실존과 자유의 관계에 관해서 다음과 같은 말을 남겼다.

"인간은 자유라는 형벌을 받고 있다."

사르트르는 1938년에 소설 『구토(*La Nausée*)』를 발표했다. 실존주의 문학의 대표작으로 꼽히며 화제가 되었던 소설이다. 1943년에는 『존재와 무(*L'Être et le Néant*)』를 발표했다. 사르트르는 『구토』 출간 당시 대학 교수로 재직 중이었다. 『존재와 무』를 집필하던 무렵에는 나치 독일이 점령한 파리에서 레지스탕스 운동에 투신하기도 했다. 제2차 세계대전은 1939년부터 1945년까지 이어졌다. 사르트르의 실존주의를 대표하는 2권의 책은 세계대전 직전부터 전쟁이 한창이던 와중에 집필되었다. 『구토』의 주인공 로캉탱은 사르트르가 느낀 실존적 불안을 표현한 것이라고 평가된다. 그는 이 2권의 책으로 문학자이자 철학자로서 전 세계의 주목을 받았다.

제2차 세계대전 후에 사르트르는 "앙가주망"이라는 사상을 주장했다

사르트르는 "인간은 자유라는 형벌을 받고 있다"며, 인간이 소외감을 맛보며 폐쇄 상태와 싸우면서 살아간다고 생각했다. 그러나 그는 제2차 세계대전 이후 앙가주망(engagement)이라는 사고방식을 우연히 접하고 이 사상을 주장했다. 앙가주망이라는 프랑스어에는 계약 또는 구속이라는 뜻이 있다. 그는 이 단어를 나름의 의미로 풀어서 사용했다.

인간은 자신이 처한 상황에 구속되어 살아간다. 그것이 개인의 자유가 마주한 현실이다. 그러나 개인은 자신을 구속하는 현실에 대해서 주체적으로 행동할 수 있다. 사르트르는 이 주체적인 행동이 인간 실존의 본질을 변혁하는 행위로 이어진다고 생각했다. 이처럼 자유로운 개인이 주체적으로 행동하고 사회와 자신의 변혁을 실현하는 과정을 그는 "앙가주망"이라고 표현했다.

앙가주망이라는 사상은 자유라는 형벌을 받는 인간이 그 형벌에서 빠져나와 새롭게 자유 확립을 위해서 나아가려는 노력으로도 생각할 수 있다. 그런 의미에서 앙가주망을 사르트르 실존주의가 발전한 형태로 규정하는 관점도 있다. 그러나 앙가주망의 원점을 다른 곳에서 찾는 학설이 더욱 유력하다. 사르트르는 제2차 세계대전에서 연합군이 전체주의 파시즘 진영에 대해 승리를 거두었을 때에 역사는 길게 보면 진보해왔다는, 헤겔에게서 마르크스에게로 계승된 역사관에 공감하면서 그들의 역사관을 긍정적으로 평가했으리라. 그리고 그 과정에서 사르트르는 앙가주망이라는 발상에 이르렀다고 보는 관점이다.

자유로운 개인이 주체적으로 행동한다는 앙가주망 사상은 제2차 세계대전에서 나치에 대항한 레지스탕스 운동이 역사적인 기원이 되었다. 그리고 사르트르는 파리에서 레지스탕스 운동에 공감하고 참여했다. 즉, 앙가주망은 사르트르의 실제 체험이라는 강력한 경험으로 뒷받침된다고 볼 수 있다. 제2차 세계대전의 비극을 통해서, 유물론이 아니라 "자유로운 인간은 주체적으로 행동한다"는 앙가주망 사상을 중심으로 하여 헤겔에서부터 마르크스로 이어져온 진보적 역사관을 부활시킨 것은 아닐까.

그의 사상은 자유주의 사회에서 주목을 받았고 파리 학생운동의 골자가 되었으며 일본 전공투 운동(1960년대 무력 투쟁 중심의 일본 학생운동/옮긴이)에도 많은 영향을 주었다. 이러한 의미를 포함하여 그의 존재는 20세기 사상계에서 특별한 위치를 차지한다고 생각한다. 2018년부터 시작된 프랑스의 "노란 조끼 운동"(나는 현대판 황건적의 난이라고 부른다)도 앙가주망의 한 부분으로 볼 수 있다.

사르트르는 해군 장교였던 아버지 밑에서 파리 16구에서 태어났다. 생후 15개월에 아버지가 병사하여 외할아버지인 슈바이처 가문에 맡겨져 성장했다. 이 슈바이처 가문은 노벨 평화상을 받은 알베르트 슈바이처의 숙부에 해당하는 집안이었다. 사르트르는 평생을 파리에서 부르주아 지식인 계급으로 살았다. 사르트르의 파트너는 여성 해방운동의 선구자이자, 『제2의 성(*Le Deuxième Sexe*)』이라는 명저를 쓴 시몬 드 보부아르였다.

5. 레비-스트로스의 구조주의는 사르트르의 사상을 정면으로 부정했다

클로드 레비-스트로스(1908-2009)는 벨기에 출신의 인류학자이다. 그는 1962년에 『야생의 사고(*La Pensée Sauvage*)』를 출간했다. 그리고 이 책의 마지막 장인 "역사와 변증법"에서 사르트르의 앙가주망 사상을 강하게 비판했다.

　레비-스트로스는 인류학자로 동남 아시아를 비롯하여 세계 각지의 원주민 사회와 문화 구조를 연구했다. 브라질의 상파울루 대학교 교수로 재직하면서는 남아메리카 미접촉 부족의 실지 조사를 경험하기도 했다. 그는 문명 사회와 미개 사회의 사고를 연구하여 『야생의 사고』를 썼다. 그는 이 책에서 헤겔의 절대정신과 마르크스의 유물사관, 사르트르의 앙가주망 사상을 비판했다. 이들 진보적 역사관과는 달리, 세계가 설계도에 따라서 움직이지 않는다는 사실을 그는 미개인들을 조사하는 과정에서 실제로 확인했기 때문이다. 그는 사르트르가 이미 파국을 맞은 헤겔과 마르크스의 진보적 역사관을 답습하는 형태로 앙가주망 사상을 만들어냈다며 강하게 비판했다.

레비-스트로스의 진의는 사르트르를 비판하는 형태로 서양 문명을 비판하는 것이었다. 사르트르는 "자유로운 인간이 주체적으로 행동함으로써 세계는 변혁을 일으킬 수 있다"고 주장했다. 그러나 레비-스트로스는 그러한 변혁의 설계도로 움직이는 사회만이 인간의 사회인 것은 아니라고 주장하고 싶었으리라.

파리에서 살면서 여름에는 두 달 휴가를 얻어 자유로운 사색에 잠겼던 사르트르 같은 사람만

클로드 레비-스트로스

이 인간인 것은 아니다. 산골짜기에서 멧돼지를 쫓는 사람도 있다. 자연 속에서 자급자족하는 사회도 수없이 존재한다. 세계는 다양한 사회들로 구성되어 있다. 질서가 잡혀 있던 근대 국가만이 인간의 사회인 것이 아니다. 레비-스트로스는 그 현실을 똑바로 인식해야 한다고 주장했다. 그는 인간이 과학적 사고와 야생의 사고라는 두 가지 사고 양식을 가졌다고 생각했다.

그렇다면 레비-스트로스는 무엇이 인간의 주체적 행동을 규정한다고 생각했을까?

세계는 인간 없이 시작되고 인간 없이 끝난다

소쉬르의 언어론을 떠올려보자. 인간이 사는 지상의 공간(즉, 세계)에는 다양한 요소들이 있는데, 그 요소에 인간이 이름을 붙임으로써 세계가 만들어진 것이 아니다. 소쉬르는 세계가 본래 존재했고 여기저기에 사는 인간이 눈앞에 펼쳐진 세계를 기호로 구분하여 세계를 인식했으며, 그 기호

가 언어라고 지적했다.

레비-스트로스는 사회와 인간의 주체적 행동 간의 관계에 관한 소쉬르의 언어론을 깊이 연구하여 자신의 학문에 활용했다. 자유로운 인간이 주체적으로 행동해서 사회를 변혁한다는 사르트르의 앙가주망 사상에 대해서 레비-스트로스는 사회가 인간의 행동을 규정한다고 보았다. 소쉬르는 언어가 세계를 나눈다고 주장했는데, 레비-스트로스는 한 걸음 더 나아가서 사회의 구조가 인간의 의식을 형성한다고 추정했다.

전후 일본이라는 사회가 현재 일본을 만들었고, 에도 시대라는 사회가 에도 시대의 일본인을 만들었다. 쉽게 말해서 같은 일본인이라도 사회에 따라서 완전히 이질적이라는 것이 레비-스트로스의 사고방식이다. 지금도 "일본인의 본질은 독창성이 아니라 개량에 있다"거나 "일본인의 본질은 완전을 추구하며 성실하게 일하는 것" 등을 이야기하는 사람들이 많다. 레비-스트로스는 이러한 주장과 정반대로 일본인의 본질을 부정했다. 각 시대의 구조가 각 시대의 일본인을 만들었을 뿐, 어느 시대에나 통용되는 일본인의 본질은 존재하지 않는다고 주장했다.

자유로운 인간도, 인간의 주체적 행동도 사실 존재하지 않는다. 그는 인간이 사회 구조 속에서 그 구조에 물들어 산다고 생각했다. 항상 진보하는 방향으로만 나아가지도 않는다. 선진국뿐 아니라 미개 사회도 있으며, 인간은 그저 사회에 맞추어 살아갈 수밖에 없다는 사고방식이다. 이러한 사상을 "구조주의(structuralism)"라고 부른다. 참고로 구조주의 사조의 본질은 방법론으로, 연구 대상의 구조, 즉 구성요소들을 끄집어내서 그 요소들 사이의 관계를 정리하고 통합함으로써 연구 대상을 종합적으로 이해하려는 이론이다.

"사회의 구조가 인간의 의식을 만든다. 완전히 자유로운 인간은 없다."

이러한 구조주의 사고방식은 현재에는 자연과학적으로 정답에 가깝다는 사실이 판명되었다. 레비-스트로스는 여러 미개 사회를 연구하여 그 관점에서 문명 사회를 비판하는 과정을 통해서, 사회의 구조가 인간 의식을 만든다는 사실을 깨달았다.

레비-스트로스는 벨기에에서 태어난 프랑스인이다. 그는 알자스 출신 유대인 집안에서 태어났다. 아버지의 직업은 화가로 아버지의 인맥에는 여러 예술가들이 있었다. 제2차 세계대전 중에 미국으로 건너가 망명 생활을 하기도 했다. 그는 1995년에 『슬픈 열대(*Tristes Tropiques*)』를 출간했다. 브라질의 소수민족을 방문한 기록을 중심으로 엮은 기행문이다. 이 책에 담긴 문명 비판이 주목을 받기도 했고, 명문으로도 평가받으며 전 세계적으로 시선이 집중되었다. 마지막 장(제9부)에는 다음과 같은 구절이 나온다. "세계는 인간 없이 시작되었고, 인간 없이 끝나리라."

세계의 존재는 인간의 의지와 인식으로 규정되지 않는다. 세계는 인간과 무관하게 시작되어 끝난다. 레비-스트로스는 그렇게 생각했다. 자연의 섭리 앞에서 인간은 한없이 겸허해야 한다고 믿었다. 지구의 생명은 별의 파편으로부터 탄생했고 이윽고 지구의 물이 마르면 멸종한다는 사실이 이미 해명되었다. 레비-스트로스의 관점은 자연과학적으로도 타당했다. 최후의 전통적 철학자들 중 한 사람으로서 인간 실존과 인식이라는 화두를 진지하게 고찰한 후설이 레비-스트로스의 말을 들었더라면 자신의 철학 인생을 되돌아보며 부질없다고 탄식을 내뱉지 않았을까.

레비-스트로스의 구조주의가 등장하며 철학의 역할은 끝났는가?

세계는 어떻게 생겨났을까? 인간은 어디에서 와서 어디로 가는가? 인간은 무엇을 위해서 사는가? 이 근본적인 물음들을 염두에 두고 인간의 철학과 종교의 발자취를 20세기까지 더듬어왔다.

제2차 세계대전이 끝났을 때, 세계인들은 이렇게 생각했다. "인간은 다시 한번 진보할 수 있지 않을까. 헤겔의 절대정신과 마르크스의 유물사관이 아니라 자유로운 인간이 주체적으로 행동함으로써." 이러한 사고방식은 자유 사회 진영에서 커다란 지지를 얻었다. 사르트르라는 철학자를 몰라도 이 이데올로기는 아직도 뿌리 깊게 남아 있다.

그러나 레비-스트로스는 "인간은 자유로운 존재가 아니며 주체적으로 행동할 수 없다"는 인식을 보여주었다. 유물론에 철저히 바탕을 둔, 이 대담한 사고가 등장하여 인간의 사고 유형은 거의 바닥을 드러냈다고 여겨졌다. 앞으로의 시대에 대학의 철학과에 진학하려는 학생이 과연 얼마나 될지 걱정이 앞선다.

자연과학이 발달하고 뇌과학도 진보하며 인간의 세계에서 미지의 분야는 빠르게 줄었다. 철학과 신학 그리고 종교가 맡았던 역할은 점점 줄어드는 것이 현재 세계적인 추세이다. 사람들이 철학과 종교에 관심이 줄어드는 것도 당연할 수 있다. 애초에 취업에 도움이 되지 않는다는 목소리도 들린다. 쉽게 말해서 철학이나 종교가 밥 먹여주지 않는다는 말이다.

그러나 인간이 수천 년이라는 기나긴 시간 속에서 더 잘 살아가기 위한, 또 죽음의 공포에서 벗어나기 위한 중대한 실마리가 철학과 종교 속에 숨겨져 있을 수도 있다.

적어도 나는 그렇게 믿고 이 책을 썼다.

비트겐슈타인의 철학자다운 인생

"언어 게임"의 정의를 규정한 루트비히 비트겐슈타인의 일생은 말 그대로 "생각하는 사람"의 전형이었다.

● 출생과 성장 과정

그의 아버지는 제철업으로 성공한 빈의 대부호였고 어머니는 이름이 알려진 피아니스트였다. 브람스나 말러처럼 이름이 알려진 음악가와도 친분이 있었다. 그는 유소년기에 심하게 말을 더듬는 언어 장애가 있었다. 그래서 14세까지는 집에서 공부했다.

비트겐슈타인의 집은 어머니가 피아니스트였기 때문에 예술가들이 드나드는 사랑방 역할을 했다. 조각가인 로댕과 시인 하이네 등 수많은 예술가들이 그의 집에 모였다. 안타깝게도 비트겐슈타인 가문의 아들들은 우울증에 시달리는 경향이 있어서 4명의 형 중에서 2명이 자살로 세상을 떠났다.

● 철학자의 길

비트겐슈타인은 성장하면서 기계공학에 흥미를 보여 맨체스터 대학교 공학부로 유학을 떠났다. 그리고 수학 기초 이론을 배우다가 케임브리지 대학교 트리니티 칼리지의 버트런드 러셀을 만났다. 유명한 수학자이자 논리학자이며 철학자이기도 했던 러셀은 비트겐슈타인의 철학자로서의 자질을 간파했다. 그리고 그를 트리니티 칼리지로 초청하여 철학을 공부하게 했다. 1912년의 일이었다.

●『논리-철학 논고』 출간과 그후

제1차 세계대전이 발발하자(1914) 비트겐슈타인은 조국 오스트리아의 지원병으로 참전했다. 그는 용감하게 싸웠으나 그의 병사 시절은 고독했다. 그는 몇 번이고 자살 충동에 휩싸였다. 그러나 그는 마지막에는 자살 행위를 멈추고 살아남았다. 그리고 자투리 시간을 아껴서 『논리-철학 논고』의 이론을 고찰하고 초고를 완성하기 시작했다.

오스트리아가 종전을 맞이한 날, 그는 이탈리아 군의 포로수용소에 있었다. 『논리-철학 논고』 원고는 포로수용소에서 버트런드 러셀에게 보내졌다. 1921년에 출간된 이 책은 철학계에 큰 반향을 불러일으켰다.

정작 비트겐슈타인 본인은 한때 학계를 떠났다. 작은 사랑을 경험하고 8년 정도 정신적으로 방랑하는 세월을 보낸 이후, 대학으로 돌아가 철학 교수가 되어 독신으로 62년의 인생을 마감했다. 영국의 경제학자 케인스 등과의 뜨거운 우정은 세인의 입에 오르내리며 이야깃거리가 되었다.

사망한 비트겐슈타인의 옆에는 이후에 출간될 『철학적 탐구』의 원고가 남아 있었다.

맺음말

2005년에 미국의 미래학자 레이먼드 커즈와일은 『특이점이 온다(*The Singularity Is Near*)』를 출간했다. 책 제목에 들어간 싱귤래리티(singularity)라는 단어에는 "단수, 이상성" 등의 뜻이 있는데 커즈와일은 인공지능(AI)이 인류의 지능을 넘어서는 전환점(기술적 특이점)이라는 뜻으로 이 단어를 사용했다. 그는 2045년에는 특이점의 시대가 온다고 예언했다. 특이점의 도래에 관해서는 낙관하는 관점과 비관하는 관점이 있다.

AI란 무엇일까? 나는 자동차와 같다고 생각한다. 인간의 달리기 능력에는 한계가 있다. 그래서 땅 위를 고속으로 달리는 기계, 자동차를 발명했다. 우사인 볼트는 절대 자동차와 경주할 생각이 없다. 경쟁은 인간끼리의 능력을 겨루어야 비로소 의미가 있다. 자동차는 일과 데이트에 사용해야 한다. 물론 음주 운전을 하면 다른 사람의 목숨을 앗아가는 살인 기계로 둔갑할 수도 있다. 그러나 적절하게 사용하면 자동차는 편리한 도구이다. 그래서 자율 주행까지 등장하려는 참이다. 마찬가지 논리를 비행기에도 적용할 수 있다.

그렇다면 AI란 무엇일까? AI란 계산 능력 분야에서 인간의 능력을 보완하기 위해서 개발되었다. 계산은 수를 세는 행위이다. AI는 이 수를 세는 대용량과 속도가 인간의 뇌보다 훨씬 뛰어난 기계이다. 인간은 폭주하는 자동차처럼 AI를 파괴적인 목적으로도 사용할 수 있다. 적의 수도를 정밀하게 파괴할 수 있는 미사일의 경로와 그 확률을 계산하기 위해서 컴퓨터의 고도의 계산 능력이 개발되기도 했다.

그러나 AI가 인류의 지능을 능가하는 특이점이 올 것이라는 발상에 나는 동의할 수 없다. 인간에게 뇌는 아직 미지의 영역이 많고, 우리는 뇌의 활동에 관해서 모르는 부분이 더 많기 때문이다. 우리가 모르는 뇌의 구조를 AI에 적용하는 작업은 어렵다는 생각이 든다. 한편, 인간의 행동 유형을 AI에 무한하게 입력하면 뇌의 활동도 해명할 수 있다는 의견도 있으나, 이 부분은 무척 어려운 문제이다. 현재 시점에서 나는 AI란 자동차와 매한가지로 기계로서 이용하면 그만이라고 생각한다.

우주비행사는 우주에서 무엇을 생각할까?

철학자라고 불리는 사람들은 다양한 역사의 국면에 등장하여 세계란 무엇일까, 인간의 인식이란 무엇일까, 인간이란 무엇일까, 산다는 것은 무엇일까 등을 끊임없이 생각하며 그 결실을 이론화했다. 반면, 차세대 철학자들은 거인의 어깨에 올라서서 먼 곳을 바라보듯이, 이를 반론하거나 수정하며 한 걸음 한 걸음 철학의 길을 나아가 인지 수준을 높여나갔다. 그 한편에서 자연과학이 발달하여 우주와 지구와 인간에 관해서 많은 부분을 해명했다. 뇌과학적 분석과 심리학도 발달하면서 인간 뇌의 활동과 인식 능력에 관해서도 많은 과학적 해답을 끌어냈다.

그러나 인간은 이런저런 것들을 알게 되어도 여전히 실연하고 주먹다짐을 하고 수천 년 전이나 별반 다르지 않은 인생을 산다. 평범한 사람들이 지구의 수명이나 인류의 탄생과 멸망에 이르는 과정까지를 알게 된 것은 과연 행복일까, 불행일까.

인류가 우주로 비행하고 달 표면에 착륙하는 시대이다. "지구는 푸른빛이었다"는 유리 가가린의 말은 인류가 최초로 자신의 별을 우주에서 바라보고 내뱉은 감탄사이다. 이후 수많은 사람들이 우주로 갔다. 한편, 사람이 우주로 나가는 시대에 다른 길을 택한 사람들도 있다. 나는 그들에게 초점을 맞추고 싶다.

미국 우주비행사들 중에는 지구로 귀환한 후에 종교의 길로 들어선 사람들이 적지 않다. 우주비행사는 자신이 태어난 지구를 우주에서 바라보았다. 우주에서 자신이 나고 자란 푸른 별을 바라보며 인간은 무엇을 생각할까? 사람마다 제각기 다르리라. 그러나 많든 적든 삶에 관해서 생각하지 않을까. 만약 우주 정거장이 망가진다면, 결국 먼지가 되어 별의 조각으로 돌아가는 환경에서 자신이 살고 있음을 온몸으로 느끼지 않을까. 우주비행사들 중에서 다시금 신에 관하여 생각하는 사람이 나오는 것은 필연일 수도 있다.

AI의 발달을 포함하여 문명을 앞에서 이끄는 위치에 선 나라는 미국이다. 그 미국에서 요가 열풍을 비롯해서 수많은 신흥 종교들이 탄생하고 있다. 문명의 한복판에 선 나라에서 도대체 왜 이런 현상이 발생할까?

세계란 무엇일까? 인간이란 무엇일까? 이런 화두를 열심히 생각하던 시대에 천국과 지옥이 만들어졌다. 그러나 지금은 천국과 지옥 대신, 별의 파편으로부터 태어나 지구의 물이 사라지면 인류는 멸망한다는 지식을 알고 있는 시대이다. 어느 쪽이 행복할지를 묻는 것은 무의미하다. 인간의 뇌와 인공지능, 어느 쪽을 파고들든 기술론으로 귀결되기 때문이다. 어느 설을 택해도 인간이 태어나고 병에 걸리고 늙어서 죽는다는 사실에 관해서는 아무것도 해결해주지 못한다. 우주비행사가 종교의 문을 두드리고 최고의 문명국에서 신흥 종교가 교세를 확장하는 현상은 저 높이 거인의 키까지 훌쩍 성장한 과학이나 철학과는 무관하게 살아가는 평범한 사람들이 삶의 버팀목을 찾기 위한, 정직하고 절실한 행동이 아닐까.

그래도 인간은 삶의 지혜를 찾는다

"본질주의"라는 사조가 있다. 모든 일에는 변화하지 않는 핵심 부분이 있고 본질이 존재한다는 관점이다. 본질주의에서는 초자연적인 원리의 존재를 인정한다. 플라톤의 이데아론도 본질주의적 관점이다. 구조주의는 이 사조를 강하게 부정했다. 그런데 구조주의와 본질주의는 학문적 의미에서의 진정한 결판을 내지 않았다. 결판을 내기가 힘들기 때문이다.

본질주의적 관점에서 오스트리아의 교육자이자 신비주의 사상가였던 루돌프 슈타이너(1861-1925)는 인간의 영적 능력의 존재를 인정하며 도가적인 교육 이론을 확립했다. 그는 자신의 이론을 바탕으로 초등, 중등 및 직업 교육이 이루어지는 종합학교를 설립했다. 그 학교는 지금도 전 세계에 900개 이상 남아 있다.

슈타이너만큼 아주 특수한 방법은 아니더라도 인간이 본래 지닌 재능을 아이로부터 끌어내기 위해서 수많은 교육자들이 다양한 방법들로 연구하고 노력하고 있다. 인간의 숨겨진 재능이나 세계의 본질적 가치의 존재를 조심스럽게 인정하고 구체화하려는 노력은 지금도 세계의 다양한 분야에서 이루어지고 있다.

이미 자연과학과 뇌과학도, 구조주의 이론도, 인간의 의식은 자신들이 존재하는 사회의 복제품이며 자유로운 인간의 의지 따위는 존재하지 않는다고 단언하는 시대이다. 그래도 많은 이들은 속으로 중얼거린다.

"그런 이야기는 믿고 싶지 않다."

형법은 지금도 과실과 고의, 두 가지로 범죄를 나누어 형벌의 기준을 정한다. 그러나 지금은 주체적 자유의지가 존재할 수 없다고 여겨지는 시대이다. 그런데도 형법은 자유의지가 존재한다는 허구적인 가정을 버리지 못하고 있다. 여전히 그 범죄 행위가 "실수"인지 "고의"인지를 구별할 수 있다고 믿으며 형법체제를 구축한다. 자유의지의 존재를 인정하지 않는다면 범죄를 어떻게 단죄할 수 있는가, 그에 대한 답은 아직 나오지 않았다. 인간이 자유의지를 가지고 있다고 생각하는 편이 이해하기 쉽기 때문이다.

결국, 현재 인간 사회는 구조주의와 자연과학 그리고 뇌과학이 도달한 인간 존재에 관한 진실보다는 옛날부터 주류였던 본질주의적 개념, 쉽게 말해서 일상의 개념을 적절히 이용한 허구를 바탕으로 사회 질서를 유지하고 있다. 그것이 인간이 살아가기 위한 지혜일 수도 있다.

철학도, 종교도 인간이 살아가기 위한 지혜를 찾는 데에서부터 출발했다. 살아가기 위한 지혜란 불행을 마주하는 방법에 관한 지혜로 바꾸어 말할 수 있다. 불행이라고 불러야 할까, 숙명이라고 불러야 할까. 인간은 언제나 질병, 노화, 그리고 죽음과 마주하며 살아왔다. 이 피할 수 없는 숙명과 어떻게 마주하고 살아가야 하는가, 이 화두가 수천 년의 역사를 통해서 늘 인간의 눈앞에 놓여 있었다.

요 몇 년 사이에 니체의 철학에 관한 책이 세계적으로 인기를 끌었다. 니체는 "신은 죽었다"고 단언한 뒤, 인간에게 강인한 의지로 살아가는 힘이 있다고 믿고 "초인" 사상을 구축했다. 니체의 사상과 닮은 사고방식은 옛날에도 있었다. 스토아 학파의 철학이다. 나는 개인적으로 줄곧 스토아 학파의 관점을 동경했다. 니체 철학과 스토아 철학은 자신의 운명을 받아들이고 적극적으로 씩씩하게 살아가는 자세를 강조한다는 공통점이 있다. 지금 니체에 관심을 두는 사람들은 설령 인간이 지구의 물이 사라지면 함께 사라질 운명일지라도, 그래도 이 세상에 태어난 이상 운명을 적극적으로 받아들이고 살아가겠다고 생각하는 사람들이리라.

돌아보면 신의 존재를 생각해낸 인간이 바야흐로 신에게 지배받고, 신의 손에서 다시 인간의 자유를 되찾고 나서, 이제는 자신들이 진보시킨 과학에 좌지우지당하는 시대를 맞이했다. 이 시대에는 인간이 불러들인 과학적으로 냉엄한 운명을 겸허히 받아들이고 나서 "적극적으로 노력하며 살자"고 생각하는 사람들이 적지 않게 존재한다. 그러한 의지와 의욕이 있는 인간이 거인의 어깨 위에서 21세기의 새로운 시대를 내다보는 철학과 사상을 만들어낼 수 있다. 나는 지금 차세대 철학과 종교의 지평선 앞에 서 있다고 생각한다.

나는 어린 시절부터 책벌레였으나 철학 서적을 본격적으로 읽기 시작한 것은 대학교에 들어가고 나서이다. 고등학교 시절에 이미 마르크스와 레닌을 읽던 도시 출신의 동기에게 자극을 받았다. 처음에는 마르크스의 『1844년 경제학 철학 수고』를 손에 들었다. 이후 마르크스를 섭렵하는 과정에서 헤겔에 손을 댔고, 다시 칸트에 이르렀고, 마지막에 플라톤까지 당도했다. 마침 주오코론 출판사에서 『세계의 명저(世界の名著)』를 출간하

던 시기였다. 『세계의 명저』와 내가 대학교에 입학한 해에 출간이 시작된 『이와나미 강좌 '철학'(岩波講座「哲学」)』과 이와나미 문고에 정말로 큰 신세를 졌다.

이 책은 그 무렵 내가 수긍한 철학과 종교의 세계사를 기억을 더듬어가며 정리한 내용이다. 매일 바쁘게 살아가는 여러분이 조금이나마 철학과 종교에 관심을 가질 수 있기를 바라며, 곁가지를 쳐내고(실수로 줄기를 쳐냈을 수도 있지만) 최대한 간결하게, 이해하기 쉽게 쓰려고 노력했다.

사회인이 되고 나서는 학창 시절처럼 철학 서적을 파고들 겨를이 없었기 때문에, 철학과 종교의 세계가 어디까지 확장되었는지는 모르겠다. 여러분의 기탄없는 의견을 기다린다.

(보낼 곳) hal.deguchi.d@gmail.com

이 책을 만들며 멋진 문장으로 다듬어준 오노다 다카오, 교정을 맡아준 야히코 다카히코와 가토 요시히로 그리고 이 책의 기획을 제안해준 다이아몬드 출판사의 데라다 요지에게 진심으로 감사한다는 말을 전하고 싶다. 또 리쓰메이칸 아시아 태평양 대학교의 세이케 구미 교수는 초고를 읽고 귀중한 조언을 했다. 이분들께 감사의 인사를 거듭 전한다.

2019년 7월
리쓰메이칸 아시아 태평양 대학교 학장 데구치 하루아키

참고 문헌

『岩波講座 哲学』(第2次全18巻、岩波書店)

『世界の名著』(全81巻、中央公論新社)

『宇宙137億年解読——コンピューターで探る歴史と進化』(吉田直紀著、東京大学出版会)

『脳はなにげに不公平——パテカトルの万脳薬』(池谷裕二著、朝日新聞出版)

『パパは脳研究者——子どもを育てる脳科学』(池谷裕二著、クレヨンハウス)

『社会心理学講義——〈閉ざされた社会〉と〈開かれた社会〉』(小坂井敏晶著、筑摩選書)

『宇宙論と神』(池内了著、集英社新書)

『沈黙』(遠藤周作著、新潮文庫)

『原典訳 アヴェスター』(伊藤義教訳、ちくま学芸文庫)

『リグ・ヴェーダ讃歌』(辻直四郎訳、岩波文庫)

『イリアス(上)(下)』(ホメロス著、松平千秋訳、岩波文庫)

『オデュッセイア(上)(下)』(ホメロス著、松平千秋訳、岩波文庫)

『神統記』(ヘシオドス著、廣川洋一訳、岩波文庫)

『ギリシア哲学者列伝(上)(中)(下)』(ディオゲネス・ラエルティオス著、加来彰俊訳、岩波文庫)

『ピュタゴラスの音楽』(キティ・ファーガソン著、柴田裕之訳、白水社)

『ソクラテス以前以後』(F・M・コーンフォード著、山田道夫訳、岩波文庫)

『ソクラテスの弁明・クリトン』(プラトン著、久保勉訳、岩波文庫)

『雲』(アリストパネース著、高津春繁訳、岩波文庫)

『哲学者の誕生——ソクラテスをめぐる人々』(納富信留著、ちくま新書)

『プラトン「国家」——逆説のユートピア』(書物誕生あたらしい古典入門シリーズ、内山勝利著、岩波書店)

『法律(上)(下)』(プラトン著、森進一・池田美恵・加来彰俊訳、岩波文庫)

『プラトンとの哲学——対話篇をよむ』(納富信留著、岩波新書)

『プラトン全集』(全15巻、別巻1、岩波書店)

『アリストテレス全集』(全20巻、岩波書店)

『哲学キーワード事典』(木田元編、新書館)

『ニコマコス倫理学(上)(下)』(高田三郎訳、岩波文庫)

『形而上学(上)(下)』(アリストテレス著、出隆訳、岩波文庫)

『世界の名著8アリストテレス』(田中美知太郎責任編集、中公バックス)

『ソクラテスの妻』(佐藤愛子著、小学館)

『論語』(金谷治訳注、岩波文庫)

『大学・中庸』(金谷治訳注、岩波文庫)

『論語——心の鏡』(書物誕生あたらしい古典入門シリーズ、橋本秀美著、岩波書店)

『墨子』(金谷治訳、中公クラシックス)

『墨子』(森三樹三郎訳、ちくま学芸文庫)

『スッタニパータ——仏教最古の世界』(書物誕生あたらしい古典入門シリーズ、並川孝儀
　　　著、岩波書店)

『ブッダの真理のことば・感興のことば』(中村元訳、岩波文庫)

『インド思想史第2版』(中村元著、岩波書店)

『インド哲学10講』(赤松明彦著、岩波新書)

『物の本質について』(ルクレーティウス著、樋口勝彦訳、岩波文庫)

『エピクロス——教説と手紙』(エピクロス著、出隆・岩崎允胤訳、岩波文庫)

『ソークラテースの思い出』(クセノフォーン著、佐々木理訳、岩波文庫)

『初期ストア派断片集(1)』(ゼノン他著、中川純男訳、西洋古典叢書、京都大学学術出版会)

『語録 要録』(エピクテトス著、鹿野治助訳、中公クラシックス)

『生の短さについて 他2篇』(セネカ著、大西英文訳、岩波文庫)

『自省録』(マルクス・アウレーリウス著、神谷美恵子訳、岩波文庫)

『マルクス・アウレリウス『自省録』——精神の城塞』(書物誕生あたらしい古典入門シリーズ、
　　　荻野弘之著、岩波書店)

『新訂 孫子』(金谷治訳注、岩波文庫)

『孟子』(金谷治著、岩波新書)

『孟子(上)(下)』(小林勝人訳注、岩波文庫)

『荀子(上)(下)』(金谷治訳注、岩波文庫)

『韓非子(第一冊)~(第四冊)』(金谷治訳注、岩波文庫)

『老子——〈道〉への回帰』(書物誕生あたらしい古典入門シリーズ、神塚淑子著、岩波書店)

『荘子——鶏となって時を告げよ』(書物誕生あたらしい古典入門シリーズ、中島隆博著、岩
　　　波書店)

『荘子(第一冊)~(第四冊)』(金谷治訳注、岩波文庫)

『日本的霊性』(鈴木大拙著、岩波文庫)

『日本書紀 全五冊セット』(坂本太郎・家永三郎・井上光貞・大野晋校注、岩波文庫)

『ミリンダ王の問い——インドとギリシアの対決(1)~(3)』(中村元・早島鏡正訳、東洋文庫、平凡社)

『聖書 聖書協会共同訳』(日本聖書協会)

『ナグ・ハマディ文書(1)~(4)』(荒井献・小林稔ほか訳、岩波書店)

『ナグ・ハマディ文書・チャコス文書 グノーシスの変容』(荒井献・大貫隆編訳、岩波書店)

『大乗の教え〈仏典をよむ〉3(上)(下)』(中村元著、前田專學監修、岩波現代書店)

『神の国(一)~(五)』(アウグスティヌス著、服部英次郎ほか訳、岩波文庫)

『告白Ⅰ~Ⅲ』(アウグスティヌス著、山田晶訳、中公文庫)

『アウグスティヌス『告白』——〈わたし〉を語ること……』(書物誕生あたらしい古典入門シリーズ、松﨑一平著、岩波書店)

『ムハンマド——世界を変えた預言者の生涯』(カレン・アームストロング著、徳永里砂訳、国書刊行会)

『イスラームの歴史——1400年の軌跡』(カレン・アームストロング著、小林朋則訳、中公新書)

『コーラン(上)(中)(下)』(井筒俊彦訳、岩波文庫)

『『クルアーン』——語りかけるイスラーム』(書物誕生あたらしい古典入門シリーズ、小杉泰著、岩波書店)

『自爆する若者たち——人口学が警告する驚愕の未来』(グナル・ハインゾーン著、猪股和夫訳、新潮選書)

『エネアデス(抄)Ⅰ・Ⅱ』(プロティノス著、田中美知太郎・水地宗明・田之頭安彦訳、中公クラシックス)

『中央アジア歴史群像』(加藤九祚著、岩波新書)

『地中海——人と町の肖像』(樺山紘一著、岩波新書)

『イスラム哲学への扉——理性と啓示をめぐって』(オリヴァー・リーマン著、中村廣治郎訳、ちくま学芸文庫)

『イスラーム哲学の原像』(井筒俊彦著、岩波新書)

『神学大全Ⅰ・Ⅱ』(トマス・アクィナス著、山田晶訳、中公クラシックス)

『トマス・アクィナス——理性と神秘』(山本芳久著、岩波新書)

『西洋哲学史——古代から中世へ』(熊野純彦著、岩波新書)

『中世騎士物語』(ブルフィンチ著、野上弥生子訳、岩波文庫)

『ロランの歌』(有永弘人訳、岩波文庫)

『天皇と儒教思想——伝統はいかに創られたのか?』(小島毅著、光文社新書)

『朱子——〈はたらき〉と〈つとめ〉の哲学』(書物誕生あたらしい古典入門シリーズ、木下鉄矢著、岩波書店)

『伝習録』(王陽明著、溝口雄三訳、中公クラシックス)

『デカメロン(上)(下)』(ボッカチオ著、河島英昭訳、講談社文芸文庫)

『君主論』(マキアヴェッリ著、河島英昭訳、岩波文庫)

『快楽について』(ロレンツォ・ヴァッラ著、近藤恒一訳、岩波文庫)

『パンセ(上)(中)(下)』(パスカル著、塩川徹也訳、岩波文庫)

『エセー』(ミシェル・ド・モンテーニュ著、宮下志朗訳、白水社、全7巻)

『キリスト教綱要 改訳版 第1篇~第4篇』(ジャン・カルヴァン著、渡辺信夫訳、新教出版社)

『プロテスタンティズムの倫理と資本主義の精神』(マックス・ヴェーバー著、大塚久雄訳、岩波文庫)

『ノヴム・オルガヌム――新機関』(ベーコン著、桂寿一訳、岩波文庫)

『学問の進歩』(ベーコン著、服部英次郎・多田英次訳、岩波文庫)

『ニュー・アトランティス』(ベーコン著、川西進訳、岩波文庫)

『人間悟性論』(ジョン・ロック著、加藤卯一郎訳、岩波文庫)

『完訳 統治二論』(ジョン・ロック著、加藤節訳、岩波文庫)

『寛容についての手紙』(ジョン・ロック著、加藤節・李静和訳、岩波文庫)

『アナーキー・国家・ユートピア――国家の正当性とその限界』(ロバート・ノージック著、嶋津格訳、木鐸社)

『動的平衡――生命はなぜそこに宿るのか』(福岡伸一著、木楽舎)

『国富論1~4』(アダム・スミス著、水田洋監訳、杉山忠平訳、岩波文庫)

『道徳感情論』(アダム・スミス著、村井章子・北川知子訳、日経BPクラシックス)

『人性論Ⅰ~Ⅳ』(ヒューム著、大槻春彦訳、岩波文庫)

『市民の国について(上)(下)』(ヒューム著、小松茂夫訳、岩波文庫)

『方法序説』(デカルト著、谷川多佳子訳、岩波文庫、1997)

『方法序説』(デカルト著、山田弘明訳、ちくま学芸文庫、2010)

『省察』(デカルト著、山田弘明訳、ちくま学芸文庫)

『哲学原理』(デカルト著、桂寿一訳、岩波文庫)

『エチカ――倫理学(上)(下)』(スピノザ著、畠中尚志訳、岩波文庫)

『モナドロジー・形而上学叙説』(ライプニッツ著、清水富雄・竹田篤司・飯塚勝久訳、中公クラシックス)

『リヴァイアサン1~4』(ホッブズ著、水田洋訳、岩波文庫)

『人間不平等起原論』(ルソー著、本田喜代治・平岡昇訳、岩波文庫)

『正義論 改訂版』(ジョン・ロールズ著、川本隆史・福間聡・神島裕子訳、紀伊國屋書店)

『社会契約論』(ルソー著、桑原武夫・前川貞次郎訳、岩波文庫)

『エミール(上)(中)(下)』(ルソー著、今野一雄訳、岩波文庫)

『告白(上)(中)(下)』(ルソー著、桑原武夫訳、岩波文庫)

『法の精神(上)(中)(下)』(モンテスキュー著、野田良之ほか訳、岩波文庫)

『定本 想像の共同体――ナショナリズムの起源と流行』(ベネディクト・アンダーソン著、白石隆・白石さや訳、書籍工房早山)

『コモン・センス 他三篇』(トマス・ペイン著、小松春雄訳、岩波文庫)

『フランス革命の省察』(エドマンド・バーク著、半沢孝麿訳、みすず書房)

『人間の権利』(トマス・ペイン著、西川正身訳、岩波文庫)

『アメリカのデモクラシー第一巻(上)(下)、第二巻(上)(下)』(トクヴィル著、松本礼二訳、岩波文庫)

『純粋理性批判(上)(中)(下)』(カント著、篠田英雄訳、岩波文庫)

『天体の回転について』(コペルニクス著、矢島祐利訳、岩波文庫)

『実践理性批判』(カント著、波多野精一・宮本和吉・篠田英雄訳、岩波文庫)

『永遠平和のために』(カント著、宇都宮芳明訳、岩波文庫)

『カント全集』(全22巻、別巻1、岩波書店)

『純粋理性批判1~7』(カント著、中山元訳、光文社古典新訳文庫)

『ヴィルヘルム・マイスターの修業時代(上)(下)』(ゲーテ著、山崎章甫訳、岩波文庫)

『法の哲学Ⅰ・Ⅱ』(ヘーゲル著、藤野渉・赤沢正敏訳、中公クラシックス)

『精神現象学(上)(下)』(ヘーゲル著、熊野純彦訳、ちくま学芸文庫)

『歴史哲学講義(上)(下)』(ヘーゲル著、長谷川宏訳、岩波文庫)

『法哲学講義』(ヘーゲル著、長谷川宏訳、作品社)

『ヘーゲル全集』(全20巻32冊、岩波書店)

『功利主義論集』(J・S・ミル著、川名雄一郎・山本圭一郎訳、京都大学学術出版会)

『自由論』(J・S・ミル著、塩尻公明・木村健康訳、岩波文庫)

『ミル自伝』(J・S・ミル著、朱牟田夏雄訳、岩波文庫)

『幸福について——人生論』(ショーペンハウアー著、橋本文夫訳、新潮文庫)

『知性について 他四篇』(ショーペンハウエル著、細谷貞雄訳、岩波文庫)

『自殺について 他四篇』(ショーペンハウエル著、斎藤信治訳、岩波文庫)

『意志と表象としての世界Ⅰ~Ⅲ』(ショーペンハウアー著、西尾幹二訳、中公クラシックス)

『あれか、これか』(キルケゴール著作集第1~4巻、白水社、全21巻、別巻1)

『死に至る病』(キェルケゴール著、斎藤信治訳、岩波文庫)

『死にいたる病、現代の批判』(キルケゴール著、桝田啓三郎訳、中公クラシックス)

『不安の概念』(キェルケゴール著、斎藤信治訳、岩波文庫)

『現代の批判 他一篇』(キルケゴール著、桝田啓三郎訳、岩波文庫)

『共産党宣言』(マルクス/エンゲルス著、大内兵衛・向坂逸郎訳、岩波文庫)

『フォイエルバッハ論』(エンゲルス著、松村一人訳、岩波文庫)

『資本論』(マルクス著、エンゲルス編、向坂逸郎訳、岩波文庫、全9冊)

『賃労働と資本』(マルクス著、長谷部文雄訳、岩波文庫)

『ドイツ・イデオロギー 新編輯版』(マルクス/エンゲルス著、廣松渉編訳、小林昌人補訳、岩波文庫)

『経済学・哲学草稿』(マルクス著、城塚登・田中吉六訳、岩波文庫)

『ルイ・ボナパルトのブリュメール十八日』(マルクス著、伊藤新一・北条元一訳、岩波文庫)

『哲学の貧困』(マルクス著、山村喬訳、岩波文庫)

『種の起原(上)(下)』(ダーウィン著、八杉龍一訳、岩波文庫)

『種の起原(上)(下)』(ダーウィン青、渡辺政隆訳、光文社古典新訳文庫)

『悲劇の誕生』(ニーチェ著、秋山英夫訳、岩波文庫)

『ツァラトゥストラはこう言った(上)(下)』(ニーチェ著、氷上英廣訳、岩波文庫)

『善悪の彼岸』(ニーチェ著、木場深定訳、岩波文庫)

『ツァラトゥストラかく語りき』(ニーチェ著、佐々木中訳、河出文庫)

『神は妄想である——宗教との決別』(リチャード・ドーキンス著、垂水雄二訳、早川書房)

『精神分析入門(上)(下)』(フロイト著、高橋義孝・下坂幸三訳、新潮文庫)

『新訳 夢判断』(フロイト著、大平健編訳、新潮モダン・クラシックス)

『フロイト全集』(全22巻、別巻1、岩波書店)

『タイプ論』(ユング著、林道義訳、みすず書房)

『嫌われる勇気——自己啓発の源流「アドラー」の教え』(岸見一郎・古賀史健著、ダイヤモンド社)

『ユダヤ人問題によせて ヘーゲル法哲学批判序説』(マルクス著、城塚登訳、岩波文庫)

『自然の弁証法(上)(下)』(エンゲルス著、田辺振太郎訳、岩波文庫)

『空想より科学へ』(エンゲルス著、大内兵衛訳、岩波文庫)

『ニーチェ入門』(清水 真木著、ちくま学芸文庫)

『この人を見よ』(ニーチェ著、手塚富雄訳、岩波文庫)

『新訳 ソシュール 一般言語学講義』(フェルディナン・ド・ソシュール著、町田健訳、研究社)

『イデーン——純粋現象学と現象学的哲学のための諸構想Ⅰ・Ⅱ・Ⅲ』(全5冊、エトムント・フッサール著、渡辺二郎ほか訳、みすず書房)

『論理哲学論考』(ヴィトゲンシュタイン著、丘沢静也訳、光文社古典新訳文庫)

『哲学探究』(ヴィトゲンシュタイン著、丘沢静也訳、岩波書店)

『〔新訳〕嘔吐』(ジャン＝ポール・サルトル著、鈴木道彦訳、人文書院)

『存在と無——現象学的存在論の試みⅠ・Ⅱ・Ⅲ』(ジャン＝ポール・サルトル著、松浪信三郎訳、ちくま学芸文庫)

『サルトル全集』(全38巻、人文書院)

『〔決定版〕第二の性〈1〉～〈2〉』(ボーヴォワール著、『第二の性』を原文で読み直す会訳、新潮文庫、全3冊)

『野生の思考』(クロード・レヴィ＝ストロース著、大橋保夫訳、みすず書房)

『悲しき熱帯Ⅰ・Ⅱ』(クロード・レヴィ＝ストロース著、川田順造訳、中公クラシックス)

『ポスト・ヒューマン誕生——コンピュータが人類の知性を超えるとき』(レイ・カーツワイル著、井上健監訳、小野木明恵・野中香方子・福田実共訳、NHK出版)

역자 후기

일단 "철학"이라는 말이 붙으면 겁부터 난다. 똑같은 두께의 책이라도 더 무겁게 느껴진다. 차례를 훑어보고 책장을 팔랑팔랑 넘겨보면 가슴이 답답해지며 정신이 아득해진다. 아찔한 현기증이 느껴지며 명치가 아릿해진다. "철학"이라는 단어가 주는 무게가 무겁게 내리꽂힌다. 그런데 거기에 "종교"까지 덤으로 붙어 있다. 엎친 데 덮친 격이다.

친구에게 우스갯소리로 철학책은 버리지 말고 책장에 고이 모셔두었다가 잠 안 올 때에 수면제처럼 처방해야 한다는 이야기를 들은 적이 있다. 대학에서 철학을 전공해도 별반 다르지 않다. 대학을 졸업하고 전공과 무관한 일로 밥벌이를 하다 보면 이른바 "먹고사니즘"에 급급하여 인문학이니 철학이니 하는 먹고사는 데에 딱히 도움이 되지 않는 이야기에는 관심을 가질 여력이 없는 것이 현실이다. 서당 개 3년이면 풍월을 읊는다지만 학부에서 철학을 공부해도 크게 달라지는 것은 없다. 오히려 "철학"이라는 단어가 더 무겁게 느껴질 뿐이다. 보기만 해도 가슴이 답답하고 우울해질 때도 있다.

무엇이 "철학"을 이렇게 어렵게 만들었을까? 나는 왜 "철학"이라는 단어에 거부감을 느끼게 되었을까? 그나마 종교는 나을까?

"종교가 뭐예요? 절, 아니면 교회, 성당 다녀요?" 종교를 물으면 그래도 답이라도 할 수 있다. 종교가 없으면 없다고, 일요일에 늦잠을 자야 해서 종교를 가질 수 없다고 농담까지 덧붙일 여유가 있다.

요즘은 철학과를 졸업한 학생은 고대 그리스에서 가서 일자리를 찾아야 한다는 유머가 나돌 정도로 취업에 도움이 되지 않는 학문으로 여겨진다. 철학과에서 취업률을 따지는 것 자체가 실례처럼 느껴질 때도 있지만, 피할 수 없을 때도 있다. 그래도 불편한 주제는 피하고 싶다. 그래서 "철학"이라는 단어를 마주칠 만한 상황을 요리조리 피하며 살았다.

그런데 2020년부터 코로나-19 바이러스 범유행 사태가 터지며 "철학"이라는 화두를 다시금 마주하게 되었다. 그것도 종교와 함께! 그리고 이 책을 만났다!

사람은 태어나서 인생을 살다가 죽는다. 그것이 인생이다. 생로병사를 피할 수 있는 사람은 없다. 그런데 우리는 일상에서 죽음을 저만치 치워 놓고 생각하는 경향이 있다. 죽음은 언젠가는 닥치겠지만, 지금 당장은 나의 일이 아닌 이야기. 사람들은 태어나는 순간 예정된 죽음을 못 본 척하며 영원히 죽지 않을 사람처럼 인생을 산다. 그러다가 무슨 사건이나 사고라도 터지면 그제야 죽음에 슬쩍 눈길을 준다. 그래, 우리는 언젠가 죽게 될 운명을 타고났었지. 언제라도 죽을 수 있지.

코로나-19라는 신종 바이러스가 발생하며 매일 누적 사망자 수를 발표하는 뉴스를 듣게 되었다. 국제 뉴스는 죽음의 냄새를 더 노골적으로 풍겼다. 뉴욕에서는 냉동 트럭에 실려 매장될 차례를 기다리는 시신들이 쌓였고, 스페인에서는 직원들이 도망간 요양원에서 돌봄을 받지 못해서 노인들이 사망했다. 중국에서는 화장터의 굴뚝이 연기를 쉴 새 없이 뿜어대는 모습이 위성사진에 찍혔다는 끔찍한 소식이 들려왔다. 선진국들의 민낯이 드러나며 복지국가에 대한 환상이 와르르 무너졌다. 우리나라는 선진국을 지키는 수문장이라고 생각했는데, 저 문 안에 있는 나라들은 우리가 익히 알던 선진국의 모습이 아니었다. 반짝반짝 빛나는 향기로운 삶의 모습을 보여주던 나라들이 시큼한 죽음의 악취를 풍기고 있었다. 그래, 너희들도 다르지 않았구나. 죽음을 피할 수 없는 인간이라는 점에서는 다를 바가 없구나. 죽음 앞의 평등, 메멘토 모리를 새삼 깨닫게 된 한 해였다.

2020년은 코로나-19로 삶에 대한 회의, 특히 종교에 대한 회의를 느낀 한 해였다.

철학은 회의하는 학문이고, 종교는 회의하는 마음을 버리고 믿음을 가지라고 말한다. 종교에서 회의는 신앙심을 해치는 독이 될 때가 많다. 이렇게 생각하면 철학과 종교는 양립할 수 없다. 그런데 이 책은 발칙하게도 철학과 종교를 하나로 묶었다. 어떻게 이런 대담한 시도가 가능했을까? 물론 종교 철학이라는 분야도 있지만, 이 책은 종교 철학을 다룬 책이 아니다. 말 그대로 "철학과 종교를 아우르고" 있다. 철학이 먼저일까? 종교가 먼저일까? 닭과 달걀의 문제처럼 대답하기 어려운 이 난제를 어떻게 풀어낼까? 이러한 궁금증을 안고 책을 읽어나갔다.

"이 문제집 한 권만 풀고 시험장에 들어가면 기본은 한다"는 토익 문제집의 광고 문구처럼 삶의 이런저런 상황에서 어떻게 해야 할지 철학이나 종교가 답을 줄 수 있다면 좋으련만. 물론 이 책을 끝까지 읽어도 막막한 인생살이에서 딱 떨어지는 정답을 찾을 수는 없다. 그러나 이 책은 인생의 바다에서 헤엄칠 때에 구명줄이 되어줄 철학과 종교를 찾아낼 수 있도록 길을 제시한다. 망망대해에 나간 바다가 등대의 빛줄기에 의지하여 육지를 찾듯이, 우리가 잊고 살았던 철학과 종교를 다시 찾아 생각할 수 있도록 믿음직한 길라잡이 역할을 해준다. 입시 공부에 힘쓰느라 또는 대학 시절 취업에 도움이 되는 스펙 쌓기에 여념이 없어서 등한시했던 철학 그리고 종교의 세계에 어떻게 발을 담가야 할지 몰라 막막하다면 이 책을 읽어보자. 짤막한 유튜브 강의로는 맛볼 수 없는 철학과 종교의 웅숭깊은 맛을 느낄 수 있을 것이다! 한번에 모두 읽을 필요 없이, 책장에 꽂아두고 생각날 때마다 꺼내 야금야금 맛보자! 좋아하는 간식을 책상 서랍에 넣어두고 힘들고 지칠 때마다 한 입씩 꺼내 물고 위안하듯이, 책장에 꽂아두고 아껴가며 읽자! 값비싼 와인일수록 오래 입안에 머금고 맛을 보듯이, 천천히 즐길 때 비로소 진가를 발휘하는 책이다. 묵직한 무게와 두툼한 두께가 부담이 아닌, 소장의 뿌듯함으로 다가올 수 있는 책이다. 인문학 열풍이라는 말은 들어봤는데 무슨 책부터 읽어야 좋을지 몰라 갈피를 잡을 수 없다면 이 책을 읽으며 어떤 책을 읽어야 할지 차근차근 갈 길을 찾아보자.

테스 형에게 세상이 왜 이렇게 힘드냐고 묻는 나훈아 씨처럼, 누군가에게 묻고 싶을 때에 이 책을 펼쳐보자.

2021년은 코로나-19를 극복하고 평범하고 소중한 일상을 되찾을 수 있는 한 해가 되기를 바라며, 이 책을 선택해주신 모든 분들이 이 책으로 말미암아 더 나은 인생을 살 수 있기를!

2021년 봄

옮긴이 서수지

인명 색인